JN284771

認知行動療法 実践ワークショップ I

ケースフォーミュレーション編 (1)
インテーク面接・初回セッション・応急処置

著
伊藤 絵美

星和書店

Seiwa Shoten Publishers

*2-5 Kamitakaido 1-Chome
Suginamiku Tokyo 168-0074, Japan*

Cognitive Behavioral Therapy: Workshop for Practitioners I:

Intake Session, First Session, First Aid

by

Emi Ito, Ph.D.

©2010 by Seiwa Shoten Publishers

はじめに

　本シリーズは2004年に出版された『認知療法・認知行動療法カウンセリング　初級ワークショップ』（星和書店）の続編です。この『認知療法・認知行動療法カウンセリング　初級ワークショップ』（以下，『初級ワークショップ』と表記します）は，私たちがふだん行っている専門家向けの初級ワークショップを録画し，その音声をテープ起こしして書籍化したものです（録画したものもDVDとして発行しております）。一方，本シリーズはその続編ではありますが，実践ワークショップを録画したものをそのまま書籍化したものではありません。というのも，私たちの実践ワークショップでは，受講者同士のロールプレイにたっぷりと時間をかけるのですが，受講者自身のプライベートな体験を「ネタ」として扱ったロールプレイを録画したり，文章化して本にしたりするわけにはいかないからです。

　しかし著者としては大変うれしいことに，『初級ワークショップ』の出版後，「『初級ワークショップ』の続きを学びたい」「『初級ワークショップ』で書かれてあったことを習得した後，どうやってスキルアップしたらよいのか教えてほしい」といったリクエストをいただくことが非常に多くありました。そこで実際の実践ワークショップを録画したりテープ起こししたりはできないとしても，それに該当する内容のテキストを作成したいと考え，『初級ワークショップ』の続き（中上級編）という位置づけで本シリーズを作成することにしました。その際，『初級ワークショップ』の続編ということから，また読者の方々の読みやすさを考えて，あたかもワークショップを文章化したかのような「ですます調」の文体で書いてみることにしました。また各章ごとに，実際のワークショップの受講者やスーパーバイジーからよく発せられる質問を示し，それに対する回答を示してみました。読者の皆様には，あたかもワークショップに参加しているような感じで，気軽に楽しく読んでいただくなかで認知行動療法（CBT）を学んでいただけたらうれしいです。

　本シリーズは3部構成になっています。第Ⅰ部は「ケースフォーミュレーション編」です。インテーク面接や初回セッションでCBTをどのように導入し，個々のクライアントとの協同関係をどのように形成し，個々のクライアントの抱える問題や困り事をどのようにアセスメントし，アセスメントされたことをどのように整理し，どのように目標を立て，どのように技法を選

び計画を立てるか，という一連のケースフォーミュレーション（事例定式化）のやり方について，具体的に解説しています。CBTの理論は他の心理療法に比べてさほど難しくありません。難しくないどころか非常にシンプルであると言っていいかもしれません。しかしそのシンプルな理論や方法を臨床現場において目の前のクライアントにどのように役立てるのか，というところに様々な具体的工夫を要します。特にCBTの要であるケースフォーミュレーションの過程において，カウンセラーはありとあらゆる工夫をして，クライアントとの協同作業を軌道に乗せ，クライアントの抱える問題の全体像を把握し，今後のCBTの進め方についての見通しを共有することが必要です。本シリーズの第Ⅰ部では，CBTにおけるインテーク面接から技法の選択までのケースフォーミュレーションについて，私たちが実際に現場で用いている方法や現場で試みている工夫をできるかぎり具体的に紹介します。

第Ⅱ部は「技法編」です。CBTでは様々な技法を用いますが，これも上記のケースフォーミュレーションと同様，理論は簡単ですが適用するには様々な工夫を必要とします。そこでCBTで主に用いられる技法ごとに，それを個別のケースに用いる際のやり方や工夫について，具体例を挙げながら解説を加えます。これは私が毎回のワークショップで受講者の方々に必ず強調することですが，どの技法もクライアントにやってもらう前に，援助者（セラピスト，カウンセラー）自身が自分のために使いこなせるようになっておく必要があります。CBTの各技法は，「習い事」モデルで考えることができます。どの技法もクライアントにやり方を示し，セッションで一緒に練習し，ホームワークでクライアントに練習してきてもらうというプロセスを通じて，最終的にはクライアント自身が技法を身につけ，使いこなせるようになることを目指します。その際，コーチ役を務める援助者は，これからクライアントが身につけようという技法をすでにしっかりと習得し，使いこなせるようになっておく必要があります。料理を習うなら料理の上手な人に習いたい，運転を習うなら運転のプロに習いたい，英会話を習うなら英語がペラペラの人に習いたい，というのはごく当たり前の要望だと思います。それと同様に，認知再構成法，問題解決法といった技法を習うのであれば，それらの技法の達人に習いたいとクライアントが思うのは当然でしょう。したがって第2部に示した技法について，援助者の方々には，とにかくご自分のために上手に使いこなせるようになっていただき，その上で，臨床現場で使っていただきたいのです。なお技法編の最後に，これは厳密には技法ではありませんが，家族への対応についての章を設けました。特にワークショップや

スーパービジョンなどで質問の多い項目だからです。

　第Ⅲ部は「CBTの展開・終結・フォローアップ編」です。第3部では，ケースフォーミュレーションを行い，その結果合意された目標を達成するために諸技法を適用した後の，終結やフォローアップに至るまでのケースマネジメントの有り様について具体的に解説します。CBTに限らず，どのような心理療法もそうだと思いますが，ケースの展開の有り様は実に多種多様です。多くの具体例を提示することによって，その多種多様さをお伝えできればと思います[注]。

　ところで，ケースフォーミュレーションについても各技法についてもその後のCBTの展開についても，解説だけではどうしても具体的にイメージしにくいと思いましたので，模擬ケースを提示して，それに沿って解説することにしました。インテーク面接について解説した第2章の最後に，5つの模擬ケースのインテーク面接記録を提示しました。それら5つの事例の展開を追いながら個々の解説をお読みいただければと思います。

　なお私たちの行っている実践ワークショップでは，上記のとおり実際にはロールプレイを行ったり，セッションの映像を観ていただいたり，つまり「実践」の名のとおり，レクチャーよりもワークを中心とした構成になっております。本書に書かれてあることを本当の意味で身につけるには，やはり観察学習やロールプレイなどのワークが必要だと思います。観察学習には，私たちの作成した映像教材『認知療法・認知行動療法 面接の実際』（星和書店，2005年）をお薦めします。これは8つのセッションとテキストがセットになったものです。実践ワークショップでも，この教材に収録されているセッションを随時観察学習していただいています。ロールプレイは1人ではできませんから，できればワークショップなどの機会を利用してロールプレイを行うか，仲間を誘ってロールプレイの時間を持つなどして，練習をしていただければと思います。いずれにせよ本書が，CBTを身につけたい対人援助職の方々のお役に立つのであれば，そしてひいてはそれが1人でも多くのクライアントの回復につながるのであれば，著者としてこれほどうれしいことはありません。

　本書は，私たちの日々のCBTの実践から生まれたものです。洗足ストレスコーピング・サポートオフィスというささやかな実践の場にクライアントとして参加してくださったすべての方々に感謝いたします。そして日々

（注）第Ⅰ部，第Ⅱ部，第Ⅲ部それぞれがさらに何分冊かに分かれます。

CBT についてあれやこれやと議論をする仲間である当オフィスのスタッフに感謝します。またワークショップやスーパービジョンを通じて様々な質問やコメントをくださった多くの対人援助職の方々にも，心から感謝します。最後に，いつもながらあたたかくかつ辛抱強く，進みの遅い執筆を見守ってくださった星和書店の石澤雄司氏，近藤達哉氏，桜岡さおり氏に心から御礼を申し上げます。ありがとうございました。

　2010年7月吉日

伊藤絵美

目　次

はじめに　iii

第1章　認知行動療法とは　初級ワークショップのおさらい―――1

　1－1　認知行動療法とは　1
　1－2　認知行動療法の基本モデル　2
　1－3　認知行動療法の特徴　7

第2章　認知行動療法の導入　その1　インテーク面接―――11

　2－1　インテーク面接とは　11
　2－2　インテーク面接前の契約とプロフィール票による情報収集　12
　2－3　インテーク面接のアジェンダを示す　17
　2－4　医療機関等への通院歴や現在の治療の状況について聞く　18
　2－5　現在の生活状況を聞く　19
　2－6　これまでの生活歴を聞く　20
　2－7　主訴と主訴に関わる情報を聞く　22
　2－8　CBTについて説明する（インフォームド・コンセント）　29
　2－9　具体的なことを決める（担当者，曜日，ペース，初回面接の日程など）　48
　2－10　フィードバックをもらう　50
　2－11　インテーク面接後の作業　56
　2－12　面接室の構造　57
　2－13　質疑応答　58
　2－14　模擬ケース提示　67
　　・インテーク面接記録（ケースA）　67
　　・インテーク面接記録（ケースB）　77
　　・インテーク面接記録（ケースC）　87
　　・インテーク面接記録（ケースD）　96
　　・インテーク面接記録（ケースE）　103

第**3**章　認知行動療法の導入　その2　初回セッション────113

　　3－1　初回セッションとは　113
　　3－2　初回セッション前の準備　114
　　3－3　初回セッションのアジェンダ　123
　　3－4　初回セッションの冒頭　124
　　3－5　CBT開始の確認とCBT全体の構造の確認　126
　　3－6　1回のセッションの構造についての心理教育　127
　　3－7　初回セッションのアジェンダの提示　134
　　3－8　心理テストの結果のフィードバック　143
　　　　◎CBTの基本モデルと構造的認知モデルの心理教育　144
　　　　◎ストレス状況の確認　152
　　　　◎ストレス反応の結果についての説明（GHQ 28）　153
　　　　◎ストレス反応の結果についての説明（BDI-Ⅱ）　156
　　　　◎ストレス反応の結果についての説明（気分調査票）　159
　　　　◎コーピングスタイルについての説明　161
　　　　◎「反すう」についての説明　165
　　　　◎中核信念の結果についての説明　167
　　　　◎ソーシャルサポートの結果についての説明　173
　　　　◎テスト結果全体についての振り返り　174
　　　　◎今後のテスト実施についての説明　177
　　　　◎ケースB（尾藤武夫さん）の心理テストの結果とその簡単な解説　180
　　　　◎ケースC（千代田美里さん）の心理テストの結果とその簡単な解説　184
　　　　◎ケースD（堂本健太さん）の心理テストの結果とその簡単な解説　192
　　　　◎ケースE（江藤真二さん）の心理テストの結果とその簡単な解説　195
　　3－9　初回セッションの残りの時間の使い方　199
　　　　◎現状の主観的評定　199
　　　　◎尺度の使用　208
　　　　◎主訴についての話し合い　214
　　　　◎ヒアリングをするか否かの話し合い　220
　　　　◎ヒアリングの計画とヒアリング開始　221
　　　　◎アセスメントの開始　230
　　　　◎自殺についての話し合いと対応　230
　　　　◎クライアントのニーズに応える　246

3－10 まとめの作業その1：ホームワークの設定　252
3－11 まとめの作業その2：セッションの感想を話してもらう　258
3－12 セッション後の作業　263
3－13 面接記録について　265
3－14 質疑応答　268

第4章　ホームワーク ―――――――――――――――――――275

4－1　CBTにおけるホームワークの意義と目的　275
4－2　ホームワークについての心理教育とやりとり　277
　◆インテーク面接におけるホームワークについての心理教育とやりとり　278
　◆初回セッションでホームワークについて心理教育をしてみたところ，クライアントの反応が芳しくないときの心理教育とやりとり　286
　◆初回セッションにて実際にホームワークの課題を決めるときの心理教育とやりとり　292
　◆次のセッションにてホームワークの実施状況を確認するときのやりとり　318
　◆「ホームワークをやってきてくれないクライアント」への働きかけ　333
4－3　ホームワークとしてどのような課題をどのように設定することができるか　334
　◆セッションで行ったことの確認やおさらい　334
　◆セッションで行った作業の続き　335
　◆セッションに対する感想を改めて話してもらう　335
　◆質問紙・尺度　335
　◆症状や問題の観察・メモ・記録　336
　◆ヒアリングに関わる作業　341
　◆モニター表　342
　◆アセスメントのためのエピソードを持ってくる　343
　◆CBTの基本モデルに沿ったセルフモニタリング　343
　◆アセスメントシート（ツール1）の見直しと記入練習　346
　◆ツール類の見直し（特に「ツール2」）　347
　◆ノートやファイル類のおさらい　349

◈各技法に入ってからの課題　349
　　◈読書療法　350
　　◈終結時のホームワーク　352
　　◈家族や職場や主治医など第三者に関わる課題　352
　　◈情報収集　353
　　◈コーピングシートの活用　354
　　◈言葉を持ち帰る　354
　　◈「何とか生き延びて，次回のセッションにやって来る」という究極の課題　355
　　◈カウンセラー側のホームワーク　355
　4－4　ホームワークの実施状況の確認の仕方　356
　　◈「橋渡し」のときに簡単にチェックする　356
　　◈主要な課題はアジェンダの中で扱う　356
　　◈できなかった課題についてもしっかりと話し合う　357
　　◈成果物は見せてもらう　359
　　◈行動的な課題は，事細かに報告してもらう　360
　　◈結果や内容より「実施した」「トライした」ことを評価する　360
　　◈「やってみて何がわかったか」に焦点を当てる　361
　　◈根拠を挙げてほめたりアドバイスしたりする　361
　　◈暖かくかつ楽しげな雰囲気の中で扱う　362
　4－5　質疑応答　363

第5章　応急処置 ——367

　5－1　CBTにおける応急処置の位置づけ　367
　5－2　応急処置の具体的なやり方（危機介入）　369
　　◈危機介入（自殺念慮対策……ケースCの第2セッション）　369
　　◈千代田さんとのコーピングシート作成についての解説　404
　　◈危機介入（自殺企図の実行可能性が高い場合）　413
　　◈危機介入（深刻な自傷行為の実行可能性が高い場合）　417
　　◈危機介入（他者への暴力行為）　422
　　◈危機介入（犯罪行為）　426
　5－3　応急処置の具体的なやり方（その他）　435
　　◈まず環境調整が必要な場合　435

◈クライアントが予約通りにセッションに来ることが難しいとき　436
　　◈セッション中に不穏になりやすいクライアント　439
　　◈セッション後のネガティブな反応に対する対策　444
　　◈ピンポイントでアドバイスや対策が欲しいという場合　447
　　◈保留にしてある主訴に対する「介入」　448
　　◈言葉を持ち歩く（コーピングカード）　453
　　◈ブレインストーミング　455
　　◈バランスシート　458
　　◈コーピングレパートリー・シート　461
　5－4　質疑応答　465

索　引　473

第1章 認知行動療法とは
初級ワークショップのおさらい

　皆さんこんにちは。今日のこの「実践ワークショップ」は，以前受けていただいた「初級ワークショップ」の上級編です。したがって初級ワークショップの中身を皆さんがよく理解してくださっているものと考えて今日のワークショップを進めていきますので，どうぞよろしくお願いします[注]。とはいえ，いきなり続きに入るのも唐突ですし，認知行動療法（CBT）は「予習復習」の「復習」，つまり「おさらい」を大事にするセラピーですので，ここでも少しだけ，初級ワークショップの内容を一緒におさらいしておきましょう。

1-1　認知行動療法とは

　まず認知行動療法ですが，英語では「Cognitive Behavior Therapy」「Cognitive Behavioral Therapy」と言い，頭文字を取って「CBT」と呼ばれることがよくあります。本ワークショップでも基本的には「CBT」の用語を使うことにします。CBTの定義ですが，「ストレスの問題を認知と行動の側面から自己改善するための心理学的アプローチ」というのが，私なりの定義です。ここでの大きなポイントは，「ストレスの問題を自己改善するためのアプローチ」であるということです。生きていれば誰もがストレスの問題を抱えることがあります。CBTとは，うつ病や不安障害といった病を

[注]「初級ワークショップ」は，『認知療法・認知行動療法カウンセリング　初級ワークショップ』（伊藤絵美，星和書店，2004年）というDVDもしくは書籍でご覧いただく（もしくはお読みいただく）ことができます。

抱えた人だけに適用するものではなく、すべての人が自分のストレスの問題とうまくつきあっていくために役立てることのできるアプローチです。ですから初級ワークショップのときにも何度も申しましたが、臨床現場でクライアントのためにCBTを適用する前に、まずは自分自身のためにCBTを使いこなせるようになっていただきたい、ということをここでも強調させてください。臨床家が自分自身のストレスマネジメントのためにCBTを使いこなせるようになって初めて、それを臨床現場でクライアントに対しても使えるようになる、と私は考えております。

「自己改善」というのも重要です。ストレスの問題は誰にでもあり、それは基本的には自己改善するしかないものです。もちろん誰かの助けを借りることはできますが、助けを求めるのは自分自身です。私は私自身のストレスの問題を、皆さんもそれぞれご自身のストレスの問題を、クライアントもそれぞれご自身のストレスの問題を、自分で何とかできるようになりましょう、というのがCBTの考え方です。つまりカウンセラーがクライアントのストレスの問題を何とかしてあげるのではなく、クライアントが自分で何とかできるよう手助けする、というスタンスです。「自助＝セルフヘルプの援助」と言い換えることもできるでしょう。クライアントが上手にセルフヘルプできるよう、そのためにCBTをクライアント自身が習得できるよう、私たちは側面から援助するのです。図に示すとこういうイメージになりますね（図1.1参照）。主役はあくまでもクライアント自身です。

1－2　認知行動療法の基本モデル

　図1.2は、初級ワークショップでもさんざん紹介したCBTの基本モデルです。このモデルは私たちの体験を理解するために役立ちますが、その際、まずは環境と個人の相互作用に着目します。特に心理学を学んできている人は、人間の体験を理解しようとする際、すぐに個人の内面に焦点を当てようとする傾向がみられますが、CBTでは「まず個人」ではなく「まず環境」です。学習理論の「刺激－反応」で言えば「刺激」、ストレス理論の「ストレッサー－ストレス反応」で言えば「ストレッサー」を先に見るのは、当然といえば当然でしょう。その人を取り巻く環境がどうなっているのか、その人にどのようなストレッサーがあるのか、その人はどのような状況に置かれているのか、どのような対人関係の中にいるのか、そのような環境やストレッサーとその人との相互作用にまず着目するのです。これが図1.2の上の

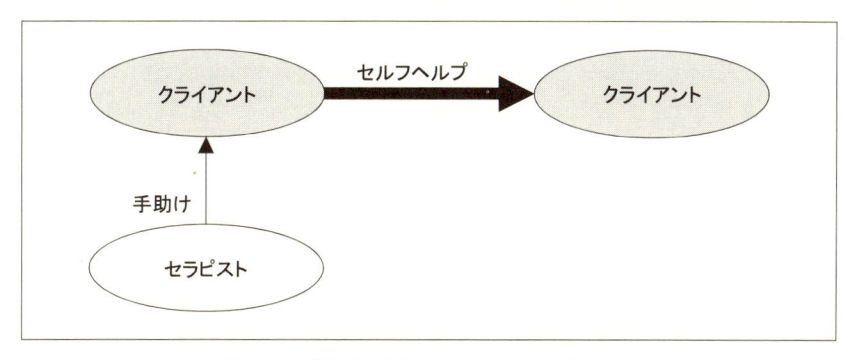

図1.1　認知行動療法＝セルフヘルプの援助

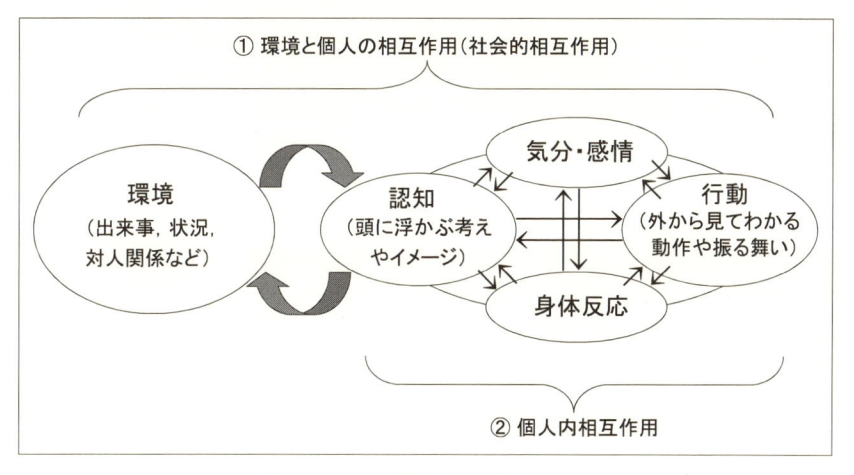

図1.2　認知行動療法の基本モデル

ほうに書いてある「環境と個人の相互作用（社会的相互作用）」です。
　そのうえでそのような環境における，もしくはそのようなストレッサーに対するその人の反応を，「認知」「気分・感情」「身体反応」「行動」という4つの領域に整理して，それらの相互作用を循環的に把握します。それが図1.2の下のほうに書いてある「個人内相互作用」です。これら4つの領域についても簡単におさらいします。
　「認知」とはその人の頭に浮かぶ考えやイメージのことです。言語的な思考だけでなく，視覚的なものを中心としたイメージも認知に含まれるということに注意してください。「気分・感情」とは，その言葉どおり，「その人が

何を感じているか」ということを指します。英語でいえば,「ムード（mood）」「フィーリング（feeling）」「エモーション（emotion）」が気分・感情に該当します。たとえば「うれしい」「悲しい」「さびしい」「イライラする」「不快だ」というふうに短い言葉で端的に言い表せるのが,気分・感情の特徴です。「身体反応」とは,その人の体の中,もしくは表面に生じる生理的な反応です。たとえば「お腹が痛い」「胸がドキドキする」「足がかゆい」「汗をかく」「手が震える」などといった反応です。「行動」とは,外から見てわかるその人の振る舞いや動作です。CBTでは,その人の体験をこれら4つの領域に分類し,それらの相互作用を見ていくのです。

　ところで,このように定義すると,これら4つの領域の違いは一見明確なように思われますが,実はそれほど単純ではありません。たとえば「こわい」という体験を例にとって考えてみましょう。個人的な話で恐縮ですが,私は地震が大嫌いで,地面や建物がちょっとでもグラッと揺れると,即座に「こわい！」という反応が私の中に生じます。さて,この「こわい！」という反応は認知でしょうか？　それとも感情でしょうか？……おそらくその両方です。地震が来たのを感じると,私の頭の中には「こわい！」という言葉が,つまり「こわい」という自動思考が確実に発生します。そういう意味ではこの「こわい！」は認知です。しかしそのとき同時に私は「こわい」という感情も確かに体験しています。私の心が「こわい」と感じているのです。つまり地面や建物がグラッと揺れた瞬間の私の「こわい！」は認知でもあり同時に感情でもあるのです。このように1つの体験をそれほどクリアに4つの領域に分類できるわけではありません。というより,アセスメントの段階で,さほど分類にこだわる必要はありません。地震が起きたときの私の反応をアセスメントシートに外在化するのであれば,認知の欄にも気分・感情の欄にも「こわい」と記入すればよいのです。

　他にもたとえば「貧乏ゆすり」は身体反応なのか行動なのか,「頭が真っ白になる」は認知なのか気分・感情なのか身体反応なのか,「泣く」は身体反応なのか行動なのか,よくよく考えると結構分類が難しかったりします。今皆さんに覚えておいていただきたいのは,分類が重要なのではなく,これら4つの領域は「とっかかり」に過ぎないということです。重要なのは,これら4つの領域をとっかかりにしてクライアントの体験を外在化し,理解し,共有することです。ですから後でモデルを使ったアセスメントの部分をロールプレイで体験していただきますが,あまり分類にこだわらないよう気をつけてください。大事なのは分類ではなく,理解です。どれに分類したらよい

かわからなければ、両方に入れておけばよいのです。「貧乏ゆすりは身体反応か行動か？」と悩むのではなく、「身体反応かもしれないし、行動かもしれないし、その両方かもしれないし、はっきりとはわからないけど、とにかくそのとき貧乏ゆすりをしていたのね」と理解することのほうがよほど重要です。

　基本モデルに話を戻しましょう。これまで述べてきたようにCBTの基本モデルは、①環境と個人の相互作用、②個人内相互作用（認知、気分・感情、身体反応、行動）という２つの相互作用という視点から、その人の体験を理解しようとするものです。ですからCBTといえども、最初から認知と行動だけに焦点を当てるのではなく、まずは基本モデルを使ってその人の体験の全体像を把握することが重要です。

　ストレス体験の全体像を、基本モデルを使って整理すると、たいていそこには何らかの悪循環が同定されます。その悪循環を解消するために、どのような認知的工夫や行動的工夫ができそうか、仮説を立て、実践し、検証していきます。認知的工夫や行動的工夫は「コーピング」と言い換えることもできます。私たちが直接コーピングを試みることができるのは認知と行動だけです。環境や気分・感情や身体反応を直接的に変えることはできません。だからこそ「認知行動療法」と呼ぶのでしたね。

　以上がCBTの基本モデルについての説明でした。クライアントの抱える問題を基本モデルに沿って理解し、ツールに外在化する作業をアセスメントと呼びます。CBTの前半はこのアセスメントを徹底して行います。そのうえでアセスメントされた悪循環を解消するためのコーピング、すなわち認知的工夫と行動的工夫を実行して、効果を検証します。CBTを一言でまとめると、「基本モデルに沿ってアセスメントし、悪循環から抜け出すために様々なコーピングを試みるセラピー」と言えるかもしれません。

　ところでCBTではこの基本モデルの他に、必要に応じてもうひとつモデルを使う場合があります。それが図１.３です。

　図１.３のモデルは認知を階層的にとらえたものです。その場その場で頭に浮かぶ思考やイメージを「自動思考（automatic thought）」と呼びます。自動思考は一番浅いレベルの認知です。階層的認知モデルでは、その自動思考の背景に「スキーマ」というものを想定します。スキーマとはもともと認知心理学の用語で「認知構造」を意味します。ジュディス・ベックはスキーマをさらに「中核信念」と「媒介信念」という２つの層に分けていますが、ここではごく簡単にこれらについて説明します。

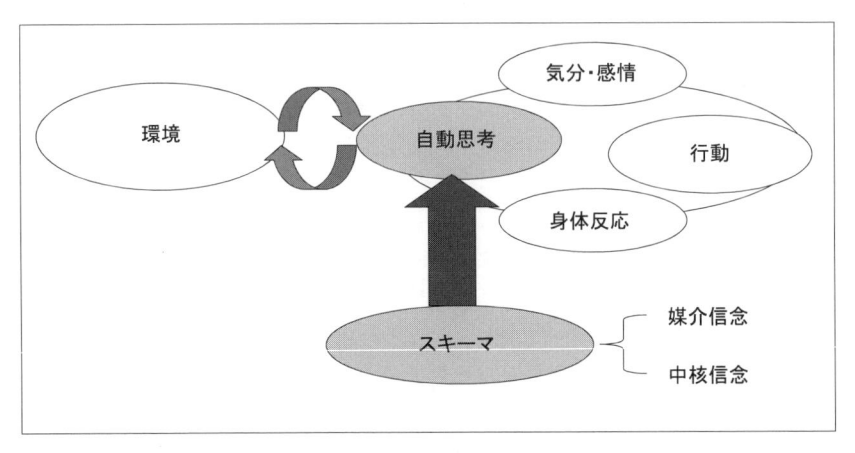

図1.3　階層的認知モデル

　たとえばAさんという人がいます。Aさんは今，友だちと待ち合わせしているのですが，その待ち合わせ時間に遅れてしまいそうで，急いで道を歩いています。目の前には大きな交差点があります。待ち合わせ場所に行くには，その大きな交差点を渡らなくてはなりません。交差点を渡ろうとして信号を見ると，青信号が点滅しています。

　Aさんは「やばい，急いで渡らなきゃ」と思って，走り出しました。この「やばい，急いで渡らなきゃ」は自動思考です。この自動思考は，【待ち合わせに遅れそう】【青信号が点滅】という環境や状況によって生じた認知的反応でもありますが，実はそれだけではありません。Aさんの心の中には「待ち合わせに遅れてはならない」「青信号では渡ってもよいが赤信号では渡ってはならない」「交通法規は守るべきだ」「自分は約束を守る人間だ」「車には轢かれたくない」といった思いがあるはずで，だからこそ「やばい，急いで渡らなきゃ」という自動思考が生じたのだとも考えられます。これらの思いはAさんの意識にいちいち上ることはありませんが，こういう思いがあるからこそ，Aさんは急いで交差点を渡ったのでしょう。逆にこれらの思いがない人であれば，急いで渡ることはしないでしょう。たとえば「少しぐらい待ち合わせに遅れてもよい」という思いを持つ人であれば，次の信号を待つでしょうし，「交通法規なんてどうでもいい」「車に轢かれるぐらいなんでもない」という思いを持つ人であれば（そんな人はほとんどいないと思いますが），赤信号でも堂々と渡るかもしれません。

　これらの「思い」をCBTでは「スキーマ」「信念」と呼び，アセスメン

トに組み込んでいくことがあります。スキーマや信念については,「アセスメント」および「スキーマ分析」の章で詳しく述べますので,現時点では認知を階層的にとらえるモデルがあるということだけ理解していただければよいかと思います。なおスキーマや中核信念や媒介信念について詳しく知りたい方は,ジェフリー・ヤングの『スキーマ療法』やジュディス・ベックの著作をご参照ください。章末に文献情報を掲載してあります。

1−3 認知行動療法の特徴

CBT の基本原則とでも言うべき重要な特徴は以下の8点です。これらについては「初級ワークショップ」でおさらいしていただき,さらに詳細については本ワークショップで具体的に紹介していきますので,それらをお読みください。ここではごく大雑把にまとめておきましょう。

①カウンセラーとクライアントは「問題解決チーム」を作り,積極的に協同作業を行う。
②クライアントの全ての体験を基本モデルに沿って理解しようとする。
③ソクラテス式質問法を中心とした積極的なコミュニケーションを図る。
④各種ツールを使ってクライアントの体験やセラピーの進行を外在化する。
⑤心理教育を重視する。
⑥ホームワークによる実践を通じて,クライアントが自助のために CBT を使いこなせるようになることを目指す。
⑦セラピーの全体の流れ,および1回のセッションの流れを構造化する。
⑧セラピーに役立つのであれば,カウンセラーは積極的に自己開示する。

> ①セラピストとクライアントは「問題解決チーム」を作り,積極的に協同作業を行う。

これはいわゆる「治療関係」についての原則です。CBT ではセラピストとクライアントが「向き合う」形の二者関係を作るのではなく,「横に並ぶ」形のチーム関係を作り,チームとしてクライアントの抱える困りごとに取り組んでいくのでしたね。

②クライアントの全ての体験を基本モデルに沿って理解しようとする。

基本モデルについてはさきほどご説明したとおりです。じっさいにどのように理解していくか，というアセスメントのやり方については後ほど具体的に紹介します。

③ソクラテス式質問法を中心とした積極的なコミュニケーションを図る。

CBTのコミュニケーションは他のアプローチと比べてかなり積極的です。カウンセラーはクライアントの話を聴くだけでなく，クライアントの自問や気づきを促すような質問を発し，クライアントの回答を受け止め，それについてさらに質問し，というコミュニケーションを積極的に作っていきます。そのような質問法を「ソクラテス式質問法」と呼ぶのでしたね。

④各種ツールを使ってクライアントの体験やセラピーの進行を外在化する。

CBTでは口頭でのやりとりだけでなく，ツールを使って自分たちのやっていることや理解したことなどを外在化していきます。外在化にはいろいろな目的がありますが，その主なものを挙げると，①自分たちの立ち位置が共有できる，②視覚的な理解を促す，③メタ認知力を向上させる，④セラピスト・クライアント・ツールという三者関係を形成する（向き合う関係を回避する），⑤共有や振り返りに役立つ，⑥第三者（家族，職場の人など）とも共有できる，といったことがあります。各種ツールやその使い方については後ほど詳しく説明します。

⑤心理教育を重視する。

さきほど申しましたとおり，CBTの最終目的はクライアントのセルフヘルプを援助することです。そのためにはCBTの理論や方法そのものをクラ

イアント自身に学んでもらう必要があります。ということは心理教育が決定的に重要であるということになります。何をどのように心理教育するか，ということについては，本ワークショップでおいおい説明していきます。

⑥ホームワークによる実践を通じて，クライアントが自助のためにCBTを使いこなせるようになることを目指す。

　クライアントがCBTを身につけるには，セッション中の心理教育や練習だけでは足りません。日常生活でクライアント自身におさらいや練習をしてもらうことが不可欠です。そこで必要になってくるのがホームワークです。どのようにクライアントに役立つホームワークの課題を設定するか，ホームワークに対するクライアントのモチベーションをどのように上げるか，というのはCBTのカウンセラーの重要な仕事ですが，その具体的なやり方についても後ほど紹介します。

⑦セラピーの全体の流れ，および1回のセッションの流れを構造化する。

　「初級ワークショップ」でも強調したとおり，CBTでは時間を計画的に使います。それは1回のセッションでもそうですし，ケース全体の流れでもそうです。「初級ワークショップ」では1回のセッションの流れをどう構造化するかについて詳しく紹介しました。なかでもアジェンダ設定が重要なのでしたね。本ワークショップではケース全体の流れの構造化について，詳しく紹介する予定です。

⑧セラピーに役立つのであれば，カウンセラーは積極的に自己開示する。

　さきほど述べたとおりCBTではカウンセラーとクライアントがチームを組みます。チームメンバー同士が互いをよりよく知ることは重要です。協同作業する相手がどのような人か，クライアントが知りたがるのは当然でしょう。またカウンセラー個人の考え方や対処法を伝えることがクライアントの認知的コーピングや行動的コーピングを増やすことに直接つながる場合もあ

ります。さらにクライアントや面接に対するカウンセラー自身の率直なコメントがトラブルシューティングにつながる場合もあります。つまり良好な治療関係を形成するために，そしてCBTの効果を上げるために，カウンセラーが自己開示をすることがCBTでは珍しくありません。CBTではクライアントもセラピストも等しく「当事者」なのです。カウンセラーの当事者性については伊藤・向谷地（2007）を参照していただければと思います。私自身，セラピストの当事者性については関心を持っており，今後も追求したいテーマだと考えています。

　以上，「初級ワークショップ」のおさらいを兼ねて，CBTについて簡単に紹介し，その主な特徴を一緒に振り返ってみました。次章からはCBTを実践するための具体的なやり方について，できるだけ詳しく紹介していきます。

●参考文献
伊藤絵美（2005）認知療法・認知行動療法カウンセリング　初級ワークショップ．星和書店
ジュディス・S・ベック（著）伊藤絵美・神村栄一・藤澤大介（訳）(2004)認知療法実践ガイド．星和書店．
ジュディス・S・ベック（著）伊藤絵美・佐藤美奈子（訳）(2007)認知療法実践ガイド：困難事例編．星和書店．
伊藤絵美・向谷地生良（2007）認知行動療法，べてる式。医学書院．
ジェフリー・E・ヤング　他（著）伊藤絵美（監訳）(2008)スキーマ療法．金剛出版．

第2章 認知行動療法の導入 その1
インテーク面接

　本章ではインテーク面接について紹介します。現在私が運営している洗足ストレスコーピング・サポートオフィスでは，インテーク面接を非常に重視しています。何でもそうだと思いますが，認知行動療法（CBT）においても「最初が肝心！」だからです。インテーク面接のやり方についてはこれまであれこれと工夫を重ねてきて，最終的に今のやり方に落ち着きました。本章では私たちの機関で実施しているインテーク面接について，ありのままをできるだけ具体的に紹介します。それをそっくり真似ていただいても，適当にアレンジしていただいても構いませんが，ぜひ参考にしていただければと思います。また，むしろ「こういうインテークのやり方があるよ」というのがあれば，ぜひ教えていただきたいとも思います。

　本章の最後に，5つの模擬ケースのインテーク面接記録を提示しました。第3章以降は，これら5つの模擬ケースの展開を追いながら解説していくことになりますので，次章に進む前に，これらの記録を熟読することをお勧めします。

2-1　インテーク面接とは

　インテーク面接とは継続的なセラピーを開始するかどうかを決めるための面接です。ということは必然的にインテーク面接での主なアジェンダは，①セラピーを開始するかどうかを決めるために必要な情報をクライアントから聴取すること，②セラピーを開始するかどうかを決めるために必要な情報をカウンセラー（インテーカー）から提供すること，の2点になります。その2点について十分話をしたうえで，継続的なセラピー，私たちの場合は継続

的なCBTを開始するかどうかをクライアントとカウンセラーで話し合って判断します。開始する場合は，セッションのペース，曜日，時間など物理的な構造についても話し合います。

　さきほど申し上げたとおり，「何事もはじめが肝心！」という思いから，当機関ではインテーク面接を重視しており，通常のセッションとは別の枠を設けてインテーク面接を行っています。インテーク面接はすべて所長である私（伊藤）が担当し，CBTを開始することになったらそこで改めて担当カウンセラーを決めます。私自身，担当カウンセラーの1人でもあります。インテーク面接にかける時間は90分から120分です。つまり通常のセッションの2倍から3倍の時間をかけてインテーク面接を行っています。ちなみに現時点でのインテーク面接の料金は1万5千円です。

　インテーク面接の予約は電話で受け付けています。電話予約の際，精神科や心療内科の通院先があるかどうかをお尋ねし，通院先がある場合は主治医の紹介状をインテーク面接時に必ずお持ちいただくようお願いしています。またインテーク面接の予約は原則的にキャンセルできないことになっています。予定の日時に来所されなかった場合でも1万5千円を丸々お支払いいただく旨，予約電話時にお伝えしています。インテーク面接という最初のセッションを当機関が重視していることが，こういったことからもクライアントに伝わるようです。

2－2　インテーク面接前の契約とプロフィール票による情報収集

　クライアントがインテーク面接にいらしたら即座に面接を始めるわけではありません。まず受付担当スタッフが部屋にご案内し，次のようなシート（図2.1）をお渡しして，それを一緒に見ながらインテーク面接および諸手続きをどのように進めていくか，そのプロセスについて説明します。

　インテーク面接および諸手続きの流れを理解してもらえたら，次に「インテーク面接を開始するにあたっての契約書」という1枚の書類（図2.2）を読んでもらい，了承が得られればその契約書の所定の欄にサインをしてもらいます。サインをしてもらって初めて，インテーク面接を開始することができる，というシステムです。ほとんどのクライアントは，わかりづらいところは質問しながら，契約書の記載内容を理解し，最終的にはサインをしてくれます。サインをいただいた契約書はすぐにコピーを取って，クライアントにそのコピーをお渡しします。この時点で「どうしても契約書の内容を承

```
┌─────────────────────────────────────────────────┐
│            インテーク面接当日のプロセス            │
│  ┌───────────────────────────────────────────┐  │
│  │ □ 説明とご契約。契約書にご署名いただきます       │  │
│  │ □ プロフィール票にご記入いただきます            │  │
│  │ □ 身分証明書をご提示いただきます              │  │
│  │ □ インテーク面接をうけていただきます            │  │
│  │ □ カウンセリングを始めるか否かを決定いたします    │  │
│  │ □ 曜日，担当カウンセラーを決め，初回面接予約を入れていただきます。│  │
│  │   予約カードを作成します                    │  │
│  │ □ インテーク面接料金をお支払いいただきます       │  │
│  └───────────────────────────────────────────┘  │
└─────────────────────────────────────────────────┘
```

図2.1 「インテーク面接当日のプロセス」の説明図

諾できない」「どうしても契約書にはサインしたくない」という方は，残念ながらインテーク面接は開始せず，そのままお引き取りいただくことになります。当機関は開設して7年目に入りますが，そのような事例（契約書にサインせず，インテーク面接そのものを開始しなかった事例）が約500ケース中3つだけありました。

　契約書にサインをしてもらった後，主治医からの紹介状をお持ちの方は，この時点でそれを渡してもらい，インテーカーである私はインテーク面接の前に紹介状に目を通します。

　ところで当機関ではインテーク面接時に10種類の質問紙による心理テストを受けていただいています。以前はインテーク面接を開始する前に，そのすべてを受けてもらっていたのですが，テストにかかる時間の個人差があまりにも大きいため，現在は，10種類のうち3つだけ，インテーク面接の前に受けてもらうようにしています。その3つとは，日本版GHQ 28，BDI-II，気分調査票です。この3つはストレス反応を見るための尺度です。ストレス反応は状況からの影響を受けやすいので，インテーク面接の前と後でも値が変わる可能性があります。したがってこの3つだけはインテーク面接の前に受けてもらい，CBT開始前のクライアントの状態をできるだけ正確に把握しようとしています。なお当機関で用いている10種類の質問紙は以下の通りです[注1]。

① 過去1年間のストレッサーとその重要度についての質問

インテーク面接開始にあたってのご契約：洗足ストレスコーピング・サポートオフィス

以下の文面をお読みになり，ご承諾いただいた上で，ご署名をお願いいたします。本契約書にご署名いただいた後，洗足ストレスコーピング・サポートオフィス（以下，当機関と記載）はあなた様とのインテーク面接，カウンセリングを実施できるものといたします。なお，ご不明な点は，遠慮なくスタッフにお尋ねください。

1. 当機関は，当機関の定めるプログラムに沿って，あなた様の抱える問題の解決を心理学的立場から援助することを目的といたしますが，当機関のプログラムは完全な問題解決を保証するものではありません。

2. 当機関は心理学的援助を目指す民間機関であり，医療機関ではありません。あなた様の心理的問題の解決のために，医療機関に通院されている方は，必ず主治医に当機関への通所をお話しなさったうえで，主治医からの紹介状をご持参ください。主治医等とは情報を共有する場合もございますのでご了承ください。また，当機関のカウンセラーが，あなた様の医療機関への受診を必要と判断する場合には，その旨をご説明いたします。その際は，必ず受診をおこなってください。

3. インテーク面接開始前に，「プロフィール票」という用紙にご記入いただきますが，その際，あなた様のお名前とご住所を確認できる身分証明書をご提示くださいますよう，お願いいたします。身分証明書とは，具体的には運転免許証，保険証，学生証などです。

4. 当機関は，カウンセリングの実施と同時に，教育および研究を行うことを目的としています。あなた様のプライバシーを万全に守った上で，専門家育成のためにスタッフや実習生を面接に陪席させたり，テストの結果や面接の内容を研究目的で活用させていただくことがあります。（※ 臨床心理士および精神保健福祉士はクライアント様に関わる情報の守秘について，厳しい義務が課せられています。個人が特定される情報を外部に漏らした場合，その資格が剥奪されることになります。したがって，研究や教育にテスト結果や事例を用いる場合は，完全に個人情報を隠すか修正するかいたします。当機関のスタッフは全員，守秘義務にかんする厳しい訓練を大学院等で受けております。）

5. 以下の場合は守秘義務より安全配慮義務が優先され，クライアント様についての情報を，その状況に適切な第三者にお知らせすることになります。
   - クライアント様に，自殺または他害の危険が高いと判断された場合。
   - クライアント様が，通告義務を負う犯罪に巻き込まれていると判断された場合。
   - その他，クライアント様，または当機関スタッフ，または第三者のどなたかが，心身に傷害を負う危険性が高い状況にあると判断された場合。

6. インテーク面接の結果，またはカウンセリングを続けるなかで，あなた様を援助するための適切な手段を当機関が有していないと判断する場合，当機関でのカウンセリングをお断りする場合があります。またキャンセルや予約の変更が続く場合は，当機関の継続そのものも見直す可能性もあります。

7. 各プログラムなどにかかる料金（料金表をご参照ください）は，すべて現金で当日お支払いいただきます。またキャンセル料などが発生した場合は，ご請求書をお送りする場合があります。

8. カウンセリングが終結した後も，必要があれば，あなた様からご許可いただいた連絡先にご連絡させていただく場合があります。

9. 1回のセッションの時間は45～50分で，どのような理由であれ延長はいたしません。予約されたカウンセリングの開始時間に遅れて到着された場合でも，面接終了時間は延長いたしませんので，ご了承ください。

私は以上1から9の文面を読み，了承しましたので，洗足ストレスコーピング・サポートオフィスでのインテーク面接を申し込みます。

年月日　_____年_____月_____日
ご署名　_____

図2.2　インテーク面接を開始するにあたっての契約書

② 日本版 GHQ 28　（中川・大坊，1996）
③ BDI-II　（小嶋・古川，2003）
④ 気分調査票（坂野ほか，1994）
⑤ 三次元モデルにもとづく対処方略尺度（TAC-24）（神村ほか，1995）
⑥ 反すうスタイル尺度（伊藤・上里（2001）を改訂）[注2]
⑦ 特性的自己効力感尺度（成田ほか，1995）
⑧ 時間的展望体験尺度　（白井，1994）
⑨ 被受容感，被拒絶感，甘えの断念尺度（杉山・坂本，2001，2006）
⑩ ソーシャルサポート（下光・小田切（2004）の一部を使用）

　これらの尺度について解説するのが本ワークショップの目的ではありませんので今日は詳しく述べませんが，上の10の尺度はストレスモデルおよびCBTのモデルに沿ってバッテリーが組まれています。当機関では，インテーク面接の際，これらの尺度を受けていただき，初回セッションでその結果を詳しくフィードバックしています。その後，第3セッション後に再度受けていただき，さらにその後は5回ごと，つまり第8セッション，第13セッション，第18セッション，第23セッション……の後に全く同じものを受けていただき，そのたびに結果についてフィードバックしています。これらはもちろん臨床実践のためでもありますが，研究のためでもあり，そのことも契約書に記載し，了承を得てから受けてもらうようにしています。これらの尺度については，データが十分に揃った時点で，研究にまとめ，学会で発表したり論文にまとめたりしていく予定です。
　クライアントが契約書の内容を了承し，サインをしたら，次に「プロフィール票」という用紙に，氏名や生年月日，連絡先などの個人情報を記入してもらいます（図2.3）。プロフィール票で特に重要なのは，連絡手段の希望順位をしっかりと教えてもらうことです。すなわち，こちらから連絡を取るようなことがあったら，自宅に電話をしてよいのか，携帯電話のほうをご希

（注1）当機関の質問紙は，杉山崇先生（神奈川大学人間科学部）と伊藤拓先生（安田女子大学文学部），および筆者（伊藤絵美）の3名で検討してバッテリーを組んだものです。お二人の先生には深く感謝申し上げます。
（注2）これは伊藤・上里（2001）の「ネガティブな反すう」についての尺度を改定したものです。伊藤・上里（2001）の尺度の信頼性・妥当性は確認されていますが，我々の使用している改訂版もある程度の信頼性・妥当性が確認済みです。今後さらに検証を重ね，尺度の内容および信頼性・妥当性について公開していく予定です。

```
┌─────────────────────────────────────────────────────────┐
│ 記入日：＿＿＿年＿＿月＿＿日                              │
│ クライアントID：＿＿＿＿＿＿＿＿＿＿＿＿                  │
│ 身分証明書：免許証・保険証・学生証・その他（＿＿＿＿＿＿）│
│ ※身分証明書確認日　　　年　　月　　日　確認者サイン：    │
└─────────────────────────────────────────────────────────┘
```

個人クライアント様プロフィール票：洗足ストレスコーピング・サポートオフィス

- ■ お名前（フリガナ）：＿＿＿＿＿＿＿＿＿＿（＿＿＿＿＿＿＿＿＿＿）様
  ※契約先経由の利用者様の場合は右記必ず記入　社員番号・ID等（＿＿＿＿）契約先名（＿＿＿＿）
- ■ 性別：男・女　　■生年月日　西暦＿＿＿＿年＿＿月＿＿日生（満＿＿歳）
  　　　　　　　　　　　　　　（大正・昭和・平成　＿＿＿＿年）
- ■ ご住所　〒□□□-□□□□
  　　　＿＿＿＿＿＿＿都道府県＿＿＿＿＿＿＿＿＿＿＿＿＿＿＿＿＿＿
  　※　郵便物を郵送する場合の差出人名　機関名で可　・　個人名（担当者，所長）のほうが良い
- ■ ご自宅電話番号（ご連絡　可・不可）＿＿＿＿＿＿＿＿＿＿＿＿
- ■ 携帯電話番号（ご連絡　可・不可）＿＿＿＿＿＿＿＿＿＿＿＿
- ■ メールアドレス1（ご連絡　可・不可）＿＿＿＿＿＿＠＿＿＿＿＿＿
- ■ メールアドレス2（ご連絡　可・不可）＿＿＿＿＿＿＠＿＿＿＿＿＿
- ■ ご連絡希望する手段　第1希望：＿＿＿＿＿＿　第2希望：＿＿＿＿＿＿
  　　　　　　　　　　　第3希望：＿＿＿＿＿＿
- ■ 緊急連絡先（ご本人様以外）
  　お名前（フリガナ）：＿＿＿＿＿＿＿（＿＿＿＿＿）様　続柄（＿＿）
  　電話番号　＿＿＿＿＿＿＿＿＿＿＿＿
- ■ 当機関をどのようにお知りになりましたか？＿＿＿＿＿＿＿＿＿＿
- ■ 当機関への来所をどなたがご存知ですか？＿＿＿＿＿＿＿＿＿＿

※以下はご記入されなくて結構です。

- ■ インテーク面接年月日，時間：西暦＿＿＿年＿＿月＿＿日　午前・午後＿＿時
- ■ インテーク面接担当者名：
- ■ カウンセリング保証金お預り日：西暦＿＿＿年＿＿月＿＿日→ご返却日＿＿年＿＿月＿＿日
  　※備考：
- ■ カウンセリング開始年月日，時間：西暦＿＿＿年＿＿月＿＿日　午前・午後＿＿時
- ■ カウンセリング担当者名：

- ■ 備考

図2.3　プロフィール票

望か，あるいは電話ではなくメールのほうがよいのか，郵便物をお送りする場合，当機関の名前が記載された封筒を使ってよいのか，それとも所長もしくは担当者の個人名で郵便物をお送りしたほうがよいのか，といったことを教えていただくのです。また緊急連絡先も必ずおうかがいするようにしておきます。クライアントには，〈万が一あなたがここで心臓発作で倒れて病院に担ぎ込まれたとき，こちらから一体どなたにご連絡すればよいのか，そういった万一の場合に備えて，念のために緊急連絡先を教えていただきたいのです。逆に言うと，生死に関わるような重大な事態でなければ，あなたの許可なく緊急連絡先にこちらから連絡するようなことは決してありません〉と説明すれば，皆さん納得してくれます。またプロフィール票には「当機関をどのようにお知りになりましたか？」という質問が記載されています。この質問への回答も大いに参考になります。

　プロフィール票にご記入いただいたら，免許証など身分証明書を提示していただき，お書きいただいた氏名と住所がそのとおりであるかどうか確認させてもらいます。カウンセリング機関によっては，あえてそこまでしないところもあるかとは思いますが，私たちとしてはお互いの顔が見える関係を基盤にして，安心してCBTを進めていきたいと考えておりますので，身分証明書を拝見するようにしています。身分証については電話でインテーク面接の予約を受ける際に，当日お持ちいただくようお願いしています。

　このようにして契約書にサインをもらい，さらにプロフィール票にもご記入いただき，上記の10の尺度のうち3つ（日本版GHQ 28, BDI-II, 気分調査票）にだけ回答してもらって，いよいよインテーク面接を開始します。なお，私はBDI-IIだけ面接の前にざっと合計点を出し，特に自殺念慮に関わる質問の得点を確認してから，インテーク面接に臨むようにしております。

2-3　インテーク面接のアジェンダを示す

　インテーク面接では，「インテーク面接アジェンダシート」（図2.4）をクライアントに示しつつ，冒頭で必ずこのように申し上げることにしています。

　〈伊藤と申します。はじめまして。今日のこの「インテーク面接」とは，継続的なカウンセリングを始めるかどうかを決めるための，準備のための面接です。（ここでインテーク面接アジェンダシートをクライアントの目の前に置く）今日

```
┌─────────────────────────────────────────────────┐
│           インテーク面接アジェンダシート          │
├─────────────────────────────────────────────────┤
│   □ プロフィール票の確認                         │
│   □ 医療機関，他の相談機関への通院通所について   │
│   □ 現在の生活状況                               │
│   □ 生活歴・家族歴                               │
│   □ 主訴，およびその経過                         │
│   □ 当機関に対する要望                           │
│   □ 認知行動療法についての説明                   │
│   □ 開始するかどうかの意思決定                   │
│   □ インテーク面接に対する感想                   │
│   □ その他                                       │
│                                                 │
│              洗足ストレスコーピング・サポートオフィス │
└─────────────────────────────────────────────────┘
```

図2.4　インテーク面接アジェンダシート

は，このように様々な項目について○○さんからざっくりとお話をおうかがいし，次に私から当機関のカウンセリングについて説明をいたします。それを聞いていただいた上で，カウンセリングを始めるかどうか○○さんにご判断いただくことになります。始めることになったら，そこで改めてカウンセリングの担当者を決めます。したがって今日は大事な話もいろいろと出てくるかとは思いますが，それらを掘り下げておうかがいすることはいたしません。大事な話は担当者が決まってからむしろじっくりとしていただければと思います。ここまでよろしいですか？〉

このように説明して「嫌だ」という方はまずいらっしゃいません。皆さん，「ああ，そうなんですね」とか「わかりました」などと言ってくださいます。そうしたらアジェンダシートの第1の項目，「プロフィール票」の確認を行います。といってもここでクライアントが記入してくれた内容を共有し，確認するだけです。

2－4　医療機関等への通院歴や現在の治療の状況について聞く

　次に精神科，心療内科などメンタル系の医療機関への通院歴や現在の治療状況についておうかがいします。現在通院中の方の場合は主治医の紹介状を

必ず持参してきてもらっているので，ここで紹介状に書かれてあることを差し障りのない範囲でご本人にお見せして，内容を共有します。医師からどのような診断を受け，どのような治療を受けているのか，そして治療によってどのような効果がどれぐらい得られているか，などについて具体的に教えてもらいます。

　通院歴や治療歴の長い方，転院の経験のある方，転院を繰り返している方の場合は，これまでの通院や入院の経緯を，事実関係を中心に具体的におうかがいします。特に転院をしている方の場合は，その理由も必ず聞くようにしています。たとえば「先生（医師）の一言で傷ついて，もう信用できないと思ったので，病院を変えた」ということを繰り返しているクライアントの場合，当機関でも同じようなことが起こるかもしれないと予測し，それを防ぐための対策を早め早めに立てることができます。

　治療歴とは別に，心理療法やカウンセリングについても現状やこれまでの経緯を話していただきます。これは当機関の特徴なのかもしれませんが，「カウンセリングは全く初めて」という方のほうが少ないぐらいで，これまでに何らかの心理療法やカウンセリングを受けたことがある，という方が多くいらっしゃいます。その場合，上の医療機関と同様，具体的にどういう機関でどういう先生にどのような心理療法やカウンセリングを受けていたのか，そしてどのような効果があったのか，について話してもらいます。

2－5　現在の生活状況を聞く

　医療についての情報を得たら，次に現在の生活状況について情報収集します。今のところ，以下のアジェンダについてそれぞれ具体的にお話をうかがっています。

- 家族
- 生活形態
- 婚姻の状況
- 家族との関係性
- 職業（学業）
- 職場（学校）でのストレス
- 職場（学校）での人間関係
- 休日の過ごし方

- 家族や職場（学校）以外での人間関係
- 経済状況（借金の有無など）
- 健康状態
- 食欲，食事の状態
- 睡眠
- 胃腸や排泄の状態
- 月経（女性のみ）
- 運動の有無
- 嗜好品（タバコ，酒，コーヒーなど）
- 趣味

　以上の項目について話を聞く中で，主訴にまつわる詳しい話をし始める方もいらっしゃいますが，その場合，アジェンダシートを提示して，〈あなたはそのことでお困りになって，今日こちらにいらっしゃったのですね。それについてはこの「主訴」のところで詳しくおうかがいいたします。今は生活全般についてざっくりと教えてください〉と言って，一度話を遮ります。

　このように現在の生活状況について情報収集することで，クライアントの現在の適応レベルや機能レベルがある程度推測できます。これはCBTの見通しを立てる上でも非常に重要なことだと私は考えています。

　またこのようにこちらから細かくアジェンダを提示して，具体的に情報収集することを繰り返す中で，インテーク面接とはフリートークではなく，様々な項目について情報収集する面接であることを，クライアントは体験的に知ることができます。

2-6　これまでの生活歴を聞く

　生活の現状をある程度把握したら，次はこれまでの生活歴を，こちらもざっくりとおうかがいします。ここでのアジェンダは以下のとおりです。

- 原家族の構成
- 出生地，生育地
- 原家族それぞれの職業，性格，特徴など
- 幼少期に体験したライフイベント
- 幼少期のクライアントの性格や有り様

- 学校（小学校，中学校，高校，それ以上）でどうであったか
- 職場でどうであったか
- 結婚や出産の経歴
- これまでに経験した大きな病気や怪我
- その他の重要情報

　原家族にまつわる情報は非常に重要です。インテーク面接時には，詳しいお話は聞きませんが，そのクライアントが様々な困難を抱える家庭に育ったのか，それとも特に大きな困難をもたない家庭に育ったのか，それによって今現在クライアントが抱える問題の深刻さや影響する範囲がかなり異なってくるからです。

　同時に小学校，中学校，高校における本人の適応レベルを確認することも非常に重要です。小学校1年生のときから友だちを作ることがとても苦手だったとか，小学校4年生のときにいじめに遭って以来不登校になったとか，中学校の雰囲気が合わず修学旅行に行かなかったとか，中学校までは良かったけれども高校でグループの人たちといざこざがあり，急に人が怖くなってしまったとか，友だちはできなかったけれどもいつも担任の先生にかわいがられていたとか，クラスにはいつもなじめなかったけれども部活が楽しかったとか……みなさんもう本当にいろいろです。

　原家族にさほど問題がなかったり，本人の学校への適応が良好だったりする場合，それらについて聞かれても，クライアントはあまり多くを語らない傾向があるように思います。個人的にはこの現象がとても面白いなあと思っています。統計を取ったわけではありませんが，原家族や学校についていろいろと尋ねられたとき「まあ，ふつうでした」「それなりに楽しかったです」「よく覚えていないけれど，まあまあだったと思います」といった感じで答えるクライアントの95パーセントは，家族や学校への適応に問題がなく，残りの5パーセントが大いに問題があったけれどもインテーク面接では言いたくないクライアントである，という印象を受けています。実際，生活歴の何らかの項目について「インテーク面接では言いたくない」という場合，特に追及せず，「言いたくない」とクライアントがおっしゃったという事実のみ，記録を残しておくようにしています。インテーク面接はあくまでCBTの門をくぐるかどうかを決めるための面接ですから，「言いたくない」というクライアントの気持ちを優先し，あとは実際にCBTが始まって，クライアントが「このカウンセラーになら言ってもいいな」と思えるようになって

から，必要な情報を教えていただけばよいと思うのです。

2-7 主訴と主訴に関わる情報を聞く

　現在の生活状況，そしてこれまでの経歴をかなり詳しく教えてもらった時点で，クライアントは今日のインテーク面接という面接そのものに慣れてきて，リラックスしてくる方が多いです。それと同時にカウンセラー（インテーカー）側も，クライアントがどのような人か，これまでどのように生きてこられた方か，そしてどのようなコミュニケーションの取り方をする人かがだいぶわかってきて，「仮にこの人とCBTを始めたら，どんな流れになるだろうか」という見通しが少し持てるようになってきています。ここで初めて私はクライアントに主訴について尋ねます。機関によっては，インテーク面接の冒頭で主訴を尋ねることが多くあろうかと思いますが，私たちはあえてそうせずに，背景となる情報をいろいろ収集したうえで，主訴を聞くことにしているのです。

　主訴を最初に聞かない理由は2つあります。1つは，はじめに主訴を聞いてしまうと，その後の話がどうしても主訴のほうに引っ張られがちになってしまい，「全般的に話をおうかがいする」というインテークの主旨に反することになってしまう恐れがあるからです。もう1つは，ちょっと言い方がよくないかもしれないですが，クライアントがこちらの問いに答えて語る「主訴」は，あまりそのまま鵜呑みにしないほうがよいと考えているためです。中にはすでにご自分でよくよく吟味して，練りに練った主訴を持ち込んでくれるクライアントもいらっしゃいますが，そういう方はあまり多くはありません。ほとんどのクライアントは，〈主訴は？〉と聞かれたそのときに，たまたま頭に浮かんだ困りごとを主訴として挙げるのであって，それは十分に吟味された主訴とはいえません。そのようにして出された主訴を，そのままCBTの主訴として扱ってしまうのは危険なことです。

　以上の理由から，当機関ではインテークの後半に主訴を尋ね，しかもそれを当機関のCBTにおける主訴，つまりカウンセラーとクライアントが共有する主訴として，定式化するための話し合いを行います。

　主訴については以下のアジェンダを通じて話をおうかがいしていきます。

- 主訴のタイトルと具体的内容
- その主訴はいつから？　これまでの経緯は？

- どのような対処を試みてきたか？
- そのような主訴を抱えるクライアントに，現在どのようなサポートがあるか？
- 主訴がどうなったらよいか？
- その主訴をめぐって，CBT に何を求めるか？

主訴について話してもらう際，カウンセラーはまず次のように言います。

〈さて，これからいよいよ「主訴」というものについてお話しいただきます。主訴というのは，あなたがここでのカウンセリングで，いったいどのような困りごとや悩みごとに焦点を当てていきたいか，ということを言います。何をターゲットにして，ここで協力してやっていきたいのか，それをまずあなたの言葉でお話しいただきたいのです。主訴は1つでも複数でも構いません。まずはその主訴について，タイトルみたいな形で教えていただけますか？〉

このようにお願いすると，たいていのクライアントは，たとえば「人間関係がうまくいかない」「自分に自信がもてない」などと答えてくれます。それをとっかかりにして，カウンセラーはソクラテス式質問を行い，主訴をさらに具体的にします。たとえばこんな感じです。

【パターンA】
カウンセラー：「人間関係がうまくいかない」というのが主訴なのですね。「人間関係がうまくいかない」とは，具体的にはどのようなことでしょうか？
クライアントA：人と話すとき，相手が自分をどう思うか気になってしかたがないんです。
カウンセラー：なるほど。それは，話している最中に気になってしまうということなんですか？
クライアントA：そうです。話している最中です。
カウンセラー：気になって，あなたはどうするのですか？
クライアントA：気になるので，結局話すのをやめてしまうのです。だから人との会話が全く続かないんです。
カウンセラー：それは職場で，ですか？ それともプライベートな人間関係でも？
クライアントA：ああ，職場で，です。プライベートではわりと大丈夫なんで

すけど。

カウンセラー：職場の特に誰と話しづらい，というのはありますか？ 上司とか目上の人とは特に，とか。あるいは同期なら大丈夫だけど後輩とは話しづらい，とか。

クライアントA：いいえ，特にありません。上司でも同期でも後輩でも取引き先でも，仕事関係の人と話すのが，私すごく苦手みたいなんです。同期でも仲のいい子は大丈夫なんです。仕事上の話をするのが駄目みたいです。

カウンセラー：ということは，職場で仕事関係のことを人と話すときに，相手が自分をどう思うか気になって，話を続けられなくなってしまう，というのがAさんの主訴だと考えてよろしいでしょうか？

クライアントA：ええ，そうです。私が困っているのはまさにそのことです。

【パターンB】

カウンセラー：「人間関係がうまくいかない」というのが主訴なのですね。「人間関係がうまくいかない」とは，具体的にはどのようなことでしょうか？

クライアントB：人間関係がうまくいかないから落ち込んでしまうのです。

カウンセラー：人間関係がうまくいかないせいで落ち込んでしまう，ということですか？

クライアントB：そうです。後で1人になったときに，「ああ言えばよかった」とか「あんなこと言わなきゃよかった」とか，いろいろ後悔して落ち込んでしまうんです。

カウンセラー：なるほど。後でいろいろ考えてしまうのですね。いろいろ後悔して落ち込んでしまうのは，人間関係に関してだけですか？ それとも人間関係以外のことについても，いろいろ後悔して落ち込んでしまうことがあるのでしょうか？

クライアントB：（しばらく考える）うーん，そうかもしれません。そういえばこの間，学生時代にあれもすればよかった，これもすればよかったとグルグル考えて落ち込んでいました。

カウンセラー：ということはBさんの主訴は，人間関係そのものというより，人間関係やその他のことについてグルグル考えて，後悔したり落ち込んだりしてしまう，ということになるのでしょうか？

クライアントB：ああ，そうですね。そう思います。大体僕，ひどいマイナス思考なんですよ。ささいなことでも自分の中ですごく引きずってしまうんです。

カウンセラー：なるほど。ということは，やはり「人間関係やその他のことについてグルグルとマイナスに考えて，後悔したり落ち込んだりしてしまう」ということが，第一の主訴のようですね。それをここに書いてもいいですか？

クライアントB：お願いします。

カウンセラー：ところでさっき私が主訴について尋ねたときに，Bさんは真っ先に「人間関係がうまくいかない」とおっしゃったのですが，人間関係それ自体についても，何かお困りのことがあるのですか？

クライアントB：なんだろう。確かにさっきそう言いましたけど，今先生にグルグル思考が主訴ですね，とまとめていただいて，そっちのほうがぴったり来るような気がしました。人間関係というより，グルグル思考の問題だと思います。

カウンセラー：では人間関係のほうは保留にしておきましょうか。「あ，そういえば人間関係でこういう困ったことがあった」というのを後で思い出したら，ぜひそのときに教えてください。

クライアントB：わかりました。

【パターンC】

カウンセラー：「人間関係がうまくいかない」というのが主訴なのですね。「人間関係がうまくいかない」とは，具体的にはどのようなことでしょうか？

クライアントC：私，人が怖いんです。

カウンセラー：人が怖いとは？　もう少し具体的に教えてください。

クライアントC：よくわかりません。怖いとしか言いようがありません。

カウンセラー：人って，誰でも？　知っている人も知らない人も？

クライアントC：誰でもです。この世にいる人，全員です。

カウンセラー：私のことも怖いですか？

クライアントC：もちろんです。

カウンセラー：たとえば，私のことがどのように怖いのでしょうか？　何かされそうとか？

クライアントC：人ってみんな，何考えているか，わからないじゃないですか。表面的にはいいことを言っていても，心の中では罵声を浴びせているかもしれないし，陰で悪口言っているかもしれないし。……先生だって仕事だから私に親切にしてくれるけど，心の中では「めんどくさい」とか思っているかもしれないし。そういうのがすごく怖いんです。

カウンセラー：なるほど。何を考えているかわからないから人が怖かったりするんですね。
クライアントC：それだけじゃないと思いますけど。
カウンセラー：では，この主訴のところには，「『人が怖い』と書いて，さらにたとえばということで，『何を考えているかわからないから』」というふうに書いておきたいのですが，それでよろしいでしょうか。
クライアントC：それでいいです。

　これらの3つの例から，クライアントが「人間関係がうまくいかない」という主訴を出したとしても，少し詳しく聞くだけで，その具体的な内容は様々であることがおわかりいただけたかと思います。このように主訴とは，クライアントが言ったことをそのまま扱うのではなく，クライアントが出してくれたものをもとに，カウンセラーとクライアントで定式化すべきものであると私は考えています。〈私とあなたとのCBTにおいては，どのような主訴に焦点を当てましょうか？〉という感じで，2人で扱うべき主訴を作っていくのです。
　それでもインテーク面接の段階で，主訴をなかなか具体化できないケースもあります。そもそも機能レベルがひどく落ちていたり，生涯にわたる大きな問題を抱えていたりするケースの場合，インテーク面接時に主訴を具体的に定式化するのが無理というものでしょう。その場合，無理に具体化するようなことはせず，〈(CBTが)始まってから，さらにいろいろと聞かせていただき，何を主訴としてカウンセリングを進めていくのか，改めて話し合いましょう〉と伝えるに留めるようにしています。それで特に問題が起こるようなことはありません。
　また強迫的な傾向をもつクライアントの場合，主訴を全て伝えることに固執することがありますが，その場合は，〈後で別の主訴が出てきた場合，その都度教えていただければ，それで大丈夫ですよ〉と伝えて，話を次に進めます。
　このように主訴のタイトルのようなものを教えていただいたら，次に主訴がいつから始まってどのような経緯をたどっているか，ざっと話していただきます。ただし時間に限りがありますし，ざっくりと概要だけをおうかがいするのがインテーク面接の主旨ですので，〈詳しい話はとにかく始まってから〉とお伝えして，あえて詳しく聞かないようにします。あまりにも経緯が複雑だ，という場合は，〈時間がないなかで端折っておうかがいするのは失

礼なことだと思いますので，主訴の経緯については，カウンセリングが始まってから，きちんと時間を取っておうかがいしたいのですが，それでよろしいですか〉とことわって，インテーク面接の記録用紙の「主訴の経過」の欄に，赤字で「始まったら詳しくおうかがいする」と大きく書き入れ，それをクライアントにもお見せします。インテーク面接時に半端に聞いてしまい，そのせいでクライアントの心が揺らぐようなことがあったら，むしろ大変失礼なことだと思うからです。

　主訴に対するこれまでの対処についてもおうかがいするのは，大変重要です。主訴に「やられっ放し」になっているクライアントはほとんどおらず，皆さん，主訴を乗り越えるために，様々な努力を続けておられます。それらについて話してもらうのです。対処にはたとえば，これまでに受けた治療，カウンセリングの他に，誰かに相談する，本を読む，セミナーを受ける，自己分析する，ぐっとこらえる，やりすごす，休職する，など様々です。宗教や占いを挙げる人もいます。そのとき併せて〈それらの対処法は，あなたにとって，どんなふうに役に立ちましたか？〉と質問します。〈役に立ちましたか？〉というクローズドな質問ですと，「役に立ちませんでした」で終わってしまう恐れがありますので，あえてオープンな質問をしてみて，それらの対処法の効果について思いをめぐらせてもらうのです。クライアントによっては，この質問を通じて，「今までも結構自分は頑張ってきたんだな」と思えたり，これまでの対処法によって学んだことを改めて認識したりできるようです。なかには「対処のしようがありませんでした」「どう対処したらよいかわからないので，こんなふうになってしまったのです」と言う人もいますが，その場合は，〈じゃあ，今日，ここにインテーク面接に来てくださった，ということが最新の対処法ということになりますね〉とお伝えします。

　主訴について，現実的にそれがどうなるとよいと思っているのか，クライアントの希望を聞くことも大切です。「現実的に」というのがポイントです。たとえば上のAさんの主訴は，「職場で仕事関係のことを人と話すときに，相手が自分をどう思うか気になって，話を続けられなくなってしまう」というものでしたが，単に〈それがどうなるとよいと思いますか？〉と尋ねると，「自分が気にしないようになればよい」といった答えが返ってきてしまいがちです。しかし気にせずにはいられないからクライアントは困っているのであって，それを単に裏返しで「気にしなければよい」と表現するだけでは，あまり現実的ではありません。こういう場合，私は次のような図（図2.5）を描いて，このように問いかけるようにしています。

図2.5 「主訴がどうなればよいか」について話し合うための図

〈何かがよい方向に向かうというのは,このような階段を上っていくようなものだと思うのですが,あなたの主訴について,この階段を使って考えてみましょう。(階段の一番下を指して) たとえば今,あなたはここにいるとします。あ,別にこれは「今がどん底」という意味ではありません。出発点というふうに考えてください。「職場で仕事関係のことを人と話すときに,相手が自分をどう思うか気になって,話を続けられなくなってしまう」という主訴を抱えるあなたが今,仮にここにいるとして,一番上まで階段を上がりきるとどうなるかというと,たとえば「職場で仕事関係のことを人と話すときに,相手がどう思うか全く気にせず,スイスイ話ができる」という状態になるかもしれませんね。でも階段というのは1段1段上がっていくもので,最初から最上段を狙うのは現実的ではありません。(階段の2段目を指して) 主訴を改善するのも階段と同じだとしたら,たとえば今より1段上に上がるとしたら,どのような状態になるということになるでしょうか? あなたは今,職場で仕事関係のことを話すとき,相手がどう思うかすごく気になってしまうのですよね。最終的には気にならないようになればいいのかもしれませんが,今は「気になってしまう」という現実がある。この現実が少しだけ良くなるとしたら,それはあなたがどのような状態になるということでしょうか?〉

少々くどいかもしれませんが,このような説明をすると,たいていのクライアントは,「たとえ気になったとしても,話を続けられるようになればよい」とか「気になり方が今より小さくなればよい」といった,より現実的で具体的な目標イメージを語ってくれます。このようにある程度具体的になっ

た「主訴に対するクライアントの希望」を紙に書き出し、〈今日あなたがここにいらっしゃったのは、このようなご希望を達成するための手助けを私たちに求めていらっしゃるからでしょうか？〉と尋ねると、ほぼ全員のクライアントが「そのとおりです」と答えてくれます。

ここまでがインテーク面接における主訴についてのやりとりでした。これまで示してきたとおり、当機関ではクライアントが自発的に述べる主訴をそのまま受け止め、書き出すのではなく、「ここでの私たちの主訴」という位置づけで、かなりあれこれと具体的に話し合います。このようなやりとりを通じて、クライアント自身が自分の抱える問題や困りごとを、これまでよりも具体的かつ客観的に考えられるようになります。中には主訴についてこのような話し合いをするだけで、気持ちに整理がついたという方もいらっしゃいます。またこのようなやりとりを通じて、「ここでのカウンセリングでは、かなり具体的で現実的な話し合いをするようだ」というイメージを、クライアントに持ってもらうことができます。さらに主訴について具体的な目標イメージを明確化することによって、カウンセリングに対するクライアントのモチベーションが上がることも少なくありません。

2−8 CBTについて説明する（インフォームド・コンセント）

ここまでお膳立てをして初めて、私のほうからCBTについて説明をします。この説明がCBTについての最初の心理教育ということになりますから重要です。〈いろいろと聞かせていただいて、ありがとうございました。それでは今から、ここで行っている認知行動療法のカウンセリングについて説明をさせていただきたいのですが、よろしいでしょうか？〉と前置きして、説明を始めます。さきほど紹介したAさんを例にとって、実際に私がどのように説明しているかを、ご紹介しましょう。

> **カウンセラー**：ひとくちに「カウンセリング」と言っても、実はいろいろなやり方があるのですが、それを大きく2つに分けることができます。（図2.6の①を書き始める）1つは、クライアントさんが自由に話をするスタイルのカウンセリングです。その場合、カウンセラーは基本的に聴き役に徹します。つまりクライアントさんは話す人、カウンセラーは聴く人、という役割分担です。クライアントさんは自由に話をする中で、何か大事なことに気づくかもしれないですし、話をすることで気持ちがすっきりするかもしれません。

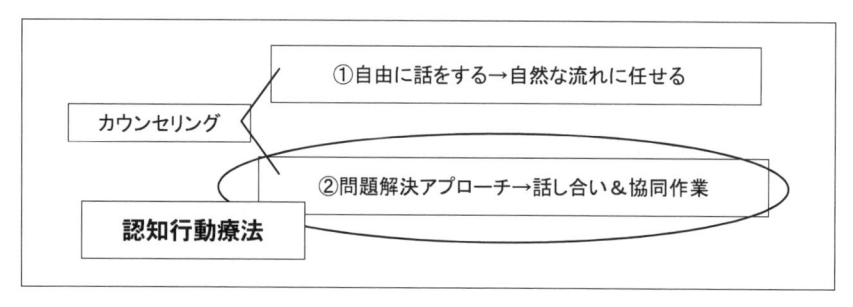

```
┌─────────────────────────────────────────────────┐
│         ┌──────────────────────────────────┐    │
│ ┌─────┐ │ ①自由に話をする→自然な流れに任せる │    │
│ │カウン│ └──────────────────────────────────┘    │
│ │セリング│   ╱                                  │
│ └─────┘  ╱  ┌──────────────────────────────┐    │
│      ╱      │②問題解決アプローチ→話し合い＆協同作業│   │
│ ┌─────────┐ └──────────────────────────────┘    │
│ │認知行動療法│                                     │
│ └─────────┘                                     │
└─────────────────────────────────────────────────┘
```

図2.6 カウンセリングの説明図

心が整理されることもあるでしょう。話をするなかで「そうだ，こうしてみよう」とアイディアが浮かぶかもしれません。いずれにせよ①のやり方は，非常に自由です。自由に話をする中で，それがどう展開するか，自然な流れに任せるような感じです。このような，自由で，自然な流れに任せるスタイルのカウンセリングは，自由であるがゆえの良さもあるのですが，時間がすごくかかります。また，自然な流れに任せてみた結果，それがどう転ぶかわからない，というデメリットがあります。結果が読めないのです。

クライアントA：なるほど。私が以前受けていたカウンセリングは，まさにこれでした。確かに自由に話ができましたし，話を聞いてもらってスッキリした面はありましたが，効果という点では疑問でした。

カウンセラー：ここでの認知行動療法を用いたカウンセリングは，今ご説明した①のやり方とは異なります。（図2.6の②を書き始める）さきほどAさんの主訴を教えていただきましたが，ここに来られる方は皆，その方なりの主訴，つまり困りごとを抱えていらっしゃいます。困っていることがあって，それを自分ひとりでは解決しきれないから，助けを求めてカウンセリングを受けに来られるのです。認知行動療法では，その方の抱える主訴，つまり問題や困りごとに焦点を当て，どうすればそれらの問題や困りごとを解消できるか，現状を少しでもよい方向に持っていくにはどうすればいいか，という視点からカウンセリングを進めていきます。このようなやり方は「問題解決アプローチ」と呼ばれています。問題解決アプローチでは，あくまでも問題や困りごとに焦点を当てますので，①のような自由さはありません。何でも自由に話すのではなく，問題に焦点を絞った話し合いを行うのです。ここまでよろしいでしょうか。

クライアントA：大丈夫です。

カウンセラー：そして今「話し合い」と申し上げたとおり，認知行動療法のカウンセリングでは，クライアントさんが話す人，カウンセラーが聴く人，という役割分担はありません。ひたすら話をするだけでは解決できない問題を抱えているから皆さん苦しんでいるのですから，その問題をどうにかするために，「ああでもない」「こうでもない」「ああだよね」「こうだよね」とクライアントさんとカウンセラーが一緒に知恵を出し合い，一緒に考えていくのです。ただ話を聴くのではなく，積極的な話し合いを行うのです。ここまでよろしいでしょうか？

クライアントＡ：よくわかります。

カウンセラー：さらに言うと，Ａさんもそうだと思いますが，皆さんの主訴はこの面接室の中ではなく，皆さんの日常生活の中で起きているものですよね。ということは，ここで話し合うだけでは，主訴はなかなか解消しないということになります。話し合いだけでは足りないのです。そういうわけで認知行動療法のカウンセリングでは，主訴を解消するために，日常生活においてどういう工夫ができそうか，一緒に作戦を立て，ここで一緒に練習したり，クライアントさんに日常生活で実践してきてもらったりします。話し合いだけでなく，実際に協同作業をして，主訴の解消を図るのです。（完成した図２．６を示して）こうやって比べてみると，ここでの認知行動療法のカウンセリングは，話をするのが中心のカウンセリングに比べて，かなり積極的であることがおわかりいただけるかと思いますが，いかがでしょうか？

クライアントＡ：よくわかりました。大丈夫です。

このように説明すると，ほとんどの方がこのＡさんと同様，よく理解してくださいます。特に，「問題解決」とか「話し合い」とか「協同作業」といった言葉が出てくると，皆さん，何度もうなずいたり身を乗り出すようにして図を見たりしながら，真剣にこちらの説明を聞いてくれます。次にCBTの基本モデルについての説明を行います。その際，まずCBTの基本モデルが描かれたツール（図２．７）をクライアントの目の前におもむろに置き，それを見ながら，説明を聞いてもらうようにします。

カウンセラー：認知行動療法についての説明を，さらに続けてもよろしいですか？

クライアントＡ：ええ，もちろん。お願いします。

カウンセラー：（図２．７を示して）ここにあるのは，認知行動療法で必ず使う

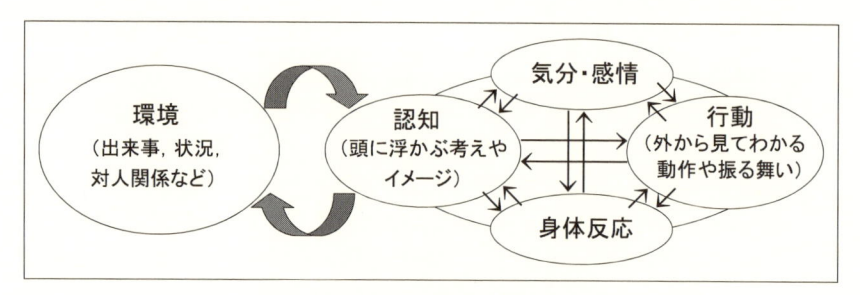

```
        環境                 認知            気分・感情
    (出来事, 状況,      (頭に浮かぶ考えや
     対人関係など)         イメージ)           行動
                                        (外から見てわかる
                                         動作や振る舞い)
                                   身体反応
```

図2.7　認知行動療法の基本モデル

モデルです。このモデルは，カウンセリングが始まったら嫌というほど何度も出てきて，皆さん，そのうちに覚えてしまうものですが，今日は，簡単に説明だけします。何となくご理解いただければ，今日はそれで十分です。

クライアントＡ：（興味深そうに図2.7の基本モデルを見る）

カウンセラー：認知行動療法では，その方の主訴がどのような環境において発生しているのか，まずそちらを先に見ます。主訴をとりまく環境はどのようなものなのか，その人はどのような出来事に対してストレスを感じているのか，どのような状況において主訴が出やすいのか，どのような対人関係がその人を苦しめているのか……といったことを先に見ていくのです。Ａさんの場合，「相手が自分のことをどう思うか気になってしまう」という主訴がありますが，これは職場に限ってということでしたね。プライベートではそのような主訴はない，ということでしたね。

クライアントＡ：ええ，そうです。

カウンセラー：今日はこれ以上詳しくおうかがいしませんが，職場で人と話すといっても，様々な状況がありますよね。Ａさんの場合，上司だろうが同期だろうが後輩だろうが仕事関係の話をするときに気になってしまう，ということでしたが，もっと詳しく見ていくと，上司のときと同期のときと後輩のときとで違いがあるかもしれません。また複数の人と話すのか，1対1で話すのかでもＡさんの反応に違いがあるかもしれません。打ち合わせや会議などで話をするときと，お昼ご飯を食べながら話すときにも違いがあるかもしれません。また仕事関係の話をするといっても，日常業務について話すのか，何か困ったことやトラブルについて話すのか，それによってもＡさんの感じるストレスは変わってくるかもしれません。とにかくどのような環境や状況や対人関係がＡさんの主訴を引き起こすのか，それをまず具体的に見ていきます。

クライアントA：今気づいたんですけど，上司とランチしながら仕事の話をするのが，一番きついかもしれません。何でだろう……特に今の上司ってあまりしゃべらない人だからかもしれません。でもおっしゃるとおり，細かくみていくと，もうちょっといろいろと違いがありそうです。

カウンセラー：そうやって主訴を取り巻く環境を具体的に理解した後，今度はAさん自身の反応パターンを，やはりこのモデルを使いながら明らかにしていきます。認知行動療法では，その人の反応の仕方を，便宜上，この4つの要素に分解して理解しようとします。今日はこの4つについて，ちょっとだけご説明します。これも始まったら何度も出てきますので，今日は何となくご理解いただければ，それで十分です。……まず「認知」とは，その人の頭に浮かぶ考えやイメージのことです。たとえばAさんは上司とお昼ご飯を一緒に食べながら仕事の話をしているとき，どんなことを思ったりイメージしたりしていますか？

クライアントA：何だろう……ああ，私が何かズレたことを言っているんじゃないか，そして「こいつ，何もわかってない」と上司に思われているんじゃないか，と思っているような気がします。

カウンセラー：なるほど。ということは，上司と話をしながら，Aさんの頭の中には，「私は何かズレたことを言っているんじゃないか？」「何もわかってないと上司に思われているんじゃないか」といった考えが浮かんでいるわけですね。そういう頭の中に浮かぶ考えやイメージを「認知」と呼ぶわけです。上司と話をしているとき，頭の中にそういう認知が浮かぶと，Aさんはどうなりますか？

クライアントA：すごく緊張します。

カウンセラー：緊張した気持ちになるのですね。そのとき身体も緊張しますか？ たとえばドキドキするとか？

クライアントA：ドキドキというか，喉がつまった感じになります。

カウンセラー：なるほど……ある状況においてある認知が生じると，今度はそれが気分や身体に影響を与えます。Aさんの場合，上司と話をしているときに，「私は何かズレたことを言っているんじゃないか？」といった認知が頭の中に生じ，それによって気分的に緊張したり，身体的には喉がつまった感じになるのですね。そして先ほどのお話ですと，そうなると結局話すのをやめてしまうということでした。話をするとか，話をするのをやめるとか，立ち上がるとか，しゃがみこむとか，（右手を上げて）こうやって右手を上げるとか，（右手を下げて）こうやって右手を下げるとか，外から見てわかる振る舞

いや動作のことを「行動」と呼びます。Aさんの場合，上司と話をしているという状況で，「私は何かズレたことを言っているんじゃないか？」といった認知が浮かび，気分的に緊張し，身体的には喉がつまり，結果的に話すのをやめる，という行動を取っているわけです。ここまでよろしいでしょうか？

クライアントA：（興味深そうに）そのとおりです。

カウンセラー：そして，今日は詳しくお話をおうかがいしていないので，私が勝手に話を作っちゃいますけど，たとえば，そういう行動を取った自分について，今度は「また話を途中でやめちゃった。何で私はいつもこうなんだろう」といった認知が浮かんで，気分的には落ち込み，身体はだるくなり，行動的には仕事が手につかないということになり，さらにそういう自分を「やっぱり私は人間関係が苦手だ」と責めて……これも認知ですね，さらに落ち込んで……落ち込むというのは気分ですね，それで涙が出てきちゃって……涙が出るというのは身体反応ですね……，こうやってぐるぐると悪循環が形成されていくのです。このようにほとんどの主訴は，このモデルを使って，悪循環として理解することができます。悪循環が形成されてしまって，しかも自力でそこから抜け出せないから，皆さん苦しんでおられるわけです。

クライアントA：（何度もうなずきながら）確かにそうです。まさに悪循環です。

カウンセラー：認知行動療法で最初にするのは，今紹介したこのモデルを使って，悪循環のメカニズムを一緒に理解することです。悪循環から抜け出すためには，その悪循環が「どうなっているか」がわからないと，作戦も立てられないですからね。ですからまず悪循環が「どうなっているか」を，このモデルを使って具体的に調べていくわけです。ここまでよろしいでしょうか？

クライアントA：よくわかります。

こんなふうにCBTの基本モデルをまずは簡単にクライアントに紹介します。すでに主訴についてある程度うかがっているので，クライアントの主訴を使ってモデルの紹介をすると，皆さん，自分のこととして真剣に聞いてくれます。ただし，この段階で重要なのは，基本モデルをしっかりと理解してもらうことではなく，主訴は悪循環として捉えうること，CBTではまずその悪循環のメカニズムを理解することが重要であることを，クライアントに伝えることです。モデルそのものに対する理解は，CBTが始まってからでよいのです。特に劣等感の強いクライアントの場合，こういうしち面倒くさそうなモデルが出てきただけで，「難しくてよくわからない」「自分には理解

できない」といった自動思考が出て，拒否的になる恐れがあります。モデルを提示したときの反応にネガティブなものを感じたら，先にカウンセラーのほうから，「これは今理解できなくても全然問題ありませんから」「(CBTが) 始まったら嫌というほど出てきて，そのうち覚えてしまいますから」と前置きをすると，そのような抵抗感が薄れるようです。

逆に上のような簡単な説明だけで，モデルをすごくよく理解し，自分の体験に照らし合わせて深く納得するクライアントもいます。そういうクライアントは概してCBTの進みが早いです。カウンセラーとしては，モデルの説明をしながら，クライアントの反応を見て，そういうあたりをつけると良いかと思います。

CBTの基本モデルについて簡単な説明をした後は，いよいよ「認知行動療法とは何か」という説明を行います。

カウンセラー：すみません，まだまだ説明が続きますが，大丈夫でしょうか？
クライアントA：大丈夫です。
カウンセラー：さきほど申し上げたとおり，認知行動療法ではまず，このモデルに沿って，クライアントさんの主訴がどのような悪循環にはまってしまっているのか，それを一緒に理解するのですが，理解した後は，いよいよその悪循環から脱出するための作戦を立てることになります。(モデルを指差して) 悪循環から抜け出すということは，ここにある5つの要素のどれかを突破口にするということです。ここにある5つ (環境，認知，気分・感情，身体反応，行動の5つ) を全て完璧に変えなければならない，ということではないのです。この中のどれかを突破口にして，脱出できさえすれば，それでいいのです。あるいは絡まった毛糸をイメージしてみてください。それをほどくにはどうすればいいと思いますか？
クライアントA：はさみでどこかを切る？
カウンセラー：そうですよね！　どんなにぐちゃぐちゃに絡まっている毛糸でも，どこかをはさみでチョキンと切れば，スルスルスルーとほどけていったりしますよね。それと一緒です。悪循環のすべてを何とかしようとするのではなく，どこかに切り込みを入れて，ほどけるようにしてあげればいいのです。そうすれば結果的に悪循環は解消されます。
クライアントA：(深くうなずく) うん，確かにそうですね。
カウンセラー：ではこの5つの要素のうち，どこに切り込みを入れると良いでしょうか？　どこを突破口にして悪循環から抜け出すと良いでしょうか？

（「環境」を指差して）まずその人を取り巻く「環境」ですが，これはその人が自由にコントロールするのは極めて難しいですよね。もちろん環境に働きかけることはできますが，環境そのものを好きなように変えるとか，すでに起きてしまった出来事を「なかったことにする」というのは不可能ですよね。環境を何とかできるのであれば，皆さん，とっくにそちらを何とかしますよね。それに，たとえばＡさんの場合，仕事を辞めれば主訴はとりあえず解消されるかもしれませんが，そういうわけにはいかないから，今日こちらにいらっしゃっているのですよね。

クライアントＡ：仕事を辞めるというのはありえないです。

カウンセラー：環境を変えたり，環境と自分を切り離すことができないのであれば，環境はひとまずそのまま保留にしておいて，環境に対する自分の反応のほうを工夫して，悪循環を解消する必要があります。（「気分・感情」と「身体反応」を指差して）ところで自分の反応のうち，この「気分・感情」と「身体反応」というのは，意思の力で直接コントロールするのが，すごーく難しいんです。もし気分を好きなようにコントロールできるのであれば，毎朝，「今日もハッピーな気分で一日を過ごそう」と決めればいいだけの話ですが，残念ながら実際はそうはいかないですよね。

クライアントＡ：（苦笑しながら）そうですね。

カウンセラー：身体反応も同じで，たとえば「今から頭をかゆくしよう」と思ったからといって，頭がかゆくなったりはしませんよね。身体は，自分の意思とは関係なく，頭がかゆくなったり，頭が痛くなったり，眠くなったり，トイレに行きたくなったりしますよね。つまり気分や感情と身体反応は，直接工夫のしようがないのです。だからこれらを突破口にして悪循環から抜け出す，ということはできません。

クライアントＡ：（うなずきながら）なるほど。確かに。

カウンセラー：そこで残るのが「認知」と「行動」です。さきほど申し上げたとおり，認知とは，頭の中に浮かぶ考えやイメージのことです。考えやイメージは勝手に浮かぶこともあれば，意図的に浮かべることもできます。たとえばＡさんの場合，上司と話をしているときに浮かぶ「私は何かズレたことを言っているんじゃないか？」という認知は，意図的ではなく自動的に浮かんだものですよね。

クライアントＡ：そうです。

カウンセラー：認知には，そのように，勝手に，もしくは自動的に浮かぶものもあれば，意図的に思い浮かべることのできるものもあります。たとえば今

日のお昼ご飯に何を食べようかなあというときに,「カレーにしようかな」「パスタにしようかな」「ラーメンにしようかな」「おそばにしようかな」「コンビニのおにぎりにしようかな」「ダイエットのためにお昼ご飯を抜こうかな」と自分でいろいろと選択肢を出すことができますよね。そして「今日はあのお店でパスタを食べよう」と自分で決めることもできますよね。そして実際にそのお店に行ってパスタを注文し,パスタを食べたとします。これらは自分で決めて選んだ行動ということになりますね。このように認知と行動は自分の意思で選択肢を生み出したり,選んだり,工夫をしたりすることができるのです。ということは,認知と行動であれば,悪循環から脱け出すための突破口にできるということになります。ここまでまとめると,認知行動療法では,まずクライアントさんの抱えている主訴がどのような悪循環になっているのか,このモデルに沿って理解します。そのうえで,悪循環から抜けるために,どのような認知の工夫ができそうか,どのような行動の工夫ができそうか,一緒に作戦を立て,実践します。だから「認知行動療法」と呼ばれているのです。……ここまでよろしいですか？

クライアントA：（うなずきながら）よくわかりました。

　このような感じで,かなりこまめにクライアントの反応を確認しながら,CBTについて説明をします。たいていのクライアントは,上のような説明をすると,非常によく理解してくれて,CBTに対するモチベーションが高まるようです。主治医など他人に勧められて「よくわからないけど,来てみた」というクライアントの場合も,CBTの説明を聞くと,「なるほど,そういうことであればやってみたい」と思う人が多いようです。おそらくCBTのモデルと,「認知と行動を工夫することによって悪循環を解消する」というロジックがわかりやすいからなのだと思います。

　知的に制約のあるクライアントの場合は,もう少しやわらかい,噛み砕いた表現で説明する必要がありますが,基本的には上の説明と同じことをお伝えします。よほど知能が低くなければ（きちんと検証したわけではありませんが,イメージとしてはIQが65未満でなければ）,上の説明で十分に伝わると思います。ただしこういう説明は一度したら終わり,ということではありません。知能の高い低いにかかわらず,心理教育は同じことを何度も繰り返し説明することが重要です。何度も繰り返し説明されることを通して,CBTの考え方がクライアントに定着していくのです。ですから上に紹介した心理教育も,インテークで1回したのでOKということではなく,CBT

認知行動療法カウンセリング
全体の流れ

1セッションの流れ
1．橋渡し・HWチェック
2．アジェンダ設定
3．アジェンダに沿った話し合い
4．まとめ（HW設定・振り返り）

1．インテーク面接

2．全体像のアセスメント

3．問題の同定

4．カウンセリングにおける目標の設定

5．具体的な手段・技法の選択

6．具体的な手段・技法の実践

7．効果の検証

8．効果の維持と般化

9．再発予防の計画

10．終結

11．フォローアップ

copyright 洗足ストレスコーピング・サポートオフィス

図2.8　プロセスシート（CBTの全体の流れと1回のセッションの流れ）

開始後も繰り返し行います。特に知的に制約のあるクライアントの場合，何度も何度も繰り返し説明することで，CBTに対する理解が徐々に高まるようです。

　基本的にCBTのコミュニケーションは「しつこい」んですね。心理教育にせよアセスメントにせよ技法にせよ，繰り返し，こまかく，しつこく行います。「ちょっとしつこいかな」と心配になったら，そこでひっこめるのではなく，「しつこくてごめんなさいね」と謝りつつ，やっぱりしつこくやっていくのです。そのうちクライアントも，そのしつこさに慣れてくれます。CBTは一種の習い事です。習い事は何でもしつこく反復練習する必要がありますよね。それと一緒です。

　さて，インテーク面接でのCBTの心理教育は，まだもう少し続きます。

　カウンセラー：もうちょっとだけ，説明を続けさせてもらいたいのですが，大丈夫ですか？　私ばかりしゃべりっぱなしですみません。
　クライアントA：（笑いながら）大丈夫ですよ。
　カウンセラー：（図2.6の「カウンセリングの説明図」を指して）さきほどお話しした，自由に話をするタイプのカウンセリングの場合，進め方に特に決まりはなく，流れに任せるのですが，認知行動療法に基づくカウンセリングの場合は，ある程度段取りが決まっています。それがこれです（図2.8を取り出し，クライアントの目の前に置く）。

　このツール（図2.8）はCBTのケース全体の流れ（構造）と，1回のセッションの流れ（構造）をまとめたものです。インテーク面接では，CBTを開始するか否かを決める必要がありますから，少なくともCBTについて全体の流れを示す必要があります。それでこのタイミングでこのツールを提示するわけです。このツールを私は「プロセスシート」と呼んでいますが，いろいろな意味で非常に便利で，重宝しています。このツールの使い方自体はまた後で紹介します。では対話のほうに話を戻しましょう。

　カウンセラー：（図2.8の「1．インテーク面接」を指して）今行っているのが「インテーク面接」で，まあ入り口のようなものですね。（図2.8の「2．全体像のアセスメント」を指して）もし認知行動療法を始めることになったら，まず最初に行うのが，ここに書いてある「アセスメント」というものです。アセスメントというのは，先ほど紹介したとおり，認知行動療法のモデ

ルを使って，主訴がどのような悪循環になっているのか，そのメカニズムを理解することです。まずこのアセスメントの作業を一緒にやります。……ちなみにここに書いてある数字は，1回目インテーク，2回目アセスメント，3回目問題の同定，ということではなく，進め方の順序を示しているに過ぎません。インテークの次にアセスメントを行いますよ，ということです。

　さきほどもお話ししたとおり，主訴が「どうなっているのか」を理解するというアセスメントの作業は非常に重要です。アセスメントに何回かかるか，それはケースバイケースですが，通常複数のセッションを使って，丁寧にアセスメントの作業を行います。それによって，Aさんの主訴がどのような悪循環になっているのか，そのメカニズムが見えてきます。そして，特に悪循環を維持させてしまっている「認知」と「行動」のポイントが具体的に見えてきます。そして，Aさんの認知のどの部分であれば，さらに工夫できそうか，Aさんの行動のどの部分であれば，さらに改善ができそうか，それを一緒に検討し，ここで一緒に取り組めそうな具体的な目標を立てるのです。(図2.8の「3．問題の同定」「4．カウンセリングにおける目標の設定」を指して) それがこの3と4でやることです。まあ簡単に言えば，認知と行動の何をどう工夫できそうか，一緒に計画を立てるのが，この3と4でやることです。……今日は大体の流れを理解していただければよいと思うのですが，ここまで大体よろしいでしょうか？

クライアントA：ええ，大体は大丈夫だと思います。

カウンセラー：とにかくアセスメントが重要であるということをご理解いただければ，今日は十分だと思いますが，いかがでしょう？

クライアントA：それは理解できたと思います。

カウンセラー：アセスメントを通じて「どうなっちゃっているか」がわからない限り，「どうしたらいいか」ということは検討できませんからね。……では説明を続けます。4で，ここでのカウンセリングにおける目標が具体的に立ったら，その目標を達成するためにどんな技法があるか，どのような技法をAさんが身につければ目標を達成できそうか……認知行動療法には「技法」というと大げさな感じがするかもしれませんが，とにかく様々な「工夫の仕方」があるんですね，認知や行動をどう工夫したらよいかというのを，私たちは「技法」と呼んでいます……カウンセラーのほうから技法を提案します。この目標を達成するためには，こういう技法があって，その技法はこういうふうに練習して身につけることができますが，いかがでしょうか？という形で，こちらから提案させていただきます。そのなかでAさん自身が「これだ

ったらやってみてもいいかな」「そういう工夫の仕方を身につけてみたい」と思えるものを選んでいただくのです。(図2.8の「5．具体的な手段・技法の選択」を指して)それが，5の「具体的な手段・技法の選択」です。
　技法を選択したら，ようやく実生活での練習が始まります。セッションで一緒に練習したり計画を立てたりもしますが，重要なのはAさんがAさん自身の生活の場で，技法を練習し，実践していただくことです。(図2.8の「6．具体的な手段・技法の実践」を指して)それがこの6の「具体的な手段・技法の実践」です。……ここまでよろしいですか？

クライアントA：よく理解できます。

カウンセラー：日常生活で技法を実践しはじめると，実際にいろいろな変化が起こってきます。それをまた，先ほど紹介した認知行動療法のモデルを使って，ここで一緒に検証します。(図2.7の「認知行動療法の基本モデル」(p.32)を再びクライアントの前に置いて)これまでは上司と仕事の話をしているときに，「私は何かズレたことを言っているんじゃないか？」という認知によって，緊張し，喉がつまり，話をやめてしまうという行動を取っていたのが，技法を身につけることによって，「ズレたことを言っているのでは？」と思って緊張しかけた自分に気づき，何らかの認知的工夫をしたり行動的工夫をすることによって，別の対応ができるようになった……そんな感じで，悪循環のはまりかけに自分で気づき，対処できるようになります。そういった変化や効果も，このモデルを使って一緒に確認していくのです。(図2.8の「効果の検証」を指して)それがこの8の「効果の検証」です。ここまでよろしいでしょうか？

クライアントA：(興味深そうに)大丈夫です。

カウンセラー：ここまでの説明でおわかりいただけたかと思いますが，ここでのカウンセリングでは，認知行動療法の考え方やモデルやスキルをクライアントさん自身に身につけてもらって，使いこなせるようになっていただくことが，大きな目的になります。ここにずーっと通っていただくことが目的ではないのです。やり方や考え方を身につけて，自分自身のために使いこなせるようになれば，ここに通う必要がなくなりますよね。したがってある程度効果が出てきたら，あとはいかに効果を維持するか，そして生きていればいろいろな困難があるかと思いますが，そういうときにいかにここで身につけたことを応用していただくか，ということについて一緒に話し合います。(図2.8の「8．効果の維持と般化」を指して)それがこの8の「効果の維持と般化」の部分です。「般化」とは「応用」という意味です。

（図2.8の「9. 再発予防の計画」を指して）そしてそれとも絡むのですが，ここに通っていただく最終目標は，とにもかくにも再発予防です。認知行動療法を身につけて，今よりずっといい状態になって，ここを卒業したとしても，さっき申し上げたとおり，生きていればいろいろな困難がありますよね。そうなるとどうしても再発のリスクが高まります。そしてそういうときこそ，ここで身につけたことをフルに使って，再発をご自分で防いでいただきたいのです。悪循環にはまりかけたときに，早め早めに自分で気づいて，ここで身につけた認知や行動の工夫をすることによって，悪循環にはまりかけた自分を救い出せるようになっていただきたいのです。そしてそれができれば，再発を自分で食い止めることができます。……ここまでいかがでしょう？

クライアントA：（うなずきながら）よくわかります。再発予防が大事なのは，本当にそのとおりだと思います。

カウンセラー：現在，認知行動療法が世界的に注目されているのは，認知行動療法の再発予防効果が高いからなんです。それはなぜかと言うと，さきほどからお話ししているとおり，認知行動療法ではクライアントさん自身が，自分の主訴のメカニズムを理解し，クライアントさん自身が悪循環から脱け出すための考え方ややり方を身につけ，使いこなせるようになるからです。そうできるようになれば，ここにずっと通い続けなくても，よい状態を自分で維持できるようになりますし，悪循環にはまりかけたときにも自分で自分を助けることができます。ですからもしAさんがここで認知行動療法を始めるのであれば，せっかくですから，やはりぜひこの「再発予防」のところまで，ご一緒したいと思います。

クライアントA：そうですね。

カウンセラー：再発予防の計画を立て，「これなら自分ひとりでもやっていけそうだ」ということが合意されたら，（図2.8の「10. 終結」「11. フォローアップ」を指して）終結ということで，ここを卒業していただきますが，必要に応じて，その後もフォローさせていただきます。……長々と説明しましたが，これがここでのカウンセリングの全体の流れです。まとめると，前半が「どうなっちゃっているのか」を理解し，そこから脱け出すための計画を立てる段階，後半が技法を実践していただいて，実際に様々な変化があらわれる段階，ということになります。ここまでよろしいですか？

クライアントA：すごくよくわかりました。

CBT の基本モデルについて説明を受け，CBT に対するモチベーションがすでに上がっているクライアントは，図2.8のプロセスシート（p.38）についてこのような説明を受けると，さらにモチベーションがぐんと上がるようです。それには複数の理由があるように思われます。
　ひとつは，心理療法とかカウンセリングという目に見えない営みが，このように外在化され，目に見える形で示されたことによる安心感だと思います。やはり心理療法とかカウンセリングって，どこか胡散臭い感じがするものだと思うのですよね。「何をされるかわかったもんじゃない」といった胡散臭さ，不安があったのが，実際にここで何をやるか，それが明確化されたことによる安心感があるのではないかと思います。
　また，このプロセスシートには，はっきりと「終結」の文字が書かれてあります。何かを始めるにあたって，始めから「終わり」が示されていることの安心感は，かなり大きいのではないかと思います。実際に何人ものクライアントが，そのようにおっしゃっていました。「最初から，終わりがあると言ってもらえたので，安心できた」とか「『終結』の説明が最初からあったので，信用できると思った」といったフィードバックを，ときどきもらうことがあります。
　さらに，「再発予防」という言葉に非常にポジティブな反応を示すクライアントも多いです。それはもちろん「再発予防」という言葉に，「治りますよ」「回復しますよ」「良くなりますよ」という意味が暗に含まれているからでしょう。「ここに通って CBT を受ければ，確実に良くなりますよ」などということは，私から口が裂けても言うことができませんが，「CBT の最終目標は再発予防なんですよ」と一般化して説明することで，「ということは，今のこの状態から脱け出して，私は回復できるかもしれない」ということが，メッセージとしてクライアントに伝わるのだと思うのです。
　ただし，このプロセスシートに書かれている言葉はどれもちょっと堅苦しいですよね。それでも上のようにかみくだいて説明すれば，A さんのように「大体は理解できる」というレベルで理解してくださる方がほとんどですが，やはり知的能力の制約などにより，十分に理解しきれない人がいるのも確かです。その場合も，さきほどのモデルの説明と同じで，〈今日，全てを理解する必要は，全くありません〉〈始まってから，その都度丁寧に説明しますから大丈夫です〉と伝え，インテーク面接の段階では，CBT のカウンセリングには，とにかく段取りがあること，始めたらいつか終わりがあることを理解いただければ，まず大丈夫です。

CBTの全体の流れや進め方についての説明は，まだ続きます。引き続きAさんとの対話例を紹介します。

カウンセラー：もう少しだけ説明が続きますが，よろしいですか？
クライアントA：大丈夫です。
カウンセラー：（図2.8のプロセスシート（p.38）を示す）ではこの段取りに沿って認知行動療法を進めていくとしたら，終結に至るまでに，どれぐらい回数がかかるのか，そしてどの程度の期間がかかるのか，気にかかることだと思いますので，そのことについて説明させてください。
クライアントA：わかりました。
カウンセラー：とはいえ，終結にたどり着くまでに何回かかるか，というのは，実はかなりケースバイケースなんです。ですから大変申し訳ないのですが，今日のこのインテーク面接の段階で，「Aさんの場合何回で終結まで行けます」といったことを申し上げることができないんです。
クライアントA：（うなずきながら）まあ，そうなんでしょうね。
カウンセラー：ですが，おおよその目安がないと，始めるかどうかの判断もつきにくいかと思いますので，大体皆さんこんな感じ，というおおまかな目安だけお伝えしますが，あくまで様々なケースがあるなかでのおおよその目安であるとご理解ください。
クライアントA：わかりました。
カウンセラー：ここにいらっしゃる方の多くは，Aさんと同様，年単位の問題を抱えている方が多いのですが，そういう方の場合，平均して30回前後で終結に至ることが多いです。ただしこれもあくまでもケースバイケースで，もっと早く，そうですね，10回前後ぐらいで卒業される方もいらっしゃれば，むしろじっくりと時間と回数をかけて進める方もいらっしゃるので，とにかく皆が皆30回で終結になるわけではないのですが，平均的にはそれぐらいで終結になる方が多いことは多いです。
クライアントA：なるほど。まあ，そんなものなんでしょうね。
カウンセラー：では仮に30回だとして，どれぐらいの期間がかかるかなんですが，これはここに通われるペースにもよりますよね。これもかなりケースバイケースなのですが，わりと典型的な例をご紹介しますと，（図2.8のプロセスシートを示して）さきほど申しましたとおり，2の「アセスメント」から5の「技法の選択」までは，ここで一緒に整理したり話し合ったりすることがメインになります。そして6の「技法の実践」より後の作業は，Aさん

の日常生活でいろいろと実践していただくことが増えていきます。ということは，前半はできればそれなりのペース，1週間に1度とか2週間に1度といったペースで通っていただき，後半に入って技法の練習が軌道に乗ってきたら，1カ月に1回とか2カ月に1回とか，ペースを落としていきます。最終的には3カ月ほどあけて様子を見て，大丈夫そうであれば終結，というふうに判断するのです。そういうふうに仮に30回のセッションを使うとなると，大体1年から1年半ぐらいで終結するケースが実際に多いことは多いです。……大体のイメージはつかんでいただけましたか？

クライアントＡ：ええ，イメージはつかめました。……先生がおっしゃるとおり，私も長年この問題に悩んでいますから，それがそんなにすぐに解決するとは思っていません。

カウンセラー：さらに予め申し上げておくと，（図2.8のプロセスシートを示して）先ほどからお伝えしているとおり，全体の流れの中で，前半は「どうなっているのか」を明らかにする段階，後半が実際に練習をしていろいろと変化が起きる段階になります。つまり前半，特にアセスメントの段階では，主訴はほとんど変化しないものとお考えください。しかし先ほども申しましたとおり，アセスメントは非常に重要で，認知行動療法の中で絶対に欠かすことのできないものです。これを端折ったり，いい加減に済ませたりすると，結局は後半に入って効果が出なかったり行き詰ったりしてしまいます。ですから，前半，すぐに効果が出なくても，ちょっと辛抱していただいて，このアセスメントの作業をカウンセラーと一緒に頑張ってやっていただきたいのです。

クライアントＡ：つまり即効性はないということですね。

カウンセラー：そのとおりです。そもそも即効性のある解決策があるのであれば，そもそもＡさんはここにいらっしゃらないはずですよね。

クライアントＡ：そうですね。

カウンセラー：私からの説明は以上です。長々とすみませんでした。……このように認知行動療法は，Ａさんとカウンセラーが協力しながら，とにかくじっくりとこのような段取りで取り組んでいくものです。そういう意味では，Ａさん自身に積極的に関わっていただく必要があります。今日お話をうかがった限りでは，Ａさんがその気になってくださるのであれば，ここで一緒に認知行動療法を進めていけそうだと私のほうでは思いましたが，無理に始めなければいけないものではありませんし，認知行動療法でなければＡさんの主訴が絶対に解消しないというものでもないかと思います。Ａさんが主役に

なって，まあ，無理していただく必要は全くありませんが，できる範囲で頑張って取り組んでいただく必要がありますので，ここまでのご説明をご理解いただいた上で，「やってみてもいいかな」とAさん自身が思ってくださるのであれば，ぜひ一緒に始めましょう。逆に「そんな面倒くさいこと，やりたくない」「なんで自分がこんなことしなくちゃいけないんだ」と思われるようであれば，無理に始めていただく必要はありません。……いかがでしょうか？

クライアントA：私自身ができる範囲で頑張る必要があるのはわかりますが，カウンセラーの先生が導いてくださるのですよね？

カウンセラー：もちろんです。協同作業とは申しましたが，Aさんがしっかりと認知行動療法を身につけられるようリードする責任が，カウンセラーにはあります。要はお互いにできる限り協力して，一緒にやっていきましょう，ということです。Aさんに丸投げするわけでは決してありません。

クライアントA：よくわかりました。ぜひ始めさせてください。よろしくお願いします。

カウンセラー：わかりました。こちらこそ，ぜひよろしくお願いします。

　ここまでがCBTの開始を合意するまでのやりとりの例でした。カウンセラー（インテーカー）の説明があまりにもくどくてびっくりされる方がいらっしゃるかもしれませんが，実際，毎回これぐらいくどくどと説明しています。クライアントは自分のことですから，これぐらいくどくても，嫌がらずにしっかりと説明を聞いてくれます。というより，これぐらいくどいほうが，「丁寧に説明してもらえた」と好意的に受け止めてくれるようです。

　この最後の説明で重要なのは，①クライアントが主役であること，②即効性がないこと，すなわち地道に取り組んで次第に効果が現れるものであることを，クライアントに理解してもらうことだと思います。そのうえで，開始するかどうかをクライアント自身に意思決定してもらうのです。こちらから過度に楽観的な期待を持たせるようなことは一切言いませんし，CBTを開始するよう積極的に勧めることもしません。

　当機関では今のところ，インテーク面接を受けられた方の約9割以上が，上のようなやりとりを経て，CBTを開始することをご自分で決めています。残りの1割以下の方が，「家族と相談する」「持ち帰って検討したい」といった理由で保留にしたり，もしくは説明を理解したうえで「今はCBTを始めないでおく」ということを選択しています。保留にした人でその後CBTを

開始する方と開始しない方の割合は半々ぐらいです。

　なお，インテーク面接の段階ですでに，主訴の背景が非常に複雑であるとか，パーソナリティの問題が絡んでいそうとか，そもそも主訴が明確にできないとか，これまでの生活歴の影響が大きいとか，そういったことがわかることが少なくありません。このような場合，いきなり主訴についてのアセスメントを行うのではなく，その前に，私たちは「ヒアリング」と呼んでいますが，主訴を明確にしたり，主訴の経緯を理解したりするための情報収集を行うことにしています。インテーク面接の段階で，どうやらヒアリングが必要そうであると思われたら，図2.8のプロセスシート（p.38）を提示して，CBTの全体の流れを説明するときに，カウンセラー（インテーカー）から，そのことをお伝えします。たとえば次のような言い方をします。

カウンセラー：今日，ざっくりとお話をおうかがいしただけでも，Dさんの主訴には長い歴史があることがわかりました。今Dさんが抱えている主訴のメカニズムをしっかり理解するためには，その長い歴史についても，ある程度お話しいただき，カウンセラーがそれを共有させてもらう必要があろうかと思いますが，Dさんはどう思われますか？

クライアントD：確かにそうですね。カウンセラーの方にはある程度経過を知っておいていただきたいです。

カウンセラー：主訴の経過が長い場合など，何らかの理由で過去のお話を聞かせていただくことを，私たちは「ヒアリング」と呼んで，大変重視しております。それではDさんの場合は，始まったらまずヒアリングをさせていただくということで，よろしいでしょうか？

クライアントD：わかりました。

カウンセラー：（図2.8の「1．インテーク面接」と「2．全体像のアセスメント」の間に「ヒアリング」と書き込む）ヒアリングにどれぐらいのセッションを使うか，どれぐらいのセッションが必要かは，ケースによって異なります。またクライアントさんの中には，「ヒアリングはさっさと終えて，アセスメントに入りたい」という方もいらっしゃれば，「この際，時間をかけてじっくりとヒアリングをしてもらいたい」という方もいらっしゃいます。ヒアリングの進め方については，実際にカウンセリングが始まってから，担当者と話し合って決めていただきますが，Dさんのご希望はございますか？

クライアントD：やっぱり早く進めていただきたいので，あまりそれに回数をかけたくはありません。

カウンセラー：（「ヒアリングにあまり回数をかけたくない」とインテーク面接の記録用紙に記載する）わかりました。そのことも担当カウンセラーに伝えておきますね。それでは時間をかけすぎないように気をつけながら必要なぶんヒアリングをさせていただいて，その後アセスメントに入る，という見通しでいかがでしょうか？
クライアントD：それでいいです。

　こちらがヒアリングが必要だと判断し，上のように提案すると，ほとんどのクライアントはあっさり了承してくれます。クライアントのほうでも，自分の抱える問題が複雑だったり，長い経過を持つものだったりすることは自覚しているので，ヒアリングの提案に対し，「やっぱりそうですよね」「むしろそうしてほしいと思います」とおっしゃる方のほうが多いぐらいです。ヒアリングについては，後で詳しく解説します。

2-9　具体的なことを決める（担当者，曜日，ペース，初回面接の日程など）

　CBTを開始することになったら，当機関の場合，担当者を誰にするか，開始当初どれぐらいのペースで通っていただくかといった現実的・物理的なことを決め，初回面接の予約を取ってもらいます。当機関はカウンセラーが曜日担当制ですので，「月曜日に通いたい」という方の場合，物理的に月曜日に勤務するカウンセラーが担当することになります。また特に曜日の希望がないクライアントの場合は，たまたま空きがあって新たなケースを受け入れ可能な曜日に通ってもらうことにして，やはり物理的にその曜日に勤務するカウンセラーが担当するということになります。つまりインテーカーであり所長でもある私が，「相性」を考慮して担当カウンセラーを決める，ということはしていません。CBTに限らずカウンセラーであるならば，どんなケースやクライアントにも対応できるようトレーニングされているべきである，ということと，特にCBTの場合，理論が明確で，しかもプロセスが構造化されているため，カウンセラーによるばらつきが少ない，ということが表向きの理由です。予約が混んでいるため，相性を考慮してケースを開始する余裕がない，というのが裏事情でもありますが。しかし開業直後で，今ほど予約が混んでいなかったときでも，相性を考慮して担当者を決めるということはしていませんでした。

ただしクライアントの中にはカウンセラーとの相性をひどく気にする方がもちろんいらっしゃいます。そこで私は，相性を気にするクライアントには次のように伝えることにしています。

カウンセラー：認知行動療法の場合，カウンセラーとの相性が問題になることは，滅多にないのですが，それでもカウンセリングは人と人との係わり合いですから，どうしても「このカウンセラーとは合わない」「カウンセラーを変えてほしい」と思われることが全くないとは言い切れません。もし○○さんが，担当カウンセラーとカウンセリングを進めていくなかで，そのように思われるようなことがありましたら，できればそのお気持ちを率直に担当カウンセラーにお伝えください。言いにくいことだとは思いますが，カウンセラーの何が気になるのか，どこに不満を感じるのか，具体的にお伝えいただければと思います。そうすれば2人でその問題を乗り越えていくにはどうすればよいか，話し合いができます。話し合った上で，問題が解消されれば，気を取り直して，同じカウンセラーとカウンセリングを進めていけますよね。それが一番いいと思います。

ただし，もしそのようにお伝えいただいて，話し合いを持った上でも，問題が解消されず，「やはりカウンセラーを変えてほしい」ということであれば，そのときは受付におっしゃっていただけますか？「コンサルテーション」という，調整のための面接を設定し，私伊藤がお話をおうかがいします。その上で元の担当者でいくのか，担当者を変えるのか，もしくは他の解決策があるのか，一緒に相談しましょう。それでよろしいでしょうか？

この説明で皆さん納得してくれます。実際，コンサルテーションのセッションが行われることが，1年に1回あるかないかという頻度ですが，まれにあります。その場合，上の説明のとおり，クライアントと私とで話し合い，結果的に担当者を変えることがほとんどです。今のところ，一度担当者を変えたケースでは全て，その後はその新たな担当者でうまくいっています。

また，私自身も担当者の1人ですので，インテークの後，引き続き私が担当カウンセラーになる場合もあります。これも「所長さんに担当してもらいたい」と言われたから私が担当するのではなく，ほとんどが曜日や空き状況など物理的理由からです。

セッションの頻度ですが，理想としては，週に1回でスタートし，図2．8のプロセスシート（p.38）でいくと「8．効果の維持と般化」に入ったあ

たりから，2週に1度，1ヵ月に1度，3ヵ月に1度……と頻度を減らしていくのがよいのですが，こちらの空き状況や，クライアントの都合（スケジュール，金銭的都合）などによっては，最初から月に1度といったゆっくりとしたペースで開始する場合もあります。私としては，週に1度のペースでないといけないとか，月に1度では効果がない，ということではなく，そのケースのもつ現実的な条件に合わせて，いかにCBTを役立てていくか，という視点で，柔軟に進めていくのがよいと考えています。むしろその柔軟性が，ケースにとってプラスに働くのではないでしょうか。

2-10 フィードバックをもらう

さて，これまで述べてきたような流れで，クライアントからさまざまな情報をもらい，主訴についても話を聴き，カウンセラー（インテーカー）からCBTについて説明し，CBTを開始することが合意され，担当者や曜日や初回面接が決まったら，インテーク面接は終わりです。といってもあっさり終わりになるのではなく，クライアントからのフィードバックがいかに重要かという心理教育を行い，インテーク面接に対するフィードバックを早速お話しいただきます。対話の例を紹介しましょう。

> **カウンセラー**：今日のインテーク面接はこれで終わりですが，最後に1つだけお願いがあります。さきほども申し上げたとおり，認知行動療法では「協同作業」ということをとても大切に考えていて，どんなことでもカウンセラーとクライアントさんで一緒に話し合い，相談しながら進めていきます。ですから何か言いたいこと，聞きたいこと，ひっかかったことなどがあったら，どんなに小さなことでも構いませんので，何でも担当カウンセラーにおっしゃってください。また，毎回のセッションの最後に，かならず感想をお尋ねする時間を設けます。そのときに，そのセッションにおいて良かったこと，よくわからなかったこと，不満だったことなど何でも構いませんので，率直におっしゃってください。特に不満や苦情は，言いづらいかと思いますが，ぜひおっしゃってください。言っていただかないとカウンセラーのほうでもわかりませんし，言っていただいたことを活かして次のセッションの計画を立てることができますから。よろしいでしょうか？
>
> **クライアントE**：わかりました。
>
> **カウンセラー**：では早速，今日の，このインテーク面接に対して，率直な感想

をお話しいただけますか？

　ほとんどの場合，この説明で大丈夫ですが，それまでに様々な医療機関，治療者，カウンセラーを転々としている方や，たとえば「自分の気持ちを相手にうまく伝えられない」「怒りや不満を溜め込んで，爆発してしまう」といった対人関係や対人コミュニケーションの問題が主訴に挙げられている場合は，カウンセラーやセッションに対する不満を率直に伝えてもらうことがいかに重要であるかを，さらに強調してお話しする場合もあります。

カウンセラー：さきほど，「人に対する不満を我慢して，自分の中で溜め込み，結局後で爆発してしまう」という主訴が挙げられましたが，もしかしたら，ここでのカウンセリングでも，同じことが起こる可能性があるでしょうか？　つまりFさんが，たとえばカウンセラーの発言に不満を感じても，それを言えないまま家に帰り，さらに不満がつのって，次のセッションで爆発してしまったり，もしくはそのせいでここに来られなくなってしまったりする可能性があるでしょうか，ということです。

クライアントF：ありえますね。実際，今までそういうことで，主治医やカウンセラーと長続きしなかったんです。

カウンセラー：せっかく何かのご縁があってここで一緒にカウンセリングを始めることになったのに，そういうことで終わりになったら，とても残念ですよね。そもそもここに来ることがストレスになってしまったら，Fさんに対して大変申し訳ないですし。ですから，ここで感じた不満は溜め込まずにおっしゃっていただき，カウンセラーと一緒に解決策を考えていただきたいのです。中には「え，不満なんて言っても大丈夫なの？」と心配になる方もいらっしゃいます。確かにカウンセラーも人間ですから，不満を言われてハッピーに感じることはありませんが，何がどう不満だったのか，教えていただくことで，いろいろと気づいたり，反省したり，次に活かしたりすることができるのです。また，認知行動療法のカウンセラーは，クライアントさんから不満や，場合によっては苦情を言われることにはある程度慣れています。ですから何かあったら遠慮なく，溜め込む前にお伝えいただきたいのです。それをFさんにお願いしてよろしいでしょうか？

クライアントF：わかりました。そうさせていただきます。

カウンセラー：では，早速，今日のインテーク面接に対して，率直な感想を教えてください。もちろん何か気になるところや，不満に思う点があれば，そ

れも早速教えてください。

このように，クライアントによる率直なフィードバックが必要かつ有益であることを，最初にクライアントに伝えておくことは，CBT の進行のためにも，またカウンセラーとクライアントの良好な関係づくりのためにも（もちろんそのような良好な関係あっての CBT の進行なのですが），非常に重要なことだと思います。

インテーク面接に対するクライアントの反応は実に様々ですが，以下によく聞かれるフィードバックの例を挙げます。

- いろいろと質問してもらえたので，とても話しやすかった。
- いろいろと話を聞いてもらえてよかった。
- もっと話したかったが，時間がないので仕方がない。
- これまでのことを振り返るよい機会になった。
- 主訴を整理してみて，あらためて自分が何に困っているのかが理解できてよかった。
- 何をするのだろうと思って来るまでは不安だったが，無事終わってホッとした。
- 説明を聞いて，認知行動療法ということについて，ある程度わかったような気がする。
- 今日の説明だけでは，まだ具体的にはよくわからないが，大体のイメージはつかめたような気がする。おいおい理解できればと考えている。
- これまでに受けていたカウンセリングとの違いがよくわかった。
- 認知行動療法のモデルが，自分の体験と照らし合わせてすごくよく理解できた。「そうやって整理するんだー，面白いな」と思った。
- 自分のことをちゃんと伝えられたか，自信がない。
- 始めてみて今後どうなるか不安だけど，とりあえず通ってみたい。
- (CBT の開始から終結までに) 思ったより時間がかかることを知って，ショックだけど，しょうがないと思うしかない。
- (CBT の開始から終結までに) 意外に時間がかかると思ったが，よく考えれば長年困ってきたことを扱うので，時間がかかるのは当然かなとも思う。
- とにかく緊張した。
- 特に感想はない。

以上，思いつくままに挙げてみましたが，ポジティブなフィードバックもあればそうでないものもあります。いずれにせよここではインテーク面接に対するフィードバックをお聞きしているので，どのようなフィードバックが返ってきても端的に対応するだけで，それ以上，クライアントのフィードバックに対してつっこんだ話し合いはしません。たとえば「自分のことをちゃんと伝えられたか，自信がない」といったフィードバックがあると，こちらとしては，「自信がない」とはどういうことか聞きたくなったり，「自信がない」というネガティブな状態のまま面接を終わりにするのに抵抗を感じたりして，ついつい突っ込んだ話し合いをしたくなりますが，そこをぐっとこらえて，〈そうですか〉と受け止めるに留めるか，もしくはせいぜい〈私としては，今日お聞きする必要のあることは，大体お聞きできたと思っていますよ〉とか〈これからおいおいおうかがいしていくので，大丈夫です〉とコメントして終わりにします。そうしなければ，「毎回のセッションの，最後のフィードバックのところで，クライアントのフィードバックによっては新たな話し合いを始めることができる」というメッセージをクライアントに暗に伝えてしまうことになるからです。セッションの構造に従って「話を切り上げる」「話し合いをそこで終わりにする」というのも，構造化を重視するCBTのカウンセラーにとっては重要なスキルだと思います。

　「話を切り上げる」ということに関してもう1つ言うと，最初にお伝えしたとおりインテーク面接では，予めアジェンダを提示して（図2.4（p.18）を参照），それに沿って話を聞いたり，話し合ったりするのですが，その際に，話がどんどん膨らんでいったり，あらぬ方向に逸れたり飛んだりしてしまう人がいらっしゃいます。その場合，ちょっとだけ様子を見て，その人が自分で気づいて軌道修正できるかどうかを確認します。軌道修正がされない場合は，こちらからインテーク面接のアジェンダシートを示して，〈今日は限りのある時間でこれだけのことについて話を聞いたり話し合ったりしなければなりません。ですから申し訳ないのですが話を元に戻してもいいですか？〉と言って，本来のアジェンダに戻ってもらいます。そしてこういう現象（話が逸れる，飛ぶ）が頻繁に起きるかどうかを観察します。頻繁に起きる場合，結果として，インテーカーである私は，インテーク面接中に何度も繰り返しクライアントの話をさえぎってしまうことになります。それは仕方のないことですし，CBTの構造化セッションを行う上で重要なことではありますが，一方，繰り返し人の話をさえぎるというのは楽しいことではありませんし，自然な気持ちとして，相手（クライアント）に対して「申し訳な

い」という思いが生じます。そこで，頻繁にクライアントの話をさえぎった場合には，インテーク面接の最後に，このようにお話しするようにしています。

> **カウンセラー**：（図2.4「インテーク面接のアジェンダシート」を指して）今日のインテーク面接では，限られた時間にいろいろとお話をおうかがいして，その上で認知行動療法を始めるかどうか，Gさんと一緒に決める必要があったので，Gさんがせっかくお話しくださっているのを，私のほうから何度もさえぎってしまい，申し訳なく思っています。不快に思われたのではないかと心配なのですが，いかがでしょうか？

これに対するよくあるやりとりの例を示します。

> **カウンセラー**：不快に思われたのではないかと心配なのですが，いかがでしょうか？
> **クライアントG**：いいえ，私のほうこそ，しゃべりすぎちゃってすみませんでした。
> **カウンセラー**：さきほどもお伝えしたとおり，認知行動療法は，ただ話を聞くだけのカウンセリングではなく，主訴や問題に焦点を当て，それについて話し合うというやり方を取りますので，今後も，今日のように，私のほうから話をさえぎったりすることがあるかもしれませんが，それはお許しいただけますでしょうか？
> **クライアントG**：私，すぐに話が飛ぶんです。家族にもよくそう言われます。だから話が飛んじゃったときは，むしろさえぎってもらえたほうが助かります。
> **カウンセラー**：わかりました。では，お話をうかがうなかで，「どうも話が飛んじゃったな」と思われた場合は，お話をさえぎらせてもらうことがあるかもしれませんので，すみませんがご了承ください。
> **クライアントG**：わかりました。

話がすぐにわき道に逸れてしまったり，どこかに飛んでしまったりするクライアントの多くは，自分のそのような傾向にうすうす気づいているんですね。気づいているのですが，ついついそういう話し方になってしまう。なのでそういう方の場合，「逸れたな」と思ったら，早めにさえぎって，今現在

のアジェンダに戻してあげることが必要なのです。「さえぎるのは悪いな」と思って放置して,何の話か2人ともわからなくなってしまうという事態は,望ましくありません。以前,あるクライアントが面白いことを言っていました。その方もインテーク面接で話が飛びまくり,私がさえぎりまくってしまったので,上のように,話をさえぎることについて私からお話しすると,「私,話していて,自分でも訳がわからなくなって,すぐに〈迷子〉になっちゃうんです。迷子だから,自力で元に戻れないんです。だからぜひ迷子になった私を連れ戻してほしいんです」と答えてくれました。「迷子」という表現に「なるほどな」と思いましたし,「迷子になればさぞかし心細いだろう,だから連れ戻してほしいんだな」と,非常に共感できました。だからこそ「放置」はいけないのだ,と改めてそのときに思いました。ちなみにその方は,インテーク面接後,私ではなく別のカウンセラーが担当することに決まっていたので,〈では,この「迷子」の件についても,担当者に伝えておきますね。ところで迷子になったときの「連れ戻し方」について,何か注文がありますか? あればそれも併せて担当者に伝えておきます〉と申し上げたところ,「『私を非難したりせず,やさしく連れ戻してください』と伝えてください」と笑っておっしゃいました。もちろんそのことを私から担当者に伝えました。

　上の例もそうですが,CBTでは,カウンセラーとクライアントとのコミュニケーションそのものについて話し合うことが,結構よくあります。これを「メタコミュニケーション」と言い,重視しています。「メタコミュニケーション」とは,「コミュニケーションについてのコミュニケーション」という意味ですが,CBTではとにかくこれを多用します。難しいケースであればあるほど,メタコミュニケーションを頻繁に行って,どのようなコミュニケーションのあり方がそのクライアントにとって助けになるのか,どのようなコミュニケーションがそのクライアントを傷つけることになるのか,どのようにコミュニケーションしていけばCBTが効果的に進むのか,といったことをセラピストが一人合点せず,クライアントと一緒に考えます。この「一人合点せず」というのは,本当に大切だと思います。とにかくカウンセラー側で勝手に決め付けず,何についても,くどいぐらいクライアントに確認し,クライアント自身に教えてもらうのです。

　さて,クライアントにフィードバックをしてもらって,インテーク面接は終了です。当機関では,①種々の説明,②心理テスト,③インテーク面接を,トータルで2時間前後で終えるようにしています。インテーク面接の予約を

電話でいただいたときに,「大体2時間程度見てください」と説明もしています。ところが何らかの理由でどうしても時間が延びてしまう場合がときどきあり,2時間が2時間半になったりします。これは私の考えですが,インテーク面接に限っては,必要な情報を聞き出し,必要な情報をお伝えし,必要な事項について合意するところまで,話し合いをする必要があります。ですから通常のセッションと異なり,インテーク面接だけは「大体2時間」というようにゆるやかに時間を設定し,予約のスケジュールが詰まらないようにしています。なので場合によっては,20分や30分ほど面接が「延長」してしまうようなことがあります。その場合,必ずこちらから謝罪するようにしています。たとえば〈時間を延長してしまって申し訳ありませんでした。最初にご説明したとおり,今後のカウンセリングでは,毎回のセッションが45分から50分と決まっています。今日のように時間が延びることはまずありませんので,すみませんが,今日だけはお許しください〉といった言い方をします。「延長し(てあげ)たのに謝るなんて変だ」と思う方もいるかもしれませんが,CBTでは時間的構造を守ることを重視しており,カウンセラー側がその構造を破ったのですから,ここではやはりそのことについてきっちりと謝る必要があると私は考えます。またインテーク面接の後,各担当者にそのクライアントのケースを依頼するわけでして,最初から延長してしまうと,「話が終わらなければセッションは延長されるのだ」と誤解されるかもしれず,その結果,各担当者に迷惑がかかる可能性が出てきます。それを防ぐためにも,インテーク面接が予定より長引いた場合は,こちらからはっきりと謝っておく必要があると思うのです。

2-11 インテーク面接後の作業

インテーク面接が終わり,必要な手続きが済み,クライアントが退所した後の作業をざっとご紹介します。まずインテーク面接の記録用紙に,インテーカーの所見を書く欄があり,そこに所見を書き込みます。具体例は,本章の最後に紹介する模擬事例をご覧ください。通院中で,主治医の紹介状を持ってこられた方の場合は,クライアントの許可を得た上で,インテーク面接についての報告書を作成し,主治医に送ります。私が担当者としてそのケースを担当しない場合は,ケース担当のカウンセラーにインテーク面接の報告をして引継ぎを行い,見通しを共有します。逆に私自身が引き続きケースを担当する場合は,初回セッションの準備をします。初回面接については第3

章をお読みください。

2-12 面接室の構造

　当機関の面接室について，紹介しましょう。カウンセリングというと普通，座り心地のよいソファに腰掛けて，リラックスしてお話しする，というイメージがあるようですが，認知行動療法の場合，ツールに書き込んだり，それを一緒に見て検討したりというペーパーワークが多いので，通常，作業机を使って，まるで一緒に仕事をするか勉強をするかのような態勢で面接を行います。私は180度で対面する形を取っていますが，90度の角度で面接をするカウンセラーもいるようです。その人のやりやすい，もしくは慣れた配置でよいのではないでしょうか。

　面接記録は，通常，クライアントの目の前で，クライアントに見えるように，どんどん書いていきます。記録用紙に書き込むのは，そのセッションのアジェンダ，クライアントの発言やカウンセラーの発言で重要なもの，そのセッションで何をやったか，セッションに対するクライアントの感想などです。クライアントの発言を逐語的に記録するカウンセラーの方も大勢いらっしゃるかと思いますが，CBTの場合そうではなく，そのセッションで何が行われたか，何が話し合われたか，何が合意され何が合意されなかったか，後で見てわかるように記録を取ります。ちなみに記録のコピーを欲しいというクライアントには，そのままコピーしてお渡ししています。つまりCBTでは，セッションの記録はクライアントとの間で完全にオープンなのです。これは案外重要なことなのではないかと私は考えています。というのも，もし私がクライアントの立場だとして，目の前でカウンセラーが，私に見えないようにクリップボードを楯にしてそこに何かを書き付けているとしたら，「いったい，このカウンセラーは何を書いているんだろう」とひどく気になると思うのです。もしくは面接中には記録を取らないで，後で取るということであれば，「いったい，このカウンセラーは私が話したことを，ちゃんと覚えていて，きちんと記録を取っておいてくれるのだろうか」「このカウンセラーは私のことを後で何て書くのだろうか」などと思って，やはり気になってしまうと思います。そういう懸念や疑念はCBTの協同作業を妨げますし，そもそも協同作業であれば，記録などの書類は共有するのが当然ですから，CBTではクライアントに見えるように書類を書きますし，クライアントが作成した書類もコピーさせてもらいます。

作業机の上には，筆記用具やホッチキスが入った筆立て，時計，ティッシュ，修正テープ，ポストイットなどが置いてあります。時計は他にも，クライアントから見やすい場所に1つ，セラピストから見やすい場所にもう1つ，置いて（掛けて）あります。時計はセッションの構造化のためには不可欠で，ときおり2人で時計を見て，残り時間を確認しながらセッションを進めていきます。他には壁にカレンダーが貼ってあり，これもアセスメントをしたり，次のセッションについて話しあったりするときに不可欠です。特にエピソードについてアセスメントする場合，カレンダーで日付と曜日をしっかりと確認することで，クライアントがエピソードを具体的に想起できることがよくあります。作業机のすぐそばには様々なツール類が入ったキャビネットがあり，必要なツールがすぐに取り出せるようになっています。

以上が当機関の面接室の構造です。ただこのような構造でないとCBTのセッションができない，ということではありません。紙と鉛筆と話のできるちょっとしたスペースさえあれば，どこであってもCBTのセッションを行うことは可能だと思います。

2−13 質疑応答

Q：私がカウンセリングを行っているのは，CBTの専門機関ではないのですが，そこでCBTを導入する場合，どのような工夫が必要ですか？

A：私（伊藤）も当機関を開業するまでは，CBTの専門機関ではないところで面接をしておりました。その際，上のCBTの説明のところでもご紹介したとおり，カウンセリングには主に2つのやり方があること，1つは傾聴中心のカウンセリング，もう1つが問題解決アプローチによるCBT，その両方のメリット・デメリットを提示して，クライアントに選んでもらっていました。もちろん私の中で「CBTをやりたい」という色気があるので，それが影響していたと思いますが，8割以上のクライアントがCBTを選択されました。「8割」というのは私の印象で，きちんとデータを取ったわけではありませんが，もっと多かったかもしれません。

＊

Q：CBTを選択しない，残りの2割の方は，どうしたのですか？

A：クライアントの選択に従い，クライアントのフリートークを傾聴し，共感的理解に努める，いわゆる来談者中心療法のスタイルで面接しました。ただしそういうときでも「アジェンダ設定」などはしていましたので，CBT的な要素は入っていたとは思います。力のあるクライアントの場合，傾聴だけで展開するケースも多々あるんですよね。ですからクライアントがフリートークをする中で，いろいろな気づきを得て，よい方向に展開していった事例もありました。が，一方で，クライアントがフリートーク&傾聴型のやり方を選び，しばらくそれで続けてみたところ，どうしても思うような効果が得られない場合は，そこでCBTに切り替えていました。切り替えについては，クライアントから提案する場合もあれば，私から提案する場合もありました。クライアントからとしては，「ずっと話を聞いてもらってきたけれど，それによって何かが変化したとは思えないし，これから変化するようにも思えない。なので，最初に先生がおっしゃっていたもう1つのやり方（CBT）を試してみたいのですが」といった感じです。私のほうからとしては，〈ずっと自由に話をしていただき，私がそれを聞いて受け止める，というやり方をしてきましたが，今までやってみていかがでしょうか？ もちろんこのままのやり方を続けていくこともできますが，さきほどあなたがおっしゃっていたとおり，カウンセリングの効果が思わしくない，手応えをあまり感じられない，ということであれば，最初に私が提案したもう1つのやり方（CBT）に切り替えることもできますが，どうしますか？〉という感じです。私のほうから切り替えを提案する場合は，極力控えめな提案にして，あくまでもクライアントに選択していただくようにしています。

*

Q：インテーク面接の際，家族が一緒に来たら，どのように対応していますか？

A：同行者がいらしたら，とりあえず全員に部屋に入ってもらい，どなたが当事者で，それ以外の方はどなたであるか，確認します。たいていはご家族なのですが，ときに「恋人」「婚約者」「上司」といった場合もあります。そしてインテーク面接の趣旨について説明し，同行者がインテーク面接に同席するか否かについて，当事者に判断してもらいます。選択肢としては，①同席しない，②すべて同席する，③主にクライアントの話を聞く前半の部分は同席せず，主にインテーカーからCBTの説明をしたり今後のことを決めたりする後半の部分のみ同席する，の3つです。インテーク面接が問題について深く話し合うため

のものではなく，広く浅く様々な情報を聴取するものであるということを説明すると，②の「すべて同席」，もしくは③の「後半のみ同席」を選択される方が多いです。「すべて同席」の場合は，そのままずっとクライアントのお隣に座っていただきますが，面接はあくまでも当事者主体で進めていきます。その場合，インテーク面接の冒頭で，私から次のようにお伝えするようにしています。〈今日はお母様が同席ということですが，インテーク面接の主役はあくまでも○○さん（当事者）ですから，私は○○さんと主にお話をいたします。ただ，必要なときにはお母様にもお話をうかがうことがあるかもしれませんが，そのときは必ず○○さんに断ってからおうかがいすることにします。このような進め方でよろしいでしょうか？〉。このような提案に対して「嫌だ」と言われたことは一度もありません。

＊

Q：そのときはそのように了承されたとしても，面接中に，家族の方が口をはさんできたり，本人の代わりに答えてしまったりすることがあるだろうと思いますが，そういう場合はどうしますか？

A：確かにそういうときもあります。家族がたまにチラッと口をはさむぐらいの場合は，「あ，そうですか」と受け止める程度で，それ以上特に対応しません。そのような受け止め方ができないほど，家族の発言が続いたり長引いたりする場合は，「あくまで当事者中心の面接であること」が冒頭で合意されていますから，再度そのことをお伝えし，当事者との話を続けるか，もしくは〈ちょっと待ってくださいね〉といったん話をさえぎり，クライアントに向って，〈この件について，ちょっとお母さんから話をうかがってもいいですか？〉と断って，クライアントが「いい」ということであれば，おうかがいするようにしています。

＊

Q：医療機関に通院中のクライアントの場合，紹介状が必要とのことでしたが，クライアントによっては，「どうしても紹介状を主治医にもらえない」という方もいらっしゃるように思います。その場合はどうしていますか？

A：我々の「カウンセリング」は医療行為ではない，という建前ではありますが，同じ1人の人間の「こころ」に対して精神科医が治療を行い，別機関の

我々がカウンセリングを行うのですから，やはり医師と我々カウンセラーは連携する必要があると思います。少なくとも，そのクライアントが○○クリニックに通院中で，○○精神科医の治療を受けていることを，我々は知っておく必要がありますし，逆にそのクライアントが当機関に通って認知行動療法を受けていることを，○○クリニックの○○精神科医に知っておいていただく必要があると思うのです。特に自殺の危険性が高まるなど危機状態が発生した場合，医療機関との連携は必須となります。

「どうしても紹介状を主治医にもらえない」という方は，確かにたまにいらっしゃいますが，その場合，どうして「もらえない」と思っているのか，その理由をお話ししてもらった上で，なぜ紹介状が必要か，こちらから説明し，了承いただくようにしています。「紹介状を依頼すると，主治医に悪く思われるのではないか」と心配しているクライアントが多いので，実際にはそのようなことはほとんどなく，大抵の主治医は快く紹介状を書いてくれているという事実をお伝えすることで，納得してもらえます。ただし「主治医との関係があまりにもこじれていてどうしても紹介状をもらえない」という方が，まれにいらっしゃいます。その場合その時点では，ケースそのものを開始しません。〈まず継続して通うことのできる医療機関を見つけてください。そしてあなたのために紹介状を書いてくれるようなお医者さんのもとにまず通ってください。そのうえでこちらでのカウンセリングを開始しましょう〉とお伝えしています。あまりにも杓子定規な対応だと思われるかもしれませんが，私自身は，そのクライアントと当機関の両方の安全のためにも，このような対応が適切であると考えています。

＊

Q：家族や主治医や産業医など，他人に勧められて，もしくは他人に指示されて仕方なくインテーク面接を受けに来た，いわゆる「モチベーションの低いクライアント」に対しては，どのように対応していますか？

A：まず「モチベーションの低いクライアント」というのは，カウンセラー側の「レッテル貼り」の部分が大きいと思いますし，そうレッテル貼りすることのメリットがあるようには思えませんので，カウンセラー側のそのような認知を再構成したほうがよいのではないでしょうか。とはいえ，おっしゃる通り，「他人に勧められてよくわからずに来た」という方は少なくありません。その場合よくわからないのですから，CBTに対してモチベーションを持ちようもなく，

それが「モチベーションが低い」とカウンセラーに受け止められてしまうのではないでしょうか。いずれにせよ心理教育をしっかりと行って，CBT に対するモチベーションを上げていくのが，我々の仕事だと思います。よくわからないで来た人の場合でも，さきほど紹介したように，CBT についての説明をこちらがきっちりと行うことで，「ああ，なるほど。そういうことであれば試してみたい」ぐらいには思ってもらえるようになることがほとんどです。インテーク面接の時点で，バリバリにモチベーションが高い必要はありませんから，「試してみてもいいかな」ぐらいに思っていただければ，それで十分なのではないでしょうか。あとは始めてみて，少しずつ気づきや手ごたえをクライアント自身が感じることで，自然とモチベーションが上がっていくケースが多いように思います。

またインテーク面接や CBT に対して抵抗感を抱きつつ，来所される方もいらっしゃいます。その場合，「抵抗感」があるのだということを，インテーク面接で率直に話し合えることが大事だと思います。そのうえで抵抗感があるから始めないのか，抵抗感があることを認めつつ始めてみるのか，それを一緒に検討すればよいのではないかと思います。抵抗感にも様々あると思いますが，「変わりたくない」「今のままの自分でいたい」という思いが根底にあって，カウンセリングを受けることに抵抗感を感じる方は，結構いらっしゃると思います。ですので「抵抗感がある」というクライアントの場合，CBT のプロセス全部を絶対にここで一緒にやりましょうというよりは，〈まずアセスメントしてみませんか〉というスタンスでお話しすることが多いです。変わるか変わらないか，という話は保留にしておいて，まずアセスメントをしてみて，何がどうなっているのか一緒に理解しましょう，というスタンスです。このようなスタンスですと，あまり乗り気でないクライアントも，「それぐらいだったら始めてもいいかな」と思ってくれるようです。

繰り返しになりますが，カウンセラー側が「このクライアントはモチベーションが低い」などとレッテル貼りするのは意味がないと思いますし，そもそも最初からモチベーションの高いクライアントを期待するほうが非現実的だと思います。モチベーションが低ければ低いで，「まあ，最初はそうだよね」ぐらいにおおらかに受け止めて，CBT が進んでいくなかで，少しずつモチベーションが上がっていくよう，カウンセラーが工夫を重ねていく必要があるのではないでしょうか。

また CBT といえども，カウンセリングの基盤は，カウンセラーとクライアントとの対人関係です。カウンセラーがクライアントに信頼してもらえないと，

当然CBTも信頼してもらえません。そしてクライアントの信頼はたった1回のインテーク面接で急に得られるものではありません。そういう意味でも，まず「始めてみてもいいかな」ぐらいでCBTを始め，セッションを重ねるごとにカウンセラーもCBTもクライアントに信頼してもらえるようになり，そのことを通じてクライアントのモチベーションが上がっていく，というのが望ましいのだと思います。

*

Q：EAP（従業員支援プログラム）を通じてのケースの場合，「5回までクライアントの自己負担なし」というふうに回数の制約が最初からあることが多いですが，その場合，どのように対応していますか？

A：確かに，EAP経由ですとか，金銭的な事情ですとか，引っ越しの予定など時期的な事情ですとか，何らかの理由で，予め「5回まで」「10回まで」というふうにセッションの回数が制限されるケースがあります。仮に「5回まで」ということであれば，どのように見通しを立てるかというと，「5回で何とか頑張って，図2.8のプロセスシートの最後までやり終えよう」ということではないんですね。たったの5回で，アセスメントを行い，問題を同定し，目標を設定し，技法を選択し，技法を実践し，再発予防の計画を立て，というのは，いくらなんでも乱暴です。無理に5回で終わらせようとしたら，それはかなり雑な進め方になってしまうでしょう。せっかく専門家とCBTを実施するのに，雑な進め方をするのは非常にもったいないことだと思います。したがって仮に5回しか通えないのであれば，1つの困りごとに焦点を当て，それに対するCBTを進められるところまで進めましょう，というお話をさせてもらうことがほとんどです。進められるところまで進め，その先はクライアントが独学でCBTを習得する計画を立てるのです。幸い，今では日本語で読めるCBTのワークブックが複数出版されていますから，カウンセラーがいなくても独習が可能です。5回あれば，それなりに何とかアセスメントができるでしょうから，アセスメントされたことに基づき，その後どの本を使ってどのようにCBTを独習すればよいか，クライアントと一緒に計画を立てられれば，終結後，クライアントは引き続き自力でCBTに取り組むことができます。

　ただし，ケースによっては5回，10回という制約があっても，何とか終結までもちこめる場合もあります。その代表的なケースが不安障害です。気分障害や重篤なパーソナリティ障害などの併存がなく，適応がそこそこ良好な不安障

害のケース，具体的には，パニック障害，社会不安障害，強迫性障害，特定の恐怖症などが挙げられますが，これらの障害であれば症状の認知モデルがかなり確立されていますし，エクスポージャーを中心とした介入の効果も高いので，症状だけに焦点を当てて CBT を進めていくのであれば，少ない回数でも可能です。最近私が担当した嘔吐恐怖のケースは 3 回のセッションで，強迫性障害のケースは 4 回のセッションで，パニック障害のケースも 4 回のセッションでフォローアップに入っています。ただし，あくまでもこれらはレアケースと考えていただいたほうが良いかと思います。

*

Q：インテーク面接で主訴が明確にできなかった場合は，どのように対応していますか？

A：そういうケースもときどきあります。あまりにも困りごとだらけで，何に焦点を絞ったらよいのかわからなかったり，「全てに困っている」ということで，困りごとそのものを具体化できなかったり，もしくは「自分に自信が持てない」とか「生きていくのが嫌」といった，あまりにも漠然とした訴えに留まってしまったり，ということがときどきあります。このようなケースの場合，たいてい，クライアントは長い期間にわたって苦しんでおられ，自分が具体的に何に困っているかわからない，ということが多いです。インテーク面接で主訴を明確化しようとする話し合いを経てもなお，主訴が明確化できないこのようなケースは，無理に明確化しようとせず，むしろこれまでどのように生きてこられたのか，どのような生きづらさを抱えてこられたのか，ということをまずじっくりと聴いて，その後，あらためて主訴を明確化するための話し合いをするようにしています。そのような作業を「ヒアリング」と呼びますが，複雑で長期化したケースが CBT に持ち込まれることが多くなった現在，ヒアリングの必要なケースは確実に増えており，CBT の枠組みでクライアントの過去をどのように扱うか，議論が必要なのだと思います。

*

Q：インテーク面接を行った結果，カウンセラー側から受理しないケースはありますか？　あるとしたらそれはどのようなケースでしょうか？　また不受理の頻度はどれぐらいですか？

A：基本的に私たちは「このクライアントにCBTが合うか合わないか」という問いではなく，「どのように適用したら，このクライアントにCBTが役立つか」という問いを立てるようにしています。ですからどのようなクライアントでも，どのようなケースでも，どのような主訴であっても，CBTの説明をした上で，一緒にCBTをやっていこうという合意さえできれば，受理します。したがって不受理のケースはほとんどないのですが，まれに，親に無理やり連れてこられた高校生で本人がカウンセリングを受けたくないと意思表示しているケースとか，コミュニケーションすら成立しにくい高機能自閉症とおぼしき中学生で，児童精神科などで発達障害の検査が必要であると思われるケースとか，未治療の精神疾患をお持ちであることが明らかで，精神科にまず受診する必要のあるケースなどは，今CBTを始めるのが得策ではないことを説明し，CBTを開始しないということを合意します。こういうケースは本当に稀で，100回に1回あるかないかぐらいです。

　ときおり「私はパーソナリティ障害ですが，それでも受け付けてくれますか？」「アスペルガーだと言われていますが，認知行動療法を受けさせてもらえますか？」「特に病気ではなく，家族関係について悩んでいるのですが，対応してもらえますか？」といった問い合わせを受けることがありますが，それらについてはAという問題だから対応できる，Bという問題は対応できない，ということではなく，どんな問題や悩みであれ，「それに対してどのようにCBTを適用すればお役に立てるのか」という問いを立てて進めていくので大丈夫，といった主旨のことをお伝えするようにしています。

*

Q：他のカウンセリング機関にも通っていて，同時並行でCBTを受けたいというケースがあった場合，どのように対応していますか？

A：一番多いのが傾聴中心型，もしくは精神分析的カウンセリングを受けていて，同時にCBTも受けたいというケースです。その場合は両者がバッティングすることがあまり考えられないので，私自身は問題ないと思います。ただし念のためそちらのカウンセラーの方に，CBTを始めたという事実を，クライアントから伝えてもらうようにしています。伝えていただいたうえで，もう一方のカウンセラーのほうが，「同時並行はよろしくないので，CBTを受けるのであれば，こちらを終結にしましょう」とおっしゃられて，クライアントがどちらを選ぶか決断を迫られる場合が，まれにあります。一方，そのクライアントが

すでに受けているカウンセリングが，問題解決型のものであれば，CBT とバッティングする恐れがあるので，どちらかを選んでいただくことになります。たとえばこんな例がありました。トラウマの問題を抱えている方がインテーク面接を受けにこられて話をおうかがいしたところ，こちらの予約がなかなか取れなかったので，別の機関を探して先週からその機関で EMDR を開始した，ということでした。EMDR と CBT は，現時点では同程度にトラウマに対するエビデンスが認められています。そこですでに EMDR を始めているのであれば，まずそれを続けていただいて効果があればそれで OK，残念ながら効果が不十分であれば，その時点で当機関にて CBT を開始したらよいのではないか，ということをお伝えしたところ，納得してお帰りになりました。他にも対人関係療法なども CBT と同時に行わないほうがよいのではないかと思います。

*

Q：貴機関のようにインテーク面接のために 2 時間の枠を設けることができず，インテーク面接であれ，通常のセッションであれ，とにかく 50 分の枠しか使えないのですが，その場合，どのような工夫が必要でしょうか？

A：当機関が特殊なのであって，インテーク面接専用の枠がない機関のほうが普通だと思います。これまでに私が勤務した機関もすべて 30 分もしくは 50 分の枠しかありませんでした。その場合，1 回のセッションだけでインテーク面接を実施しようとすると，どうしても聞くべき情報が聞けない，伝えるべき情報を伝えられない，ということが起こりがちです。したがってその機関では，インテーク面接 50 分，次は初回セッション 50 分，次は第 2 セッション 50 分……ということに表向きなっていても，実質的には，インテーク面接 50 分，次はインテーク面接の続き 50 分，その次が初回面接 50 分，さらにその次が第 2 セッション 50 分……というふうに，インテーク面接のために複数のセッションを使ったらよいのではないでしょうか。実際私もこれまでの勤務先では，必要に応じてインテーク面接のために 2 セッションもしくは 3 セッションを充てるようにしていました。その場合はそのこと自体をきちんとクライアントに伝え，どこまでがインテーク面接なのか，どこからが CBT のセッションなのか，はっきりさせておく必要があると思います。

2-14 模擬ケース提示

それではこれから5つの模擬ケースのインテーク面接の記録を提示します。次章以降は，これら5つのケースの展開を追いながら，解説していきますので，これから示す記録をまずじっくりとお読みいただき，各ケースについて具体的にイメージしていただきたいと思います。なお各事例の進行をわかりやすくするため，すべてのインテーク面接の実施日を2005年5月2日（月曜日）と設定しました。

インテーク面接記録（ケースA）

〈基本情報〉
- ▶インテーク面接実施日：2005年5月2日
- ▶氏名：青山 恭子（アオヤマ キョウコ）様
- ▶年齢・性別：32歳・女性
- ▶当機関に来所した経緯：主治医にCBTを勧められ，当機関を紹介された。CBTについては，ほとんど知らない。
- ▶医療機関・相談機関への通院・通所について：会社の産業医に紹介された精神科クリニックに2カ月前から通院中。「うつ病」と診断され抗うつ剤を服用中。ちなみに現在，病気欠勤中。カウンセリングはこれまで受けたことがない。カウンセリングがどういうものか，想像もつかない。
- ▶紹介状の内容：診断→大うつ病，処方→SSRI，睡眠薬

〈現在の生活状況〉
- ▶家族／生活形態／婚姻の状況／家族との関係性
- ・夫と小学1年生の長女の3人暮らし。クライアントは32歳で会社員。夫は38歳で，会社員。結婚して8年。夫婦関係および長女との関係は良好。近くにクライアントの両親と上の弟が住んでおり，具合が悪くなってからは特に母親に家事や育児を助けてもらっている。それが申し訳なくて，つらい（涙）。夫も両親もクライアントの病気には大変理解があり，家族に関する悩みはない。

(ケースA)

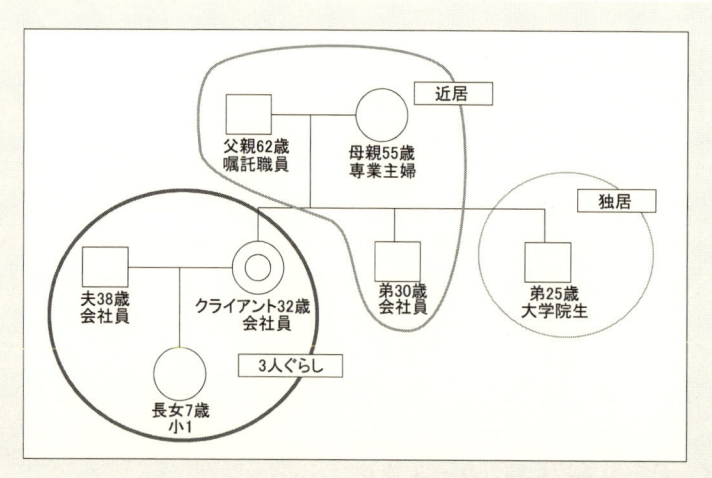

```
                    近居
    父親62歳    母親55歳
    嘱託職員    専業主婦
                                        独居

  夫38歳   クライアント32歳   弟30歳      弟25歳
  会社員   会社員              会社員     大学院生

           3人ぐらし
      長女7歳
      小1
```

図2.9　ケースAの家族図

- 父親はすでに定年退職し，現在，嘱託職員として働いている。母親は専業主婦。両親と同居している上の弟は会社員。下の弟は現在大学院生で，九州で1人暮らしをしている。クライアントと2人の弟たちとの関係も密ではないが良好。
- ▶職業
- 会社員。大手メーカーに勤務。総合職。新卒で今の会社に入社。昨年，人事部に異動になり，現在，研修担当。ただし2カ月前より会社を休んでおり，このままいくと来月から病気欠勤から傷病休職に移行される。クライアント本人としてはこれ以上職場に迷惑をかけたくないので，できるだけ早く復職したいが，主治医には「まだ早い。認知行動療法の成果がある程度出てから，復職を検討するとよい」と言われている。言っていることはわかるが，あせってしまう。会社の制度としては，1年半休めることになっている。
- ▶職場でのストレス
- 去年の春までは埼玉にある工場の総務部にいた。前から人材育成に興味があり，研修の仕事がしたくて，自分から異動願いを出し，2004年春，本社の人事部に異動。同じ人事・総務系でも地方の工場と本社ではテンポや情報量があまりにも違って，最初はとまどったが，とにかく「頑張らねば」と必死だった。今年に入り，派遣社員が1人急に辞め，彼女の仕事を一時的に引き受けたのと，長女の保育園卒園と小学校入学準備が重なり，多忙を極めた。

(ケースA) 子どもの世話があってあまり残業できないので，仕事を持ち帰り，夕食後，自宅のPCで仕事を処理して，何とか間に合わせていた。2月頃より動悸，めまい，手足のしびれ，倦怠感などを感じるようになり，2月末に会社の産業医に相談に行く。社内の診療所で受けた身体的検査では問題は見つからず，何度か診察を受けたところで，産業医より「うつ病の可能性がある。精神科医を紹介するので，受診してください」と言われ，3月10日に○○クリニックを受診しうつ病と診断され，そのまま休みに入った。

- 仕事量があまりにも多かったのが，ストレスだったと思う。ただし，それをさばけなかった自分の能力の問題。復職したら同じ仕事を同じようにこなさなければならないのに，自分にそれができるのか，イメージがわかない（涙）。
- 上司（男性，課長）は厳しい人だが，理不尽なことは言わず，信頼できる人。今回のことについては，「(青山さんの)仕事量が過剰になっていたことに，ちゃんと気づいてあげられなかった。申し訳ない。あせらずゆっくり療養して，戻ってきて欲しい」と言っているとのこと。それに対しても「申し訳ない」と思ってしまう（涙）。

▶職場での人間関係
- 異動後，上記のとおり埼玉の工場と本社の人事部であまりに雰囲気が違うので，クライアント自身が気後れし，周りとあまりコミュニケーションが取れていない。人間関係が悪いわけでは全くないが，関係が希薄な感じ。
- 自ら望んで異動してきたのに，1年ももたずに病気で休むなんて，「きっと皆，私のことを『使えない人間』と思っているだろう」と思うと，すごくつらい（涙）。夫にそのことを訴えると，「考えすぎだ」と言われてしまうが……。

▶休日の過ごし方
- 会社に行っていたときは，休日（土日）は，なるべく家族3人で過ごすようにしていた。公園やデパートに行ったり，自分の実家に遊びに行ったり。あとは平日に溜まりに溜まった家事をしたり，翌週の食材の下ごしらえをしたり。休みの日も結構あわただしく過ごしていた。
- 会社を休んでいる今は，毎日休日だが，特に午前中具合が悪く，昼過ぎまで横になっていることが多い。娘の朝食と見送りだけは，何とかやってあげたいのだが，それも難しく，毎朝実家の母が来て，手伝ってもらっている。昼過ぎに何とか起き出して，できそうな日は洗濯や掃除をし，娘のおやつや夕食の仕度をするが，そこまでできるのは週に1度ぐらい。あとは母に助けて

（ケースA）

もらっている。というか，母に丸投げしちゃっている。母は元気な人で，自分自身の習い事とか友だち付き合いとかボランティアとかいろいろあるのに，私の具合が悪いせいで，そういうのを全て犠牲にして，私の世話をしてくれている。申し訳ない（涙）。

・今も土日は夫と娘と過ごすようにしているが，出かけるのは，せいぜい公園に行くぐらい。夫もかなり家事を分担してくれていて，ありがたいのだけど，やはり申し訳なく思ってしまう（涙）。……こうやって「申し訳ない」と誰に対しても思ってしまう。それが苦しい（しばらく泣いていた）。

▶家族や職場以外での人間関係

・高校時代，大学時代の友人との付き合いはあるが，皆，とても忙しいので，会えても年に1回ぐらい。うつや会社を休んでいることは友だちには言っていない。心配されるのが嫌なので。だからもし今，友達の誰かに誘われても，会いたくない。

・保育園の保護者同士のつきあいも，そこそこあるが，もともと負担に感じていた。今はそれがさらに負担に感じるので，夫に任せてしまっている。夫は私と違ってアバウトな人で，そういう付き合いも気にせずひょいひょい出て行けるので，うらやましい。

▶経済状況（借金の有無など）

・今のところ大きな問題はないが，マンションのローンがあるので，夫と自分で共働きする必要がある。これから娘の教育費もかかるし，このままの状態が続き，ずっと働けなかったらと思うと心配でたまらない（涙）。

▶健康状態

・会社の健診では特に問題はなかったし，具合が悪くなってからあちこち検査をしたが，身体自体は特に問題ないと言われている。ただ，自分としては，体調がずっと悪いので，とても「健康体」とは思えない。2月3月に比べて動悸やめまいはおさまっているが，とにかく身体がいつも重くて，思うように動けないのが，つらくてたまらない。

▶食欲，食事の状態

・食欲はずっとない。「食べたい」と思わないが，薬を飲むために，とりあえず1日3回，何かを口に入れている。前に好きだったものを食べても，あまり美味しいとは感じない。

・この数年間，ずっと50キロ前後だった体重が，2月から減り始め，現在43キロ。ただもう下げ止まった感じで，減り続けてはいない。

▶睡眠

（ケースA）
- 治療を受ける前は寝つきが悪く，さらに夜中に何度も目を覚ましたり，嫌な夢を見たりしていたが，薬を飲むようになって，全体的にマシにはなってきている。でもあまりちゃんと眠れているようには思えない。昼過ぎまで横になっている日が結構多いが，眠っているわけではなく，起き上がれないから横になっているだけで，ずっと考え事をしている感じ。

▶胃腸や排泄の状態
- 胃の調子が悪い。痛いというか重たい。排尿は特に問題ない。もともと便秘ぎみだが，薬の副作用か，最近さらに便秘がち。

▶月経（女性のみ）
- まあまあ順調。生理痛があるが，薬を飲まずに耐えられる程度。

▶運動の有無
- 学生時代と独身のときはゴルフをやっていた。もともと運動は好きなほう。出産してからは，特に運動らしい運動はしていない。今は普通に歩いて出かけるのもおっくう。

▶嗜好品（タバコ，酒，コーヒーなど）
- 酒はつきあい程度。調子が悪くなってからは，全く飲んでいない。タバコは吸わない。コーヒーもたまにしか飲まない。特別に好んで食べたり飲んだりしているものもない。

▶趣味
- もともとはゴルフ，旅行，コンサートなど，結構アクティブだった。今は，あまり趣味が思いつかない。考えてみると，子どもが生まれてからは，趣味らしい趣味がないかもしれない。

〈これまでの生活歴〉
▶原家族の構成
- 父方祖父母，両親，本人，弟2人（2歳下，7歳下）の7人家族に育つ（図2.10参照）。父親は長男で，父親の実家に嫁に入る形で両親が結婚した。

▶出生地，生育地
- 東京都A区にて出生，生育。小学2年生から4年生にかけて，父親の仕事の関係で，祖父母を残して，両親と子どもたちだけ北海道で暮らすが，小5で東京に戻る。その後も父親の転勤があったが，すべて単身赴任だったので，クライアント自身は中学校以降はずっと東京に暮らす。

▶原家族それぞれの職業，性格，特徴など
- 父親：会社員。クライアントが小さい頃は仕事が忙しく，ほとんど自宅にい

(ケースA)

※父方祖父母，両親，本人，弟2人の7人家族

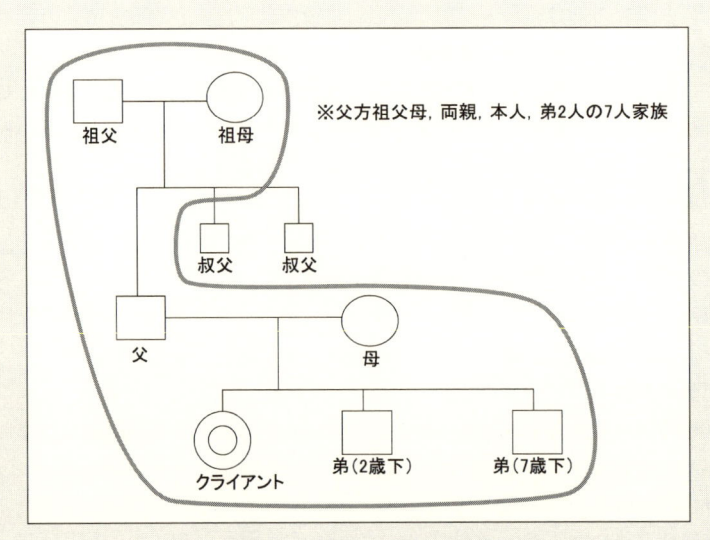

図2.10　ケースAの原家族

なかったが，夏休みの家族旅行などは欠かさなかった。長女である私（クライアント）に期待すると同時に，すごくかわいがってくれた記憶がある。とても真面目で几帳面な人だと思う。
- 母親：専業主婦。自分を犠牲にして家族の面倒をみていた印象。祖父母の介護も母が一手に引き受けていた。父親と同様，「恭子は何でもできる」と言って，すごく期待をかけて育ててくれた。泣き言を言わず，いつも明るく振る舞っている（昔も今も）。
- 祖父母：物心ついたときには，祖父はぼけていて，あまり交流した記憶がない。おばあちゃんは，小さい頃，よく遊んでくれた。大好きだった。私が結婚した翌年に病気で亡くなった。ひ孫を見せてあげたかったと今でも思う（涙）。
- 弟たち：上の弟とは小さい頃から仲がよく，しょっちゅう一緒に遊んでいた。下の弟は年が離れているので，一緒に遊ぶというより，こっちが面倒をみていたと思う。上の弟は誰に似たのか，家族の中では異質な存在で，とても大雑把でおおらかな人。今思えば，おばあちゃんに似たのかも。下の弟は私に似て，まじめ。
- 家族関係は良好だったと思う。父方祖父母と母親もうまくいっていた。とい

(ケースA)

うより，母親が上手に祖父母の対応をしていたのだと思う。家の雰囲気は悪くなかった。
▶幼少期に体験したライフイベント
・特に大きな出来事はなかったように思う。強いて言えば，おじいちゃんがぼけちゃって，母親が介護に苦労した時期があったことかもしれないが，それで母親に当たられるようなこともなかった。
▶幼少期のクライアントの性格や有り様
・よく覚えていないが，よく「お行儀のよい子」とか「しっかりした子」とか，周りの人から言われていたような気がする。自分でも「お姉ちゃんなんだから，ちゃんとしてなきゃ」と思っていたような気はする。弟や近所の子どもたちとよく公園で一緒に遊んでいた。
・幼稚園には楽しく行っていたと思う。たぶん幼稚園でもお行儀よくしていた気がする。
▶学校（小学校，中学校，高校，それ以上）でどうであったか
・小学校：公立。小2から小4までは札幌市の学校。それ以外は○○区の公立小学校。総じて優等生だった。あまり勉強しなくても成績がよく，自分としては目立つのが好きではなかったが，学級委員とかにも推薦されていた。友だちはそこそこいて，学校はまあまあ楽しかった。札幌に転校したときも，最初はとまどったが，しばらくすると慣れた。ただ寒いのと雪が嫌だった記憶がある。
・中学校：公立。小学校と同様，優等生っぽかったが，自分としてはわりとのほほんとしていて，友だちと楽しく過ごしていた。部活（バドミントン部）も楽しかった。
・高校：都立。自由な校風で，楽しく，のびのびと過ごした。半面，周りに個性的な人が多く，自分には何もないような気がして，少し悩んだこともあった。引き続き，バドミントン部に入り，練習に打ち込んだ。
・大学：私立共学。社会学部。現役で，希望通りの大学に合格し，自宅から通学した。大学では，適当に勉強し，適当にサークル活動も行い（同じくバドミントン），適当にアルバイトもし，適当に友だちとも遊び……という感じてすべて適当だった。当時は楽しかったが，今思えば，もっとこのときに勉強しておけばよかったと，悔やまれる。
・大学を4年で卒業し，今の会社（大手メーカー）に新卒で入社（総合職）。希望通りの就職先だったのでうれしかった。
▶職場でどうであったか

(ケースA)

- 本社総務，大阪工場総務，埼玉工場総務を経て，本人の希望により，2004年4月より本社の人事部に異動。人材育成に興味を持つようになり，研修（トレーニング）の仕事がしたかったため，異動を希望した。本社の人事に異動するまでは，人間関係にも仕事にも恵まれ，順調だったように思う。ただ，25歳で出産してからは，仕事と育児の両立に四苦八苦しており，それでいっぱいいっぱいだった。今思えば，それなのに本社の人事に異動したのは無謀だった，異動願いなんか出さなければよかったと思う（涙）。
- 2004年4月から本社勤務。周りが皆できる人ばかりで，また，仕事を進めるスピードが工場の総務とはまったく異なり，「私なんかにやっていけるんだろうか」と戸惑ったし，非常に不安だったが，「とにかくやるしかない」「とにかく頑張らねば」と思って，必死だった。希望通り，研修の仕事ができて，仕事そのものにはやりがいを感じていた。夫もそのことをよくわかってくれていて，異動後，さらに子育てを分担してくれた。
- それでいっぱいいっぱいだったのが，今年（2005年）に入り，①派遣社員が急に辞め，一時的に仕事量がどっと増えた，②娘の保育園卒園にあたっての行事や，小学校入学に向けての準備など，やらなければならないことがどっと増えた，という2つのことが重なり，毎日仕事を持ち帰り，深夜や休日に処理することが続いた。※その後の経過は「職場（学校）でのストレス」の項を参照。

▶結婚や出産の経歴
- 夫とは学生時代からの付き合い。24歳時に結婚，25歳時に出産。夫婦関係，親子関係ともに良好。本当はもう1人子どもが欲しいと夫もクライアントも考えているが，先送りになっている。

▶これまでに経験した大きな病気や怪我
- 中学2年生のとき，急性虫垂炎で入院，手術したぐらい。

▶その他の重要情報
- とくになし。

〈主訴について〉
▶主訴のタイトルと具体的内容
①物事を悲観的に考えてしまい，その考えから抜けられない。
②自分を責める考え方ばかりしてしまい，その考えから抜けられない。
③今後，どのように仕事に取り組んでよいのかわからない。復職しても今までどおりの取り組み方だと，また同じことになってしまうと思う。

(ケースA)

▶その主訴はいつから？　これまでの経緯は？
①②本社に異動してからしばらくして。ひどくなったのは今年に入ってから。
　ただ，よく考えたら，昔からそういう傾向はあったかも。
③子どもが生まれてからは，ずっとハイテンションで仕事をしてきた気がする。
　尋常でないぐらい忙しくなり，仕事を抱えてしまったのは，今年に入って派遣の人が辞めてから。
※①②③の結果として，うつ病になったのだと思う。

▶どのような対処を試みてきたか？
・上記①②③の結果としてなったうつ病に対しては，通院，服薬，休養といった対処を試み，最悪の状態よりは少しはマシになっているような気はする。
・上記①②③については，今日の，このインテーク面接で明確になった気がするので，これまで特に対処してこなかった。むしろここでのカウンセリングを通じて対処していきたい。

▶そのような主訴を抱えるクライアントに，現在どのようなサポートがあるか？
・夫：現実的にも心理的にもすべてサポートしてくれる。感謝している。
・娘の存在もサポートになっている。
・実家の両親，特に母も助けてくれている。
・直属の上司も私の病気を理解して，すごく気を使って接してくれているのがわかる。サポートと言っていいだろう。

▶主訴がどうなったらよいか？
・①②については，そもそもそういう考え方をしなければよいのだが，とりあえずは，悲観的な考え方や自分を責めるような考え方にはまっちゃったときに，自力でそこから抜け出せるようになりたい。
・③については，今は想像もつかないが，これまでとは違った働き方を見つけたい。仕事と家事と育児をそこそこにこなし，自分自身も病気にならないために，どのように働き，どのように生活したらいいのか，具体的に見つけ，実践したい。

▶その主訴をめぐって，CBTに何を求めるか？
・上記「主訴がどうなったらよいか？」に書いてあることを実現するための手助けをしてほしい。自分ひとりだと，「どうなったらよいか」はわかるが，それを達成するために「どうしたらよいか」がわからない。そこを支えてもらいたい。

〈ケースA〉

〈CBTについて合意されたこと〉
▶CBTを開始するか否か
・開始する。「説明をうかがって，よくわかった。私の主訴ともぴったり合うと思う」
▶進め方について
・できれば休職中に進められるだけ進めておき，復職に備えたい。技法が身につく頃に復職できるのが理想かもしれない。それなりの回数や時間がかかることは，やむをえないと思うが，できるだけ早く終結まで進みたい。
▶担当者・曜日・時間など
・担当：伊藤絵美
・曜日：休職中は平日に通う。最初はできれば1週間に1度のペースで。復職後も通うようであれば，平日の夜もしくは土曜日でないと通えないと思う。
▶その他特記事項
・特になし。

〈インテークを終えての感想と所見〉
▶クライアントの感想
・スポーツとか趣味のことを聞かれて，ハッとした。子どもを産んでから，とにかく仕事と子育てに突っ走ってきたんだなあと思った。
・いろいろと質問していただく中で，自分の問題が見えてきた気がする。今までは漠然としていたが，考え方や働き方の問題だったんだと，改めて明確になり，そのぶん少しだけ気持ちがクリアになった気がする。ありがとうございました。
▶インテーカーの所見
・幼少期から今に至るまで，社会適応は全く問題ないどころか，大変良好な人で，おそらく仕事と育児の過負荷により，大うつ病を発症したものと考えられます。具合が悪くなった経過をヒアリングした後，再度主訴について確認したうえで，CBTの基本モデルを使ってアセスメントする……という標準的なCBTの流れに沿って進めていけるケースだと思います。ご本人のおっしゃるように，ここでのCBTの流れと復職のタイミングが合うと，理想的だと思います。
・CBTの説明に対する理解，インテーカーとのコミュニケーション，CBTへの理解，すべて良好です。
・主訴でも挙げられていたとおり，悲観的思考と自責的思考による発言が，イ

ンテークでも多かったように思います。そのような思考について述べながら涙する，という場面が何度もありました。またそのような思考のせいで，休養がうまく取れていない印象があります。BDI-II も 42 ポイントと高く，まずは休養をきちんと取っていただきながら，CBT を進めていくという流れが良いのかもしれません。

インテーク面接記録（ケース B）

〈基本情報〉
▶氏名：尾藤　武夫（ビトウ　タケオ）様
▶インテーク面接実施日：2005 年 5 月 2 日
▶年齢・性別：43 歳・男性
▶当機関に来所した経緯
・「そううつ病」がなかなか治らず，自分でいろいろ調べたところ，「認知行動療法」というのがあるのを知った。主治医に相談したところ「受けてみてもいいんじゃない」とのことだったので，紹介状を書いてもらい，当機関にインテーク面接を申し込んだ。
▶医療機関・相談機関への通院・通所について
・20 代に発症し，断続的に様々な精神科病院や精神科クリニックに通院している。30 代に 1 度，躁状態がひどくなって入院したことがあるとのこと。3 年前に「躁」から「うつ」に転じた際，今の精神科クリニックに通院している。これまでは「うつ」が治ると通院を中止していたが，それが良くなかったと反省し，また現在の主治医の勧めもあって，現在は通院を継続している。うつ状態になると助けが欲しくなってカウンセリングを受けるということも何度かしており，これまでに数カ所のカウンセリング機関に通ったことがあるそう。すべて話を聴いてもらうスタイルのカウンセリングだった。話を聴いてもらうことによる安心感はあったが，効果があったかどうかは不明。
▶紹介状の内容・診断
・診断→双極 II 型障害，処方→気分安定薬を中心とした数種類の薬剤が処方されている。主治医のコメント→「気分安定薬の効果はある程度みられますが，それでも年に 1 度程度，軽躁エピソードが発生する方です。ご本人が認知行動療法を希望したため，紹介いたします」

（ケースB）

〈現在の生活状況〉
▶家族／生活形態／婚姻の状況／家族との関係性
・妻と2人で暮らしている。結婚は2度目（妻は初婚）。32歳時，最初の妻と離婚し，4年前（38歳時）に再婚した。最初の妻との間に子どもが2人おり，養育費を払っている。前妻と会うことはないが，子どもたちとは月に1度会っている。
・長野県出身で，同県○○市に母親が1人で暮らしている。父親はすでに他界している。
・今の妻との関係は「微妙」。喧嘩にならないよう，お互いに何となく避けている。あまりよい状態とは思わない。妻はフリーの編集者をしており，生活が不規則。
▶職業／職場でのストレス／職場での人間関係
・中学校の教員。国語を教えている。現在2年生の担任で，他に教務主任を担当している。現在の学校は今年で3年目。サッカー部の顧問もしており，非常に忙しい。
・教員という仕事は自分に合っていると思う。子どもに教えたり，部活の指導をするのは楽しい。一方，書類を出したり，報告をしたり，そういったことが苦手で，ストレスを感じる。昔に比べて最近は何でも書類を作らないといけないのが苦痛。またパソコンが苦手で，パソコンを使わないといけない仕事があると，持ち帰って，妻に助けてもらうことが多い。
・昨年，結構ひどい躁状態になって周囲に迷惑をかけたり，その後うつ状態で1カ月ほど仕事を休んだりしたので，周囲は自分の病気のことを知っている。
・今年2年目の副校長との折り合いが悪く，それが昨年の躁状態と関係していると思う。自分が躁状態になったことも副校長がよく思っていないので，今は冷戦状態で，必要最低限しか口をきかない。校長はおだやかな人で，特に関係は悪くない。同僚には関係のよい人とあまり良くない人とがいる。自分の病気を良く思っていない人もいると思う。
▶休日の過ごし方
・土日も部活の試合などでつぶれることが結構ある。月に1度，子どもに会って，映画を観たり，食事をしたりするのが楽しい。あとは，以前は妻と一緒に買い物をしたり，食事をしたりすることがよくあったが，最近は1人で休日を過ごすことが多い。先述のとおり妻との関係が微妙で，互いに積極的に関わろうとしていないため。1人で過ごすときは，パチンコや競馬などギャンブルをしたり，家でビールを飲んでゴロゴロしたりすることが多い。

(ケースB)

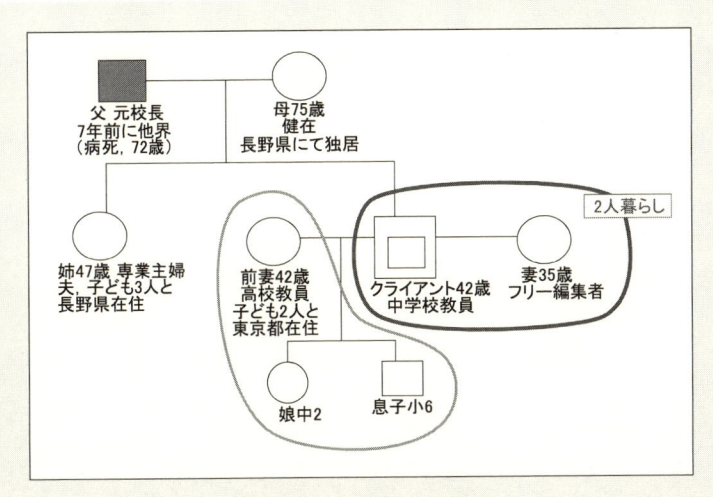

図2.11　ケースBの家族図

[家族図の内容]
- 父 元校長 7年前に他界（病死, 72歳）
- 母75歳 健在 長野県にて独居
- 姉47歳 専業主婦 夫, 子ども3人と長野県在住
- 前妻42歳 高校教員 子ども2人と東京都在住
- クライアント42歳 中学校教員
- 妻35歳 フリー編集者
- 娘中2
- 息子小6
- 2人暮らし

▶ 家族や職場（学校）以外での人間関係
・昔の同僚で仲のよい人が何人かいて，ときどき飲みに行ったりするが，年に数回程度。
・（※「ここは守秘義務をちゃんと守ってくれるのでしょうね」と念押しして）実は付き合っている女性がいて，彼女とときどき会っている。通院しているクリニックで知り合い，今年に入った頃から付き合うようになった。今のところ妻と別れる気はないが，彼女の存在が今の自分には支えになっている。

▶ 経済状況（借金の有無など）
・子どもの養育費を払っているが，今の妻との間には子どもがいないし，妻も仕事をしているので，経済的には特に困っていない。ただ，昨年躁状態になったときに，300万円もする車を買ってしまい，そのローンを返している。いつもではないが，躁状態になると金遣いが荒くなって，後で後悔することがある。以前，躁状態で入院したときは，ギャンブルに相当つぎ込み，痛い目に遭った。

▶ 健康状態
・特に問題ない。
・〈ちなみに今は躁とかうつに関して，どのような状態？〉今は，まだこの間のうつを引きずっている。〈0がすごい「うつ」，50が「普通」，100がすごい「躁」とすると，今はどれぐらい？〉30ぐらい。

（ケースB）

▶食欲，食事の状態
・食欲は今は普通。躁やうつのときは，食べられなくなることが多い。
▶睡眠
・睡眠も今は普通。躁やうつのときは，眠れなくなることが多い。というか，躁のときは，眠らなくていいような気がして自ら眠らない。うつのときは本当に眠れなくなってしまう。
▶胃腸や排泄の状態
・特に問題ない。
▶運動の有無
・サッカー部の顧問をしているので，それがいい運動になっている。身体を動かすのは嫌いじゃない。
▶嗜好品（タバコ，酒，コーヒーなど）
・酒は好きで，週に5日は飲む。外でも飲むし，家でも飲む。量はそうでもない。躁状態になると，すごい高い酒を買ってきて一気にボトル1本飲んじゃったりする。〈お酒のことは主治医には？〉伝えてある。薬を飲んでいるので酒は控えるべきだが，あとは自己責任でと言われている。
・タバコは1日に1箱。
▶趣味
・サッカーなどスポーツ観戦。他には競馬やパチンコなどギャンブルも好き。
・趣味と言ったら変かもしれないが，月に1度，子どもに会うのが楽しい。励みになっている。

〈これまでの生活歴〉
▶原家族の構成
・両親と2歳上の姉，および本人の4人家族。ただし近くに母親の両親と妹の家族が一緒に住んでおり，さらに同じ長野県内に，母親のもう1人の妹家族および弟の家族が住んでおり，心理的にも物理的にも母方の一族に近いところで暮らしていた。（図2.11を参照）
▶出生地，生育地
・長野県〇〇市にて出生，生育。
▶原家族それぞれの職業，性格，特徴など
・母方は教員一族。母方祖父母は2人とも元教員で，祖父は校長まで勤め上げた。母親は長女で，下に3人いるが，うち2人も教員。母親は自分が教員になれなかったかわりに，教員の父親と結婚し，2子を授かる。その第2子が

（ケースB）

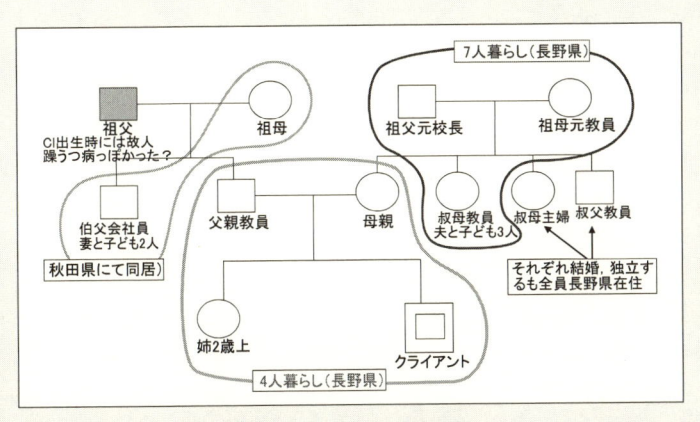

図2.12 ケースBの原家族

クライアント。
- 父親は秋田県出身で，父方祖父はクライアントが出生時にはすでに他界していたが，躁うつ病だったかもしれないと聞いたことがある。正式な診断かどうかは不明だが，調子の高いときには祖母を罵倒したり金遣いが荒かったり，調子が低いと誰とも口をきかなかったりしたときがあったと，自分の病気について両親に伝えたときに，父親から聞いたことがある。
- 父親：クライアントが幼少期は中学校の教員で，社会を教えていた。その後，校長まで勤め上げた。穏やかで物静かな人。子どもに対しても大声を出すようなことはなかった。
- 母親：「口うるさい」としか言い様がない人。母親の一族はすべて女性が強く，クライアントの原家族も，母親が仕切り，父親がおとなしく従うという感じだった。クライアントはそれがすごく嫌で，父親にもっとしっかりして欲しいとずっと思っていた。母親は姉にもクライアントにも教員になることを望んでおり，姉はそれに反発したが，自分は言うことをきいてしまった。母親にずっと支配されてきた感がある。今でもその感じが残っている。
- 姉：年は近いが性格が違うので，小さい頃，一緒に遊んだりはしなかった。姉は母親に似て勝気で口うるさい。自分はどちらかというと父親似で，普段は穏やかで，争いごとを好まない。

▶幼少期に体験したライフイベント
- 特に大きなライフイベントはなし。

▶幼少期のクライアントの性格や有り様

（ケースB）

- 「機嫌のいい子だった」と両親や親戚には言われる。いつもニコニコして，知らない大人にも平気でくっついていくようなところがあったそう。
▶ 学校（小学校，中学校，高校，それ以上）でどうであったか
- 小学校（地元公立校）：楽しく通っていた。5年生のときいじめを受けて，一時期，学校が嫌いになったが，不登校にはならなかった。どちらかというと「なにくそ」という感じで耐えていた。それ以外は友だちと楽しく過ごしていた。成績は中の上。母親が勉強しろしろとうるさかった。
- 中学校（地元公立校）：まあまあ楽しく通っていたが，父親が中学の教員ということもあり，多少プレッシャーがかかっていたように思う。陸上部に所属し，そこそこ頑張っていた。母親が勉強にとにかくうるさく，それもあって成績は結構よかった。友人もそれなりにいた。いじめなどはなかった。
- 高校（地元公立校）：県立高校。進学校で，結構勉強がきつかった。周りが頭が良いので自分の成績は振るわず，さらに母親に勉強しろしろとうるさく言われ，それが嫌だった。陸上部の仲間とつるむのが一番楽しかった。
- 一浪して大学（東京の私立大学，文学部）：地元（長野県もしくは近辺）の大学に行くよう親，特に母親には言われたが，地元を離れたかったのと，東京に行きたかったのとで，かなり強く自己主張して東京の大学に進学した。これが親に対する精一杯の反抗だったような気がする。大学生活はとにかく自由で楽しかった。タガが外れたように遊び呆けていた。バイトもし，ちゃらちゃらしたサークルに入り，楽しく過ごしていた。ただ，一般企業に就職するか教員を目指すか，ずっと悩んでもいた。
▶ 職場でどうであったか
- 親，特に母親は自分が地元の長野県で教員になることを望んでいたが，それだけは嫌だと思い，地元に戻らないということを条件に，教員を目指すことで妥協。結局東京都の採用試験に合格し，中学の教員となる。なってみたら教員の仕事は結構自分に合っていて，楽しかったが，20代後半ぐらいから躁うつ病が出始め，病院に通い始めた。最初は職場に黙っていたが，30代ですごい躁になってしまい，入院することになり，職場にカミングアウトした。その後も病気のせいで職場に迷惑をかけたことが何度かある。自分としては病気のせいで職場や同僚に迷惑をかけるのを，なんとか避けたい。今日もそのためにここに来た。
- 今の中学は3年目。先述のとおり，昨年赴任してきた副校長と折り合いが合わず，それが昨年の躁と関係しているような気がする。今は病状が落ち着いており，主治医の許可もあったので，今年度は普通に担任を持つだけでなく，

(ケースB)

　教務主任も務めている。
- 以前は管理職を目指す気持ちもあったが，今は病気とつきあいながら，なんとか現場で教員を続けられればよいと考えている。

▶結婚や出産の経歴
- 27歳時に研修会で知り合った女性と結婚。彼女は高校の教員だった。29歳時に長女，31歳時に長男が誕生するも，仕事や育児をめぐって妻といさかいが絶えず，結局32歳時に離婚した。今思えば売り言葉に買い言葉で，勢いで離婚してしまった感じがある。離婚して1人暮らしを始めて，しばらくしてから躁状態がひどくなり，しばらく入院した。離婚時のとりきめで，子どもは妻が引き取ったが，定期的に会わせてもらっている。元妻は再婚する気がないらしく，子どもたちも自分を「父親」と思って育ってくれているのが救い。
- 38歳のときに，これまた研修会で知り合った女性と再婚。彼女は教員ではなく，フリーの編集者。病気のことも伝え，理解してもらった上で結婚し，最初は良かったが，次第に頻繁に喧嘩をするようになり，特に去年の躁状態を経て，今は冷ややかな関係。妻との関係を修復したいかどうか，自分の気持ちがよくわからない。
- 先述のように同じクリニックに通っている彼女がおり，今は妻よりその彼女に心が向いている。

▶これまでに経験した大きな病気や怪我
- 大学生のときスキーで転んで，前十字靱帯損傷で入院，手術をしたことがある。リハビリも含め，結構大変だった。今でもサッカーをするときなど，動きづらい面がある。
- 「あとは何といってもこの『躁うつ病』が一番大きな病気です」

▶その他の重要情報
- 「彼女のことは，くれぐれも内密にお願いします」※守秘義務について説明する。

〈主訴について〉
▶主訴のタイトルと具体的内容
① 「躁うつ病」のせいで，周囲に迷惑をかけてしまうし，借金などで自分も困ってしまう。完治しなくてもよいので，何とか波を小さくしたい。
② 対人関係でトラブルが生じやすい。自分ではそのつもりはないが，何気ない一言で相手を怒らせてしまったりすることが少なくない。

(ケースB)

※①と②は関係しているような気もする。たとえば昨年，躁状態になったときは，それ以前に，副校長とうまくいかなくなっていた。妻との関係が良くなくなったのも，①と②の両方が関係しているような気がする。

▶その主訴はいつから？ これまでの経緯は？

① 今思うと大学生のときも，ときどき「躁」っぽかったような気がする。明らかにハイテンションだった時期があった。おかしいなと思ったのは教員になって3年目，25歳頃。当時勤務していた学校はサッカー部が強く（当時もサッカー部の顧問だった），区大会に優勝し，都大会に出場したのだが，部が勝ち進むと同時に，異様にテンションが上がって，大会が終わった後もずっとはしゃいでいた記憶がある。今思うと，あのときは「躁」だったのではないか。妻が長女を妊娠中の28歳頃，やはり異様にテンションの高い時期が続き，その後，どーんと落ち込んで，「これはおかしい」と気づいて受診し，「躁うつ病」と言われた。ただ，自分としてはうつの状態はひどくつらいが，躁の状態はさほど不快ではないので，うつ状態が終わると通院もしないし，薬も飲まない，ということを繰り返していた。離婚後，34歳ぐらいのときに，躁状態がひどくなり，このときは両親が気づいて，なかば無理やり病院に連れて行かれ，結局入院となった。当時，ギャンブルで貯金をほぼ使い果たしてしまい，自分でもそのことにがく然とし，「うつ」だけでなく，「躁」も治療する必要があることを実感した。その後，薬（気分安定薬）は医師の指示どおりにきちんと服用しているが，1年に1～2度，躁状態になり，自分も周囲もそれに振り回されてしまう。薬だけだとどうしてもそれが防げないので，何とかしたいと考え，いろいろ調べているうちに，CBTのことを知った。

② もともとはそういう人間じゃなかったと思う。先述のとおり，自分は父親に似ていて，基本的には穏やかで争いごとを好まない人間だった。今でもベースは変わっていないと思う。ただやはり20代後半ぐらいから，トラブルめいたことが起こり始めているような気がする。

▶どのような対処を試みてきたか？

・①②ともに……はじめは「対処」が必要だと思っていなかったが，上記のような経緯を経て，特に①については病気であることを認めざるをえなくなった。①にしても②にしてもきちんと通院して薬を飲むようになり，そんなにひどいことにはならずに済んでいると思うが，それでも昨年のようなことが起きてしまうので，薬だけでは足りないと思い，今日ここに来た。

・今の主治医とは相性がよく，信頼できるので助かっている。主治医は薬だけ

(ケースB)　でなく，規則正しい生活をするようにとか，きちんと睡眠を取るようにとか，いろいろと有益なアドバイスもくれるが，どうしてもそれができなくなってしまうときがある。診察時間が短いので，規則正しい生活が崩れてきたときどうしたらよいか，仕事なんかで忙しいときにどうやって睡眠を取ったらよいかなど，細かいことまでは指導してもらえない。
・本やインターネットで情報収集することは心がけている。ただ「うつ病」に比べ情報が少なく，しかも自分よりうんと重い人の話が多いので，あまり参考にならない気がする。
▶そのような主訴を抱えるクライアントに，現在どのようなサポートがあるか？
・妻には悪いが，今つき合っている彼女の存在が支えになっている。彼女は躁うつ病ではないが，互いの病気について分かり合えるから。
・そうはいっても妻の存在ももちろんサポートになっている。妻が経済的に自立してくれていることが，ずいぶん助けになっている。
・2人の子どもの存在。
・同僚や前の職場の同僚の中にも，心配してくれている人が何人かいる。それもサポート。
・今の主治医もサポート。
▶主訴がどうなったらよいか？
・自分としてはうつ状態になるのが最もつらいので，それがどうにかなるとよいと思っているが，主治医にも妻にも，「何とかしなければならないのは，躁状態のほうだ」と言われている。実際借金をしたりもしているので，主治医の言い分も理解できる。要するに，躁もうつもなくなってくれれば一番よいのだが。〈なくなれば一番良いかもしれませんが，急に症状がなくなることは考えづらいですよね？〉その通りだと思う。なので，ある程度躁やうつの波があっても，その波が小さくなればいいと思う。
▶その主訴をめぐって，CBTに何を求めるか？
・躁やうつの波を小さくしていく手助け。※インテーカーが図2-13を示したところ納得された。

〈CBTについて合意されたこと〉
▶CBTを開始するか否か／進め方について
・開始する。病歴が長いので，まずはこれまでの経緯をヒアリングさせていただき，経緯を共有したうえで，CBTのプロセスをしっかりと進めていく。

(ケースB)

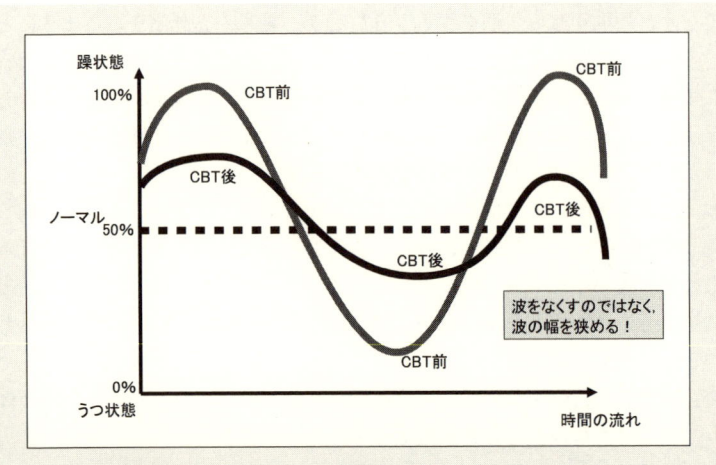

図中ラベル：躁状態 100%／CBT前／CBT後／ノーマル 50%／CBT後／CBT前／CBT後／CBT前／うつ状態 0%／時間の流れ／波をなくすのではなく，波の幅を狭める！

図2-13 双極性障害に対するCBTの説明図（躁とうつの波が小さくなればよい）

- ただしCBTのプロセスを進めていくには時間がかかり，その間にも，軽躁状態やうつ状態に入っていく可能性があるので，カウンセリングを開始したら早速気分の波をリアルタイムでモニターし，必要であれば応急処置的に対策を立てる。
- ▶担当者・曜日・時間など
- 伊藤絵美。仕事があるので基本的には土曜日。月に2回程度。夏休みなどは，平日も予約が可能。
- ▶その他特記事項
- 「〈彼女〉のことは，くれぐれも内密にお願いします」※守秘義務について改めて説明する。

〈インテークを終えての感想と所見〉
▶クライアントの感想
- 認知行動療法によって波の幅を狭めるという話は納得できた。いろいろな説明もわかりやすくてよかった。あとはやってみないとわからないので，とにかく頑張ります。よろしくお願いします。
- 自分には案外いろいろなサポートがあるんだなあと感じた。
- 彼女のことは話しづらかったが，自分の現状を理解してもらうためには，話したほうがよいと考え，思い切って伝えてみた。普通に受け止めてもらえたので，ホッとした。守秘義務についての説明があったので，とりあえず安心

できた。
▶インテーカーの所見
・人当たりがよく,「話好き」という印象です。こちらの質問に,気前よく,どんどん答えてくれる,という感じです。話が広がっていく傾向があり,限られた時間内でインテークの情報を得るために,こちらから何度かさえぎることがありましたが,嫌そうではなく,それに快く着いてきてくれる感じでした。
・本人とも合意した通り,経過がかなり長いケースですので,それをヒアリングしたうえで,アセスメントに入る必要があります。が,ヒアリングやアセスメントで情報収集している最中にも,ご本人の状態が変化する可能性がありますので,ケース開始当初からモニタリングを行い,調子が上がりすぎたり下がりすぎたりする場合は,応急処置的な対応を行う必要が出てくるかもしれません。
・CBTの説明に対する理解,CBTに対するモチベーション共に良好です。

インテーク面接記録(ケースC)

〈基本情報〉
▶インテーク面接実施日:2005年5月2日
▶氏名:千代田 美里(チヨダ ミサト)様
▶年齢・性別:29歳・女性
▶当機関に来所した経緯
・インターネットで「カウンセリング」でいろいろと検索して当機関のホームページにたどり着いた。女性のカウンセラーが多いのがいいと思った。認知行動療法については,名前は聞いたことがあるが,内容についてはよくわからない。
▶医療機関・相談機関への通院・通所について
・つらくなるとメンタルクリニックに駆け込んで薬を処方してもらい,そうでもなくなると行かなくなる,ということを繰り返している。どのクリニックに行っても「わかってもらえない」「馬鹿にされた」などと感じてしまうため,継続して通院したことはなく,精神科医と口論になり診療を拒否されたことが何度かあるとのこと。カウンセリングについても同様で,クリニックに併設されたカウンセリングルームや民間の相談機関に行ったことはあるが,

(ケースC)

何度か通ううちに「わかってもらえない」「馬鹿にされた」などと感じ，行くのを止めてしまうということを繰り返している。最後にメンタルクリニックを受診したのは3カ月前，Xメンタルクリニック。抗不安薬を処方され，あまりにつらくなったときだけ服用しているとのこと。過去に薬のまとめ飲みをしたことがあるが，最近はしていないとのこと。また最後にカウンセリング機関に相談に行ったのは1年ほど前，Yカウンセリングルーム。3回通い，「カウンセラーと合わなかった」ため中断とのこと。

〈現在の生活状況〉
▶家族／生活形態／婚姻の状況／家族との関係性
・都内にて1人暮らし。18歳時に実家を出て，1人暮らしを始めた。
・両親と弟，妹の4人が，都内近郊で暮らしている。母親は実母だが，父親とは血がつながっていない。実父はCさんが3歳の頃に失踪し，その後戻ってきたが結局母親と離婚した。現在は音信不通。Cさんが小学校低学年のとき母親が現在の父親と再婚。その後，異父弟，異父妹が誕生した。
・Cさんは現在独身。結婚したことはないが，何人かの男性と同棲したことがあるとのこと。現在恋人がおり，一緒に暮らしてはいないが，頻繁に恋人宅と自宅を行き来している。
・実家の両親やきょうだいとは，ほとんど「縁切り」状態。正月に義理で実家に顔を出す程度。義父やきょうだいとの関係は悪くないが，実母との関係が最悪で，顔を合わせると必ず喧嘩になる。だから実家にはほとんど帰らない。
▶職業／職場でのストレス／職場での人間関係
・20歳時に大学を中退してから，アルバイトを転々としている。現在駅ビルで洋服の販売の仕事をしている。週に4日，1回8時間。今のアルバイトは3カ月前に始めたばかりだが，人間関係が苦痛で，もう辞めたくなってしまっている。特に店長（女性）とうまくいっていない。洋服や雑貨の仕事自体は結構好きで，これまでも別のショップで販売のバイトをしたことが何回かある。
・とにかくどこにいっても人間関係がうまくいかず，バイトを辞めるのはいつも人間関係が原因。
▶休日の過ごし方
・彼（35歳，会社員）に会うことが多い。今の彼とは半年前から付き合っている。彼の家やクライアントの自宅で一緒に過ごしたり，映画や外食に出かけたりする。彼と一緒にすごすのは楽しいが，ときどき大喧嘩をすることが

(ケースC)

```
※実父はクライアントが幼
少期に失踪。その後離婚
が成立し，母親はCさんが
小学生時に現在の父親と
再婚
```

父親73歳
（義理の父親）
会社経営

母親52歳
（実母）
ダンス教師

東京近郊で
4人暮らし

クライアント 29歳
アルバイト
1人暮らし

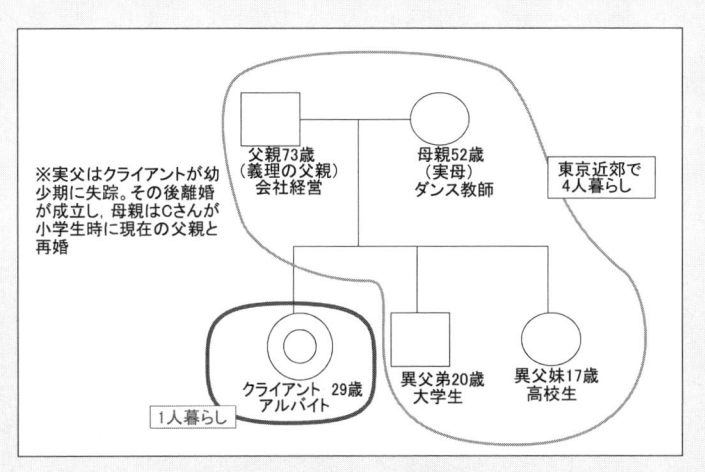

異父弟20歳
大学生

異父妹17歳
高校生

図2.14　ケースCの家族図

ある。
- 彼と会えないときは，調子がよければ友だちに会ったり，1人で買い物に出かけたりする。調子が悪いと家で1人でダラダラ過ごすこともある。

▶家族や職場（学校）以外での人間関係
- 小学校からの親友がひとりいて，一番信用できる。ただすでに結婚して子どもがいるので，前ほど頻繁に連絡を取ることができない。他にもときどき会う友だちが何人かいるが，調子が悪いと人に対して疑い深くなり，友だちまで疑ってしまうことがある。そうやって駄目になった人間関係がこれまでたくさんあった（涙）。

▶経済状況（借金の有無など）
- バイトの稼ぎと親の仕送りで何とか暮らしている。親の仕送りをあてにするのは，本当は悔しいが，今はそれがないと暮らしていけない。バイト代が月12万円ぐらいで，親の仕送りが月に10万円。〈カウンセリング代は誰が払うの？〉カウンセリングに通うと言えば，そのぶんは親が仕送りを増やしてくれる。こうなった原因を作ったのは親なのだから，それは当然のことと思う。
- 借金などは特にない。

▶健康状態
- 常に身体の調子が悪い感じがある。特別な持病はないが，いつも身体が重か

(ケースC)

ったり，疲れていたり，頭が痛かったり，お腹が痛かったり，腰が痛かったり，ニキビが出たり，動悸がしたり，めまいがしたり，下痢をしたり，いろいろと不調を感じるので，心配になってときどき内科などで検査を受けるが，いつも「どこも悪くない」と言われてしまう。誰も私の不調をわかってくれない（涙）。

▶食欲，食事の状態
・すごく食べてしまうときと全く食べないときがあって極端。〈今は？〉ふだんはあまり食べないが，ときどきドカンと食べちゃう。食べると体重がすごく気になって罪悪感を感じる。〈身長と体重？〉163 cm，42 kg。〈今の体重は千代田さんにとって？〉すごく頑張ってこの体重をキープしている感じ。仕事でお洋服を格好良く着たいというのがあるので，これ以上体重は増やしたくない。

▶睡眠
・一応毎日寝ているが，寝つきも悪いし，夜中に目も覚めるし，嫌な夢を見るし，全然ちゃんと眠れない。ただ彼と一緒に寝ると，安心してぐっすり眠れることもある。

▶胃腸や排泄の状態
・さっきも言ったとおり，良くない。下痢したり，便秘したり，お腹が痛くなったり，胃が痛くなったりする。

▶月経（女性のみ）
・もともと不順なのと，避妊のために低容量のピルを服用している。

▶運動の有無
・ほとんどしない。運動は好きでも嫌いでもない。仕事は立ち仕事だし，結構重いものを運んだりするので，それなりに身体を使っているかも。

▶嗜好品（タバコ，酒，コーヒーなど）
・タバコは1日20本。お酒も結構飲む。家でも飲むし，彼や友だちとも飲む。飲み出すととことん飲む。コーヒーは飲まないが，昼間はダイエットコーラをたくさん飲むかも。あと甘いものが好きで，チョコレートをいつも持ち歩いている。

▶趣味
・洋服を見たり，買ったり，着たりすること。コスメ。雑誌を見ること。

〈これまでの生活歴〉
▶原家族の構成

(ケースC)

- 両親，クライアントの3人家族だったが，クライアントが3歳時，父親が失踪し，しばらくは母親と2人暮らし。その後父親が戻るも再度一緒に暮らすことはなく，クライアントが7歳時に両親は離婚。その1年後に母親が再婚し，異父弟，異父妹が生まれる。

▶出生地，生育地
- 千葉県A市にて出生，生育。母親が再婚時に同じく千葉県のB市に転居し，18歳までB市で暮らす。今も両親ときょうだいはB市の実家にいる。

▶原家族それぞれの職業，性格，特徴など
- 実父：職人だったそうだが，詳しくはよくわからない。クライアントが3歳時に失踪しているので，実父についてはほとんど記憶がない。幼少時，母親から実父の悪口ばかり聞かされていた。実父の失踪を「自分のせいかも」と何となく思っていた。7歳のとき実父が戻ってきたが母親がクライアントを実父に会わせようとしなかったため，会っていない。
- 母親：クライアント幼少期よりフリーでダンスのインストラクターをしている。顔とスタイルが良く，本人がそれを鼻にかけている。性格がきつい。勝気。何かあると絶対に人のせいにして，反省しない。※母親に対する悪口が止まらず，途中で切る。
- 義理の父親：母親の勤めていたダンス教室にダンスを習いに行ったのがきっかけで知り合い，結婚する。会社経営者。おだやかな人。母親と結婚して，その子どもである自分にすごく気を使っているのが伝わり，自分も気を使うようになり，何だかずっとよそよそしい関係だった。母のためには今の父との結婚は良かったのだと思う。でもそれは私とは何の関係もない。
- 異父弟：9歳年下。年が離れているので，よくわからない。全部血のつながったきょうだいがいないのでわからないが，「本当のきょうだい」という感じではない。
- 異父妹：12歳年下。年が離れているので，よくわからない。やはり「本当のきょうだい」という感じではない。

▶幼少期に体験したライフイベント
- 父親の失踪。母親が詳しく話さないので，真相はよくわからない。物心ついたときは，いつもイライラしている母親と2人で暮らしていた。父親がいないということより，母親がイライラして自分にあたるのがすごく嫌だった。自分は母親のストレスのはけ口だった。

▶幼少期のクライアントの性格や有り様
- よく覚えていない。内気でおとなしい子どもだったような気がする。

(ケースC)

```
     実父 ─╱╲─ 母親 ─── 義父
              │
     ※クライアントが3歳頃,     ※クライアントが8歳時に
     実父が失踪し,クライアント7   母親が再婚。
     歳時に両親が離婚。

   クライアント  異父弟    異父妹
              9歳下    12歳下

                          5人暮らし
```

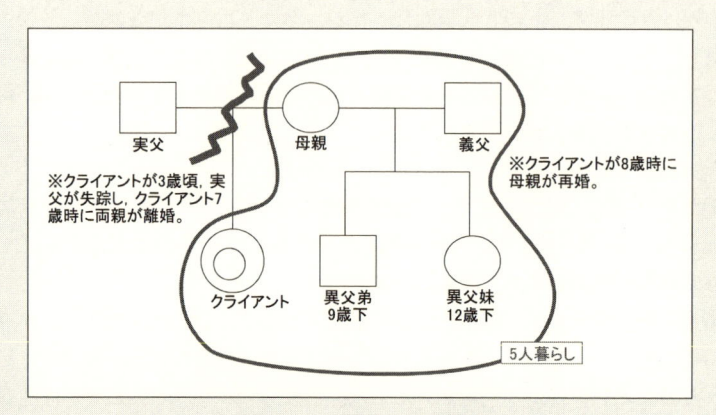

図2.15　ケースCの原家族

▶学校（小学校，中学校，高校，それ以上）でどうであったか
- 小学校：地元の公立校。2年生のときに母親の再婚に伴い転校。おとなしい生徒だった。友だちはそれなりにいたけど，仲間はずれにされたり，悪口言われたりして，おもしろくないことが多かった。勉強は普通。家にも学校にも居場所がなかった。1人だけ親友がいて，その子とだけは何でも話せた。
- 中学校：地元の公立校。小学校で私をいじめた人と中2で同じクラスになり，激しくいじめられた。最悪だった。母親に言ってもとりあってくれない。「いじめられる奴が悪い」と言われた（涙）。むしろ父親のほうがわかってくれたと思う。でも学校は休ませてもらえず，我慢して学校に行ったり，公園とかで時間つぶしたりしていた。毎日死にたかった（涙）。小学校のときの親友は中学から東京の私立に通うことになって，あまり会えなくなった。
- 高校：東京の私立女子校。いじめはなかったが，人間関係がどうしてもうまくいかず，孤立していた。自分を田舎者のように感じ，劣等感があった。「とにかく大学生になって家を出よう」と思って，毎日淡々と学校に通っていた。
- 大学：私立Z大学文学部に入学。親に頼んで東京で1人暮らしをさせてもらった。家から離れてせいせいしたが，一方で，1人でいることがさびしくてさびしくてたまらなかった。「大学生になって実家を出れば何かきっといいことがある」と信じていたのに，何もいいことなんかなくて絶望した。その頃からリストカットが頻繁になった。〈最初にリストカットしたのは？〉中学生のとき。……いろいろなバイトをし，学校にはほとんど行かなくなる。

(ケースC)

結局その後退学した。「退学したい」と言ったら，母親がきちがいのようになったが，シカトした。
▶職場でどうであったか
・大学生時より，ファストフード，居酒屋，雑貨屋，洋服屋などでバイトをし，大学中退後もいろいろなアルバイトを転々としている。待遇が不満で辞めたこともあるが，ほとんどが人間関係がうまくいかないことが仕事を辞めた原因。
▶結婚や出産の経歴
・結婚したことはない。結婚を申し込まれたことが何回かあるが，ずっと断ってきた。結婚にいいイメージはない。20代の前半に2度，妊娠・中絶した経験がある。だから今はピルを飲んで避妊している。
▶これまでに経験した大きな病気や怪我
・この病気が一番大きい。〈この病気って？〉精神的に不安定なところ。人とうまくいかないところ。これ全部病気だと思う。
▶その他の重要情報
・〈リストカットについて教えてください〉波があるが，続くとずっと続いてしまう。彼が嫌がるので，極力しないようにはしている。〈最近では？〉1カ月ぐらい前に，彼と喧嘩した後に手首と腕を切った。脚を切るときもある。これで死ねるとは思っていない。
・〈自殺を図ったことはありますか？〉いつも死にたいと思っているが，本気で自殺しようとしたことはない。するなら母親の前で死んでやりたい。でもそんなことしても無駄だと知っているので，本当にはしないと思う。

〈主訴について〉
▶主訴のタイトルと具体的内容
①精神的にものすごく不安定になりやすい。
②生きることに前向きになれない。
③人間関係がうまくいかず，仕事や恋人関係が長続きしない。
▶その主訴はいつから？　これまでの経緯は？
・すべて物心ついてからずっとそうだったが，仕事をするようになってから特にひどくなったと思う。
▶どのような対処を試みてきたか？
・対処できないからこうなった。〈精神科を受診したりカウンセリングを受けたりしたことは？〉その場しのぎという感じで，「対処」とは思えないし，

（ケースC）

実際に効果もなかった。
▶そのような主訴を抱えるクライアントに，現在どのようなサポートがあるか？
・彼しかいない。
▶主訴がどうなったらよいか？
・わからない。「どうなったらよいか」というイメージが持てない。
▶その主訴をめぐって，CBTに何を求めるか？
・よくわからない。私が精神的に不安定になりやすかったり，ときどきリスカをしたりすることを心配した彼氏にカウンセリングを受けるように言われ，ネットで検索して，たまたまここに来た。だから「何を求めるか」と言われても，よくわからない。

〈CBTについて合意されたこと〉
▶CBTを開始するか否か
※CBTについて心理教育。それなりの時間をかけて，生育歴を含め，経過をヒアリングしてから，現在の問題に焦点を当てたアセスメントを行う必要があることについて説明。継続して辛抱強く通っていただく必要があることも併せて説明。即効性のあるものではないこと，協同作業でありクライアントも「共に頑張る」必要があることを強調。
・「内容については理解できた。始めてみたい気はする。でも今までどのカウンセリングを受けても長続きしなかったので不安。どうしたらいいんでしょうか？」
※〈新しいことを始めるのに不安が伴うのは当然〉とノーマライズし，継続のための努力もカウンセラーとクライアントの協同作業の一環であることを伝えたところ，「そういうふうに考えても良いのであれば，始めてみたい」との結論に至る。
▶進め方について
・平日で仕事が休みの日に通いたい。仕事の後だとへとへとだから。ペースは週に1度。
・時間をかけてじっくりと取り組むという方針でOK。
▶担当者・曜日・時間など
・担当：伊藤絵美
・曜日・時間：平日の昼間。
▶その他特記事項
※状態によっては医療機関への受診をお勧めすること，リストカットについて

(ケースC)

もあまりひどくなるようであれば，それについて話し合いをすることについて，ご了承いただく。

〈インテークを終えての感想と所見〉
▶クライアントの感想
・(CBTについては) まだよくわからない。とりあえずやってみようと思う。
・「継続のための努力も協同作業」と言われたのにびっくりした。これまでカウンセリングや治療が続かないのは自分が駄目だからだと思っていたから。
・〈今日はインテークで聞かなければならない項目がたくさんあったので，ずいぶんあなたの話をさえぎってしまったが，気になりました？〉それは大丈夫。さえぎってもらわないと，自分でも何をしゃべっているのかわからなくなってしまうから。

▶インテーカーの所見
・境界性パーソナリティ障害の可能性のある方だと思われます。幼少期からストレッサーが多く，学校や職場への適応は悪く，対人関係にも問題があるようです。インテークで合意したとおり，まずこれまでの経緯をヒアリングで共有し，そのうえであらためて主訴を確認し，アセスメントの項目を決めて，しっかりとアセスメントの作業を一緒に行っていく必要があるでしょう。
・話が飛んだり，いきなり詳細化されることがあるので，構造化をより意識してセッションを進める必要があるでしょう。話をさえぎることについては大丈夫とのフィードバックを得ています。
・インテーカーの反応をうかがうようにして，用心深く話をするという印象を受けました。対人関係については，カウンセラーとクライアントとの関係もテーマにできるかもしれません。
・CBTに対するモチベーションはまだそれほど高くはなさそうです。こちらの説明に対する理解も，何とか，という感じです。カウンセラー主導で繰り返し説明しつつ，構造化セッションを進めるうちに，CBTへの理解が進み，モチベーションが上がってくると良いでしょう。

インテーク面接記録（ケースD）

〈基本情報〉
▶インテーク面接実施日：2005年5月2日
▶氏名：堂本 健太（ドウモト ケンタ）様　同席者：ご両親
▶年齢・性別：36歳・男性
▶当機関に来所した経緯：親に強く勧められて，インテーク面接を申し込んだ。
※両親より：両親がいろいろと調べていくうちに認知行動療法や当機関について知り，本人に強く勧めたところ，本人なりにインターネット等で調べたらしく，「とりあえずここだったら行ってみてもいい」と言って，最終的に本人が予約を入れた。
▶医療機関・相談機関への通院・通所について
・10代，20代に何度か精神科や心療内科に通ったことはあるが，20代後半から自宅にひきこもるようになった後は，いっさい通院していない。ひきこもりのためのグループカウンセリングやサポート機関にも行ったことがあるが，「対人恐怖」のため，継続して通ったことはない。カウンセリングも何度か受けたことがあるが，数回行っては中断する，というパターンである。
※両親より：どこに通うにせよ，最初は「今度こそ頑張る」と一応やる気を示すが，毎回尻すぼみ的に行かなくなってしまう。ここではそういうことのないようにしてほしい。

〈現在の生活状況〉
▶家族／生活形態／婚姻の状況／家族との関係性
・両親（両親共に70歳），姉（42歳），本人（36歳）の4人暮らし。両親共にすでに引退し，年金生活をしている。姉は会社員で本人は無職。姉も本人も独身。
※本人は両親の年齢を言えず，ご両親に直接教えていただいた。
・家族との関係は良くも悪くもない。姉が自分（クライアント）のことにいろいろと口出ししてくるのがうざい。
※両親より：自分たち（両親）が亡くなった後，自分（姉）が弟の面倒をみることになるので，とにかく弟のことが心配なのだろう。
▶職業（学業）
・無職。〈最後に仕事をしたのは？〉10年以上前。ビルの清掃のアルバイト。

（ケースD）

よく覚えていないが，たぶんあまり長続きしなかったと思う。
※両親より：いくつかアルバイトしたことがあるが，長続きしたためしはない。
〈次の生活歴のところで直接ご本人にお尋ねします〉
▶日々の過ごし方
・完全ではないが，昼夜逆転気味の生活。自室で何かして過ごすことが多い。外出することはめったにない。〈何かとは？〉趣味やネット，テレビ。〈趣味？〉折り紙で何か作るのが好き。
※ここで両親がまた話し出したが，時間に制約のあること，本日のインテーク面接はクライアント本人が主役であることを伝え，「同席者」の立場に戻ってもらう。
▶家族や職場（学校）以外での人間関係
・友だちはいない。前は（友だちを）欲しいと思っていたような気もするが，今は欲しいかどうかもよくわからない。どうでもいい感じ。
▶経済状況（借金の有無など）
・衣食住は親に面倒をみてもらっている。さらに月に2万こづかいをもらっており，欲しいものはそれで買うが，あまり欲しいものもないので，お金はほとんど使わない。借金もない。〈もしカウンセリングを始めることになったらその料金は？〉親に貸してもらうことになっている。将来返したい。
※両親より：本人がよくなるのなら，お金については心配いらない。親としては「貸す」という意識はない。
▶健康状態
・悪くないと思う。
▶食欲，食事の状態
・普通だと思う。動かないので，あまり食べない。
▶睡眠
・普通だと思う。
▶胃腸や排泄の状態
・普通だと思う。
▶運動の有無
・全くしていないので，体力はどん底だと思う。
▶嗜好品（タバコ，酒，コーヒーなど）
・身体に悪いことはしない主義なので，酒は飲まないし，タバコも吸わない。
▶趣味
・折り紙。教則本を見てその通りに作るのが好き。時間を忘れられる。

（ケースD）

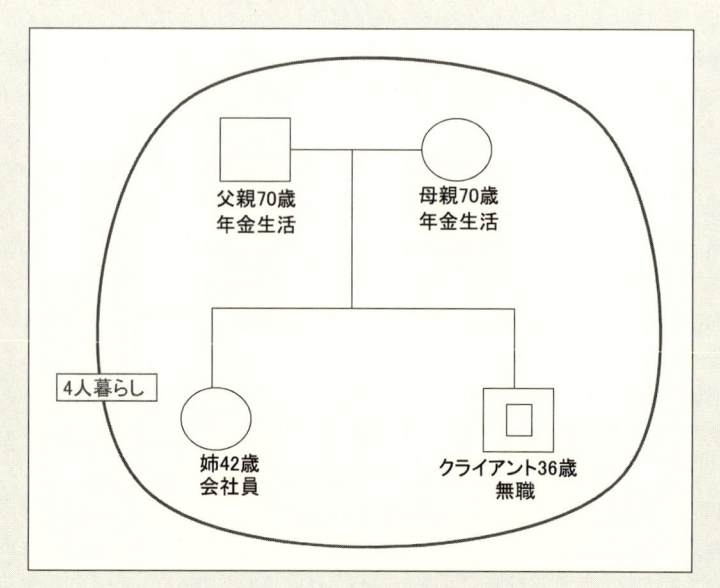

```
         父親70歳           母親70歳
         年金生活           年金生活


 4人暮らし
         姉42歳           クライアント36歳
         会社員             無職
```

図2.16　ケースDの家族図

〈これまでの生活歴〉
　（※この部分については本人の了承の上，両親にも情報提供していただくことになった）
▶原家族の構成
・両親，姉，本人の4人家族に生まれ育つ。
▶出生地，生育地
・神奈川県Y市（現住所）にて出生，生育。
▶原家族それぞれの職業，性格，特徴など
・父親：会社員（技術系）。無口。家にいても家族と過ごすより，自室にこもって何かしている感じ。でもまあ普通のお父さんだったと思う。
・母親：本人が幼少期よりいろいろとボランティアをしていて，その関係で結構いろんな人が家に出入りしていた。母親は明るくておせっかい。子どもに対しては口やかましい。
・姉：母親に似て，明るくておせっかい。年が離れているので一緒に遊んだりはしなかったが，かわいがってもらった記憶がある。
▶幼少期に体験したライフイベント

（ケースD）

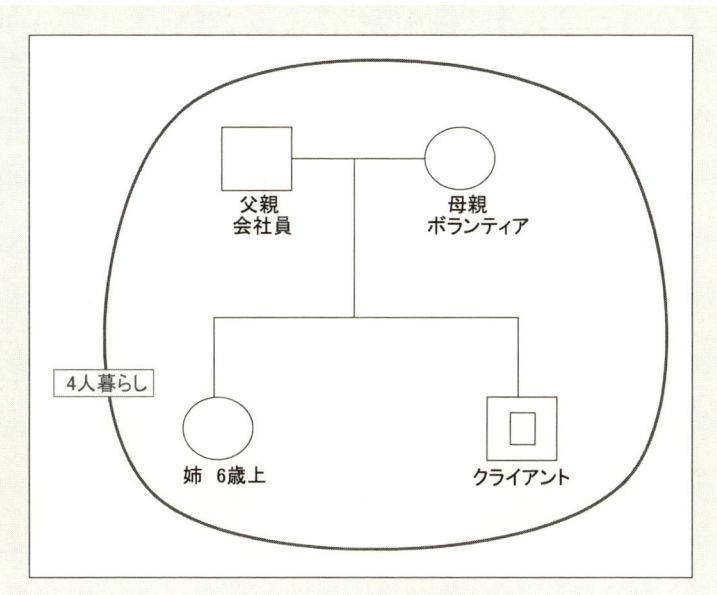

図2.17　ケースDの原家族

（家系図内の記載）
父親　会社員
母親　ボランティア
4人暮らし
姉　6歳上
クライアント

- 特に覚えていない。
※母親より：小児ぜんそくで何度か入院した。
▶ 幼少期のクライアントの性格や有り様
- 特に覚えていない。
※母親より：幼稚園に行くのをひどく嫌がり，最初の1カ月間ほど，母親が一緒にバスに乗って幼稚園まで送っていた。人見知りがひどかった。
▶ 学校（小学校，中学校，高校，それ以上）でどうであったか
- 小学校：公立。よく覚えていない。普通に通っていたと思う。少ないが友だちもいた。勉強は普通。成績も普通。でもどこか違和感があった。「何が」とはっきりとは言えないが。
- 中学校：公立。中1は普通。中2のときに容姿についてからかわれたことがあり，それ以来，対人恐怖となり不登校。何とか卒業はさせてもらった。〈容姿って具体的には？〉言いたくない。
- 高校：通信制の高校を何とか卒業。スクーリングは死ぬ思いだったが，「ここでやめたら人生おしまい」と思って頑張った。
- 専門学校：コンピュータ関係の2年制の学校。高校を卒業できたので何とか

（ケースD）

なると思っていたが，対人恐怖がひどく，入って2週間でダウン。結局中退。
- 〈学校のことは，カウンセリングが始まったらもっと詳しく聞かせてください〉わかりました。
▶ 職場でどうであったか
- 何度かバイトをしたが，全て対人恐怖のために続かず。この10年は全く働いていない。〈一番続いたのは？〉たぶん20歳頃にやったデータ入力のバイト。半年ぐらいは続けたと思う。入力は1人だからいいが，休憩中の人間関係が苦痛で辞めた。
- 〈これまでのバイトのことも，カウンセリングが始まったらもっと詳しく聞かせてください〉わかりました。
▶ 結婚や出産の経歴
- 結婚については自分に結び付けて考えてみたこともない。別世界の話。
▶ これまでに経験した大きな病気や怪我
- ぜんそくのことはよく覚えていない。
※母親より：幼い頃はぜんそくが結構ひどくて，何度か大きな発作を起こして救急で受診したこともあった。小学校に上がってから，だいぶ落ち着いてきた。
▶ その他の重要情報
- 特にない。

〈主訴について〉
▶ 主訴のタイトルと具体的内容
- 対人恐怖：人がこわい。人とどう接していいかわからない。人の目がひどく気になる。
▶ その主訴はいつから？ これまでの経緯は？
- 今思うと，小さい頃からずっとそうだったかもしれない。はっきりと自覚するようになったのが中2のとき。それからずっと対人恐怖が続いている。
▶ どのような対処を試みてきたか？
- 精神科とか心療内科とかいろいろと治療機関に行った。薬をもらうが，自分には効いている気がしない。中には話を聞いてくれる先生もいたが，大体いつも「それは自分で何とかしないと」「頑張って乗り越えなさい」という話になり，「あーあ」と思って行かなくなる。どうやって乗り越えればいいのかを教えてもらいたかった。
- カウンセリングもいくつか行ったが，話をするのが苦痛だったり，カウンセ

(ケースD)
ラーに説教されたり，あまりいいことはなかった。
・話し方教室に行ったことがあるが，教室に行くこと自体が苦痛でやめた。
・親が見つけてきた作業所，デイケア，ひきこもりのためのサポートグループなどにも通ったことがあるが，1カ月も続かなかった。
・ネットで自分と似たような人たちのサイトやブログを検索し，いろいろ見ている。自分から書き込むようなことはしない。見ると参考になるが，自分と比べてしまい，「どうせ自分は」と思って落ち込むことが多い。
〈いろいろな対処を試みてきているのですね〉それなのに何も変わっていない。絶望的になる。
▶そのような主訴を抱えるクライアントに，現在どのようなサポートがあるか？
・経済的には両親。あとはない。
▶主訴がどうなったらよいか？
・対人恐怖が少しでも治るとよい。少しでいいから人と接することができるようになりたい。
▶その主訴をめぐって，CBT に何を求めるか？
・親に言われてここ（洗足ストレスコーピング・サポートオフィス）や認知行動療法について調べてみた。まだよくわからないが，今まで受けたカウンセリングや治療とは違う気がする。もし少しでも何かが変わるのなら，通ってみたいと思っている。ただ，今までいろいろと試してきて駄目だったから，あまり期待しないようにもしている。期待して駄目だったら，すごくがっかりするから。

〈CBT について合意されたこと〉
▶CBT を開始するか否か
・開始する。
※これまでの経緯についてヒアリングが必要なこと，かなりの回数や期間をかける必要があること，クライアント自身が当事者として主体的に取り組んでもらう必要があることについてインテーカーより説明し，了承を得た。
▶進め方について
・まずヒアリングを実施し，その後 CBT のプロセスを，しっかりと進めていく。終結までは「年単位」で考えていただく。はじめは週に1度のペースで通っていただく。
・必要に応じて，ご両親とのセッションを実施するかもしれない。ただしあく

（ケースD）

までも主役は本人。両親とのセッションを実施する場合にも，本人とカウンセラーで相談して計画を立ててから実施する。
▶担当者・曜日・時間など
・担当者：伊藤絵美
・曜日・時間：平日の昼間。
▶その他特記事項
・ご両親とのセッションは，上記のとおりご本人とカウンセラーの話し合いにより，必要であると判断したら実施する。
・本人のセッションに親が陪席するか否かについても，本人が自己決定する。

〈インテークを終えての感想と所見〉
▶クライアントの感想
・来るまですごく緊張したが，いろいろと細かく質問してくれることがわかったので，途中から気が楽になった。
・CBTの説明はとりあえずわかったが，あとはやってみないとわからない。自分がこれを続けられるか不安だが，とりあえずやってみるしかない。
〈ご両親も最後に感想をお話しください〉
※母親より：認知行動療法の説明を聞いて親としては希望を持った。本人が言うとおり，これまでに受けたカウンセリングとは違うと思う。何とか続けてもらいたい。親として協力できることは何でもするので，何かあれば何でも言ってください。
※父親より：私たちもそう先が長くないが，健太がこのままでは死んでも死にきれない。何とか彼がこの世で生きていけるよう，先生にご指導いただきたい（頭を下げる）。
▶インテーカーの所見
・「ご両親が本人のことを思い，必死で探しているうちに，CBTや当機関のことを知った」という流れで，今日のインテーク面接の申し込みが行われたようです。「このままではまずい」という両親の切実な思いが伝わってきました。
・一方，本人にも「何とかできるものなら，何とかしたい」という気持ちはあるようですが，どこか他人事のような語り口でした。「対処法がことごとく駄目だった」ことについてだけは饒舌だったのが印象的です。「何をやっても駄目なんだ」といったスキーマがあり，それが他人事のような反応を引き出しているのかもしれません。CBTが万が一中断すると，そのようなスキ

ーマを強化してしまうので，とにかく辛抱してCBTを地道に続けてもらうこと自体が重要だと思います。
- 視線がほとんど合わず，やりとりも何だかちぐはぐな気がしました。単なる対人恐怖・社会不安障害というより，回避性パーソナリティ障害もしくは何らかの発達障害があるように思われます。いずれにせよヒアリングを通して「これまでどのように生きてこられたか」ということを共有させてもらいつつ，同時に信頼関係を少しずつ形成していくことが重要で，ヒアリング終了後，あらためて主訴を具体化し，時間をかけてアセスメントを行うことになるでしょう。上記の通り，CBTを継続すること自体が重要なことだと思いますので，CBTやカウンセラーに対する認知を意識的・継続的に確認する必要があると思います。

インテーク面接記録（ケースE）

〈基本情報〉
- ▶インテーク面接実施日：2005年5月2日
- ▶氏名：江藤 真二（エトウ シンジ）様
- ▶年齢・性別：52歳・男性
- ▶当機関に来所した経緯：妻に勧められた。カウンセリングも認知行動療法もよく知らないし，自分に必要だとも思わないが，とにかく妻にここに行かなければ離婚すると言われており，仕方なく予約を入れた。
- ▶医療機関・相談機関への通院・通所について
- 精神科にもカウンセリングにも通ったことは全くないし，これからもそのような必要性はない。
- ※〈今日ここにいらしていること自体が不本意なのですね？〉「そうです」〈このままインテーク面接を続けてもよろしいですか？〉「どうぞ」

〈現在の生活状況〉
- ▶家族／生活形態／婚姻の状況／家族との関係性
- クライアントは52歳，会社経営。妻（専業主婦，48歳）と高校2年生の次男と3人で暮らしている。長男（大学生）は東北地方にて1人暮らし，長女（大学生）は米国にて留学中で大学の寮に住んでいる。
- 自分では家族関係は特に問題がないと思っていたが，今年に入り，妻から

（ケースE）

「次男が高校を卒業したら離婚してほしい」と言われてしまった。「到底そんなことには応じられない」とこちらが言い，すったもんだの結果，認知行動療法を受けて私（クライアント）が変わるのであれば離婚を引っ込めると妻が言い出した。
・〈奥さんは何を変わってほしいと？〉酒のこと，妻や子どもに対する私の態度のこと。
▶職業／職場でのストレス／職場での人間関係
・貿易会社を経営している。従業員は約50名。曽祖父が興した会社で，クライアントで4代目。会社の経営自体は順調で，仕事は生きがい。
・仕事のストレスは特にない。自分が経営者として強力なリーダーシップを執っており，社内はよくまとまっている。人間関係もうまくいっている。
▶休日の過ごし方
・会社の休日は土日で，当然社員は土日に休むが，自分は休まない。経営者は休んではならない。土日はお客さんと一緒にゴルフやクルージングをすることが多い。もちろん接待のため。そうでなければ本屋に行ってビジネス系の本を買ったり，いろいろなセミナーに出たりすることもある。
▶家族や職場（学校）以外での人間関係
・友人はいない。もともと友人を作らないタイプ。今になって妻に「あなたは冷たい人だから友だちもできない」と非難されるが，「できない」のではなく「作らない」だけ。友人などわざわざ作らなくても，仕事上の付き合いだけでもたくさんの人と交流するので，それで十分だと思う。
▶経済状況（借金の有無など）
・特に問題はない。
▶健康状態
・年に1度，人間ドックで検査している。年齢並みの問題はあるが，大きな病気などは特に見つかっていない。〈年齢並みの問題？〉中性脂肪とかコレステロールとか肝臓とか。
▶食欲，食事の状態
・食欲はある。普通に食べている。
▶睡眠
・1日5時間睡眠。ぐっすり眠れている。
▶胃腸や排泄の状態
・特に問題ない。ときどき下痢をする。
▶運動の有無

（ケースE）

```
┌─────────────────────────────────────────┐
│         □───────○                        │
│    クライアント52歳  妻48歳                │
│      会社経営      主婦                   │
│                              ┌3人暮らし┐│
│         ┌─────┬─────┐                    │
│    □    ○    □                          │
│  長男21歳 長女19歳 次男16歳               │
│  大学生   大学生   高校生                 │
│ 東北にて1人暮らし                         │
│          米国留学中                       │
└─────────────────────────────────────────┘
```

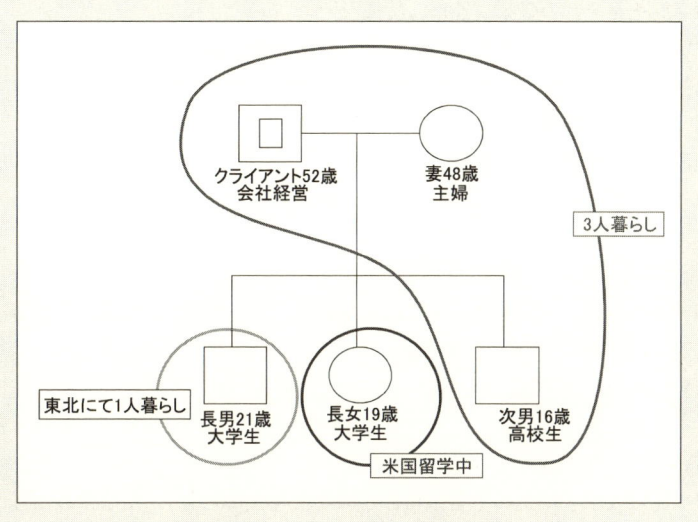

図 2.18 ケース E の家族図

- お客さんと行くゴルフやクルージングが運動といえば運動。普段は運動する暇がない。

▶嗜好品（タバコ，酒，コーヒーなど）

- 酒：外でも飲むし，家でも飲む。量はそのときによる。休肝日は特に設けていない。必要と思わないから。妻には酒のことを非難されたが，自分では問題があるとは思っていない。経営者として毎日気が張り詰めている。酒を飲むことでやっとリラックスできる。
- タバコ：5年ほど前にやめた。今はときどき付き合いで葉巻を吸うことも。

▶趣味

- 趣味などにうつつを抜かしていたら会社は経営できない。ゴルフもクルージングも趣味ではなく，あくまでも仕事の一環。

〈これまでの生活歴〉

▶原家族の構成

- 父方祖父母，両親，2歳上の兄，本人，3歳下の妹の7人家族に育つ。父方の曽祖父が今の会社の1代目，祖父が2代目，父が3代目。

▶出生地，生育地

- 東京都A区にて出生，生育。A区以外で暮らしたことはない。

(ケースE)

- ▶原家族それぞれの職業，性格，特徴など
- 父親：仕事人間であまり家にいなかった。気難しい感じで近寄りがたかった。
- 母親：常に父親を立てていた。物静かな母だったような気がする。
- 祖父：父親と同様，気難しい感じで近寄りがたかった。
- 祖母：口やかましく，嫌いだった。
- 兄：乱暴者。親の前ではいい子に振る舞い，陰で自分や妹をいじめていた。
- 妹：おとなしい妹だった。よく泣いていた。

〈現在，これらのご家族は？〉

- 祖父母：自分が中学生のときに祖母が他界。大学生のときに祖父が他界。
- 父親：10年前に他界。心筋梗塞。
- 母親：80歳。現在認知症を患っており，施設で暮らしている。妻と妹がそれぞれ週に1回，面会に行っている。自分は忙しいので半年〜1年に1回ぐらいしか面会に行っていない。
- 兄：兄は大学4年生のとき（自分が大学2年生のとき），交通事故に巻き込まれて亡くなった。本来なら家業は兄が継ぐはずだった。自分も普通に一般企業に就職するつもりだった。兄の死で人生が変わった。
- 妹：近くに夫，子どもたちと暮らしている。専業主婦。妹とは気が合う。

▶幼少期に体験したライフイベント

- 幼少期ではないが，兄が亡くなったことが大きい。祖父，父の嘆きぶりはすさまじく，祖父は兄が亡くなってまもなく，ほとんど後を追うようにして脳梗塞で亡くなった。

▶幼少期のクライアントの性格や有り様

- 自分ではよく覚えていないが，おとなしい子どもだったような気がする。兄にやられっ放しになっていた。

▶学校（小学校，中学校，高校，それ以上）でどうであったか

- 小学校：わりと優等生だった。2学年上に兄がいて，よく比べられた。〈比べられてどう感じた？〉別に何とも感じなかった。
- 中学校：受験をして私立の中高一貫校へ。兄ももちろん受験してX校。自分はX校には合格できず，ワンランク下のY校に進んだ。勉強もスポーツもできて，楽しかった。
- 高校：中学と同じで，勉強もスポーツもできて楽しかった。受験勉強は結構きつかった。
- 大学：兄は東大だが，自分は私立狙いで早稲田大学の政経学部に現役で合格した。大学に入ったら遊んでやろうと思っていたので，その通りにしていた

（ケースE）

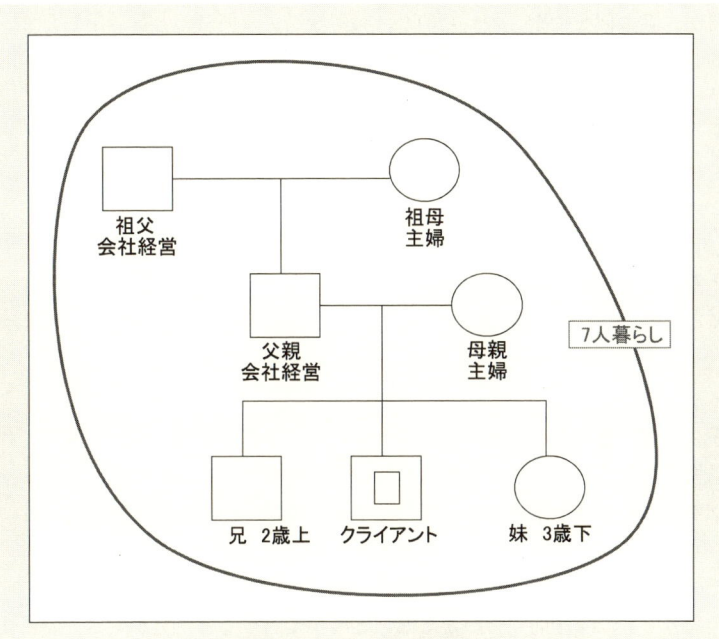

```
                    祖父              祖母
                  会社経営            主婦

                         父親        母親
                       会社経営       主婦         7人暮らし

                  兄 2歳上   クライアント   妹 3歳下
```

図2.19　ケースEの原家族

ら兄が亡くなり，とんでもないことになってしまった。それが2年生のときで，その後は大学生というよりは，家業を継ぐ者として父親にしごかれていた。
▶職場でどうであったか
・副社長として入社し，いろいろな仕事を一通り経験し，37歳のときに父親が引退し，自分が社長となった。やってみたら意外と「社長」「経営者」という立場は自分に合っていた。商売はおもしろいし，社長業もやりがいがある。
・ただ1つ，後継者について悩んでいる。長男は絶対に跡を継ぎたくないと言っており，そのことで何年ももめているが，らちが明かない。そうなると長女に婿をもらうか，次男に継がせるかだが，どちらもすんなりと行きそうにない。ただ自分もまだ元気なので差し迫った問題というわけではない。
▶結婚や出産の経歴
・30歳時，見合い結婚。家庭をしっかりと守ってくれる人と思って結婚し，これまでは実際にずっと家庭をしっかり守り，子どもを育ててくれていたの

(ケースE)

だが，誰に何をふきこまれたのか，突然離婚だの何だのと言い出した。
▶これまでに経験した大きな病気や怪我
・特になし。
▶その他の重要情報
・特になし。

〈主訴について〉
▶主訴のタイトルと具体的内容
・特になし。
〈どうして今日ここにいらしたか，それを一応「主訴」ということにしておきましょう〉
・妻に，私の酒のことと妻や子どもたちに対する私の態度について非難され，離婚を申し入れられた。離婚はしないと答えると，ここに来てカウンセリングを受けるよう要求された。受けなければ離婚の調停を起こすと言われ，そうなるとやっかいなのでとりあえず来てみた。
▶その主訴はいつから？　これまでの経緯は？
・今思うと3，4年前ぐらいから妻の態度が変わってきた気がする。妻に初めて離婚のことを言われたのは今年の正月，子どもたちがいるところで。離婚しない条件としてここに来るように言われたのは3月ぐらい。
▶どのような対処を試みてきたか？
・対処のしようがない。
▶そのような主訴を抱えるクライアントに，現在どのようなサポートがあるか？
・家族がサポートだと思っていたが，そうでなかった。この件については誰にも話していない。
▶主訴がどうなったらよいか？
・特に考えが浮かばない。〈お酒や，奥さんや子どもさんに対する態度について，江藤さんのほうで何かを変える必要性はありますか？〉ない。妻の要求は理不尽だと思う。
▶その主訴をめぐって，CBTに何を求めるか？
・特に考えが浮かばない。ただ，今の自分には「ここに通わない」という選択肢はない。離婚を防ぐために，とにかくここに通う必要がある。

〈CBTについて合意されたこと〉

(ケースE)

▶ CBT を開始するか否か
※ CBT の説明をした後，インテーカーより，当人が変えるつもりがないことについて，こちらが変化を強要することはない旨をお伝えした。ここで江藤さんと CBT を行うとしたら，できることは，奥さんが彼に要求しているという①お酒の飲み方，②妻や子どもへの態度，の 2 点が，いったいどうなっているのか，どういうパターンがあるのかといったことを，CBT のモデルを使って整理したり理解したりすることであると説明した。またそのような作業を「アセスメント」と呼ぶということを，図 2.8 のプロセスシートを示して説明した。〈何かを変えようとするのではなく，何が起きているかということを調べ，共有することだったら，ここで一緒にできますね〉
・そういうことだったら，自分でもやってみたいと思う。妻が自分の一体何に怒っているのか，彼女の話を聞いてもわからないので，それを一緒に整理してくれるのであればありがたいと思う。

▶ 進め方について
※ ヒアリングの必要性について尋ねたところ，「そのような必要性は感じない」とのこと。開始してみて，やはり必要だということになったら，改めてヒアリングさせていただくということで合意。
・妻が何に怒っているのかを理解するために，①クライアントのお酒の飲み方，②クライアントの妻子への態度，という 2 つのテーマについてアセスメントを行う。CBT をさらに続けるかどうかは，アセスメントが終了したときに一緒に検討する。

▶ 担当者・曜日・時間など
・担当：伊藤絵美
・曜日・時間：立場的にそれなりに融通がきくが，仕事が忙しくなると全く時間が取れなくなるので，通えるときに重点的に通いたい。

▶ その他特記事項
※「妻と面接してもらえるのか」という質問があったが，まずは江藤さんご自身と面接を重ね，その結果必要であれば家族面接という設定で奥さんとの面接を行うこともありうると説明した。

〈インテークを終えての感想と所見〉
▶ クライアントの感想
・私の育ちや兄のことなど，なんでそこまで話さなければならないのか，よくわからなかった。かなりプライベートなことなので。

（ケースE）

- 認知行動療法についての説明は非常にロジカルで納得できた。
- 変化を追求するのではなく，何が起きているのかをアセスメントによって明確にするという説明は納得できたし，そのためであれば通ってもよいと思う。
- ひとまずここに通うということで，妻が納得してくれるとよいと思う。

▶インテーカーの所見
- 面接開始当初，憮然とした表情をしていて，ここに来ること自体が不本意であるお気持ちが言語的にも非言語的にも明確に表されていました。生育歴についても，最後の感想にもあったとおり，1つひとつの質問に対して，「不快」とまではいかなくても，「快く思っていない」といった感じの反応を示されていて，インテーカーとしてもやりにくかったです。しかしCBTについての説明を聞き，さらにここでは「変化を強要されない」ということを知った後は，態度が軟化し，むしろ協力的な様子に変わりました。
- というわけで，①酒の飲み方，②妻子への態度，という2つのテーマについて，アセスメントをしっかりと行い，何が起きているのかを共有できるとよいでしょう。その上で，その後どうするか再度検討すればよいでしょう。
- 論理的な説明を好む方のようです。1つひとつの作業について，その都度きっちりと説明しながら，進めていくとよいでしょう。
- 亡くなったお兄さんに対して複雑な思いを抱いているようですが，ここでそのことを積極的に扱いたいということではなさそうです。アセスメントをする中でお兄さんについてヒアリングする必要性が生じたら，改めて相談するとよいでしょう。

●参考文献

伊藤絵美 （2006） 認知療法・認知行動療法 面接の実際．星和書店．
伊藤拓・上里一郎 （2001） ネガティブな反すう尺度の作成およびうつ状態との関連性の検討．カウンセリング研究，34，31-42．
神村栄一・海老原由香・佐藤健二・戸ヶ崎泰子・坂野雄二 （1995） 対処法略の三次元モデルと新しい尺度（TAC-24）の作成．教育相談研究，33，41-47．
小嶋雅代・古川壽亮 （2003）日本版BDI-Ⅱ ベック抑うつ質問票 手引き 検査用紙．日本文化科学社．
中川泰彬・大坊郁夫 （1996）日本版GHQ精神健康調査票手引き．日本文化科学社．
成田健一・下仲順子・中里克治・河合千恵子・佐藤眞一・長田由紀子 （1995） 特性的自己効力感尺度の検討―生涯発達的利用の可能性を探る．教育心理学研

究，43，306-314.
坂野雄二・福井知美・熊野宏昭・堀江はるみ・川原健資・山本晴義・野村 忍・末松弘行 (1991) 新しい気分調査票の開発とその信頼性・妥当性の検討. 心身医学，34，629-636.
下光輝一・小田切優子 (2004) 職業性ストレス簡易調査票. 産業精神保健，12，25-35.
白井利明 (1994) 時間的展望体験尺度の作成に関する研究. 心理学研究，65，54-60.
杉山崇・坂本真士 (2001) 被受容信念の概念化および測定尺度の作成とその抑うつ過程の検討. 日本健康心理学会第14回大会発表論文集
杉山崇・坂本真士 (2006) 抑うつと対人関係要因の研究：被受容感・被拒絶感尺度の作成と抑うつ的自己認知過程の検討. 健康心理学研究，19，1-10.

第3章 認知行動療法の導入 その2
初回セッション

　本章では「認知行動療法の導入　その2」として，初回セッションについて紹介します。第2章でも強調したとおり，とにかく認知行動療法（CBT）は「最初が肝心！」ですから，インテーク面接と同様に，この初回セッションが非常に重要になってきます。インテーク面接と初回セッションをカウンセラー側がいかに上手にマネジメントするか，ということがその後のCBTの成否を決めるといっても過言ではないでしょう。中でも特に重要なのは心理教育と構造化です。本章では，CBTの初回セッションをマネジメントする上で重要な諸スキルを，心理教育と構造化を中心に具体的にお伝えしていきます。

3−1　初回セッションとは

　CBTに限らずカウンセリングにおける初回セッションは「カウンセラーとクライアントの出会いの場」です。「え？　インテーク面接ですでに出会っているのでは？」と思う方がいらっしゃるかもしれませんが，インテーク面接は「カウンセリングを開始するか否かを決めるための面接」，「カウンセラーと出会うかどうかを決める面接」にすぎません。本当の出会いはこの初回セッションです。たとえると，お見合いをするかどうかを決めるための面接がインテーク面接であり，実際のお見合い（つまり本番）がこの初回セッションということになりましょうか。
　CBTの初回セッションの大きな目的は，以下の2点です。

①「自分はこれから，このカウンセラーとこんな風にカウンセリングを進

めていくのだな」という大きな見通しをクライアントに持ってもらうこと。
②構造化セッションを実際に体験していただくことを通じて、「CBTではこういう流れで1回のセッションを進めていくのだな」ということをクライアントに理解してもらうこと。

　この2つの目的が達成されるということは、すなわちクライアントがCBTの全体の流れと1回のセッションの両方について、具体的な見通しを持てるようになるということです。インテーク面接で多少は説明したものの、大半のクライアントは、「いよいよCBTのカウンセリングが始まるが、実際はどんななのだろう？」と疑問や不安を抱いていることが多いかと思います。初回セッションで、「大体こういう感じなんだ」ということが体験的に理解できれば、そのような疑問や不安は払拭されますし、2回目のセッションからは、セッションの内容そのものに集中することができます。
　つまり重要なのはやはり「構造化」です。全体の構造と1回のセッションの構造を、初回セッションでしっかり示し、実践することで、まずはCBTの構造をクライアントと共有するのです。構造とは「箱」「器」のようなものです。しっかりとした「箱」や「器」があってこそ、安心してそれに中身を入れることができるというものです。私が思うにCBTの初回セッションは、CBTの構造化を成功させるための鍵となるセッションであり、その意味でとてつもなく重要です。もちろんひとくちに構造化と言っても、その構造のあり方はケースによってだいぶ異なります。それについては、この後おいおい紹介していきます。

3-2 初回セッション前の準備

　第2章でも述べたように、インテーク面接を行って、私自身がその方の担当カウンセラーになる場合は、インテーク面接直後に初回セッションの準備をしてしまいます。具体的には以下のとおりです。

①プロセスシート（図2.8, p.38）を用意し、クライアントの氏名とインテーク面接の日付などを記載する。（図3.1を参照）
②面接記録用紙を用意し、初回セッションの日時やクライアントの名前など必要事項を記載し、さらに初回セッションのアジェンダを記載する。

```
ケースA　青山恭子様

認知行動療法カウンセリング
全体の流れ
```

┌─────────────────────────────┐
│　　1．インテーク面接　　　　　　　　　　　┌──────────────────┐
│　　　　05年5/2実施　　　　　　　　　　　│　　1セッションの流れ　　│
│　　　　　　　　　　　　　　　　　　　　　│ 1．橋渡し・HWチェック　│
│　　2．全体像のアセスメント　　　　　　　　│ 2．アジェンダ設定　　　│
│　　　　　　　　　　　　　　　　　　　　　│ 3．アジェンダに沿った話し合い│
│　　3．問題の同定　　　　　　　　　　　　│ 4．まとめ（HW設定・振り返り）│
│　　　　　　　　　　　　　　　　　　　　　└──────────────────┘
│　　4．カウンセリングにおける目標の設定
│
│　　5．具体的な手段・技法の選択
│
│　　6．具体的な手段・技法の実践
│
│　　7．効果の検証
│
│　　8．効果の維持と般化
│
│　　9．再発予防の計画
│
│　　10．終結
│
│　　11．フォローアップ
│
│　　　　　　　　　　　copyright 洗足ストレスコーピング・サポートオフィス
└─────────────────────────────┘

図3.1　プロセスシート（ケースA初回セッション前）

(図3.2, 図3.3を参照)
③心理テストの結果を確認し, 説明用のツールを準備する。
④ホームワークを記録するためのシート (ホームワークシート) を2枚用意して, クライアントの名前などを記載する。(図3.4を参照)
⑤初回セッションで使うかもしれないと予測されるツール (シートや本や尺度など) を用意する。

以上の各項目について, ケースAを例にとって具体的に説明します。

①プロセスシート (図2.8) を用意し, クライアントの氏名とインテーク面接の日付などを記載する。

　インテーク面接でCBTの心理教育用に用いたプロセスシートを改めて取り出し (インテーク面接時に提示したプロセスシートは, クライアントに持ち帰ってもらっているので), プロセスシートの上の空欄に, クライアントの名前を記入します。そして「1. インテーク面接」と記載されているところに, 実際にインテーク面接を実施した年月日を書き入れます。
　今後, このプロセスシートは, 工程表もしくは進行表のような役割を持ちます。つまりそのケースにおいて, いつインテーク面接を行ったのか, いつからいつまでアセスメントを行ったのか, いつ問題の同定を行ったのか, 日程やセッション数をその都度書き込んでいくのです。そして毎回もしくは必要に応じて適宜, プロセスシートを共有し,「今, 自分たちはどこにいて, 何をしているのか」を確認します。そういう意味では, このプロセスシートは「地図」のようなものであるとも言えます。自分たちの「立ち位置」を, プロセスシートという地図を使って, 常に確認するのです。見知らぬ土地に行ったとき, 地図を持っていて自分の立ち位置がわかるのと, 地図を持っていなくて自分がどこにいるのかわからないのとでは, 大違いですよね。それぐらいこのプロセスシートは大事ですし, 実際に非常に役立っています。
　図3.1は, ケースAの初回セッション前に用意したプロセスシートです。上にクライアントの名前 (青山恭子さん) を,「1. インテーク面接」の欄にインテーク面接の日時 (2005年5月2日) と書き入れてあることを, 確認してください。

| 第____回面接　西暦　　年　月　日（月）　時間　：　～　： |
| クライアント氏名：＿＿＿＿＿＿＿＿＿＿　様　　クライアントID：＿＿＿＿ |
| 前回（第　　回）面接日：　　年　月　日（月）　前回と今回の間隔： |
| 担当者：　　　　　　　備考 |

前回のHW，本日のアジェンダ(予定)

今回のHW，次回のアジェンダ(予定)

次回予約　　有 ・ 無
次回（第　　回面接）予約日　　年　月　日（月）　　時～
今回と次回の間隔：
備考：

図3.2　面接記録用紙

第 _1_ 回面接　西暦 _2005_ 年 _5_ 月 _9_ 日（_月_）　時間 _16:00_ ～ _16:50_
クライアント氏名： _青山　恭子_ 　　　様　　クライアントID： _A_
前回（第　　　回）面接日： _2005_ 年 _5_ 月 _2_ 日（_月_）　前回と今回の間隔： _1_ 週間
担当者： _伊藤絵美_ 　　備考：

前回のHW, 本日のアジェンダ（予定）
- ☐ 認知行動療法の開始の確認, 全体の流れの確認, 1回の流れの説明
- ☐ 心理テストの結果の説明
- ☐ ヒアリングの計画を立てる → ヒアリング開始
- ☐ その他？

― ラスト：セッションに対する感想 ―

今回のHW, 次回のアジェンダ（予定）

次回予約　有・無
次回（第　　　回面接）予約日　　　年　月　日（月）　　時～
今回と次回の間隔：
備考：

図3.3　面接記録用紙（ケースA初回セッション前）

第3章 認知行動療法の導入 その2　119

> ②面接記録用紙を用意し，初回セッションの日時やクライアントの名前など必要事項を記載し，さらに初回セッションのアジェンダを記載する。(図3.2，図3.3を参照)

　私たちが普段使っている面接記録用紙を図3.2に示します。どうということのない用紙ですが，ポイントといえば，左上に前回のホームワークと今回のアジェンダを書き込む欄があるのと，右下に今回のホームワークと次回のアジェンダの予定を書き込む欄があるという2点が挙げられるでしょうか。
　ケースAの場合，初回セッションの前に，この面接記録用紙に図3.3のように書き込みをしました。私のほうで立てたアジェンダの案は3つです。1つめが「認知行動療法の開始の確認，全体の流れの確認，1回の流れの説明」というアジェンダです。2つめが「心理テストの結果の説明」です。インテーク面接で実施していただいた心理テストの結果をフィードバックすることを目的としたアジェンダです。3つめが「ヒアリングの計画を立てる→ ヒアリング開始」です。ケースAの場合，クライアントの青山恭子さんが大うつ病エピソードを体験するまでに，仕事やプライベートでいくつかの経緯があるという理解が，インテーク面接の時点で共有され，「現状のアセスメント」に入る前に，まずこれまでの経緯を必要な分，ヒアリングさせてもらうということが合意されています。
　基本的にすべてのケースにおいて，初回セッションでは，最初の2つ(「認知行動療法の開始の確認，全体の流れの確認，1回の流れの説明」「心理テストの結果の説明」)は，必ずアジェンダとして設定します。ケースにもよりますが，これまでの経験ですと，この2つのアジェンダで20〜30分の時間を費やすことが多く，ということは，1セッションが45分〜50分ですから，あと10〜20分は別のアジェンダに使えるという計算になります。その10〜20分の間で何をしようか，何について話し合おうか，ということをケース毎に，初回セッションの前にカウンセラー側の案を立てておくのです。ケースAの青山さんの場合は，上記のとおり，大うつを発症する経緯をヒアリングすることが合意されているので，実際にどのようにヒアリングを行うか，計画を立てるための話し合いをし，計画が立ったら早速ヒアリングを開始したいと考え，そのようなアジェンダ案を立てました。
　それら3つのアジェンダ案の下に，「その他？」と書いてありますが，これは何かと言いますと，クライアントのほうも初回セッションに際し，何か

話したいことや相談したいことを持ちこんでくる可能性があり，その場合，アジェンダ設定の段階で出してもらう必要があります。私のいけない癖で，自分が提案するアジェンダで頭がいっぱいになっていたり，初回セッションということで変にテンションが上がっていることが少なくなく，〈あなたのほうでも，今日何かアジェンダにしたいことがありますか？〉ということをクライアントに尋ね損ねることがあるのです。「その他？」と書いておけば，その尋ね損ねを防止することができます。

「その他？」も含め，各項目の先頭に四角い囲み（□）がありますが，各項目がアジェンダとして設定されたときに，どれを1番にするか，どれを2番にするかというふうに，順番を決め，数字を書き入れるための囲みです。

アジェンダを提示したり，決めたりするための実際のやり取りについては，後で具体的に紹介します。

ケースAの初回セッション前に準備した面接記録用紙（図3.3）には，アジェンダ案だけでなく，左下に「ラスト：セッションに対する感想」と書かれた四角い囲みがあります。これはセッションのまとめの時間のときに，クライアントから感想を聞くのを忘れてしまうことを防止するために，私がセッション前に書き込んだものです。カウンセラーによっては，セッションの最後にクライアントの感想を尋ねることを絶対に忘れない人がいますが，私はときどき忘れてしまい，セッションが終わってから，「しまった！」と思うことが，たまにですがあるのです。ですから「セッションの最後に必ず感想を尋ねなさい」という自分への指示として，このように書き込んでおきます。これはすべてのセッション前に，すべての面接記録用紙に対してそうしています。

③心理テストの結果を確認し，説明用のツールを準備する。

当機関では，インテーク面接が終わると，面接の際に記入していただいた心理テスト（10種類の質問紙，第2章を参照）を集計し，「結果表」というのと「フィードバックシート」というのをサポートスタッフが打ち出してくれます。これらについては後述します。「説明用のツール」とは，テストの結果をクライアントに説明する際に，参照してもらうツールで，CBTの基本モデルと階層モデルが記載されています。これについても後述します。

ホームワークシート
クライアントID：＿＿＿＿

ホームワークの課題を具体的にメモしておきましょう

氏名：＿＿＿＿＿＿＿様

セッションNo.＿＿＿　　年　月　日（　）	セッションNo.＿＿＿　　年　月　日（　）
●前回のHWについて ●今回のHWについて	●前回のHWについて ●今回のHWについて
セッションNo.＿＿＿　　年　月　日（　）	セッションNo.＿＿＿　　年　月　日（　）
●前回のHWについて ●今回のHWについて	●前回のHWについて ●今回のHWについて
セッションNo.＿＿＿　　年　月　日（　）	セッションNo.＿＿＿　　年　月　日（　）
●前回のHWについて ●今回のHWについて	●前回のHWについて ●今回のHWについて

Copyright 洗足ストレスコーピング・サポートオフィス

図3.4　ホームワークシート

④ホームワークを記録するためのシート（ホームワークシート）を2枚用意して，クライアントの名前などを記載する。（図3.4を参照）

　ご存知のとおりCBTでは毎回ホームワーク（宿題）を出しますが，どのような課題がホームワークとして設定されたか，毎回，それを記録しておくことが重要です。記録すれば課題を忘れずにすみますし，記録がたまってくると，それを眺めるだけでそのケースがどのように進んでいるか，理解することができます。図3.4が現在私たちが使っている記録用のシートです。なぜ2枚用意するのか，実際にどのように使うのか，ということについては後述します。

⑤ 初回セッションで使うかもしれないと予測されるツール（シートや本や尺度など）を用意する。

　これは初回セッションに限りませんが，セッションで使うかもしれないと予測されるツールがあれば，それは予め用意しておきます。必要になってから探したり取り出したりするのでは，時間がもったいないからです。ツールとはたとえば，各種ツールや本や尺度などです。たとえばケースAであれば，重症の大うつ病性障害ということで，おそらく毎回のセッションでBDI-IIを取ることが望ましいということが予測されますので，クライアントの青山恭子さん専用にBDI-IIを一部用意します。今回紹介するケースには入っていませんが，強迫性障害の方であれば，アセスメントの段階でY−BOCS（Goodman et al., 1989）の日本語版（中嶋ら，1993）を実施することが多く，おそらく初回面接の前にY−BOCSを準備しておくことになると思います。

　以上が初回セッションの前の準備についてでした。皆さんもそうかもしれませんが，私は，臨床の仕事の面白さとは，「人はそれぞれその人らしいユニークな存在である」「誰一人として同じ人はいない」ということを，日々の実践を通じて実感することにあるように思っています。そういう意味では，インテーク面接や初回セッションは，新たな出会いということで，とても緊張しますが，同時に「今度はどのような人と出会えるのだろう」と，毎回厳粛で新鮮な気持ちになります。

3-3 初回セッションのアジェンダ

　何度も強調しているとおり，セッションの構造化はCBTでは非常に重要です。CBTではフリートークではなく問題に焦点を当てた構造化セッションを行うのだということを，カウンセラーはクライアントに説明する必要がありますし，説明するだけでなく，構造化セッションをきっちり行うことを通じて，それを示し，クライアントに体験してもらう必要があります。また初回セッションでは，それ以降のセッションと異なり，何をアジェンダとすべきか，ということが大体決まっていることが多いかと思います。当機関の場合であれば心理テストの結果を説明するといったことです。ですから初回セッションのアジェンダは予めカウンセラー側でほぼ決めておいて，できればそのアジェンダ通りに進めさせてもらうのがよいのではないかと私は考えています。

　図3.3で「その他？」という項目を書き込み，クライアントが用意してきたアジェンダを入れ込む準備をすると，さきほど申し上げましたが，危機介入が必要な特殊なケースを除けば，初回セッションでは，まずはこちらが用意したアジェンダ通りに進めさせてもらい，どうしてもということであれば，クライアントの望むアジェンダをそこに追加として加え，せいぜい10分とか15分程度，それに充てる，というのが適切なように思います。逆に10分とか15分程度で話ができないような「大きなアジェンダ」であれば，初回ではなく，第2セッション以降できちんと時間を割いて話を聞くほうがよいように思います。

　当機関の場合，誰が担当カウンセラーであっても初回セッションのアジェンダは，主に次の項目になります。

① CBTの開始の確認：インテークで合意したとおり，認知行動療法のカウンセリングを開始してもよいかどうか，という再度の確認。
② CBTの全体の流れの確認：インテークで提示したとおりの流れで（図2.8「プロセスシート」(p.38) 参照），CBTを進めていくことについての，再度の説明と確認。
③ 1回のセッションの流れについての説明と合意。
④ インテーク面接時に受けていただいた心理テストの結果の説明。
⑤ 主訴についてなど，インテーク面接の内容の確認。

⑥ （ヒアリングするかどうかが決まっていない場合）ヒアリングを行うか否かについての検討。
⑦ （ヒアリングをする場合）ヒアリングのやり方についての検討。
⑧ （ヒアリングをせずアセスメントを早速開始する場合）アセスメントについての心理教育とアセスメントの開始。

　私が担当カウンセラーの場合，インテーカーも私なので，⑤のアジェンダは省くことが多いですが，インテーカーと担当カウンセラーが異なる場合は，⑤のアジェンダが必要になります。〈インテーク面接では，このような話になっていると聞いていますが，それで合っていますか〉という確認です。
　主訴の経過が長かったり，クライアントの抱える問題が複雑だったりする場合，これまでの経緯をおうかがいするという「ヒアリング」という作業を行うかどうか，インテーク面接時に決めておくことが多いのですが，決めておかなかった場合は⑥のアジェンダが，ヒアリングを行うと決めてある場合は⑦のアジェンダが，ヒアリングを行わない場合は⑧のアジェンダが必要となります。
　なお初回セッションについては，私たちが翻訳したジュディス・ベックの『認知療法実践ガイド』（Beck, 1995）に詳しく出ているので，よければ参照してください。インテーク面接と初回セッションがどれほど重要かということは，私自身，これまでの臨床経験でわかってはいるつもりでしたが，本書と，実際にベックの研究所（Beck Institute for Cognitive Therapy and Research）でベックたちの臨床を見学することで，よりその重要性を学ぶことができました。私が2002年に研修に参加したときのベックの研究所では，インテーク面接にすさまじい時間とエネルギーをかけていました。それは研究のためということもあるのでしょうが，臨床的にも非常に意味のあることだと思いました。現在，当機関でのインテーク面接は所長の私が必ず担当すること，インテーク面接は通常のセッションと異なり90分から2時間もの時間をかけること，多様な質問紙に答えてもらうことなどは，ベックの研究所で学んだことに基づいています。

3－4　初回セッションの冒頭

　初回セッションの冒頭では，次のようにしています。

①受付までクライアントを迎えに行き、面接室にご案内する。
②座席を示して、着席してもらう。
③カウンセラーから名乗り、挨拶する。例〈インテーク面接でもお目にかかりました伊藤絵美と申します。今日から〇〇さんの担当カウンセラーとなりますので、どうぞよろしくお願いいたします〉〈〇〇さんですね。私は今日から〇〇さんのカウンセリングを担当させていただく△△△△と申します。はじめまして。どうぞよろしくお願いいたします〉
④アジェンダの記入してある面接記録用紙をクライアントに提示し、「認知行動療法の開始の確認」というアジェンダに入る。

　要はこちらがリードないしマネジメントするということです。もう少し正確に言えば、こちら、すなわちカウンセラー側がセッションをリードないしマネジメントするという姿勢を、冒頭からしっかりと示す、ということです。
　インテーク面接を1度体験したとはいえ、「今日からカウンセリングが始まる。カウンセリングって一体何をするんだろう」「今日は一体何を話せばいいんだろう」と不安になりながら初回セッションを迎えるクライアントは少なくないと思います。そのようなクライアントは、インテーク面接と同様、カウンセラーがリードしてくれることに安心感を抱くでしょう。また「隙あらば話したい」「とにかく話を聞いてもらいたい」タイプのクライアントは、こちらがきっちりとリードしなければ、その隙をついて話し始めてしまうでしょう。後でも示しますが、CBTは「話したい」「聞いてもらいたい」というニーズに応じないわけではありません。しかしそれはあくまでCBTの構造の中で行われるべきことです。そのためにも初回セッションの冒頭は、カウンセラーがきっちりとリードして、言い方が悪いかもしれませんが、「クライアントに話す隙を与えない」必要があるのです。
　ところで、インテーク面接では、CBTの全体の構造については心理教育を1度行っていますが、セッションの構造についてはまだ説明をしていません。したがって第2セッション以降はセッションの冒頭でアジェンダ設定をしますが、初回ではまだそれができません。そのためにも、CBTの開始や全体の流れについて確認した後、すぐに1回のセッションの構造について心理教育し、アジェンダ設定について説明をする必要があります。

3−5　CBT 開始の確認と CBT 全体の構造の確認

　CBT を開始することについての確認と，CBT の全体の構造の確認の具体的なやりとりの例を，ケース A を通じて紹介しましょう。

伊藤（カウンセラー）：よろしくお願いします。
青山さん（クライアント）：お願いします。
伊藤：ちょうど1週間前，5月2日にインテーク面接を実施して，ここで認知行動療法のカウンセリングを始めることが合意されたのですが，実際に今日から認知行動療法を始めていくということでよろしいでしょうか？
青山さん：ええ，お願いします。
伊藤：インテーク面接に引き続き，私，伊藤がカウンセリングを担当させていただくということで，こちらもよろしいですか？
青山さん：よろしくお願いいたします。
伊藤：こちらこそ，どうぞよろしくお願いいたします。では早速確認なんですけれども，（図3.1を提示する）インテーク面接のときにもご説明しましたが，認知行動療法の全体の流れはこのようになっております。こちらについてもご理解いただいていると考えてよろしいでしょうか？　疑問点などあれば，遠慮なく質問していただきたいのですが，いかがでしょうか？
青山さん：大体は理解できたと思います。たぶんですけど（笑）。インテーク面接のときにおっしゃっていたと思いますけど，終結まで何回かかるか，というのは，今の時点ではわからないのですよね。
伊藤：残念ながら，そうなんです。回数や期間については，個人差がかなり大きいんですよ。ただインテーク面接のときにもお伝えしたかと思いますが，大体30回前後という回数，1年から1年半という期間が1つの目安にはなります。青山さんご自身は，休職中にできるだけ進めておきたいということと，あまり回数をかけすぎないで，できるだけ早く終結まで行きたいということを，インテーク面接のときにおっしゃっていましたよね。
青山さん：ええ，ただきちんと進めたいので，必要な回数はかけていただきたいと思います。
伊藤：わかりました。他にご質問やご不明な点はございますか？
青山さん：今のところは大丈夫です。
伊藤：全体の流れについては，随時このシートを一緒に参照しながら，「今，自

分たちは何をやっているのか」「今，自分たちはどこまで来ているのか」というふうに，自分たちの立ち位置を確認しながら，進めていきたいと思います。すでにインテーク面接のところには，この間の日付，2009年5月2日というのを書き入れておきました。こんなふうに日付を書き入れていくと，進行が目で見てわかりやすくなるので，今後もそのようにしていきたいと思います。ここまでよろしいでしょうか？

青山さん：わかりました。

　これが初回セッションの冒頭の対話の典型例です。自己紹介をし，CBTを開始することとCBTの全体の流れについて説明をし，クライアントの理解を確認しています。「ちょっと説明しては，クライアントの理解や反応を確認する」というCBTらしいコミュニケーションのあり方がおわかりいただけるでしょうか。

　この対話例のようにセッションを開始すれば，「クライアントがいきなり話し始めて，よくわからないままその話を聞いているうちに，時間がなくなってしまった」という事態は，まず起きることはありません。少なくとも私はこれまで一度も経験したことがありません。

3-6　1回のセッションの構造についての心理教育

　次に1回のセッションの構造について，心理教育を行います。CBTの全体構造については，インテーク面接で一度きっちり心理教育を行っているので，初回セッションではそのおさらいをすればよいのですが，1回のセッションの構造について説明するのは，これが初めてですから，それなりに時間をかけてしっかりと説明し，クライアントに理解してもらうことが重要です。

　「1回のセッションの構造についても，インテーク面接時に説明すればよいのではないか」という意見もあるかと思いますが，あまり説明が多いとクライアントが混乱しますし，インテーク面接では，あくまでも「CBTを開始するか否か」を判断するために必要な情報を提供するべきで，だからこそ全体の構造については必ず示す必要がありますが，逆に1回のセッションの構造は，むしろ始めることが決まってから伝えるべき情報なので，やはりインテーク面接時には伝える必要がないという判断があります。

　それでは1回のセッションの構造について，ケースAの青山恭子さんと

の対話例を紹介します。

伊藤：さらに説明が続きますが，よろしいですか？

青山さん：大丈夫です。

伊藤：インテーク面接のときにもお伝えしたとおり，毎回のセッションの時間は，45分から50分と決まっています。認知行動療法では，その時間をできるだけ効率的に使うために，1回のセッションの流れがある程度決まっています。それについて説明させてください。

青山さん：はい。

伊藤：（図3.1の右上，「1セッションの流れ」(p.115) のところを提示して）ここに書いてあるとおり，まず最初に「橋渡し」というのを行います。これは英語ではブリッジング（bridging）と言うのですが，前回のセッションから今回のセッションにかけて，その間に何か大きな出来事や変化があったかなかったか，ということについて確認させてもらったり，「前回は80パーセント調子が悪かったけれども，今回は少しマシになって60パーセントぐらいである」というように，調子や状態の簡単なチェックをしたりします。その隣に書いてある「HWチェック」の「HW」というのは，「ホームワーク」のことです。後で説明しますが，認知行動療法では「ホームワーク」，別名「宿題」を毎回お出ししますので，前回お出ししたホームワークの実施状況を，セッションの冒頭で確認させてもらうのです。いずれにせよ，セッションの冒頭でいきなり本題に入るのではなく，前回から今回にかけて簡単に橋渡ししたり，ホームワークの状況を簡単にチェックしたりするわけです。ここまでよろしいですか？

青山さん：ええ，とりあえずは大丈夫です。

伊藤：次の「2．アジェンダ設定」というのが，実は非常に重要なのですが，「アジェンダ」という言葉は普段お使いになりますか？

青山さん：いいえ，聞いたことがあるような気はしますが。

伊藤：「アジェンダ」というのは，「議題」とか「項目」という意味ですが，「セッションのアジェンダ」という場合，今日のセッションで一体何と何について話し合ったり検討したりするのかという，つまり今日のセッションで私たちは何をテーマにするのかという意味になります。毎回のセッションは45〜50分という時間の制約があります。漫然と話をしていると，50分なんてあっという間です。したがって認知行動療法では，セッションの限られた時間をできるだけ有効に使うため，セッションの最初の時間帯にそのセッショ

ンのアジェンダを決めて，それに沿って話し合いを進めていきましょう，そうやって時間を有効に使いましょう，ということをするのです。このようにアジェンダを決める，ということについて，どう思われますか？

青山さん：別にそれでよいのではないでしょうか。

伊藤：アジェンダは私も提案しますし，青山さんにも提案していただくことができます。私のほうでは毎回青山さんがいらっしゃる前に，青山さんとのセッションのアジェンダの案を予め考え，毎回このように紙に書き出しておきます（図３．３（p.118）のアジェンダの案が記載されているところを示す）。私が提案するアジェンダは，青山さんが１つもアジェンダを提案なさらなくても，セッションの時間を使い切ってしまうように設定してあります。ですから青山さんのほうでは，私が提案したアジェンダがそれでよければ，「それでいいです」と言っていただければ，それで構いません。ただ，青山さんのほうでも，「今日はこの件について話をしたい」「今日はこのことについて，伊藤にちょっとアドバイスが欲しい」といったご要望がある場合もあるかもしれませんよね。

青山さん：確かに。

伊藤：そういうときは，ぜひこの「２．アジェンダ設定」のところで，提案してください。毎回，セッションのこの時点で，まず私のほうから，このように用意しておいたアジェンダを提案します。そのときもし青山さんのほうでも，別のアジェンダを用意してきてある場合は，ぜひご提案いただきたいのです。よろしいでしょうか？

青山さん：はい，わかりました。

伊藤：セッションの時間は限られていますから，もし青山さんが何らかのアジェンダを提案してくださった場合，私の提案したアジェンダと青山さんの提案したアジェンダの全てを，１回のセッションで扱うことが難しくなるかもしれません。（図３．１の右上の囲みの中の「２．アジェンダ設定」と記載されているところを指差して）その場合，この「アジェンダ設定」の時点で，どのアジェンダを優先してどのアジェンダを後回しにするかとか，どのアジェンダに時間をかけてどのアジェンダにはあまり時間をかけないかとか，そういう相談をさせていただくことになるかと思います。いずれにせよ，限られたセッションの時間をできるだけ大事に使うために，お互いに提案したり相談したりするのが，この「アジェンダ設定」です。ここまでよろしいでしょうか？

青山さん：要するに，先生に相談したいことや話したいことが別にあれば，こ

こで（図3.1の右上の囲みの中の「2．アジェンダ設定」と記載されているところを指差して），私のほうから提案すればよいということですね。
伊藤：その通りです。話を成り行き任せにせず，何の話をするのかを最初に決めてから，それぞれの話をするのが，認知行動療法のセッションの進め方の特徴です。このような進め方については，どのように思われますか？
青山さん：確かに，私もそのほうが良いように思います。
伊藤：それでは「アジェンダ設定」については，ご理解いただいたということで，説明を先に進めさせていただきますね。

「アジェンダ設定」については，いつもこのように説明しています。説明のポイントは以下の4点です。

①カウンセラーは，毎回予めアジェンダを用意しておくということ。
②クライアントがアジェンダを用意してくる必要はないこと。
③クライアントもアジェンダを提案することができるということ。
④毎回のアジェンダについては，セッションの早い段階で，すなわち「アジェンダ設定」の段階で，カウンセラーとクライアントが相談して一緒に決めるということ。

この4点について，もう少し詳しく説明します。

①カウンセラーは，毎回予めアジェンダを用意しておくということ。

これは，「CBTのカウンセラーは，セッションの前に，つまりクライアントに会う前に，そのクライアントとのセッションのために，時間を使ってきちんと準備をしてくれるのだ」というメッセージになります。カウンセラーが事前に，自分に会うための準備をきちんとしてくれる，ということを不快に思うクライアントはいないでしょう。

②クライアントがアジェンダを用意してくる必要はないこと。

「相談はしたいのだけれど，実際に何を話したらよいのかわからない」「自

分は話すのが苦手だ」というように，話すことに対して苦手意識を持っているクライアントは，自分から話題を見つけなくても，カウンセラーがアジェンダを全て提案してくれることを知ると，非常に安心するようです。また他人に勧められて来所し，インテーク面接を受けてとりあえず CBT を開始したものの，まだあまりモチベーションを持てていない人の場合，カウンセラーがアジェンダ設定をしてくれるというのを知って，「そういうお膳立てをしてくれるのであれば，とりあえず通ってみてもよいかな」と思うことが少なくないようです。「そういう受け身の構えで CBT を始めてもよいのか」という疑問を持つ人もいらっしゃるかもしれませんが，「そういう受け身の構え」でも始めてみる，続けてみるということが重要で，続けていくうちに，クライアントの主体性が徐々に発揮されるようになればそれで十分だと私は考えています。

　このように，話すのが苦手な人，モチベーションや主体性が高くない人は，アジェンダ設定の心理教育を通じて，カウンセラーがアジェンダを全て設定してくれるので自分から話題を見つける必要がないことを知ることで，安心したりむしろモチベーションが上がったりすることがあるというのは，大変興味深い現象だと思いますし，これが CBT のドロップアウト率を低める要因だとも考えられます。

③クライアントもアジェンダを提案することができるということ。

　逆に CBT といえども，「自分の話をたくさん聞いてもらいたい」「いろいろなことを話したい」「話したいことが多くて，セッションの時間が足りないぐらいだ」というクライアントも少なくありません。このようなクライアントの場合，クライアント自身の話したいこと，聞いてもらいことについても，アジェンダとして提案できるということを，予め知っておいてもらう必要があります。アジェンダとは押し付けられるものではなく，自分も提案することができるものであるということを，きちんと説明して理解してもらうのです。もしクライアントが，「セッションの中で自由に話のできる時間が欲しい」ということであれば，「フリートーク」というアジェンダを設定すればそれでよいのです。

　しかし CBT のセッションは，セッション全体がフリートークではありません。最初から最後までフリーに話して，話の成り行きに任せるというので

は，CBT が先に進みません。つまりフリートークを入れるのであれば，それはあくまでも構造化されたセッションの中で，1つのアジェンダとして入れるのです。そうすれば CBT の構造化という原則を守りつつ，「自由に話したい」というクライアントのニーズにも対応できます。

> ④毎回のアジェンダについては，セッションの早い段階で，すなわち「アジェンダ設定」の段階で，カウンセラーとクライアントが相談して一緒に決めるということ。

アジェンダは言ってみれば「目次」のようなものです。その日のセッションの目次をまず先に決めてから，本題に入るわけです。目次を決めたら，原則としてはその目次に沿ってセッションの時間を配分し，話し合いを進めていくことになります。ということは，その日のセッションで扱いたいことがあれば，それは必ず目次を決める「アジェンダ設定」の段階で，提案していただく必要があるということになります。このことについても，初回セッションでアジェンダ設定について心理教育する際に，必ずクライアントに伝える必要があります。

このことは言い換えると，アジェンダ設定の段階で提案されなかったことは，原則としてその日のセッションでは扱わない，ということです。目次と本の内容が違っていたら，それはおかしいですよね。それと同じです。ですから，その日のセッションで扱いたい話題があれば，予め心積もりしておいていただき，アジェンダ設定の段階でとにかくそれを必ず提案していただく，という手順を踏む必要があることを，はじめにクライアントに明確に伝えておくのです。

上のやりとりでもあったとおり，カウンセラーのほうは，クライアントがアジェンダを全く提案しなくても，丸々1セッションを使いきってしまうぐらいのアジェンダを予め用意します。したがってクライアントのほうから，ある程度時間を要するアジェンダが提案された場合は，複数のアジェンダに優先順位をつけたり，それぞれのアジェンダにかける時間を決めたりする必要が出てきます。これらはすべてカウンセラーとクライアントが一緒に相談して決めます。「一緒に相談して決める」，これが重要です。どちらかが一方的に決めるのではなく，何かを決める必要性が生じたら，それはすべて一緒に相談して決めるのです。このことも予めクライアントに伝えておく必要が

あります。

　それでは，1回のセッションの構造についてのやりとりに戻ります。

伊藤：（図3.1（p.115）の右上の囲みの中の「2．アジェンダ設定」と記載されているところを指差して）そういうわけで，この「アジェンダ設定」という作業はとても重要ですが，一度アジェンダが決まってしまえば，あとはそれに沿って話し合いをすればよいわけで，それが次の「3．アジェンダに沿った話し合い」というところです。よろしいでしょうか。
青山さん：ええ，わかります。
伊藤：（図3.1の右上の囲みの中の「4．まとめ（HW設定・振り返り）」と記載されているところを指差して）ここでは毎回のセッションが45分から50分ということになっていますが，毎回大体最後の5分ぐらいを使って，まとめの作業というのを行います。その中で特に重要なのが，ホームワークを設定するということです。ホームワークとは，いわゆる「宿題」のことです。ホームワークを通じて，セッションで話し合ったことを，実生活のなかでおさらいしてきてもらったり，セッションで練習したことを，実生活の練習につなげていただいたりすることで，認知行動療法の効果がさらに確実なものになります。ホームワークの課題は，アジェンダと同様，私から提案しますが，たとえば私の提案に対して，「ちょっとそれは負担が大きすぎる」とか「それでは簡単すぎるからつまらない」とかご意見があれば，それもどんどんおっしゃってください。ホームワークは私が青山さんに押し付けるものではなく，青山さんが回復するための助けになるよう設定する必要があります。ですので，むしろ「こういうホームワークがやりたい」「こういう課題のほうが，役に立ちそうだ」という案があれば，ぜひ遠慮なく提案してください。このように毎回ホームワークを設定することについては，どう思われますか？
青山さん：「どんな課題が出るのかな」「自分にそれができるのかな」と思って，ちょっと不安になります。
伊藤：なるほど。今日のセッションの最後に，早速ホームワークを設定しますから，そのときに実際「今の自分にはできない」と思われたら，ぜひおっしゃってください。青山さんの負担になりすぎない課題を，これも一緒に相談して考えたいと思います。それだったらいかがですか？
青山さん：わかりました。それなら大丈夫そうです。

伊藤：（再度，図3.1の右上の囲みの中の「4. まとめ（HW設定・振り返り）」と記載されているところを指差して）そして最後に「振り返り」とありますが，これはクライアントさんにその日のセッション全体を振り返っていただいて，感想を述べていただく，というものです。インテーク面接のときに，面接の最後に感想をお尋ねしましたね。あれと一緒です。その際，たとえばカウンセラーの説明がわかりづらかったとか，次回こういうふうにしてほしいとか，そういう苦情や要望があれば，遠慮せず，ぜひ率直に伝えてください。それらを参考にしながら，私のほうではセッションが終わった後，次回のセッションのアジェンダを計画したいと思います。このように最後に感想をお話しいただくことについては，どのように思われますか？
青山さん：インテーク面接のとき，感想を聞かれて驚きましたが，そういう機会をいただけるのは，とても良いことだと思いました。
伊藤：以上が1回のセッションの流れについての説明でした。何かご不明な点などありますか？
青山さん：大丈夫です。よくわかりました。

　以上，1回のセッションの構造についてどのように心理教育を行うか，実際のやりとりを通じて紹介しました。ケースによって多少違いはありますが，どのケースでも，原則的に上と同じような説明をしています。CBTは構造化された心理療法であり，全体の流れも1回のセッションの流れも，構造化される必要性があります。したがって構造化については〈こういうふうに構造化したいのですが，よろしいでしょうか？〉とクライアントに尋ねるのではなく，〈こういう構造で進めていきますから，よろしくお願いいたします〉と確認する，というスタンスがよいでしょう。私の経験では，構造化について心理教育を行ってクライアントに拒否されたことは，これまで一度もありません。もちろん「何のためにアジェンダを決めるのか」「ホームワークは何のためにあるのか」など，質問を受けることはありますが，その質問に丁寧に答えるなかで，それらはすべて限られた時間を有効に使って，クライアントの助けになるようCBTを進めていくための「しかけ」であることが，クライアントに理解されれば大丈夫です。

3-7　初回セッションのアジェンダの提示

　アジェンダ設定を含む「1回のセッションの構造」についての心理教育を

行ったので，ここでやっと初回セッションのアジェンダの案を，クライアントに提示することができます。

伊藤：というわけで，早速今日の，この初回セッションのアジェンダなんですけど，(図3.3　面接記録用紙（ケースA初回セッション前）(p.118)の，アジェンダが記載されている部分を指して)，今日は1回目ということで，私のほうでは，このようなアジェンダの案を立ててあります。これについて説明させてもらえますか？

青山さん：ええ，お願いします。

伊藤：今日は初回ということで，まず「認知行動療法の開始の確認，全体の流れの確認，1回の流れの説明」をしなければ，ということで，これを最初のアジェンダにしました。これについては，もうすでに説明しましたね。

青山さん：ええ。

伊藤：今日はできれば次に，インテーク面接のときに受けていただいた心理テストの結果をお返しして，それについてご説明したいと考えております。

青山さん：はい。

伊藤：おそらく今日はテスト結果の説明で，ほとんどの時間を使ってしまうのではないかと思われます。ですが，少しは時間が残ると思いますので，その残りの時間で，「ヒアリングの計画」を青山さんと一緒に立てられればなあ，と考えております。「ヒアリング」というのは，インテーク面接でもご説明したとおり，青山さんがうつ病になり，仕事を休むようになるまで，仕事や家庭で様々な経緯があったということで，まずそれらの経緯をある程度教えていただき，共有させてもらったうえで，現状のアセスメントに入るほうがよいのではないかというふうに考えております。このようにこれまでの経緯を共有させてもらう作業を「ヒアリング」と呼んでいますが，インテーク面接でも合意したかとは思いますが，青山さんとのカウンセリングでは，まずヒアリングを行うということでよろしいでしょうか？

青山さん：はい，私もそれが必要だと思います。

伊藤：そうしたら，今日はテスト結果をお返しして説明した後，ヒアリングを実際にどのように行うのか計画を立て，もし時間があれば，その計画に沿ってヒアリングを早速開始したいと考え，それをこのようにアジェンダの案としてまとめてみましたが，いかがでしょうか？

青山さん：それでいいと思います。

伊藤：(図3.3のアジェンダ記載欄の「その他?」を指して)今日は初回セッ

```
第 １ 回面接    西暦 2005 年 5 月 9 日（月）  時間 16：00 ～ 16：50
クライアント氏名： 青山 恭子         様    クライアントID： A
前回（第   回）面接日：2005 年 5 月 2 日（月） 前回と今回の間隔：1 週間
担当者：   伊藤絵美      備考
```

前回のHW，本日のアジェンダ（予定）
　　　1 認知行動療法の開始の確認，全体の流れの確認，1 回の流れの説明
　　　2 心理テストの結果の説明
　　　3 ヒアリングの計画を立てる → ヒアリング開始
　　　~~4 その他？~~

ラスト：セッションに対する感想

今回のHW，次回のアジェンダ（予定）

次回予約　　有・無
次回（第　　回面接）予約日　　　年　月　日（月）　　時～
今回と次回の間隔：
備考：

図 3.5　面接記録用紙（ケースＡ初回セッション中）

ションということで，できればこの流れで進めていきたいと考えておりますが，青山さんのほうで，今日これらのアジェンダとは別に，提案したいアジェンダがありますか？
青山さん：今日は特にないです。これで大丈夫だと思います。
伊藤：（図3.3のアジェンダ記載欄に数字等を書き込む→図3.5を参照）それでは今日はこういう流れで進めていき，最後にホームワークを設定して，感想をお話しいただく，ということでよろしいですね？
青山さん：はい。それでお願いします。

　上のやりとりが反映されたのが，図3.5の「面接記録用紙（ケースA初回セッション中）」です。アジェンダに順番が書き込まれ，「その他？」のアジェンダがなくなったので，二重線で消されています。このようにアジェンダについて何か決まったら，それをその都度，面接記録用紙のアジェンダの欄に即座に反映させて外在化します。目次ですから，見てすぐにわかるようにしておくのです。
　ケースAの青山さんとは違って，初回セッションから何らかのアジェンダを提案するクライアントも，多くはないですが，ときどきいらっしゃいます。またこれは後で説明しますが，自殺念慮が高い場合など，初回セッションから何らかの介入をしなければならないケースもあります。そのような場合は，心理テストの結果をお返しして説明した後，そのことをアジェンダとして扱うようにしています。
　たとえばケースEの江藤真二さんとは，次のようなやりとりがありました。江藤さんの初回セッションのアジェンダは，カウンセラーの側では図3.6のように立ててありました。江藤さんとは，インテーク面接の段階で，とりあえずヒアリングを行わないことが合意されていたので，心理テストの結果をお返しして，ある程度説明した後は，早速アセスメントの作業に入ろうと，私のほうでは計画していました。

伊藤：（図3.6のアジェンダ案を見せながら，初回セッションのアジェンダについて，カウンセラー側の案を説明して）私のほうは，今日はこれでやっていきたいと考えているのですが，江藤さんとしてはいかがでしょうか？
江藤さん：いくつかお尋ねしたいことがあるんですけどね。
伊藤：それは，私に質問があるということですか？
江藤さん：そうです。

第 _1_ 回面接　西暦 _2005_ 年 _5_ 月 _16_ 日（月）　時間 _19：00_ ～ _19：50_
クライアント氏名：　_江藤 真二_　　　　様　　クライアントID：_E_
前回（第　　回）面接日：_2005_ 年 _5_ 月 _2_ 日（月）　前回と今回の間隔：_2_ 週間
担当者：　_伊藤絵美_　　備考

前回のHW，本日のアジェンダ（予定）
- ☐ 認知行動療法の開始の確認，全体の流れの確認，1回の流れの説明
- ☐ 心理テストの結果の説明
- ☐ アセスメントの計画を立てる → アセスメント開始
- ☐ その他？

ラスト：セッションに対する感想

今回のHW，次回のアジェンダ（予定）

次回予約　有・無
次回（第　　回面接）予約日　　年　月　日（月）　　時～
今回と次回の間隔：
備考：

図3.6　面接記録用紙（ケースE初回セッション前）

伊藤：どんなことについてのご質問でしょう？

江藤さん：伊藤先生ご自身についての質問です。ここでは私のかなりプライベートなことを話すことになります。その相手となる専門家として，伊藤先生が本当にふさわしいかどうか，私のほうでも先生についてもう少しいろいろと教えていただき，判断したいと考えているのです。

伊藤：江藤さんが，ご自分のプライベートなことを話す相手として，私伊藤がそれにふさわしい専門家かどうかを判断するために，私自身のことについて，いくつか質問なさりたい，ということでしょうか？

江藤さん：その通りです。

伊藤：質問はもう用意されてきているのですか？

江藤さん：大体心づもりしてきています。

伊藤：質問によっては，お答えできるものとできないものがあるかもしれませんが，それについてはご了承いただけますでしょうか？

江藤さん：先生の答え方を見て，こちらで判断させてもらいますよ。

伊藤：質問に私が回答させてもらうとして，それについてどれぐらい時間が必要だと思われますか？

江藤さん：10分ぐらいあれば十分でしょう。

伊藤：そうしたら，今日はこうしませんか？　この後まずテストの結果をお返しして，説明をさせていただく。江藤さんの場合，説明してご理解いただくのに，それほど時間はかからないと思います。その次のアジェンダを「質疑応答」として，江藤さんにご質問いただく。それでもし時間が残ったら，アセスメントの計画を立て，アセスメントを開始する。こういう流れでいかがでしょうか？

江藤さん：最初に質問するわけにはいかないですかね。

伊藤：さきほどのお話では，ご質問に対する回答の仕方次第で，私は江藤さんのカウンセラーとしてふさわしくないと判断され，クビになってしまうかもしれないとのことでした。

江藤さん：（笑顔で）まあ，そうとも言えるかもしれません。

伊藤：（笑顔を返しながら）そういう話になってしまったら，私も動揺してしまい，テストの結果をお返しするどころではなくなってしまうかもしれません。せっかくインテーク面接で時間をかけて回答していただいた心理テストの結果ですから，そういう重大な話をする前に，まずお返しして，説明をさせてもらいたいのです。それが一段落したら，ぜひどのようなご質問がおありなのか，おうかがいいたしましょう。こういう流れでいかがですか？

第 _1_ 回面接　西暦 _2005_ 年 _5_ 月 _16_ 日（月）　時間 _19:00_ ～ _19:50_
クライアント氏名：　_江藤 真二_　　　　様　　クライアントID：_E_
前回（第　　回）面接日：2005 年 5 月 2 日（月）　前回と今回の間隔：2 週間
担当者：　_伊藤絵美_　　　備考

前回のHW，本日のアジェンダ（予定）
- [1] 認知行動療法の開始の確認，全体の流れの確認，1回の流れの説明
- [2] 心理テストの結果の説明
- [4] アセスメントの計画を立てる → アセスメント開始
- [3] その他？ → 質疑応答（江藤さんからの質問に伊藤が答える）

ラスト：セッションに対する感想

今回のHW, 次回のアジェンダ（予定）

次回予約　有 ・ 無
次回（第　　回面接）予約日　　年　月　日（月）　　時～
今回と次回の間隔：
備考：

図 3.7　面接記録用紙（ケース E 初回セッション中）

第3章 認知行動療法の導入 その2　141

江藤さん：まあ，それでよしとしましょう。
伊藤：（面接記録用紙にアジェンダを書き足したり，番号を振ったりしながら）では今日のアジェンダとしては，まずテストの結果をお返しして，次に質疑応答をして，さらに時間があればアセスメントの計画作りに入るということで……（図3.7のアジェンダ記載欄を見せて）こういう流れでよろしいですか？
江藤さん：わかりました。それにしても，ずいぶんキッチリと進めていくものなんですね。
伊藤：ええ，こうやって段取りをつけてキッチリ進めていくことを，認知行動療法では「構造化」と呼んで，非常に重視しています。構造化をしっかりと行うほうが，効率よく，効果的にカウンセリングを進めていけるからです。
江藤さん：なるほどね。
伊藤：ですので，毎回このようにキッチリとアジェンダを決めさせてもらいますので，ご協力よろしくお願いいたします。
江藤さん：（苦笑しながら）わかりました。

　この対話例について少し解説します。さほど頻繁ではないですが，江藤さんのように，カウンセリング開始当初に，カウンセラー自身について質問をしようとする方が，ときどきいらっしゃいます。これから自分のプライベートなことについて開示する相手が，セラピストとしてどういう人物であるか，クライアントが知りたいと思うのは，ある意味当然のことであると私は考えますので，〈答えられる質問には答えます〉というスタンスで対応するようにしています。が，これは経験的な話で，エビデンスはないのですが，開始当初からカウンセラー個人について質問をし，それを，カウンセリングを継続するか否かの判断材料にしようという構えを持っている方は，多分に自己愛傾向を持つ方であるように，これまでの経験から思います。言い方は悪いのですが，いわゆる「上から目線」で，こちらを「値踏み」するような構えがあるように思うのです。これも私の経験からで，エビデンスはないのですが，こういう方は年配の男性クライアントに多いように思われます。それは特に，私が昔は「若い女性カウンセラー」だったからかもしれません。
　ここで重要なのは，CBTそのものをマネジメントするのは誰か，ということです。CBTそのものをマネジメントする責任は，100％カウンセラー側にあると私は考えています。クライアントの自助（セルフヘルプ）を促進するために，CBTというツールを最大限に使いこなすことが，CBTのカウ

ンセラーが果たすべき役割だと思うのです。このことはCBTを「心理療法」と考えるとわかりづらくなるのですが，いっそのことCBTを「習い事」とみなしてみれば，非常にわかりやすくなるかと思います。

　たとえば私がパソコン教室にエクセルというソフトの使い方を習いに行くとします。その最大の目的は，言うまでもなく，私自身がエクセルの使い方を習得し，1人で使いこなせるようになることです。そして私がエクセルを習得するための道筋をつけるのは，パソコン教室側であり，パソコン教室の先生です。もちろん私はまじめに教室に通い，適正な質と量の課題や宿題をこなす必要がありますが，そういう私がエクセルを習得するための一切をマネジメントする責任は，パソコン教室側にあります。もちろんその際，パソコン教室の先生がどのような人であるか，というのも，重要な要素ではありますが，最重要ではありません。最も重要なのは，私がその教室に通ってエクセルを使いこなせるようになることです。

　CBTもそれと同じです。プライバシーを共有するという意味では，カウンセラーがどのような人物かということは，パソコン教室よりはるかに重要な意味を持つとは思いますが，最重要なのは，クライアントがCBTを通じて主訴を解消したり，自助力を向上させたりすることです。そしてそのためのプロセスをマネジメントする責任は，もちろんカウンセラー側にあります。上の江藤さんとの対話は，そのような私の考え（信念と言ってもいいかもしれません）が反映されています。インテーク面接でCBTを開始すると合意された上での初回セッションですから，江藤さんがカウンセラーについて質問したいというニーズについても理解できるが，それはあくまでもCBTの構造の中で扱わせていただきたい，というメッセージを，私は江藤さんに伝えたかったのです。

　さらにさきほども申し上げたとおり，自己愛傾向を持つと思われる方が，カウンセリング開始当初に，こういう一種の「駆け引き」に出ることがあり，その場合，クライアントの要求に従ってしまうことで，クライアントの自己愛は一時的には満たされるかもしれませんが，結局は，クライアントの要求に簡単に従うカウンセラーは，クライアントから見下される羽目に陥る，というのが経験的にわかってきたので，上のように，あくまでCBTとして筋を通させてもらう，というスタンスを守るようにしています。そしてそういうきっぱりとした態度を取るほうが，クライアントもカウンセラーのことを信頼してくれるようなのです。

　話が少々脱線してしまいましたが，クライアントの駆け引き（と思われる

もの）にはとにかく乗らないことが重要だと思います。駆け引きの中で「勝った」「負けた」ではなく，CBTとしての筋を通すという態度を保つことが，最終的にはクライアントの信頼を得られるように思われます。ちなみに江藤さんとの初回セッションにおける「質疑応答」というアジェンダで，実際にどのような対話がなされたかについては，後で具体的に紹介します。

またこれも後であらためて解説しますが，ケースCの千代田美里さんの場合，心理テストの結果から自殺念慮が非常に高いことがわかったために，途中でアジェンダを変更し，初回セッションの残りの時間は，自殺念慮についての話し合いをすることが合意されました。

このようにケースによって，多少の違いはありますが，基本的には初回セッションのアジェンダについて，大枠はこちらが提示したものに従ってもらう，というふうにしています。

第2セッション以降は，毎回カウンセラーの提案するアジェンダを「それでいいです」と受け入れるクライアントもいらっしゃれば，毎回何らかのアジェンダを自ら提案するクライアントもいらっしゃいます。いずれにせよアジェンダ設定のところで双方の提案をきちんとすり合わせ，相談の上，優先順位を決めることができれば，問題ありません。そしてそういうすり合わせを何度も重ねる中で，カウンセラーとクライアントの協力関係やお互いの信頼感が形成されていくのだと思います。

3-8 心理テストの結果のフィードバック

ではケースAに戻って，初回セッションの第2のアジェンダ，「心理テストの結果の説明」（図3.5，p.136を参照）の対話例を紹介しますが，その前に，当機関の心理テストの「テスト結果表」と「フィードバックシート」というものについて説明します。

第2章でも示したとおり，当機関ではクライアントに以下のテストを，まずインテーク面接時に受けてもらっています。（各テストの出典については第2章の参考文献を参照）

① 過去1年間のストレッサーとその重要度についての質問
② 日本版GHQ 28
③ BDI-II
④ 気分調査票

⑤三次元モデルにもとづく対処方略尺度（TAC-24）
⑥反すうスタイル尺度
⑦特性的自己効力感尺度
⑧時間的展望体験尺度
⑨被受容感，被拒絶感，甘えの断念尺度
⑩ソーシャルサポート

　各テストに対するクライアントの回答を集計し，それをまず「テスト結果表」という表にまとめています。ケースAの青山恭子さんの結果表を，表3.1に示します。
　表3.1の一番左の列の「テスト種類」の「01」〜「10」の数字が，上記のテストの①〜⑩に対応しています。それぞれのテストの得点を標準化された基準に照合して，その得点をどう解釈するのか，というのが「レベル」の列に記載されています。「備考」列は，「ストレッサー」テストのみ，クライアント本人が記載したストレッサーの内容が書いてあります。その他は各得点の基準が示されています。
　この「テスト結果表」をわかりやすく図示したものが「フィードバックシート」です。クライアントには，このフィードバックシートをお渡しして，テスト結果を説明するようにしています（希望する方にはテスト結果表も同時にお渡ししています）。ケースAの青山恭子さんのフィードバックシートを，図3.8に示します。
　それではこれらの結果表やフィードバックシートを使いながら，どのようにテスト結果について説明しているのか，ケースAにおける対話を通じて紹介します。

◈ CBTの基本モデルと構造的認知モデルの心理教育

　伊藤：では早速，インテーク面接のときに受けていただいた心理テストの結果
　　　　をお返しして，説明をしたいのですが，よろしいでしょうか？
　青山さん：ええ，お願いします。
　伊藤：（図3.8のフィードバックシートをお渡しして）これがテスト結果をま
　　　　とめたものです。この後これについて1つひとつ説明していきますが，この
　　　　テスト結果を理解するために，もう1枚，説明図があり，まずそちらを先に
　　　　お見せして，説明させてください。

表3.1 テスト結果表(ケースA 1回目)

テスト結果表

ID：ケースA　　クライエント氏名：青山恭子　　様
性別：　女性　　テスト実施日：2005年5月2日　　1回目

テスト種類	下位項目	得点	レベル	備考
01 ストレッサー	出来事状況 1	4	高い	本社に異動して周りができる人ばかりだったこと
	出来事状況 2	4	高い	1月に派遣の人が急に辞めてその対応に追われたこと
	出来事状況 3	4	高い	娘の保育園卒園と小学校入学にまつわるいろいろ
	出来事状況 4	4	高い	うつ病になったこと
	出来事状況 5	4	高い	うつ病になって皆(会社,家族)に迷惑をかけていること
02 GHQ28	総合	24	重症	なし 0-2　軽症 3-8　中程度 9-19　重症 20以上
	身体的症状	6	重症	なし 0-1　軽症 2-3　中程度 4-5　重症 6-7
	不安と不眠	4	中程度	なし 0-1　軽症 2-3　中程度 4-5　重症 6-7
	社会的活動障害	7	重症	なし 0　軽症 1-2　中程度 3-5　重症 6-7
	うつ傾向	7	重症	なし 0-1　軽症 1-2　中程度 3-5　重症 6-7
03 BDI-Ⅱ	全般的うつ状態	42	重症	極軽症 0-13　軽症 14-19　中程度 20-28　重症 29-63
	悲観	2	やや高い	0 将来について悲観していない　1 以前よりも将来について悲観的に感じる　2 物事が自分にとってうまくいくとは思えない　3 将来は絶望で悪くなるばかりだ
	自殺念慮	2	やや高い	0 自殺したいと思うことはまったくない　1 自殺したいと思うことはあるが,本当にしようとは思わない　2 自殺したいと思う　3 機会があれば自殺するだろう
04 気分調査	緊張と興奮	17	中程度	軽症 8.44未満　中程度 8.44-17.34　重症 17.34以上
	爽快感	10	重症	軽症 13.33未満　中程度 13.33-29.29　重症 29.29以上
	疲労感	29	重症	軽症 10.13未満　中程度 10.13-14.87　重症 14.87以上
	抑うつ感	30	重症	軽症 8.29未満　中程度 8.29-18.37　重症 18.37以上
	不安感	28	重症	軽症 12.42未満　中程度 12.42-22.14　重症 22.14以上
05 3次元対処	話をきいてもらう(カタルシス)	6	少ない	男性 少ない 6.81-11.81未満　中程度 6.81-11.81　多い 11.81以上 女性 少ない 7.63未満　中程度 7.63-13.45　多い 13.45以上
	あえて保留にする(放棄・諦め)	7	中程度	男性 少ない 5.11未満　中程度 5.11-9.37　多い 9.37以上 女性 少ない 6.05未満　中程度 6.05-10.69　多い 10.69以上
	情報や助言を求める(情報収集)	10	中程度	男性 少ない 8.54未満　中程度 8.54-13.08　多い 13.08以上 女性 少ない 7.62未満　中程度 7.62-12.54　多い 12.54以上
	気分転換をする(気晴らし)	6	少ない	男性 少ない 6.77未満　中程度 6.77-11.33　多い 11.33以上 女性 少ない 7.49未満　中程度 7.49-13.37　多い 13.37以上
	"なかったこと"にする(回避的思考)	7	中程度	男性 少ない 6.62未満　中程度 6.62-10.86　多い 10.86以上 女性 少ない 6.90未満　中程度 6.90-11.66　多い 11.66以上
	前向きに考える(肯定的解釈)	6	少ない	男性 少ない 8.84未満　中程度 8.84-12.90　多い 12.90以上 女性 少ない 9.00未満　中程度 9.00-13.46　多い 13.46以上
	解決策を検討する(計画立案)	10	中程度	男性 少ない 8.73未満　中程度 8.73-12.93　多い 12.93以上 女性 少ない 7.88未満　中程度 7.88-12.54　多い 12.54以上
	他人に委ねる(責任転嫁)	3	少ない	男性 少ない 4.00未満　中程度 4.00-7.80　多い 7.80以上 女性 少ない 4.10未満　中程度 4.10-9.52　多い 9.52以上
06 反すう	合計値	33	多い	少ない 0-14　中程度 15-27　多い 28以上
	内容	2	いやなこと	1 よいことが多い　2 いやなことが多い　3 どちらもある
	結果	2	悪くなる	1 良くなることが多い　2 悪くなることが多い　3 どちらもある
	コントロール	4	難しい	1 容易にできる　2 多少努力すればできる　3 かなり努力すればできる　4 非常に難しい
07 自己効力感		81	中程度	男性 否定 64.00未満　中程度 64.00-91.86　肯定 91.86以上 女性 否定 61.89未満　中程度 61.89-88.73　肯定 88.73以上
08 時間的展望	目標指向性	16	中程度	低い 10未満　中程度 10-20　高い 21以上
	希望	10	中程度	低い 8未満　中等度 8-16　高い 17以上
	現在の充実感	9	低い	低い 10未満　中等度 10-16　高い 17以上
	過去受容	13	中程度	低い 8未満　中等度 8-16　高い 17以上
09 甘えの断念 被受容 被拒絶	被受容感	33	中程度	男性 低い 24.33未満　中程度 24.33-34.29　高い 34.29以上 女性 低い 25.76未満　中程度 25.76-35.86　高い 35.86以上
	被拒絶感	16	中程度	男性 低い 12.14未満　中程度 12.14-22.14　高い 22.14以上 女性 低い 10.48未満　中程度 10.48-21.14　高い 21.14以上
	甘えの断念	14	中程度	男性 低い 10.00-18.46　中程度 10.00-18.46　高い 18.46以上 女性 低い 9.79未満　中程度 9.79-18.39　高い 18.39以上
10 サポート	上司	7	2	男性 1(多):3-4　2:5-6　3:7-8　4:9-10　5(少):11-12 女性 1(多):3　2:4-5　3:6-7　4:8-9　5(少):10-12
	同僚	8	4	1(多):3　2:4-5　3:6-7　4:8-9　5(少):10-12
	家族・友人	3	2	男性 1(多):なし　2:3-4　3:5-6　4:7-8　5(少):9-12 女性 1(多):なし　2:3　3:4-5　4:6-7　5(少):8-12

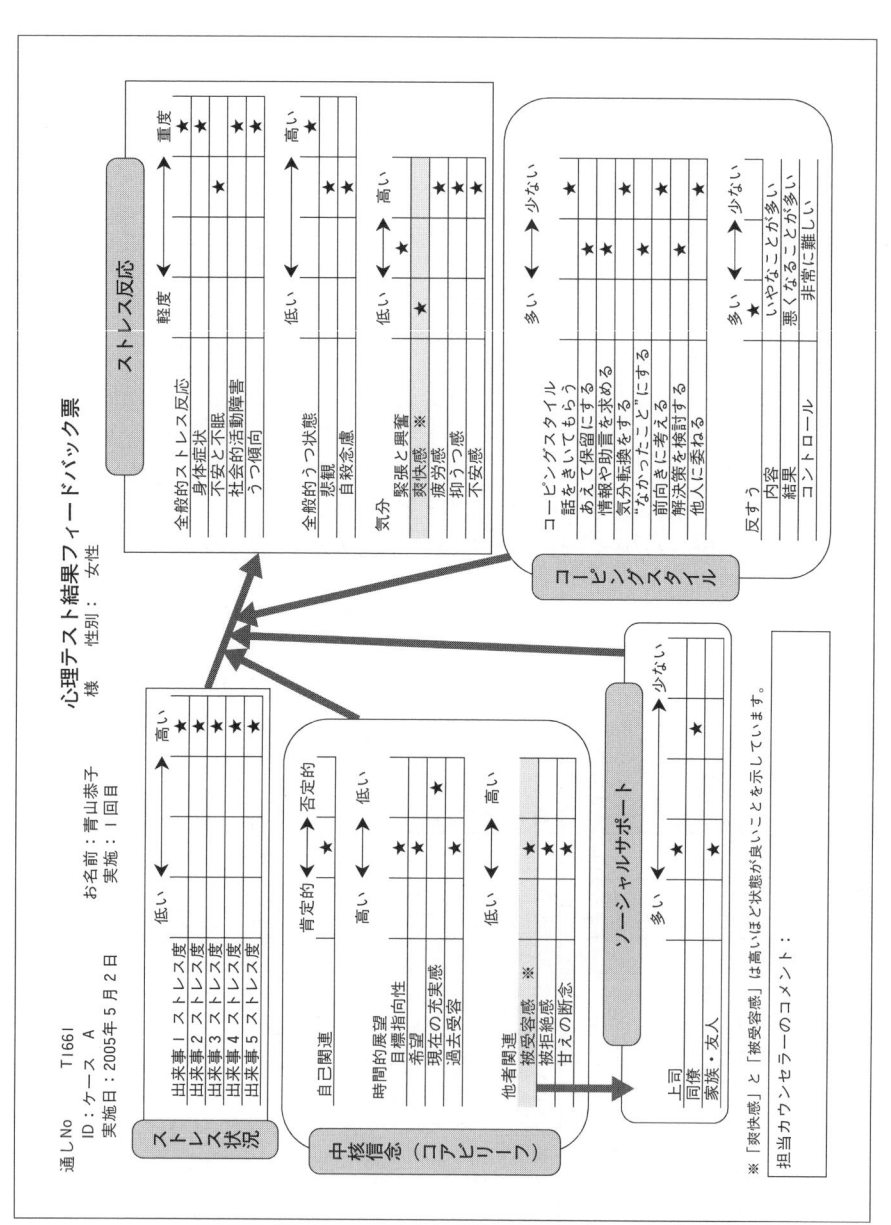

図 3.8 フィードバックシート（ケース A　1回目）

青山さん：はい，わかりました．

「もう1枚の説明図」とは，次の図3.9です．

図3.9の上部には，すでにインテーク面接時にクライアントに提示したCBTの基本モデルが記載されています．図3.9の下部には，階層的認知モデルが提示されています．当機関で使っているテストのうち，「⑦ 特性的自己効力感尺度」，「⑧ 時間的展望体験尺度」，「⑨ 被受容感，被拒絶感，甘えの断念尺度」は，自動思考レベルの認知ではなく，信念レベル（スキーマレベル）の認知を対象としたものと仮定して使用しています．⑦が自己に関する信念，⑧が時間（過去，現在，未来）に関する信念，⑨が他者との関わりに関する信念，という仮説です．これらのテストが本当にそのような信念を測定しているのか，ということについては別に検討しなければなりませんが，現在のところ，そのような仮説のもとで，これらのテストを使っています．ということは，テスト結果をクライアントにお伝えするためには，階層的な認知モデルについても説明をしなければなりません．なお図3.9の媒介信念や中核信念についての詳細は，Beck（1995）を参照してください．

伊藤：（図3.9の上部を指して）このモデルはインテーク面接のときにもお伝えした認知行動療法の基本モデルです．このモデルはストレスのモデルにもなっていて，左側の「環境」「状況」「他者」というのが，いわゆる「ストレスのもと」です．それを「ストレッサー」とか「ストレス状況」などと呼びます．ここまでよろしいですか？

青山さん：ええ，大丈夫です．

伊藤：ストレスのもとがいろいろあると，それに対して，私たちの中にいろいろな反応が生じます．それを「ストレス反応」と言うのですが，認知行動療法では，そのストレス反応を，「認知」「気分・感情」「身体」「行動」の4つに分けて見ていくわけです．

青山さん：なるほど．

伊藤：ストレス状況が大変であればあるほど，ストレス反応もいろいろと出てくるだろう，というふうに考えることができるわけですが，いかがでしょうか？

青山さん：ええ，よくわかります．

伊藤：ここまでが，インテーク面接でもご紹介した認知行動療法の一番基本的なモデルでした．今日は，さらにもう1つのモデルについても，簡単に紹介

階層的認知モデル

認知療法・認知行動療法では，図1のようなモデルに基づいて，自分の体験を理解します。

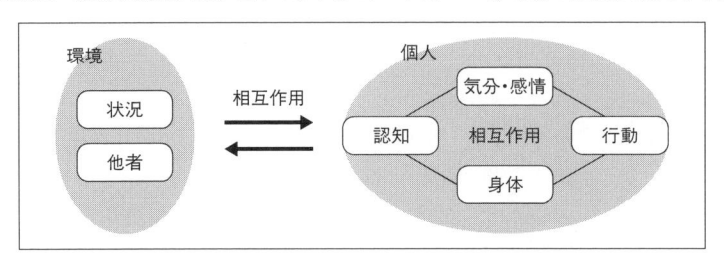

図1．認知療法・認知行動療法の基本モデル

環境：状況，他者
個人：気分・感情，認知，行動，身体
環境と個人の相互作用，個人内の相互作用

実は認知には"階層"があり，浅いレベルのものから深いレベルのものまで，互いに関連しあいながら構造化されています。その構造を図2に示します。

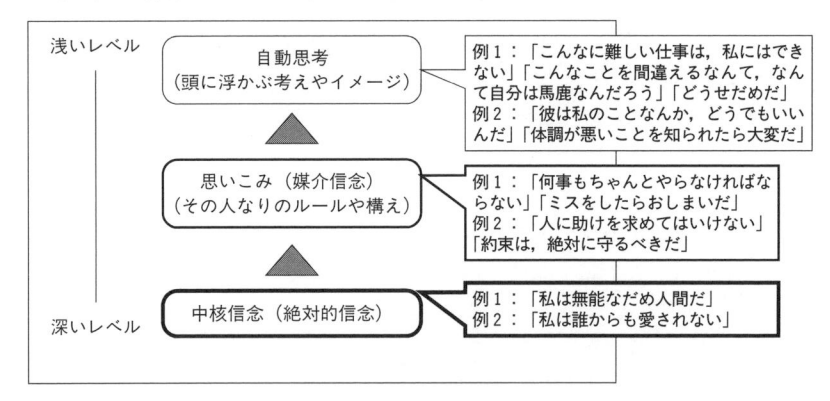

浅いレベル
- **自動思考**（頭に浮かぶ考えやイメージ）
  - 例1：「こんなに難しい仕事は，私にはできない」「こんなことを間違えるなんて，なんて自分は馬鹿なんだろう」「どうせだめだ」
  - 例2：「彼は私のことなんか，どうでもいいんだ」「体調が悪いことを知られたら大変だ」

- **思いこみ（媒介信念）**（その人なりのルールや構え）
  - 例1：「何事もちゃんとやらなければならない」「ミスをしたらおしまいだ」
  - 例2：「人に助けを求めてはいけない」「約束は，絶対に守るべきだ」

深いレベル
- **中核信念（絶対的信念）**
  - 例1：「私は無能なだめ人間だ」
  - 例2：「私は誰からも愛されない」

図2．認知の階層

　その時々の場面で頭に浮かぶ自動思考は，練習すると容易に把握できるようになりますが，その背景にある思いこみや中核信念は，その人にとってあまりにも"当然"のことなので，客観的に把握することが難しい場合があります。逆に，思いこみや中核信念そのものが，自動思考として直接頭に浮かぶ場合もあります。自動思考に比べると，思いこみや中核信念は修正するのに時間と手間がかかります。しかし自分のつらい気持ちや症状が，思いこみや中核信念から生じていることがわかった場合は，ある程度時間をかけて，それらの認知について検討し，対処法を見つけたり，認知の幅を広げたりする練習をすることが必要です。たとえ思いこみや中核信念を完全に変えることができなくても（また，その必要はありません），自分の思いこみや中核信念に気づき，自分の気持ちがつらい方向に向かわないように対応することができれば，大丈夫なのです。

copyright 洗足ストレスコーピング・サポートオフィス

図3．9　階層的認知モデルの説明シート

させてください。
青山さん：はい。

　CBTの開始段階で最も重要なのは，基本モデルをクライアントに覚えてもらうことです。アセスメントにせよ，各種技法にせよ，基本モデルがクライアントに内在化されていないと，しっかりと進めていくことができません。したがってあの手この手を使って，クライアントにモデルに慣れてもらい，モデルを使いこなせるようになってもらうわけですが，その際大事なのは，〈モデルが重要だから覚えてくださいね〉と口をすっぱくしてお願いするのではなく，クライアントの目の前でモデルを「ウロウロさせる」ことだと思います。覚えようとわざわざ意識しなくても，目の前を何度もウロウロされれば，自然に覚えてしまいますよね。それを狙うのです。CBTの基本モデルについては，インテーク面接で一度説明しています。今，心理テストのフィードバックのために，再度クライアントに見てもらいました。これで2回目です。こんなふうに，何かあるたびにモデルをクライアントの目の前に置き，慣れていってもらうのです。

　伊藤：（図3.9の下部を指して）インテーク面接でも説明したとおり，「認知」というのは，頭に浮かぶ考えやイメージのことを言うのですが，認知行動療法では，その認知を浅いレベルのものから深いレベルのものまで，階層的にとらえることがありまして，この下に描いてある図は，それを示したものです。細かいことは，ここに書いてある説明を読んでいただきたいのですが，今日は，ごく簡単にご理解いただければ十分です。
　青山さん：はい。
　伊藤：わかりやすくするために具体例で考えてみましょう。たとえば青山さんが，お友だちと待ち合わせをしているのですが，時間がギリギリになってしまっているとしましょう。さて，待ち合わせ場所に行くには，目の前の大きな交差点を渡らなければなりません。するとさっきまで青だった信号が点滅し始めました。つまり，待ち合わせの時間ギリギリで，目の前の青信号が点滅……そのとき青山さんの頭には，たとえば，どんなことが浮かびますか？
　青山さん：「早く渡らなきゃ」
　伊藤：「早く渡らなきゃ」と思って，どうしますか？
　青山さん：小走りで渡ってしまうと思います。
　伊藤：（図3.9の上部，CBTの基本モデルを指して）なるほど。今おっしゃ

った「早く渡らなきゃ」というのは，頭に浮かんだ考えですから「認知」ですね。「早く渡らなきゃ」という認知によって，「小走りで渡る」という行動を取るわけです。

青山さん：そうですね。

ここでも CBT の基本モデルをちらりと提示していますね。

伊藤：ところで，この「早く渡らなきゃ」というような，頭に浮かぶせりふのような考えのことを，「自動思考」と呼びます。（図3.9の下部，階層的認知モデルの「自動思考」のところを指して）この図でいうと，一番浅いレベルの認知です。「自動思考」とは，その名のとおり，自動的に頭に浮かんでくる考えのことですが，では「早く渡らなきゃ」という青山さんの自動思考がどのように浮かぶのか，ということについて考えてみましょう。（図3.9の上部，CBT の基本モデルの「環境（状況・他者）」のところを指して）確かに「早く渡らなきゃ」という自動思考は，「友だちと待ち合わせをしていて，時間がギリギリで，交差点を渡らなくてはならないけれども，青信号が点滅し始めた」という環境や状況に反応して，出てきたものと考えられますよね？

青山さん：ええ，まあそうですね。

ここでも再度基本モデルを示しています。また自動思考についても少しだけ心理教育しています。こういった小さな「種まき」をこまめにするというのが，CBT の心理教育のポイントです。

伊藤：このように自動思考は，その時々の環境や状況に対する反応として，頭に浮かぶのですが，実はそれだけではありません。待ち合わせの時間がギリギリのとき「早く渡らなきゃ」という自動思考が出てくるということは，青山さんの中に，「待ち合わせには遅れてはいけない」「待ち合わせの時間に遅れたら，相手に悪い」「待ち合わせの時間には間に合うべきだ」といった思いがあるのではありませんか？

青山さん：ああ，確かにあります。「待ち合わせには遅れてはいけない」という思いがあります。

伊藤：その思いは，青信号が点滅したときに，自動思考としてはっきりと頭に浮かばないかもしれませんが，青山さんの価値観，信念，思いのようなものとして，日ごろから青山さんの頭にあるのではないでしょうか。

青山さん：ええ，そうだと思います。

伊藤：（図3.9の下部，階層的認知モデルの「思い込み」「中核信念」のところを指して）そういう価値観や信念，思いのようなものが，ここでいう深いレベルの認知です。そういう深いレベルの認知を，認知行動療法では，「思い込み」とか「中核信念」と呼んだり，それらをまとめて「信念」「スキーマ」と呼んだりしています。いろいろ呼び方があるのですが，それにこだわる必要はありません。とにかく頭の表面に浮かぶ自動思考の背景に，その人なりの思いがあり，それが自動思考に影響を与えているということをご理解いただければ十分なのですが，いかがでしょうか。

青山さん：よくわかります。

伊藤：もう少し言ってしまえば，青信号が点滅したところで「早く渡らなきゃ」という自動思考が浮かぶということは，青山さんの中に，「青信号は『渡れ』だ」「赤信号は『止まれ』だ」「交通法規は守らなくてはならない」「車に轢かれたくない」といったルールや思いがある，ということにもなりますよね。これらもやはり深いレベルの認知ということになりますが，いかがでしょうか？

青山さん：なるほど。確かにそうですね。そういう思いがあるから，「早く渡らなきゃ」と思うわけですね。

伊藤：これがたとえば，「待ち合わせなんて，少々遅れても構わない」という信念を持っている人であれば，「まあいいや」と思って，次の青信号を待つかもしれませんし，「交通法規なんてどうでもいい」とか「車に轢かれたって別に構わない」という思いがある人だったら，まあ，そんな人は滅多にいないとは思いますが，青信号が点滅しようと，赤信号に変わろうと，「それが何か？」と思って，堂々と歩いて道を渡るかもしれません。つまり同じ環境や状況であっても，その人の深いところの思いが異なれば，自動思考も異なりますし，それによって気分や行動も変わってくるのです。ここまでよろしいでしょうか？

青山さん：ええ，よくわかりました。面白いですね。

このように，クライアントの反応や理解の程度をこまめに確認しながら，CBTの基本モデルおよび階層的な認知のモデルを心理教育します。信念やスキーマの説明では，上の「待ち合わせに遅れそう」という具体例を，今のところ使っていますが，この例であれば誰でも理解できるようです。

この段階でCBTの基本モデルについては，もう何度もクライアントの目

の前をうろうろしていることになります。

　モデルの心理教育に限らず，CBTにおけるあらゆる心理教育のポイントとしては，こまめに何度も説明すること，各種ツールを利用して視覚を通じて理解してもらうこと，クライアントの理解の程度や反応をこまめに確認すること，具体例を使うことなどが挙げられます。特にツールを使って説明するというのはとても重要だと思います。口頭による説明は聴覚を通じて処理されます。聴覚を通じて処理できる情報量には限りがありますし，特に処理能力が低い方ですと，その制約が大きくなります。その際，ツールを使ったり，図や絵を描いて示したりして，クライアントの視覚に訴えると，かなり理解の手助けになるようです。

　当機関ではこのようにCBTの基本モデルと階層的認知モデルを予め提示してから，クライアント自身のテスト結果を説明するようにしています。それでは以下に，具体的にどのような説明をしているか，ということをケースAを例にご紹介します。読者の皆様は，先ほど提示した表３．１「テスト結果表（ケースA　１回目）」（p.145），図３．８「フィードバックシート（ケースA　１回目）」（p.146），および図３．９「階層的認知モデルの説明シート」（p.147）の３つを適宜参照しながら，以下の説明をお読みください。

◈ストレス状況の確認

伊藤：それでは青山さんのテスト結果について，これから具体的に説明していきます。さきほどお渡しした用紙（図３．８　フィードバックシート（ケースA　１回目））を一緒に見ていきましょう。ここには，さきほど説明した「ストレス状況」，つまり「ストレスのもと」が，最近１年間，青山さんにどれぐらいあるか，ということと，そのストレス状況がどれぐらい大きいか，ということが表されています。これは心理テストに青山さんが書き込んでくださったものがそのまま反映されています。テストの結果を見ると，ストレス状況の５つの全ての欄が埋まっていますよね。しかもすべてのストレス状況のストレス度が，一番高いところに入っています。具体的にその内容を見ると（表３．１　テスト結果表（ケースA　１回目）の「01　ストレッサー」のところを示して），「本社に異動して周りができる人ばかりだったこと」「１月に派遣の人が急に辞めてその対応に追われたこと」「娘の保育園卒園と小学校入学にまつわるいろいろ」「うつ病になったこと」「うつ病になって皆（会社，家族）に迷惑をかけていること」と書かれてあります。これを見ると，仕事，

家庭，ご自身のすべてに大きなストレスが発生していることが，より具体的にわかります。つまり青山さんの場合，そもそも降りかかってきたストレスがたくさんあって，しかもそのどれもがストレスとしては大きかった，ということになります。誰でも，これを見ると，「そりゃあしんどいだろうな」というふうに思うだろうな，と思いますが，いかがでしょうか？

青山さん：そうですね。改めて見てみると，仕事でも家庭でも，ずいぶんいろいろあったんだなあとは思います。でも，うつ病になってしまったのは私の責任なので，それについては同情できないと思いますが。

伊藤：まず仕事や家庭でいろいろあって，それが大きなストレスとなった。その結果青山さんご自身がうつ病になり，そのこと自体がさらに大きなストレスとなっている。……こういう悪循環が起きてしまっている，ということなのでしょうか？

青山さん：そうですね。まさにそうだと思います。

クライアントが心理テストに記入してくれたストレッサーがこういう形で外在化されていると，非常に共有しやすくなります。クライアントの中には，テスト結果としてあらためて自分のストレッサーを見渡して，「結構自分も大変だったんだな」と自分自身をいたわるような認知が出てくる人もいます。青山さんの場合，そういう認知が出てきた反面，「うつ病になったのは自分の責任だ」という，ネガティブに自己関連づけするような認知（自動思考）が生じてしまったようです。認知行動療法家としては，そのような認知すなわち自動思考を修正するためのやりとりをしたい誘惑に駆られます。が，今やっているのは，心理テストの説明ですから，その誘惑はぐっとこらえて，しかし「うつ病になってしまったのは私の責任だ」という自動思考に同意もできないので，〈（青山さんの責任というよりも）悪循環の一環としてうつ病になったのですよね。そしてうつ病になったことが，さらに悪循環を維持させているんですよね〉といった趣旨の発言を，上のようにしています。反論もせず，同意もせず，というバランスを図っています。

◆ストレス反応の結果についての説明（GHQ 28）

伊藤：（図3.9の上部，CBTの基本モデルを指して）普通に考えれば，ストレス状況が多ければ多いほど，ストレス状況が大変であれば大変であるほど，それに対するさまざまなストレス反応が生じるだろう，ということになりま

すね。（図３.８の右上，「ストレス反応」のところを示して）では次に，青山さんのストレス反応がどうなっているだろうということについて，テストの結果を説明していきます。よろしいでしょうか。

青山さん：お願いします。

伊藤：この「全般的ストレス反応」というのは，「GHQ 28」というテストの結果を示しています。この「GHQ 28」というのは，心や身体に生じるストレス反応を全般的に把握するのに，非常に優れたテストだと言われ，世界的に使われているものです。（表３.１　テスト結果表（ケースＡ　１回目）の「02 GHQ 28」のところを示して）ここを見ていただくと，まず総合得点が２点までは全く問題なし，３点から８点までが軽度のストレス反応，９点から19点が中程度のストレス反応，20点以上が重度のストレス反応ということになります。青山さんの場合，総合得点が24点ですから，全体的にストレス反応が重度である，言い換えればストレス反応として，心も身体もしんどい状態になってしまっていると言えます。（図３.８の右上，「全般的ストレス反応」のところを指して）したがって，ここの「全般的ストレス反応」の結果が，「重度」のところにポイントされているわけです。この結果については，ご自分の実感に合っていますか？

青山さん：心身ともにしんどいというのは，まさしくそうだと思います。

伊藤：（図３.８の右上，「全般的ストレス反応」のところを指して）その下に書いてある「身体症状」「不安と不眠」「社会的活動障害」「うつ傾向」の４つは，「全般的ストレス反応」の内訳ですが，それぞれについて見てみましょう。まず「身体症状」ですが，（図３.９の上部，CBTの基本モデルを指して）ストレス反応は，ここにある「認知」「気分・感情」「身体」「行動」のそれぞれに出るのですが，中でも身体にどの程度，ネガティブな反応，言い換えれば症状が出ているのかを調べているものです。

青山さん：はい。

伊藤：（図３.８の右上，「全般的ストレス反応」の「身体症状」のところを指して）「重症」のところにポイントされていますね。ストレス反応として，身体にいろいろと症状が出ていて，青山さんがしんどくなっている，ということが示されています。いかがでしょうか？

青山さん：そうですね。しんどいです。

伊藤：（図３.８の右上，「全般的ストレス反応」の「不安と不眠」のところを指して）次の「不安と不眠」というのは，（図３.９の上部，CBTの基本モデルを指して）認知行動療法のモデルで言うと，「不安」という気分・感情，

「不眠」という身体反応を併せて見ているものですが，これについては最も「重度」ではなく，その次の欄にポイントされています。不安や不眠について，青山さんの実感としてはどうでしょうか？

青山さん：不安感は結構あります。たぶん薬をもらっていて，睡眠は前ほどひどくないので，そのぶん重度ではない，という結果が出たのではないでしょうか。

伊藤：なるほど。（図3．8の右上，「全般的ストレス反応」の「社会的活動障害」のところを指して）「社会的活動障害」とは，堅苦しい表現ですが，ストレスが溜まると，それに圧倒されて身動きが取れなくなったりすることがありますよね。社会的活動障害というのは，そういうことです。ふだんできている活動が障害されて，できなくなってしまうという意味です。（図3．9の上部，CBTの基本モデルを指して）認知行動療法のモデルでいくと，これはここの「行動」に表れるストレス反応である，ということになります。よろしいでしょうか？

青山さん：はい。

伊藤：では「社会的活動障害」について，青山さんの結果を見てみると，（図3．8の右上，「全般的ストレス反応」の「社会的活動障害」のところを指して），「重度」の欄にポイントされています。つまり青山さんは現在，ストレス反応として，思うように活動できない状態，身動きのとれない状態になってしまっている，ということです。どうでしょうか？

青山さん：その通りだと思います。

伊藤：（図3．8の右上，「全般的ストレス反応」の「うつ傾向」のところを指して）最後の「うつ傾向」というのは，文字通りうつの傾向を見ているものですが，これも「重度」の欄にポイントされていますね。「うつ病」の診断でお休みされているぐらいですから，これは当然だとして，この「うつ傾向」については，（図3．8の右中上，「全般的うつ状態」のところを指して）次の「全般的うつ状態」というところで，もっと細かく見ているので，そちらを見ることにしましょう。

青山さん：はい。

　以上が「全般的ストレス反応」すなわち「GHQ 28」の結果についての説明の具体例でした。説明をしながら，ここでもCBTのモデルをクライアントに示していることが，おわかりいただけたかと思います。

◆ストレス反応の結果についての説明（BDI-Ⅱ）

次に「全般的うつ状態」すなわち「BDI-Ⅱ」の結果についての説明です。表3.1「テスト結果表（ケースA　1回目）」（p.145）と図3.8「フィードバックシート（ケースA　1回目）」（p.146）の「BDI-Ⅱ」「全般的うつ状態」のところを見ていただきたいのですが，こちらは「全般的うつ状態」という項目にBDI-Ⅱの総得点もしくは総得点の判定（抑うつ度について「低い」から「高い」まで）が記載されていますが，その下の「悲観」「自殺念慮」という2つの項目は，GHQ 28とは異なり，内訳ではありません。GHQ 28の4つの項目は全体の内訳を示したものですが，BDI-Ⅱの場合，全部で質問が21個ありまして，その2番目が「悲観」を，9番目が「自殺念慮」を問うものです。この2つの質問に限って，回答を抽出して記載するようにしています。というのも，アーロン・ベックの前向き研究で，BDI-Ⅱのうち，この2つの得点が高いと自殺を企図する可能性が有意に高くなるという結果が出ておりまして，そのようなエビデンスに基づき，この2つだけ特に注意して見るようにしているのです（Beck et al., 1996）。

それではBDI-Ⅱについて，青山さんにどのように説明したか，ご紹介していきましょう。

> **伊藤：**（図3.8の右中上の「全般的うつ状態」のところを指して）この「全般的うつ状態」ですが，これは「BDI-Ⅱ」というテストに基づく結果です。BDI-ⅡというのもGHQ 28と同様，世界中で使われている，大変信頼性の高いテストですが，これは抑うつ症状の程度を調べるものです。ちょっとこちらを見ていただけますか。（表3.1の「BDI-Ⅱ」のところを指して）BDI-Ⅱの結果は，一番低くて「0点」一番高くて「63点」になります。その点数の見方ですが，ここに書いてあるとおり，0点から13点までは「極軽症」と書いてありますが，要は，抑うつ症状という点では問題なし，ということになります。14点から19点ですと「軽症」ということで，軽い抑うつ症状が認められる，ということになります。20点から28点ですと，「中程度」と書いてありますが，これは，抑うつ症状がそれなりに出ている，その症状の程度が決して軽いとは言えない，という結果でして，慢性的に20点を超える方の場合，一般的に精神科を受診したほうがよいと言われています。それより高い点数，つまり29点以上の場合，最大は63点になりますので，要は29点以

上63点以下の場合は，ここに書いてあるとおり「重症」とみなします。これは文字通り，抑うつ状態がかなり重たく，ご本人もかなりしんどいであろうという結果です。では，青山さんの得点がいくつだったか見てみると，（図3.8の右中上の「全般的うつ状態」のところを指して）「42ポイント」ですから，残念ながら，この重症域に入ってしまっているということになります。抑うつ症状が結構重たい，これでは青山さんご自身も相当しんどいだろう，という結果です。

青山さん：なるほど。

伊藤：（図3.8の右中上の「全般的うつ状態」のところを指して）その結果が，このように表示されています。うつ状態の程度を「低い」から「高い」まで4つのレベルで並べたところ，青山さんの場合，「一番高い」という欄に結果がポイントされているのです。

青山さん：（ため息をつく）やはりそうですか。でも，まあ，そうなんでしょうね。

伊藤：まあ，「重症」と聞くとびっくりされてしまうかもしれませんが，さきほど申し上げたとおり，「重症」に入るのが，29点から63点まで，というように，結構幅が広いのです。私たちの経験では，同じ重症域に入るクライアントさんでも，30点台だと，仕事や勉強や家事をそのまま続けながら治療が可能で，40点台だと，休職や休学をして仕事や勉強などの負担を減らしたうえで，治療をするのが妥当なように思います。そして50点台をいつも超えてしまうような方は，そもそもここに来てカウンセリングを受けることが難しいという印象を受けています。その意味では，青山さんの場合，今お仕事をお休みして，家事の負担も一時的に減らしつつ，その間，このように認知行動療法を受けに来られる，というのは妥当な選択のように思われますが，いかがでしょうか？

青山さん：そう言っていただけると，ちょっとホッとします。

伊藤：後でも説明しますが，インテーク面接のときに受けていただいた心理テストは継続的に受けていただきますし，青山さんの場合，このBDI-IIに限っては，毎回のセッションで受けていただくことになるかもしれません。いずれにせよ，ここでの出発点が「42ポイント」だったということで，あとはその変化を見ていくことになります。回復するに従って，少しずつ，ゆるやかに，多少の上下動がありつつも，全体的にはこの数字が下がっていく方が多いです。青山さんの場合も，そのように変化していけるよう，ここで協力して認知行動療法を進めていきましょう。

青山さん：わかりました。

　BDI-Ⅱについては，こんなふうに結果を説明しています。少し補足して解説しましょう。
　まず得点の区分け（極軽症〜重症）については，上では口頭で説明していますが，実際には区分けが記載されている結果表（ケースAの場合は表3．1）をお渡しするなり，フィードバックシート（ケースAの場合は図3．8）に手書きで書き込むなりして，外在化するようにしています。これはもちろんGHQ28についても，同じようにして全く構わないと思います。フィードバックシートだけでなく結果表も欲しい，という方には，結果表も併せてお渡しするようにしています。
　ところでBDI-Ⅱは，とても使い勝手のよい尺度で，大うつ病性障害の方に限らず，その方のうつ状態の有り様や程度が，非常によく反映され，また結果をクライアントと共有しやすいので，重宝しています。上のやりとりにも出てきましたが，BDI-Ⅱの総合得点の29点以上が重症域に入るのですが，最大で63点ですから，29点から63点までということで，同じ重症でもかなり幅があります。これは私の印象で，エビデンスがあるわけではないのですが，同じ重症でも30点台の方の場合，仕事や学業や家事や育児をそのまま続けながら，もちろん可能であれば負荷を減らせればよいのですが，とにかく職場や学校などを休まなくても，何とかCBTを並行して行うことができる場合が多いなあ，と感じています。一方，40点台を超える状態が慢性的に続いている場合，仕事や学業や家事や育児の負担をなくすか大幅に減らすかして，つまりその方を取り巻く環境や状況を調整した上で，CBTを適用する必要があるという印象を受けています。CBTを行うこと自体，新たな負荷となるわけで，もともとの環境的負荷による抑うつ症状が重篤な場合は，負荷を軽くした上で，CBTという新たな負荷を加える必要があると思うのです。ちなみに，50点台を超える状態が慢性的に続く方の場合は，そもそも予約を取って，予約の日時に当機関まで出向き，カウンセラーと生産的なコミュニケーションを行うこと自体が難しい場合が多いので，CBTを適用すること自体が無理だと思われます。その場合，薬物療法や休養などを通じて，ある程度状態が改善されてから，CBTを開始するほうがよいでしょう。実際，当機関でお目にかかるクライアントで，うつ病やうつ状態の重たい方は少なくありませんが，BDI-Ⅱが慢性的に50点を超えている方は，めったにいらっしゃいません。

繰り返しになりますが，以上に述べたことは，エビデンスがあるわけではなく，あくまでも私のこれまでの印象です。またBDI-IIはあくまでも質問紙なので，何らかのバイアスがかかったり，人によって高めに点数が出たり低めに点数が出たりすることもありますので，その点数を絶対視することはできません。私の担当しているクライアントのなかでも，30点台だと「調子がよい」という人もいれば，20点を超えると「100％調子が悪くて，もう死んでしまいたい」という人もいます。ですから1回のテストの結果を絶対視して，「○点だからこうだ」というような決め付けをせず，その方の主観的な状態とマッチングさせたり，継続的にテストを受けていただいて，経過を見ていったりするという形で，活用するのが良いのではないかと思います。

ところで青山さんのBDI-IIの結果を見ると，「悲観」「自殺念慮」の項目が，両方とも「やや高い」にポイントされています。これは見過ごせない結果でして，実際，このときに青山さんと自殺についての話し合いを行いました。その内容は，後で項を改めて自殺についてお話ししますので，そのときに紹介します。

◎ストレス反応の結果についての説明（気分調査票）

次に「気分調査票」というテストの結果の説明に移ります。表3.1（p.145）および図3.8（p.146）の「気分調査」「気分」と書いてあるところを参照しながら，青山さんとの対話例をお聞きください。

伊藤：（図3.8「フィードバックシート（ケースA　1回目）」の右中の「気分」のところを指して）では次に，ここの「気分」と書いてあるところの説明に移りましょう。（図3.9の上部，CBTの基本モデルの「気分・感情」のところを指して）「気分」というのは，この認知行動療法の基本モデルで言うと，ここですよね。つまりストレスとなる状況があって，それに対して私たちの認知や気分・感情や身体や行動が様々な反応を起こすのですが，「認知」というのは，さきほど説明したとおり，頭の中に出てくるせりふのような「自動思考」や，その方の頭の中にある「信念」のことを言います。「気分・感情」というのは，そのような「自動思考」や「信念」によって引き起こされる，その人の「感じ方」です。「うれしい」とか「むかつく」とか「くやしい」とか「不安だ」とか「イライラする」とか「ウキウキする」とか，いろいろです。気分や感情というのは，ストレス状況に対して非常に敏感です。

たいていの場合，いいことがあれば，すぐにいい気分になりますが，嫌なことがあれば，すぐに嫌な気分になりますよね。ストレス反応の指標として，わかりやすいのです。(図3.8「フィードバックシート(ケースA　1回目)」の右中の「気分」のところを改めて指して)というわけで，この「気分」と書いてある箇所には，インテーク面接を受けていただいたときの青山さんの気分の状態が表示されています。

青山さん：なるほど。

もうおわかりのとおり，ここでもまた基本モデルについて説明していますね。CBT では大事なことについては，この通り，繰り返し，しつこく心理教育を行います。

伊藤：まず，最初の項目の「緊張と興奮」ですが，これはネガティブな意味での緊張感や興奮のことです。これについては，高くもなく低くもない，という結果です。緊張感や気分的に興奮する感じが，全くなくはないけれども，そのような感覚が高すぎるわけではない，ということになるのですが，いかがでしょうか？

青山さん：まあ，そんなところだと思います。

伊藤：次の「爽快感」ですが，「爽快感」と書いてある横に，米印(※)がついていますよね。これは「逆転項目」と言いまして，高いほうが望ましいという意味です。他の「緊張と興奮」「疲労感」「抑うつ感」「不安感」は，ネガティブな気分ですので，できれば低いほうがいい，逆に，この「爽快感」だけはポジティブな気分ですので，高いほうがいいということになるのです。それで，青山さんの結果を見てみると，残念ながら爽快感は「低い」という結果になっています。今現在，「気分が爽快だ」という感覚があまり持てていない，ということになるのですが，実感としてはいかがでしょうか？

青山さん：確かにそうだと思います。この数ヵ月，爽快だと感じることなんか，たぶん1回もなかったと思います。

伊藤：そうですか。その次の「疲労感」「抑うつ感」「不安感」はすべて「高い」という結果です。つまり気持ちがすごく疲れていて，うつうつとしていて，不安でいっぱいだ，ということになるかと思うのですが，こちらはいかがですか？

青山さん：すべてその通りです。

伊藤：というわけで(図3.9 (p.147)の上部，CBT の基本モデルの「気分・

感情」のところを指して)，青山さんに対して様々なストレス状況があるのですが，それに対して，気分や感情がかなりネガティブになってしまっている，というのが，この「気分調査」というテストの結果でした。ここまでいかがですか？　ご自分の実感と合っていますか？
　青山さん：合っています。この通りだと思います。

　以上が「気分調査票」という尺度についての説明でした。I軸障害を抱えて来談するクライアントのほとんどが，CBTを開始する当初は，この青山さんのように「ネガティブな気分でいっぱい」という状態です。上の説明にもあった通り，気分は変動しやすいですから，CBTが進むにつれて，その結果がポジティブな方向に，次第に変化していくことが多いのですが，たとえば境界性パーソナリティ障害や非定型うつ病のクライアントの場合，その時々の状況により気分が変動しやすいですし，双極性障害の場合ですと，うつ病相にあるか躁病相にあるかによって，だいぶ気分が異なりますので，やはり継続的に検査をして，その人の気分やその変化の有り様を把握していくことが大切です。

◎コーピングスタイルについての説明

　次に，図3.8 (p.146) の右下，「コーピング」と書いてある箇所の説明に移ります。ここには，2つの尺度の結果が記載されています。1つが，「三次元モデルにもとづく対処方略尺度 (TAC-24)」というもので，「コーピングスタイル」と書いてあるところがその結果です。もう1つが「反すうスタイル尺度」で，認知的な反すうの傾向やそのコントロールについて，すなわち認知的コーピングについての傾向を見る尺度です。
　まずコーピングスタイルについての説明です。

　伊藤：ここに「コーピングスタイル」と書いてありますが，「コーピング」とは，「対処」という意味です。これまで「ストレス状況」と「ストレス反応」というストレスに関わるテスト結果について見てきましたが，私たちはストレスにやられっ放しになっているだけでなく，ストレスに対して，いろいろと対処しようとする存在でもあります。ストレスに対する対処法には様々な種類があります。この「コーピングスタイル」というのは，青山さんが，どの対処法を多く使って，どの対処法をあまり使わないのか，というのを調べるた

めのテストです。ここまでよろしいですか？

青山さん：はい，大丈夫です。

伊藤：人の対処法は様々なのですが，このテストでは，便宜的に人の対処法を8つに分類しています。それがここですね。（図3.8の右下の「コーピングスタイル」の下のリストを指して）青山さんにまず覚えていただきたいのは，ここにある8つの対処法，すなわちコーピングに良し悪しはない，ということです。たとえばここに書いてある「前向きに考える」とか「解決策を検討する」というのは，積極的でいかにも良さそうなコーピングに思われるかもしれません。一方，「"なかったこと"にする」とか「他人に委ねる」というのは，消極的で，あまり良くなさそうなコーピングだという印象を受けるかもしれません。どうでしょうか？

青山さん：まあ，常識的に考えると，そうかもしれません。

伊藤：そうですよね。ところが心理学の様々な研究から明らかにされているのは，どのコーピングが良い，どのコーピングが悪い，というのではなく，様々なコーピングを幅広く身につけ，使うことが望ましい，ということです。つまりあるストレスに対しては「前向きに考える」というコーピングがよいのかもしれませんし，別のストレスに対してはむしろ「他人に委ねる」のほうがよいのかもしれません。重要なのは，少ない種類のコーピングばかりを使うのではなく，幅広く様々なコーピングを使っていただくということです。このことを「コーピングレパートリー」と呼んだりもしています。ここまでいかがでしょうか？

青山さん：（興味深げに）そういう考え方は，初めて知りました。ちょっと新鮮な気がします。

伊藤：というわけで，このテスト結果の見方ですが，コーピングレパートリーが幅広いほうがよいという考え方に基づくと，ここにある8つのコーピングがまんべんなく，「中程度に使う」もしくは「多く使う」というところに入っているのが望ましい，ということになります。逆に言うと，「少ない」に入っているコーピングを，もう少し使えるようになりましょう，ということになります。よろしいでしょうか？

青山さん：（自分のテスト結果をのぞきこんで）ということは，私の場合，「少ない」のところに4つも入っているし，「多い」のところに何も入っていないから，コーピングが足りない，ということになりますね。

伊藤：そういう見方もできなくはありませんが，これだけストレス状況がたくさんあって，これだけストレス反応がいろいろと出ているというのに，「あえ

て保留にする」「情報や助言を求める」「"なかったこと"にする」「解決策を検討する」という4つのコーピングは，そこそこの頻度で使えている，というふうに解釈することもできます。「多い」に入らなければならないわけでは決してないのです。そこそこの頻度で使えていればもう十分で，そういう意味では，この真ん中の列に多くの星（★）が入っていれば，それでよいのです。青山さんの場合，今挙げた4つのコーピングについては十分で，「少ない」に入っている他の4つのコーピング，「話をきいてもらう」「気分転換をする」「前向きに考える」「他人に委ねる」を使う頻度がもう少し増やせるとさらによい，ということになるのではないでしょうか。

青山さん：確かにそうかもしれません。そういえば，私，人に話を聞いてもらおうとか，誰か他人に委ねてしまおうという発想がありません。あとこれはうつ病になってからですが，「前向きに考える」なんて，とてもできそうにありません。「気分転換をする」についても言われてみればそうだなあ，という感じです。仕事を休んで皆に迷惑をかけているのに，気分転換などしてはいけない，という考え方が自分の中にあるような気がします。

伊藤：なるほど。「仕事を休んで皆に迷惑をかけているのに，気分転換などしてはいけない」というのも，青山さんの認知ですね。これは自動思考かもしれませんし，先ほど説明した「信念」に近い認知なのかもしれません。今，青山さんがおっしゃったように，うつ病のせいでこれらのコーピングが使いにくくなっているのかもしれませんし，これらのコーピングをうまく使えないことで病気になったり，病気が長引いてしまっている可能性も否定できません。そういう意味では，回復に伴って，自然にこれらのコーピングの頻度が増えるかもしれませんし，これらのコーピングを増やすことで回復につなげていく，という2つの考え方ができそうですね。どう思われますか？

青山さん：そうですね。そう思います。

伊藤：いずれにせよ今日は1回目のテストの結果の説明なので，その結果の「良し悪し」にはあまりこだわらず，テスト結果をどう見たらよいのか，結果の見方を知っていただければ十分だと思います。そういう意味では，「コーピング」という概念について，多少ご理解いただけたでしょうか？

青山さん：ええ，多少は。

伊藤：すばらしいですね。それで十分です。

「コーピングスタイル」については，こんな感じで，まずコーピングおよびコーピングレパートリーという概念について心理教育を行い，その上で，

クライアントの結果を一緒に検討します。上の説明にもありましたが，コーピングレパートリーが乏しいことがストレス状況やストレス反応の要因になっていることもあれば，ストレス状況やストレス反応があまりにも大変なことになっているがゆえに，本来使えていたコーピングが使えなくなっている可能性もあります。ですから初回のテスト結果だけを見て，その人のコーピングのあり方を決め付けずに，継続的にテストを行って，変化を見ていくことが必要です。状態が良くなっても頻度が増えていかないコーピングは，意図的に増やす努力をするほうがよいのかもしれません。

　またCBTの技法を身につけることによって，各コーピングの頻度が上がる場合も少なくありません。たとえば曝露（エクスポージャー）という技法を導入すると，安全行動を取る頻度が下がり，その結果「あえて保留にする」という項目の得点が上がる場合があります。認知再構成法という技法を導入し，クライアントが使いこなせるようになると「前向きに考える」が上がったり，問題解決法という技法であれば，「解決策を検討する」が上がったりすることもあります。「コーピング」という概念は，心理テストにおいてだけでなく，アセスメントでも重要になってきますので，1回目のテストをお返しするときは，とにかくコーピングという概念に少し慣れておいていただく，ということを目指して，説明するようにしています。

　青山さんとは逆に，ほとんどのコーピングが「中程度」「多い」にポイントされている結果の場合は，クライアントが幅広いコーピングを身につけ，使いこなせることができていることをポジティブにフィードバックすることができます。

　逆にほとんどのコーピングが「低い」にポイントされているような場合は，そのことをネガティブに評価するのではなく，〈今後の課題がいろいろと見つかってよかった〉という返し方をするとよいように思います。コーピングはパーソナリティなどと違って，意図的に習得することが可能です。コーピングの使用頻度がことごとく低いという結果は，1つひとつのコーピングを増やすだけで，様々な変化が生じうるという解釈ができるとも考えられます。そのような見解を伝えて，クライアントを励ますのです。

　「コーピング」という概念は，どのクライアントにとっても，わりとわかりやすいものであるらしく，ほとんどのクライアントが上のように説明しただけで納得してくれます。また上の青山さんもそうでしたが，コーピングやコーピングレパートリーという概念に興味を惹かれる方も多く，ストレス反応をフィードバックしているときと違って，楽しそうに，ときには笑顔を浮

第3章 認知行動療法の導入 その2　165

かべながら，こちらの説明を聞いてくれる方が少なくありません。

◈「反すう」についての説明

　次に反すうスタイル尺度についての説明です。これについては，青山さんに対する説明を，そのまま読んでいただくほうが，理解しやすいかと思いますので，早速紹介します。

　伊藤：（図3.8（p.146）右下の「反すう」と書いてあるところを指して）では，次に「反すう」について説明します。「反すう」とは，「頭の中で同じことをぐるぐる考えてしまうこと」を言います。いわゆる「グルグル思考」ですね。ここでは，青山さんの反すうの傾向について調べています。よろしいでしょうか。

　青山さん：はい。

　伊藤：まず，ここに「多い」から「少ない」まで線が引っ張ってありますが，これは何かというと，反すうの頻度のことです。結果を見ると，青山さんの場合，反すうの頻度が多いということになります。グルグル思考が頻繁にあるという結果ですが，いかがでしょうか。

　青山さん：あります，あります。すごくあります。というか，常にグルグル考えている感じがします。

　伊藤：なるほど。ご自分でも自覚しておられるのですね。ところで，もしそのグルグル思考がポジティブな内容であれば，問題ないですよね。また，グルグル思考の結果，気分が良くなるのであれば，むしろ「グルグル考えよう」という話になりますよね。またグルグル思考が出ても，それを自分でコントロールできれば，それでオーケーということになると思いますが，どうでしょうか？

　青山さん：そうですね。でも私の場合はそうじゃないんです。

　伊藤：ということが，このテスト結果にも出ていますよね。（図3.8の右下の部分を指して）青山さんの場合，反すうの内容は「いやなことが多い」，反すうの結果，気分が「悪くなることが多い」，しかもそのグルグル思考をコントロールするのが「非常に難しい」。つまり青山さんの場合，ただでさえ気分が悪いのに，さらに嫌な内容のグルグル思考が頻繁にあり，それをコントロールすることができず，その結果，さらに気分が悪化する，という悪循環が起きていそうだ，ということが，この反すうに関するテスト結果から言えるこ

となのですが，いかがでしょうか？
青山さん：（意気込むようにして）そうなんです。本当にそうなんです。「反すう」って言うのですね。
伊藤：（青山さんのインテーク面接の記録を取り出し，主訴が書かれてある部分を指して）そもそも青山さんが挙げてくださった主訴のうち，最初の2つは，「①物事を悲観的に考えてしまい，その考えから抜けられない」，「②自分を責める考え方ばかりして，その考えから抜けられない」という，まさに今見ている「反すう思考」に関わっているようですね。ということは，認知行動療法を進めていく中で，これらの主訴が解消されてくることにより，反すうに関わるテストの結果も変わってくることになると思います。頻度が下がったり，コントロールできるようになったり，まだどのように変化していくかはわかりませんが，反すうのテスト結果を良いものにしていくことが，私たちの目標になるかもしれませんね。
青山さん：（何度もうなずきながら）本当にそうなればいいと思います。

青山さんのように，反すうスタイル尺度において，「頻度が多い」「内容は嫌なことが多い」「反すうの結果気分が悪くなることが多い」「反すうのコントロールが非常に難しい」という結果になる方が，当機関のクライアントでは非常に多く，そういう方は，こちらの説明に対する反応がものすごくいいです。自分のグルグル思考に苦しんでいて，だけどそこから逃れられなくてさらに苦しんでいるわけですが，それが「反すう」という言葉で説明されうることを知り，そして「テスト結果」として非常にシンプルな形で提示されることで，非常に腑に落ちるようです。その場合，上の青山さんのような反応を示す方がほとんどです。診断的にはこれから実証的に検討しなければなりませんが，現時点での私たちの印象では，うつ病や不安障害の方や境界性パーソナリティ障害の方が，このようなテスト結果になることが多いように思われます。逆に不安障害でも特に回避性パーソナリティを併発しているような回避傾向の強い社会不安障害の方や，双極性障害の方，あるいは統合失調症や非定型精神病といった診断を持つ方は，反すうの頻度がさほど多くなかったり，内容や結果がさほど悪くなかったり，コントロールが容易だったり，といった結果を示すことが多いように思われます。そのような方は，この尺度の結果にあまり関心を示さなかったりもします。

◈中核信念の結果についての説明

伊藤：まだまだテスト結果についての説明が続きますが，よろしいですか？

青山さん：はい，大丈夫です。

伊藤：（図3.8（p.146）の左中，「中核信念（コアビリーフ）」と書いてあるところを指して）では次に，ここの「中核信念」と書いてある部分の結果について説明します。ここに示されているのは，最初にお伝えした，自動思考の背景にある深いレベルの認知について，青山さんの特徴を見たものです。（図3.9の下部，階層的認知モデルのところを指して）このあたりですね。待ち合わせしていて遅れそうになったとき，「早く渡らなきゃ」という自動思考が浮かぶのは，青山さんの中に，「待ち合わせには遅れてはいけない」「青信号は『渡れ』だ」「赤信号は『止まれ』だ」「交通法規は守らなくてはならない」「車に轢かれたくない」といった深い思いや信念があるからだ，というふうに話し合いましたよね。

青山さん：ええ，そうでした。

伊藤：（図3.8左中，「中核信念（コアビリーフ）」を指して）このテストは，青山さんのそのような中核信念を，具体的に明らかにするようなものではありません。そこまでのテストではありません。しかしたとえば中核信念がネガティブだったら，その結果，状況がさほどネガティブでなくても，ネガティブな自動思考が浮かびやすく，さらにその結果，気分や身体反応や行動がネガティブになりやすいだろう，というのは予想がつきますよね。

青山さん：そうですね。

伊藤：逆に，中核信念がポジティブだったら，多少状況がネガティブでも，ネガティブな自動思考が生じにくく，気分や身体や行動にも悪影響が及びにくい，というふうにも考えられますよね。

青山さん：そうですね。

ここでも再度CBTのモデルを提示していますね。我ながら「しつこいなあ」と思いますが，このぐらいしつこく説明しても，「しつこいなあ」とクライアントに叱られたことは一度もありません。

伊藤：（図3.8左中，「中核信念（コアビリーフ）」を指して）ここでのテストでは，3つの領域に分けて，青山さんの中核信念，スキーマと言ってもよい

のですが，それがネガティブなのか，ほどほどなのか，それともポジティブなのか，というのを判定しています。3つのうち1つは，ここに「自己関連」と書いてありますが，認知の深いレベルで，青山さんが自分のことを大いに肯定しているのか，「大いに」ではないにせよ，「まあまあである」「そこそこである」とみなしているのか，それとも自分を否定してしまっているのか，というのを見ています。理想を言えば，「自分はとってもすばらしい」と大いに肯定できればよいのかもしれませんが，そこまで能天気な人はあまりいません。ですから「まあまあだ」「そこそこだ」程度に自分のことを思うことができれば，まあよいのではないかと思います。青山さんの結果を見ると，まさに「まあまあだ」「そこそこだ」程度に，ほどほどに自分のことを受け止めることができているようです。いかがでしょうか？

青山さん：そうですね。うつ病になってしまった今の自分のことは肯定できませんが，全体的に見たら，自己否定まではしていないと思います。

伊藤：自分に関わる中核信念が否定的でない，ということはとても重要です。さきほど申し上げたとおり，信念という深いレベルの認知がポジティブかネガティブかということで，そのときどきの自動思考やその他の反応が大いに影響を受けます。ですから青山さんの場合，たいへんなストレス状況がたくさんあって，いろいろと重たいストレス反応が出ているけれども，深いレベルの認知はもともとひどくネガティブなわけではない，もしくはネガティブな方向に変化しているわけではないということが，この結果からわかります。ここがひどくネガティブでないということは，認知行動療法によって症状や問題が速やかに改善される可能性が高いというふうに，私たちは考えており，実際にそのような方が多いのです。

青山さん：（笑みをうかべて）それをうかがって，ちょっとホッとしました。

伊藤：それでは2つめの領域に行きましょう。今，お話ししたことは，次の「時間的展望」のところでも同じです。ここでは未来，現在，過去について，青山さんの中核信念がポジティブか，ニュートラルか，ネガティブか，というのを見ています。「目標指向性」と「希望」が未来について，「現在の充実感」が現在について，「過去受容」が文字通り過去についてです。たとえ今，とてもつらいことがたくさんあっても，自分の生きてきた過去やこれから生きていく未来をある程度ポジティブにとらえることができれば，そのつらさはしのぎやすくなりますよね。逆に過去もつらかった，未来にも全く希望がない，そして現在もつらい，となると，そのつらさを克服するためには，かなり大変な作業が必要になってくるかもしれません。青山さんの場合，現在

は病気のせいで充実感が低くなってしまっていますが，その他の項目は，さきほどの「自己関連」と同じで，すべてニュートラルですね。つまりご自分の過去に対しても未来に対しても，ほどほどにポジティブに考えることができている，ということです。これも「自分の過去は全て最高だった」「私の将来はバラ色に決まっている」などと能天気なまでにポジティブに思う必要はなく，過去や現在や将来をひどく否定せずに，ほどほどに受け止められればそれでよいのです。そういう意味では，この結果も，非常に希望の持てる結果だと思いますが，いかがでしょうか？

青山さん：まだこのモデルのことやテストのことを，私がちゃんと理解しているか自信がないのですが，希望の持てる結果だと言っていただけると，やはり安心します。

伊藤：私が思うに，青山さんの場合，現在のつらい状態が緩和されていけば，今，ネガティブなことになってしまっている「現在の充実感」も，おそらく中間の「そこそこ」のところに戻ってくるのではないかと思います。「今の生活が充実している感覚」って，具合が悪くなる前は，あったのではありませんか？

青山さん：確かにそうだと思います。仕事して，結婚して，子どもを産んで育てて，忙しいし大変だけれども，充実しているなと思っていたと思います。今はとてもそういう風に感じられないのですが，確かに前はそんなふうに思っていました。

伊藤：ということは，やはり今抱えている問題が解消されていけば，またそういう思いを抱けるようになるのではないかと思います。

青山さん：そうなると，本当によいのですけど。

伊藤：そのために，私たちはここで一緒に頑張っていくのですものね。

　この中核信念についてのテスト結果をフィードバックする際は，クライアントに希望を持ってもらうことを常に念頭に置いています。青山さんの場合は，ストレス状況やストレス反応は重篤ですが，中核信念の方はむしろニュートラルで，「現在の充実感」を除くと，全く問題がありません。その場合，上の説明のように，「表面につらい症状が出ているけれども，深いところはとても健康的だから大いに希望が持てる」というメッセージを伝えることができます。心理テストといったツールを介在して，希望を伝えることができるというのはとても重要だと思います。これが単なる私の個人的印象として〈希望が持てますよ〉と伝えたとしたら，それをそのまま受け止めてくれる

人ももちろんいらっしゃるでしょうが，「気休め言っているのかな」とか「何の根拠があって，このカウンセラーはそんなこと言うのだろう」と思われてしまう可能性もあります。逆に，信頼性や妥当性がある程度確認されている心理テストの結果を根拠として，〈希望が持てますよ〉と伝えられれば，クライアントも「信じてもいいかな」と思ってくれるかもしれませんから。

ところで，中核信念の結果がネガティブな場合，どのようにフィードバックすれば，クライアントに希望を持ってもらうことができるのでしょうか。これについては，後ほど別のケースのテスト結果を使って，具体的に解説します。

それでは対話例に戻りましょう。

伊藤：中核信念の3つめ領域が，人との関わりに関する信念です。ここに書いてある3つの用語は，見ただけではちょっとわかりづらいので，説明しながらいきますね。まず最初の「被受容感」というのは，「自分が周囲の人びとから受け入れられている感覚」のことです。これは「気分」のところにあった「爽快感」と同じで，逆転項目と言いまして，「高い」に星（★）がついているのが望ましい，ということになります。要は，「自分は周囲の人たちに受け入れられている」と強く思っている人は，「高い」に星がつき，「自分は周囲の人たちに受け入れてもらっていない」と思っている人は，「低い」に星がつく，という具合です。青山さんの場合，これも真ん中に星がついていますから，「自分は周囲の人たちに，ほどほどに受け入れてもらえている」と青山さんが中核信念のレベルで思えているということになりますが，いかがでしょうか？

青山さん：まあ，そうかなあと思います。「受け入れてもらえない」とは感じていません。

伊藤：次の「被拒絶感」というのが，ちょうど今とは反対の概念です。「自分は周囲の人たちから拒否されている」「自分は周囲の人たちに背を向けられている」という感覚が強いと「高い」に，低いと「低い」にそのまま入り，中間だと真ん中の欄に星がつきます。青山さんの場合，これも中間という結果ですので，「自分は周囲の人たちにそれほど拒否されているわけではない」という感じだと思います。これまでの説明と同様，能天気にポジティブである必要はないので，中間であれば十分良好な結果であると考えてよいかと思います。ここまでいかがでしょうか？　ご自分の実感に合っていますか？

青山さん：ええ，合っています。そんな感じだと思います。

伊藤：最後の「甘えの断念」というのは，研究で用いられている概念なので，さらにわかりづらいかと思いますが，「甘えの断念」が高いと，要は人に甘えるのをあきらめるということで，「人なんか全くあてにならない。だから自分は誰にも頼らず1人で生きていくんだ」という思いが強い，ということになります。逆に「甘えの断念」が低いということは，甘えるのを絶対に手放さないということで，「自分は1人では何もできないから，とにかく他人にすがって生きていくしかない」という感じでしょうか。というわけで，実はこの「甘えの断念」については，高すぎもせず，低すぎもせず，中間に星が入っているのが望ましいのではないかと，私たちは考えています。つまりそこそこ他人にも頼りつつ，自分の力で生きていく，という感じでしょうか。青山さんの結果を見ると，まさにその中間に星がついています。これも非常に望ましい結果なのではないかと思いますが，いかがでしょうか？

青山さん：これも，まあそうかなあと思います。

伊藤：というわけで，さきほども申し上げましたが，この「中核信念」については，「他者関連」についても，そこそこポジティブな結果で，「中核信念」全体を見渡すと，「現在の充実感」がネガティブなだけで，あとはすべて中間，つまりそこそこポジティブという結果なんですね。このような結果自体が，おそらく青山さんの認知の深い部分は，ひどい状態になっていなくて，それが今後の認知行動療法の進行を助けてくれるだろうということを示しているのではないかと思います。今日のセッションの前に，青山さんのテスト結果を，「ストレス状況が，シビアなのがたくさんあって大変だなあ」とか「ストレス反応もことごとく高くて，これでは本当に毎日しんどいだろうなあ」とか「反すうも，嫌な内容ばかりで，コントロールが難しく，つらいだろうなあ」とか思いながら見ていたら，中核信念のところで，中間に星がダーッと続いているのを見て，すごくホッとしたんですね。「今現在，青山さんはすごく大変な思いをなさっているけれども，認知の中核の部分は青山さんの場合，本来健康で，その健康さが，こんなにつらい状態になっても保たれているんだ。これは今後，認知行動療法を進めていくにあたって，とても希望の持てる結果だな」と思ったのです。まあ，あくまでも質問紙によるテスト結果なので，これだけで何か決定的なことが言えるわけではありませんが，少なくともそういう結果が出たんだ，ということだけは青山さんにもご理解いただけるとうれしいなと思うのですが，いかがでしょうか？

青山さん：なんとなくですけど，理解できるような気がします。「こういう状態になる前の自分は，普通に健康な人間だったんだな」と先生の説明を聞いて

いて思いました。自分がうつ病になるなんて，思ってもいませんでしたし。そういうことが，この「中核信念」の結果に表れている，と考えてもよろしいのでしょうか？
伊藤：そうです，その通りです。そういうふうにご理解いただければ，と思います。
青山さん：わかりました。

　以上が，青山さんに対する「中核信念」の部分についての説明でした。ここでは，CBTの2つのモデル（基本モデル，階層的認知モデル）を見せつつ，中核信念について説明し，さらにクライアント自身のテスト結果についてお伝えするということで，それなりの処理能力を持つクライアントであれば，上の青山さんのようにスムースに理解してもらえますが，そうでない場合は，クライアントと相談して，クライアントが望む場合は，大雑把に，言葉数を減らして説明する場合もあります。処理能力に制約のあるクライアントが，「それでも理解したいから時間をかけて説明してほしい」という場合は，上の説明をさらにかみくだいたり，図や絵を描いたりしながら，説明をします。その際注意しなければならないのは，「説明が理解できないのはクライアントのせいではない」ということを，はっきりとクライアントに伝えることです。処理能力に制約のあるクライアントは，もともと劣等感を抱いている人が多く，「説明がよく理解できない」という体験は，その劣等感を活性化したり強化したりする恐れがあります。これは心理テストの結果についての説明だけでなく，すべての心理教育にも通じることですが，説明してもクライアントがよく理解できない場合は，たとえば，〈これは認知行動療法の中でも，特に難しい話で，私たち専門家でさえも，説明したり理解したりすることが難しい部分です。だからあなたが理解できないというのはむしろ当然のことで，今，それについて心配する必要はありません。大事なことはこれから繰り返し説明していきますので，そのうち「あ，そんなことだったのか」と理解できるようになりますから，大丈夫です〉とか，〈私の説明の仕方があまり上手でなくて，申し訳ありません。次にこのことについて説明するときには，もうちょっとわかりやすくなるように，できるだけ工夫しますので，お許しくださいね〉などと申し上げて，「説明がよく理解できない」という体験を，クライアントの能力不足に帰属させないよう注意する必要があります。

第 3 章　認知行動療法の導入　その 2　173

　少し話が逸れるかもしれませんが，スーパービジョンやワークショップでよくある質問の 1 つに，「クライアントの知的能力が低いため，CBT の適用が難しいケースはどうしたらよいか？」というものがあります。この質問は，CBT の適用の難しさを，クライアントの知的能力に帰属させている典型例ですね。「知的能力が低い」といっても，実際には様々なケースがあると思いますが，コミュニケーションが可能で，CBT を身に付けようという意思をもつ人であれば，たとえ「知的能力が低い」ケースでも，その人に合わせて CBT を進めていくことは十分に可能です。最近では小学校 3，4 年生ぐらいから CBT を適用できることが，実証研究や事例研究で明らかにされています。ということは，たとえ成人であれ，小学校 3 年生ぐらいの知的能力を有している人であれば，CBT の適用は十分に可能だということになります。大事なのは，「CBT が適用できるか否か」という問いを立てるのではなく（これはいわゆる「認知の歪み」の中の，「二分割思考」に該当しますね），「このクライアントの場合，CBT をどのように適用すると効果的か？」という問いを立てることだと思います。CBT はクライアントの自助（セルフヘルプ）を援助するためのツールにすぎません。私たち認知行動療法家は，CBT というツールを，目の前の 1 人ひとりのクライアントに合わせて，できるかぎり上手に使いこなせるようになりたいものです。
　では話を戻して，青山さんに対するテスト結果の説明の続きを紹介します。

◈ソーシャルサポートの結果についての説明

　伊藤：では最後の項目について説明します。（図 3．8（p.146）の左下「ソーシャルサポート」のところを指して）この「ソーシャルサポート」という項目には，周囲の人たちからどれぐらいサポートを受けていると青山さんが感じているか，ということが示されています。これを見ると，青山さんの場合，上司と家族・友人からはかなりサポートされているという感じがあり，同僚の場合はそれほどでもない，ということになりますが，いかがでしょうか？
　青山さん：そうですね。そんな感じだと思います。
　伊藤：これもさきほどの「中核信念」と同様，希望の持てる結果です。（図 3．9 の上部，CBT の基本モデルの「環境（状況・他者）」のところを指して）今日，最初にこの部分を「ストレス状況」として説明しました。確かに，他者との関わりがうまくいっていなければそれはストレス状況になりますが，逆に，周囲の人びととよい関係が築けていれば，それはストレスどころか，

逆に大きなサポートになりますよね。
青山さん：そうですね。
伊藤：さまざまな心理学の研究から，サポートがたくさんあれば，ストレス状況があったとしても，ストレス反応が生じにくかったり，ストレス反応が回復しやすかったりする，ということが確かめられています。逆にただでさえつらい状態なのに，さらに周囲からのサポートがなければ，それがよけいその人をつらくさせてしまうかもしれません。ですから青山さんの場合，同僚の方からのサポートはさておき，上司とご家族やお友だちのサポートがこれだけあると感じていらっしゃるということは，周囲の環境や対人関係がストレスだけでなくサポートにもなっているということで，望ましい結果なのかな，と思いますが，いかがでしょうか？
青山さん：たぶんそうなのかな，と思います。

　長々と紹介してきましたが，以上が当機関で実施している心理テストの結果のフィードバックについての，やりとりの具体例でした。しかしこれで終わりではありません。CBTでは何かにつけて「まとめの作業」をします。ひととおり何かをしたり，何かについて話し合ったりした後に，それについて振り返るのが「まとめの作業」です。テスト結果についても，ここでひととおりの説明が終わったので，最後にそれについて一緒にまとめをします。

◈テスト結果全体についての振り返り

伊藤：ここまで長々とテスト結果の説明をしてきましたが，ひととおり説明をお聞きになって，いかがでしょうか？　何かわかりづらいことや気になる点があれば，遠慮なくおっしゃってください。
青山さん：いえ，いろいろと細かく教えていただいたので，たぶん大丈夫だと思います。
伊藤：テストの結果は全体的に青山さんの実感と合っていますか？
青山さん：ええ，合っているように思います。（図3.8　フィードバックシート (p.146) を指して）私の「うつ」が結構重たいという結果を教えていただいて，むしろホッとしました。「うつ」って目に見えるものではないから，自分では「しんどい」「しんどい」と感じても，どこかで「これは自分のわがままではないか」「この程度のしんどさなら，普通に耐えるべきではないか」などと思ってしまう自分がいるのです。でも，こういう客観的なテストで，重た

いと結果が出たということであれば，それは受け入れてもいいかな，という気がします。

伊藤：なるほど。他にはいかがですか？

青山さん：（図3.8 フィードバックシートを指して）あと，この「反すう」については，さっきも言いましたが，すごく腑に落ちました。私の問題ってまさにここなんだなって思いました。

伊藤：なるほど。他にはいかがですか？

青山さん：（図3.8 フィードバックシートを指して）この「中核信念」や「ソーシャルサポート」については，いろいろといいことを言っていただいて，それは素直に良かったなと思うのですが……。

伊藤：良かったと思うのだけれども？

青山さん：さっきふと思ったのは，こんなにサポートしてもらっているのに私はうつ病になってしまったのだから，やっぱり私って弱い人間なのかな，ということです。

伊藤：あー，なるほど。そういう見方もあるのですね。確かにそういう見方も可能かなとは思いますが，サポートがあればうつ病にならないという研究はありませんし，逆にどんなにサポートがあっても，ストレス状況があまりにも大変だと誰でもうつ病になりうる，というのが，いろいろな研究や調査からわかっていることだと思います。どちらかと言うと，サポートが高いというテスト結果を聞いて，「こんなにサポートしてもらっているのに私はうつ病になってしまったのだから，やっぱり私って弱い人間なのかな」というのは，（インテーク面接の記録の，主訴が書かれてある部分を指して）この主訴の2番，「自分を責める考え方ばかりしてしまい，その考えから抜けられない」の，「自分を責める考え方ばかりしてしまい」に該当するのでは，と思うのですが，いかがでしょう？

青山さん：あー，そうですね。（笑って）本当にその通りです。気づくと，こうやって自分を責めてしまうんです。

伊藤：というふうに，自分の主訴を自覚するということはとても大切なことなので，そのためのよい例を出してくれたのだと思います。ありがとうございます。

青山さん：（笑って）いえいえ。

伊藤：他にテスト結果についての感想はありますか？

青山さん：いえ，これ以上は特にありません。

テスト結果に対する感想や疑問は，クライアントによって様々です。ポジティブな反応はそのまま傾聴して受け止めるだけで十分だと思います。何か気づきがあれば，これも基本的には〈ああ，そういうことに気づかれたのですね〉と受容するだけでよいと思います。ネガティブな反応の場合も，基本的にはポジティブな場合と同じでよいと私は考えています。というのも，〈感想を話してください〉と言われたから，クライアントは素直に感想を話してくださっているだけですので，反応がネガティブだからと言って，ああだこうだカウンセラーに言われてしまうと，次からネガティブなことを言いづらくなってしまうかもしれません。ですから，たとえば「一見もっともらしいけれども，本音を言えば，こんなテストで何がわかるんだろうと思ってしまいます」という感想であれば，〈本音を教えてくださってありがとうございます。……まあ，そうなんですよね。おそらくおっしゃるとおり，こういうテストでわかることというのは，ほんのわずかかもしれませんよね〉と受け止めて，次の話題に移ってしまうことが多いです。繰り返しになりますが，ここでは感想を尋ねているのですから，どんな感想でも，しっかり受け止めることが絶対に必要で，基本的にはそれで十分なのです。「こんなテストで何がわかるんだろう」と言われて，ついむきになって，テストについて説明したくなる気持ちが私の中にないとは言えないのですが，それをしてしまうと，むしろクライアントとの関係が損なわれかねないので，まず意識して受容するようにしています。

　ですが，上の青山さんとのやりとりでは，いったん受容した上で，ストレスとサポートについてはある程度エビデンスがありますし，青山さんの反応が彼女の主訴②にあまりにもマッチしていたので，それらに基づいて，違う見方を示してみたわけです。違う見方を示すときに気をつけなければならないのは，〈あなたの見方は間違っている〉というメッセージにならないようにすることです。〈クライアントの見方も1つの見方，違う見方はまた別の1つの見方，どれが良いとか悪いとかではなく，いろいろな見方ができるよね〉というメッセージになればよいのではないかと思います。そうやって別の見方を示してみた上で，さらにそのことに対するクライアントの反応を尋ねるのです。上のやりとりでは，幸い青山さんは私の提示した別の見方にポジティブな反応を示してくれましたが，そうでなければ（例：「いえ，これは主訴とは関係ないと思います」），あっさり引き下がるほうが安全だと思います（例：〈そうなんですね。わかりました〉）。

　それから気がついた方もいらっしゃるかと思いますが，「まとめの作業」

の一環で感想を尋ねるときは，1つ出たからと言って終わりにしません。時間があるときは，〈他にいかがですか？〉と尋ね，出尽くすまで質問を続けるようにしています。というのも，ある事象に対する感想というのは，1つだけであることは少なく，複数あるのが普通ですよね。またクライアントが最初から本音を話してくれるとも限りません。特にネガティブな反応はそうです。こちらの反応を見て，話せそうだと思ったら話してみる，という方が多いと思います。そういう意味でも，〈他には？〉と尋ねたほうが良いのです。さらに〈他にいかがですか？〉と聞かれることで，クライアントの中に「他にどういう感想があるだろう？」と自問し，新たな感想が出てくることも多々あります。つまり〈他にいかがですか？〉というのは，ソクラテス式質問法の一種なのです。

　初心者の方のスーパービジョンやロールプレイでときどき見られるのが，1回尋ねて回答が戻ってきたので満足してすぐに次のアジェンダや項目に移ってしまう，という現象です。今申し上げたような理由で，すぐに次に移らないで，時間が許す限り〈他には？〉という質問をするようにしていただくと，さらに有益な情報をクライアントが教えてくれると思いますので，ぜひ試してみてください。何事にもしつこいのが CBT の特徴でしたね。

　心理テストの結果を説明し，それに対するクライアントのフィードバックをもらった後，もう少しだけテストについてのやりとりがありますので，それを紹介します。

◈今後のテスト実施についての説明

　伊藤：今日は1回目のテストですので，かなり詳しく結果について説明させてもらいました。ところでこのテストなのですが，次は3回目のセッションが終わった後に受けていただきます。その後は，セッションを5回実施する毎に，毎回受けていただきます。つまり3回目の5回後だから8回目，次は13回目，その次は18回目という具合です。料金は特に頂戴しません。分量が多く，負担になるかと思いますが，こうやって継続的にテストを行うことで，変化やカウンセリングの効果を見ることができますので，よろしくお願いします。
　青山さん：わかりました。

　この説明に対しては，皆さん，あっさりと「わかりました」と言ってくだ

さいます。これで心理テストについてのやりとりは終わりになるケースが多いのですが，青山さんのケースの場合は，もう少しだけテストについての話し合いが続きます。それはBDI-Ⅱについてです。

> 伊藤：すみません，もう1つだけ。実は1つ提案がありまして，さきほど説明したテストの中に，うつ状態を調べる「BDI-Ⅱ」というテストがありましたよね。青山さんの場合，「うつ病」ということでここに通われるわけですし，このBDI-Ⅱはかなり感度のよいテストですので，これだけは3回後，その後5回毎，ということではなく，毎回実施すると良いかと思います。BDI-Ⅱだけなら，毎回のセッションの冒頭でやってもせいぜい2〜3分でできるので，さほどセッションの時間を食いませんし，毎回セッションの冒頭で青山さんの状態を一緒にチェックできるのは，私たちにとって役に立ちそうだと思いますが，いかがでしょうか？
> 青山さん：わかりました。
> 伊藤：では毎回，最初のアジェンダは「BDI-Ⅱの実施」ということで固定して，冒頭でやっていただくということで，私のほうでも準備しますので，どうぞよろしくお願いします。
> 青山さん：お願いします。

うつ病性障害の診断で当機関に紹介され，1回目のテストでBDI-Ⅱの値が高い方の場合，このようにBDI-Ⅱだけは毎回実施してもらうことが多いです。そのほうがクライアントの微妙な変化や傾向をつかみやすいからです。ところで以前私が出版したDVD（『認知療法・認知行動療法 面接の実際』（伊藤，2006））でも，うつ病の事例で，このBDI-Ⅱを使う場面を映像で紹介しているのですが，そこでは，毎回ホームワークで，セッションの直前にクライアント自身にやってきてもらって結果を転記させてもらう，というやり方を紹介しました。実際ジュディス・ベックもそういうやり方を推奨しています（Beck, 1995）。フィラデルフィアのベック研究所では，来所したクライアントは受付でBDI-Ⅱなどの検査用紙を渡され，待ち時間に記入するよう指示されているクライアントが多いようです。そしてそれらの検査用紙を持って，セッションに臨むのです。私はそれをお手本にして，さきほど申し上げた映像を撮りましたし，実際，以前はクライアントにもセッションの前にBDI-Ⅱを実施してもらうことがほとんどでした。

しかしもう理由は忘れてしまったのですが何かの事情で，毎回のセッショ

ンの冒頭でクライアントにBDI-IIをやってもらい，その結果を私が書きとめ，一緒に合計点数を出して結果を検討する，というやり方を取ってみたところ，むしろその方がやり方としては良いのではないかと考え，今ではそうするようにしています。何が良いか，ブレインストーミングしてみましょう。

・毎回「BDI-IIの実施」ということが，最初のアジェンダとしてあると，セッションの構造がさらにしっかりしたものになる。
・毎回冒頭でBDI-IIを実施することで，その作業が「儀式化」し，その結果セッション開始時の構造がさらにしっかりしたものになる。
・冒頭でBDI-IIを実施することが，セッションのほどよいウォーミングアップとなる。
・冒頭でBDI-IIを実施することで，自分の状態をモニタリングするモードにクライアントが入り，その後の話がしやすくなる。(他人に目が向いた状態でカウンセリングに入るのと，自己に目が向いた状態でカウンセリングに入るのでは，後者のほうが望ましいと思われる。)
・冒頭でBDI-IIを実施することで，カウンセラー側が，その日もしくは最近のクライアントの状態を大まかにつかむことができ，ある程度の心づもりができる。
・目の前で点数を読み上げてもらう形でBDI-IIを実施すると，回答の仕方，口調，反応時間など非言語的な情報もいろいろと得ることができ，有益である。
・目の前でそれぞれの項目の点数を教えてもらえるので，全体の点数だけでなく，各項目の状態や変化をきめ細かく把握することができる。

　ざっと挙げるとこんな感じでしょうか。そういうわけで，毎回BDI-IIを実施する場合は，ホームワークとしてセッション前にやっていただくというのが定石なのかもしれませんが，私はセッション開始時に一緒に実施して，結果を共有するというやり方を現在取っております。
　ところで先ほど紹介した，青山さんに対する心理テストの結果の説明ですが，あれで大体30分前後かかります。心理テストの結果やカウンセラーの話すテンポ，そしてクライアントの発言の量にもよりますが，初回セッションで心理テストの結果を説明するのに，大体20～30分はかかります。青山さんの場合初回セッションのアジェンダは全部で3つありましたが(図3．5，p.136を参照)，そのうちの2つで35分～40分を使ったことになります。

1セッション50分で，まとめの時間に5分をかけるとなると，残り時間はせいぜいあと5～10分です。これは青山さんのケース（ケースA）に限らず，他のほとんどのケースでも同じことです。初回セッションの最初の2つのアジェンダは，①「認知行動療法の開始の確認，全体の流れの確認，1回の流れの説明」，②「心理テストの結果の説明」であることがほとんどだからです。

次節では，その残りの5～10分で何をするか，ということについて具体的に紹介します。が，その前に，ケースB，C，D，Eそれぞれのテスト結果を提示し，それぞれの結果の特徴について，少し解説をしておきたいと思います。

◈ケースB（尾藤武夫さん）の心理テストの結果とその簡単な解説

まずケースBの尾藤武夫さんの心理テストの結果です。

表3.2および図3.10をご覧いただくと，ケースBの尾藤武夫さんの心理テストの結果がケースA（表3.1，図3.8）とはかなり異なることに気づくかと思います。尾藤さんの場合，ストレッサーも「借金」以外はさほど重度ではありませんし，GHQ28は6ポイント，BDI-IIは12ポイントということで，ストレス反応もさほど重症ではありません。多様なコーピングを積極的に使えていますし，反すうは頻度も多くなく，また反すうの内容は良いものも悪いものも「どちらもある」，そもそも「多少努力すればコントロールできる」，したがって反すうした結果，良い気分になることも悪い気分になることも「どちらもある」という結果です。中核信念のところも見事に真ん中に揃っており，自己に対しても，過去・現在・未来という時間的展望に対しても，他者とのかかわりに対しても，ネガティブではなくニュートラルな視点を保っているようです。サポートがやや少なめなのが気になりますが，全くないわけではありません。つまり全体的には「病的」というより，「それなりに状態が良い人の結果」「それなりに精神的に健康な状態にある人の結果」という感じです。

このケースBの尾藤さんは双極II型障害と診断されているのですが，インテーク面接のときに，「今は，まだこの間のうつをひきずっている」と話しておられました。おそらくBDI-IIの12ポイントというのが，本人のおっしゃる通り，「この間のうつ」の名残りなのでしょう。またインテーク面接時，＜0がすごい「うつ」，50が「普通」，100がすごい「躁」とすると，

今はどれぐらいですか？〉とのカウンセラーの問いに対して，「30ぐらい」と答えています。本人はさほど調子が良いとは感じていないのです。

尾藤さんに心理テストの結果をフィードバックするときは，一通り結果について説明した後，ご本人の主観的な状態（すなわち「30」）と，一応客観的と言える質問紙の結果（すなわち全体的に「まあまあ良好」）のギャップについて，本人と話し合うことになります。対話例を以下に示します。

伊藤：以上一通り心理テストの結果について説明しましたが，どのような感想をお持ちですか？

尾藤さん：先生に〈これは精神的に健康な人の結果だ〉と言われ，「へえ，そうなのか」と少し意外に思いました。

伊藤：というのは？

尾藤さん：自分では今の状態がそんなに健康だとは思っていないからです。

伊藤：（インテーク面接の記録用紙を参照しながら）確か，インテーク面接のときに，「今は，まだこの間のうつをひきずっている」状態である，とおっしゃっていましたよね。尾藤さんの主観としては，健康な状態というより，うつ状態がまだ残っている，という感じなのでしょうか？

尾藤さん：そうです。

伊藤：さきほども説明しましたとおり，この「全般的うつ状態」というのはBDI-Ⅱという尺度を使っていまして，その点数が12ポイントだったんですね。これはつまり全く抑うつ症状がないわけではなくて，ぽつぽつと症状が残っちゃっているという点数です。14ポイントを超えると，「軽いうつ」の方に結果がポイントされるので，そういう意味では，軽いうつ状態に近い状態ではある，と言えるかもしれません。ですから「全く何の症状もない，完全な健康状態」ということではなく，「症状が残っていて，少々しんどいのだけれども，ご自身でいろいろと対処もして，日常生活を何とかやれている」という意味での「健康状態」ということになるかと思います。私の説明がうまくなくて，申し訳ありません。

尾藤さん：なるほど。そういうことでしたら，納得できます。

伊藤：（インテーク面接の記録用紙を参照しながら）尾藤さんはインテーク面接で，〈0がすごい「うつ」，50が「普通」，100がすごい「躁」とすると，今はどれぐらいですか？〉という私の質問に対し，「30」とお答えになりました。「30」というのは，尾藤さんにとって，どういう数字になりますか？

尾藤さん：普通よりちょっと，いや大分かな，元気がない状態です。最悪では

表3.2 テスト結果表（ケースB　1回目）

テスト結果表

ID：ケースB　　クライエント氏名：尾藤武夫　　　様
性別：男性　　テスト実施日：2005年5月2日　　1回目

テスト種類	下位項目	得点	レベル	備考
01 ストレッサー	出来事状況 1	3	やや高い	借金
	出来事状況 2	2	やや低い	副校長とうまくいかない
	出来事状況 3	1	低い	妻との関係
	出来事状況 4		ー	
	出来事状況 5		ー	
02 GHQ28	総合	6	軽症	なし 0-2　軽症 3-8　中程度 9-19　重症 20以上
	身体的症状	2	軽症	なし 0-1　軽症 2-3　中程度 4-5　重症 6-7
	不安と不眠	2	軽症	なし 0-1　軽症 2-3　中程度 4-5　重症 6-7
	社会的活動障害	2	軽症	なし 0　軽症 1-2　中程度 3-5　重症 6-7
	うつ傾向	0	なし	なし 0-1　軽症 1-2　中程度 3-5　重症 6-7
03 BDI-Ⅱ	全般的うつ状態	12	極軽症	極軽症 0-13　軽症 14-19　中程度 20-28　重症 29-63
	悲観	0	低い	0 将来について悲観していない　1 以前よりも将来について悲観的に感じる　2 物事が自分にとってうまくいくとは思えない　3 将来は絶望的で悪くなるばかりだ
	自殺念慮	1	やや低い	0 自殺したいと思うことはまったくない　1 自殺したいと思うことはあるが、本当にしようとは思わない　2 自殺したいと思う　3 機会があれば自殺するだろう
04 気分調査	緊張と興奮	15	中程度	軽症 8.44未満　中程度 8.44-17.34　重症 17.34以上
	爽快感	15	中程度	軽症 13.33未満　中程度 13.33-29.29　重症 29.29以上
	疲労感	23	重症	軽症 10.13未満　中程度 10.13-14.87　重症 14.87以上
	抑うつ感	21	重症	軽症 8.29未満　中程度 8.29-18.37　重症 18.37以上
	不安感	17	中程度	軽症 12.42未満　中程度 12.42-22.14　重症 22.14以上
05 3次元対処	話をきいてもらう（カタルシス）	13	多い	男性 少ない 6.81未満　中程度 6.81-11.81　多い 11.81以上 女性 少ない 7.63未満　中程度 7.63-13.45　多い 13.45以上
	あえて保留にする（放棄・諦め）	11	多い	男性 少ない 5.11未満　中程度 5.11-9.37　多い 9.37以上 女性 少ない 6.05未満　中程度 6.05-10.69　多い 10.69以上
	情報や助言を求める（情報収集）	9	中程度	男性 少ない 8.54未満　中程度 8.54-13.08　多い 13.08以上 女性 少ない 7.62未満　中程度 7.62-12.54　多い 12.54以上
	気分転換をする（気晴らし）	15	多い	男性 少ない 6.77未満　中程度 6.77-11.33　多い 11.33以上 女性 少ない 7.49未満　中程度 7.49-13.37　多い 13.37以上
	"なかったこと"にする（回避的思考）	11	多い	男性 少ない 6.62未満　中程度 6.62-10.86　多い 10.86以上 女性 少ない 6.90未満　中程度 6.90-11.66　多い 11.66以上
	前向きに考える（肯定的解釈）	12	中程度	男性 少ない 8.84未満　中程度 8.84-12.90　多い 12.90以上 女性 少ない 9.00未満　中程度 9.00-13.46　多い 13.46以上
	解決策を検討する（計画立案）	9	中程度	男性 少ない 8.73未満　中程度 8.73-12.93　多い 12.93以上 女性 少ない 7.88未満　中程度 7.88-12.54　多い 12.54以上
	他人に委ねる（責任転嫁）	12	多い	男性 少ない 4.00未満　中程度 4.00-7.80　多い 7.80以上 女性 少ない 4.10未満　中程度 4.10-9.52　多い 9.52以上
06 反すう	合計値	20	中程度	少ない 0-14　中程度 15-27　多い 28以上
	内容	3	どちらも	1 よいことが多い　2 いやなことが多い　3 どちらもある
	結果	3	どちらも	1 良くなることが多い　2 悪くなることが多い　3 どちらもある
	コントロール	2	多少努力すれば	1 容易にできる　2 多少努力すればできる　3 かなり努力すればできる　4 非常に難しい
07 自己効力感		78	中程度	男性 否定 64.00未満　中程度 64.00-91.86　肯定 91.86以上 女性 否定 61.89未満　中程度 61.89-88.73　肯定 88.73以上
08 時間的展望	目標指向性	18	中程度	低い 10未満　中程度 10-20　高い 21以上
	希望	16	中程度	低い 8未満　中等度 8-16　高い 17以上
	現在の充実感	13	中程度	低い 8未満　中等度 8-16　高い 17以上
	過去受容	12	中程度	低い 8未満　中等度 8-16　高い 17以上
09 甘えの断念 被受容 被拒絶	被受容感	33	中程度	男性 低い 24.33未満　中程度 24.33-34.29　高い 34.29以上 女性 低い 25.76未満　中程度 25.76-35.86　高い 35.86以上
	被拒絶感	18	中程度	男性 低い 12.14未満　中程度 12.14-22.14　高い 22.14以上 女性 低い 10.48未満　中程度 10.48-21.14　高い 21.14以上
	甘えの断念	12	中程度	男性 低い 10.00未満　中程度 10.00-18.46　高い 18.46以上 女性 低い 9.79未満　中程度 9.79-18.39　高い 18.39以上
10 サポート	上司	9	4	男性 1（多）：3-4　2：5-6　3：7-8　4：9-10　5（少）：11-12 女性 1（多）：1-2　2：3-4　3：5-6　4：7-8　5（少）：9-12
	同僚	9	4	1（多）：3　2：4-5　3：6-7　4：8-9　5（少）：10-12
	家族・友人	7	4	男性 1（多）：なし　2：3-4　3：5-6　4：7-8　5（少）：9-12 女性 1（多）：なし　2：3　3：4-5　4：6-7　5（少）：8-12

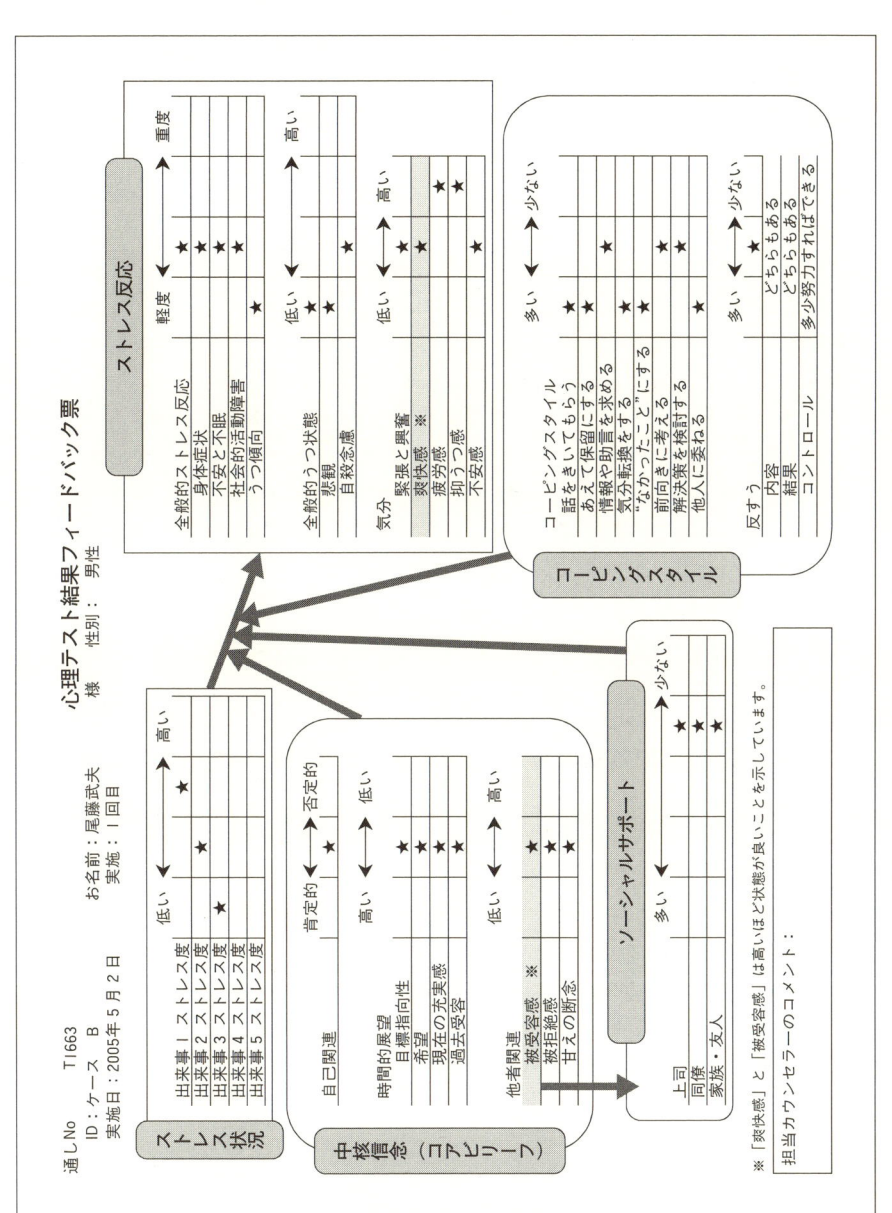

第3章 認知行動療法の導入 その2　183

図3.10 フィードバックシート（ケースB　1回目）

ないけれども，やっぱりちょっとしんどいなあという状態です。
伊藤：なるほど。ただ，仕事や日常生活は，特に支障なく普通にできているのですよね？
尾藤さん：そうですね。だから外から見たら，普通の健康な状態に見えるかもしれない。
伊藤：ということは，こういう感じのテスト結果のときは，尾藤さんの中では0から100で言うと「30」で，ちょっとしんどい状態である。だけれども，日常生活や仕事は問題なくやれていて，他人から見たら，健康な状態に見えるであろう。……このように言えるのではないでしょうか。
尾藤さん：そうだと思います。
伊藤：さきほどお伝えしたとおり，この心理テストは継続して受けていただきますので，その都度，「テストの結果」と「尾藤さんの主観的な状態」と「仕事や生活でどれだけやれているか」の3つをつき合わせて，検討していきたいと思います。そうすると，尾藤さんの状態のパターンのようなものが具体的にわかってきて，おそらくそれがすごく役に立つと思われますので，ぜひそうしたいと思いますがいかがでしょうか？
尾藤さん：確かに役に立ちそうですね。
伊藤：では今後，そうしていきましょう。
尾藤さん：わかりました。

◈ケースC（千代田美里さん）の心理テストの結果とその簡単な解説

次にケースCの千代田美里さんの心理テストの結果を紹介します。

ケースBの尾藤さんの結果が，それだけ見ると「精神的に健康な状態にある人」のものだとすると，ケースCの千代田さんの状態は，その正反対であることが，表3.3および図3.11をご覧になると一目瞭然でしょう。まずストレッサーが5つすべて記入されていて，そのどれもがストレス度が「高い」という結果です。表3.3を見ると，5つめのストレッサーに「彼氏にカウンセリングをすすめられた」と書かれてあり，カウンセラーとしてはドキッとしてしまいます。これについては結果をフィードバックする際に，必ず話題にする必要があります。

伊藤：（心理テストのストレス状況の部分の説明をしながら，表3.3「テスト結果表」の「ストレッサー」の欄を指して）ストレス状況の5番目に「彼氏

表3.3 テスト結果表（ケースC　1回目）

テスト結果表

ID：ケースC　　クライエント氏名：千代田美里　　　　様
性別：　女性　　テスト実施日：2005年5月2日　　1回目

テスト種類	下位項目	得点	レベル	備考
01 ストレッサー	出来事状況　1	4	高い	母親の存在
	出来事状況　2	4	高い	松本店長のいじめ
	出来事状況　3	4	高い	あや子のいやがらせ
	出来事状況　4	4	高い	高田店長が厳しいこと
	出来事状況　5	4	高い	彼氏にカウンセリングをすすめられた
02 GHQ28	総合	27	重症	なし 0-2　軽症 3-8　中程度 9-19　重症 20以上
	身体的症状	7	重症	なし 0-1　軽症 2-3　中程度 4-5　重症 6-7
	不安と不眠	7	重症	なし 0-1　軽症 2-3　中程度 4-5　重症 6-7
	社会的活動障害	6	重症	なし 0　軽症 1-2　中程度 3-5　重症 6-7
	うつ傾向	7	重症	なし 0-1　軽症 2-3　中程度 3-5　重症 6-7
03 BDI-Ⅱ	全般的うつ状態	40	重症	極軽症 0-13　軽症 14-19　中程度 20-28　重症 29-63
	悲観	2	やや高い	0 将来について悲観していない　1 以前よりも将来について悲観的に感じる　2 物事が自分にとってうまくいくとは思えない　3 将来は絶望的で悪くなるばかりだ
	自殺念慮	3	高い	0 自殺したいと思うことはまったくない　1 自殺したいと思うことはあるが、本当にしようとは思わない　2 自殺したいと思う　3 機会があれば自殺するだろう
04 気分調査	緊張と興奮	26	重症	軽症 8.44未満　中程度 8.44-17.34　重症 17.34以上
	爽快感	9	重症	軽症 13.33未満　中程度 13.33-29.29　重症 29.29以上
	疲労感	26	重症	軽症 10.13未満　中程度 10.13-14.87　重症 14.87以上
	抑うつ感	31	重症	軽症 8.29未満　中程度 8.29-18.37　重症 18.37以上
	不安感	32	重症	軽症 12.42未満　中程度 12.42-22.14　重症 22.14以上
05 3次元対処	話をきいてもらう（カタルシス）	13	中程度	男性 少ない 6.81未満　中程度 6.81-11.81　多い 11.81以上／女性 少ない 7.63未満　中程度 7.63-13.45　多い 13.45以上
	あえて保留にする（放棄・諦め）	8	中程度	男性 少ない 5.11未満　中程度 5.11-9.37　多い 9.37以上／女性 少ない 6.05未満　中程度 6.05-10.69　多い 10.69以上
	情報や助言を求める（情報収集）	5	少ない	男性 少ない 8.54未満　中程度 8.54-13.08　多い 13.08以上／女性 少ない 7.62未満　中程度 7.62-12.54　多い 12.54以上
	気分転換をする（気晴らし）	10	中程度	男性 少ない 6.77未満　中程度 6.77-11.33　多い 11.33以上／女性 少ない 7.49未満　中程度 7.49-13.37　多い 13.37以上
	"なかったこと"にする（回避的思考）	15	多い	男性 少ない 6.62未満　中程度 6.62-10.86　多い 10.86以上／女性 少ない 6.90未満　中程度 6.90-11.66　多い 11.66以上
	前向きに考える（肯定的解釈）	3	少ない	男性 少ない 8.84未満　中程度 8.84-12.90　多い 12.90以上／女性 少ない 9.00未満　中程度 9.00-13.46　多い 13.46以上
	解決策を検討する（計画立案）	3	少ない	男性 少ない 8.73未満　中程度 8.73-12.93　多い 12.93以上／女性 少ない 7.88未満　中程度 7.88-12.54　多い 12.54以上
	他人に委ねる（責任転嫁）	8	中程度	男性 少ない 4.00未満　中程度 4.00-7.80　多い 7.80以上／女性 少ない 4.10未満　中程度 4.10-9.52　多い 9.52以上
06 反すう	合計値	33	多い	少ない 0-14　中程度 15-27　多い 28以上
	内容	2	いやなこと	1 よいことが多い　2 いやなことが多い　3 どちらもある
	結果	2	悪くなる	1 良くなることが多い　2 悪くなることが多い　3 どちらもある
	コントロール	4	難しい	1 容易にできる　2 多少努力すればできる　3 かなり努力すればできる　4 非常に難しい
07 自己効力感		32	否定	男性 否定 64.00未満　中程度 64.00-91.86　肯定 91.86以上／女性 否定 61.89未満　中程度 61.89-88.73　肯定 88.73以上
08 時間的展望	目標指向性	5	低い	低い 10未満　中程度 10-20　高い 21以上
	希望	4	低い	低い 8未満　中等度 8-16　高い 17以上
	現在の充実感	9	低い	低い 10未満　中程度 10-20　高い 21以上
	過去受容	5	低い	低い 8未満　中等度 8-16　高い 17以上
09 甘えの断念　被受容　被拒絶	被受容感	11	低い	男性 低い 24.33未満　中程度 24.33-34.29　高い 34.29以上／女性 低い 25.76未満　中程度 25.76-35.86　高い 35.86以上
	被拒絶感	40	高い	男性 低い 12.14未満　中程度 12.14-22.14　高い 22.14以上／女性 低い 10.48未満　中程度 10.48-21.14　高い 21.14以上
	甘えの断念	24	高い	男性 低い 10.00未満　中程度 10.00-18.46　高い 18.46以上／女性 低い 9.79未満　中程度 9.79-18.39　高い 18.39以上
10 サポート	上司	12	5	男性 1(多)：3-4　2：5-6　3：7-8　4：9-10　5(少)：11-12／女性 1(多)：3-4　2：5-7　3：8-9　4：10-11　5(少)：12
	同僚	12	5	1(多)：3　2：4-5　3：6-7　4：8-9　5(少)：10-12
	家族・友人	9	5	男性 1(多)：なし　2：3-4　3：5-6　4：7-8　5(少)：9-12／女性 1(多)：なし　2：3　3：4-5　4：6-7　5(少)：8-12

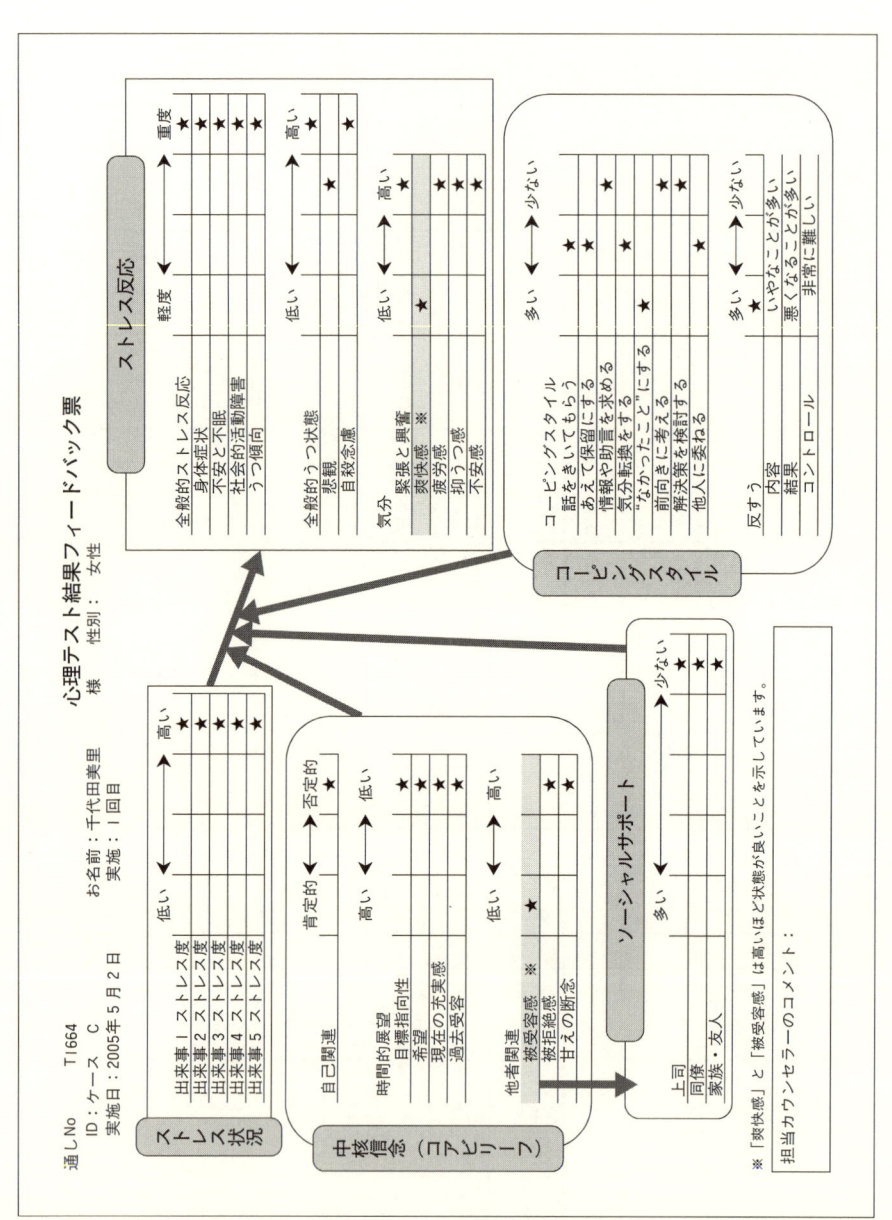

図3.11 フィードバックシート（ケースC　1回目）

にカウンセリングをすすめられた」ということが書かれてありますが、これも最近の千代田さんにとっては、大きなストレスだったのですね。
千代田さん：そうです。
伊藤：これは、彼にカウンセリングを勧められたということそのものが、ストレスだということですか？ それともここにカウンセリングを受けに来ることも含めて、ストレスに感じるということでしょうか？
千代田さん：（少し考えて）うーん、カウンセリングは前から勧められていたのですが、勧められると、私が人間としてまともじゃないと言われているような気がして、やっぱりストレスでした。
伊藤：なるほど。勧められた結果、千代田さんがここに通われることになったわけですが、そのことについてのストレスは？
千代田さん：（少し考えて）うーん、やっぱりそれもあると思います。ここで何やるかまだわからないし、今までだってカウンセリングがうまくいったことはないし、（少しイライラした様子で）そもそもこういうふうにいろいろ聞かれること自体ストレスなんです！
伊藤：すみません、インテーク面接のときにもお伝えしたとおり、認知行動療法では、ただひたすらお話をおうかがいするというよりも、私のほうでもいろいろと説明したり、質問したり、提案したりするというコミュニケーションを取るので、テストの結果について説明するときも、こういうふうに1つひとつ質問させてもらっているのですが、こうやって質問されること自体が千代田さんにはストレスになってしまうのですか？……ごめんなさい、こうやってまた質問しちゃっていますが。
千代田さん：すみません、ちょっとイライラしちゃったものですから。質問してもらっても大丈夫です。ただ、ここに通うことについては、やっぱりストレスを感じます。
伊藤：率直に教えていただいて、ありがとうございます。彼にカウンセリングを勧められたことも、その結果ここに通うことになったことも、両方とも千代田さんにとってはストレスになっているのですね。
千代田さん：そうです。
伊藤：そういうことは、直接私に言いづらいかもしれませんが、私のほうとしては、千代田さんがここに通われること自体にストレスを感じているというのは、できれば知っておきたい大事なことです。ですから今日、こういう形で教えていただいて良かったと思います。また、さきほどは私の質問の仕方が悪くて、千代田さんをイライラさせてしまったのかもしれません。それに

ついても申し訳ありませんでした。が，私のほうで気づかずに千代田さんをイライラさせてしまうようなことが今後もあるかもしれません。極力そうならないように気をつけますが，それでもそういうことがあるかもしれません。そのときは今みたいに，「イライラした」と教えていただけますか？

千代田さん：わかりました。

このようなケースでは，こうやってメタコミュニケーションを重ねながら，少しずつ関係を作っていきます。

千代田さんの場合，ストレス反応もすべて重症で，GHQ 28 は 27 ポイント，BDI-II は 40 ポイントという数字で，気分調査票の結果も非常にネガティブです。これはケースAの青山さんの結果と非常に似ており，青山さんに対する説明と似たような説明の仕方をすることになるでしょう。とにかくストレス反応が重症であるという結果が出ている場合は，そのことを，数字を含めて丁寧に説明したうえで，クライアントのつらさに対する共感を伝えます。GHQ 28 や BDI-II の値が重症域にある方には，これまで大勢お目にかかっているわけですから，それらの方々がどれだけつらくてしんどいかということは，私のほうでも実感としてわかっているつもりです。テストの数値やこれまでの経験に基づく共感をカウンセラーが率直に示すと，「自分のつらさが少しはわかってもらえた」と思ってホッとするクライアントが多いようです。

ところで表 3.3 および図 3.11 の BDI-II の「悲観」と「自殺念慮」の項目を見ていただくと，千代田さんが将来に対して絶望感を抱いており，かつ「機会があれば自殺するだろう」と考えていることがわかります。先ほど述べたとおり，これは危険な兆候です。このような結果が出た場合は，自殺について必ず話し合いをする必要があります。千代田さんとも実際に話し合いを行いました。その具体的な内容については，後で紹介します。

千代田さんのテスト結果の大きな特徴は，中核信念に該当する箇所がことごとくネガティブである，というものです。これがケースAの青山さんとの違いです。青山さんは，ストレッサーも大きいのがたくさんあって，ストレス反応も重症でしたが，中核信念のレベルはさほどネガティブでなく，カウンセラーはそれを「ある種の救い」として青山さんに説明することができました。サポートについても同様です。青山さんには家族や上司のサポートがかなりあることがわかり，それも「ある種の救い」として説明することができました。しかし千代田さんの場合，サポートが非常に少ないという結果

が出ています。ではこのような場合，どのように説明すればよいのでしょうか。以下に，私と千代田さんとの対話の例を示します。すでに中核信念についての一般的な説明は終わっており，以下に示すのはその次のやりとりです。

伊藤：（図3.9（p.147）の下部，階層的認知モデルの「思い込み」「中核信念」のところを指して）「思い込み」や「中核信念」についての説明は，これでよろしいでしょうか。

千代田さん：はい。

伊藤：（図3.11 フィードバックシートの「中核信念」の箇所を指して）では，千代田さんの結果を一緒に見ていきましょう。まずここの「自己関連」ですが，これは千代田さんの中核信念のうち，千代田さんが自分自身をどう捉えているか，に関するものです。心の深い部分で，自分を肯定しているか，ほどほどに捉えているか，否定しているか，というところを見ているのですが，この結果を見ると「否定的」のところに星（★）がマークされているとおり，千代田さんは全般的に自分のことを否定的に捉えてしまっているようです。そういう結果なのですが，どう思われますか？

千代田さん：その通りです。私は自分を否定しています。

伊藤：そうですか。だから余計苦しい？

千代田さん：そうですね。苦しいです。

伊藤：なるほど。次にこの「時間的展望」のところですが，これは過去，現在，未来をどのように捉えているか，ということを表しています。これを見ると，千代田さんの場合，過去も現在も未来も否定的にしか考えられない，という結果なのですが，これについてはいかがでしょうか？

千代田さん：これもその通りだと思います。生きていても何もいいことがないと思っています。

伊藤：それは過去も，現在も，未来も？

千代田さん：そうです。

伊藤：そういう思いがあると，かなりつらいですよね。たとえ現在がとても苦しかったとしても，たとえばもし「でも将来，何かいいことがあるかもしれない」「今はつらいけど，未来はそうでもないだろう」と思えれば，今のつらさがやわらぐかもしれませんが，「過去も現在も未来も，自分には何もいいことがない」という思いが心の底にあるとしたら，生きること自体がすごくつらいことになってしまうのではないかと思いますが，どうでしょうか？

千代田さん：そうなんです。生きること自体がつらいんです。

伊藤：なるほど。(「他者関連」のところを指して）さらに結果を見ていくと，この「被受容感」は米印（※）が付いていて，「気分調査」の「爽快感」と同じく，逆転項目と言って，これは高いほうが望ましいのですが，千代田さんの場合，一番低いところに星（★）がポイントされていますね。これは「周囲の人びとに自分が受け入れられている」という実感が非常に低い，ということを表しています。これについてはいかがですか？

千代田さん：「受け入れられている」なんて思ったことは，一度もありません。

伊藤：そうですか。その次の「被拒絶感」は，今の「被受容感」と反対で，「周りの人たちから拒絶されている」「背を向けられている」という感覚のことで，千代田さんの場合，その感覚が高いという結果です。ということは，千代田さんの中には，「自分は周りの人たちから拒否されている」という強い思いがあるということになるのですが，これについてはいかがでしょう？

千代田さん：いつもそう感じています。

伊藤：そうですか。さらに次の「甘えの断念」というのは，それがうんと低ければ，断念が低いということで，「自分は皆に甘えて生きていこう」「周りに依存しなければ，自分は生きていけない」ということになりますし，断念が高ければ，甘えを断念するということになりますから，「誰もあてにすることはできないから，私は1人で生きていかなければならない」という感覚が強いということになります。千代田さんの場合，「高い」というところに星（★）がポイントされているので，「誰もあてにならない」「1人で生きていくしかない」という思いが強いということになりますが，いかがでしょうか？

千代田さん：いつもそう思っています。

伊藤：（フィードバックシートの中核信念の箇所全体を指して）こうやって見てみると，千代田さんの場合，自分に対する中核信念も，時間の流れに対する中核信念も，他者との関わりに関する中核信念も，全体的にネガティブであるということが言えると思います。つまり表面に現れる自動思考や気分や様々な症状だけでなく，その奥底からして，非常につらい思いがぎっしりと詰まっているということです。このテスト結果を見たときの私の率直な感想は，「これだと本当につらいだろうなあ。生きていくこと自体が相当にしんどいだろうなあ」というものでした。だからこそ，さきほども話し合いましたが，「生きていたくない」「死んでしまいたい」という思いが強いのでしょうね。……ここまでお聞きになっていかがでしょうか？

千代田さん：そのとおりだと思います。生きていくこと自体がしんどいです。だからといってどうしたらよいのかもわからないし……。となると，死ぬし

かないのかなって。
伊藤：なるほど。とにかくしんどいのですね。……だからこそ，インテーク面接でもお話ししたとおり，時間はかかるかもしれないけれども，ここで一緒にやっていけたらと思います。ここでのカウンセリングもまだ始まったばかりなので，千代田さんがどうすればよいか，今の私たちにはまだわかりませんが，進めていくうちに何かが見えてくると思います。だからとにかくここで一緒にやっていきましょうということしか，今の私には言えませんが，千代田さんはどのように思われますか？
千代田さん：（ため息をついて）しょうがないですよね。

　このケースBの千代田さんのように，中核信念からして相当にネガティブなものを持っているような方の場合，簡単にカウンセラーを信じたりはしないので，テスト結果の説明に対しても，それを聞いてさめざめと涙を流すといった情緒的な反応をすることは，経験上少ないです。むしろ，上の千代田さんのように，淡々と受け止めるといった反応を示すことが多いように思われます。いずれにせよカウンセラーは，大変つらいであろうと思われるテスト結果が出ていることを説明し，そのテスト結果を根拠に，〈大変つらいだろうと思われる〉〈大変しんどいだろうと思われる〉といった形で，つまりいささか間接的なやり方で，共感的理解を示すと良いのではないかと思います。
　サポートについてのやりとりも，同様です。サポートについての千代田さんと私の対話例は以下の通りです。

伊藤：（「サポート」についてのテスト結果を一通り説明した後で）千代田さんに対して，職場の上司からのサポートも，同僚からのサポートも，家族や友人からのサポートも，今現在非常に少ない，というこのような結果について，どのように思われますか？
千代田さん：その通りだと思います。でもそれは今現在に限ったことではなく，ずっとこんな感じです。
伊藤：（インテーク面接の記録用紙を参照して）インテーク面接でサポートについてお尋ねしたとき，「サポートしてくれるのは彼しかいない」とおっしゃっていましたが，彼に限れば，少しはサポートされているという感じがあるのでしょうか？
千代田さん：さあ，どうなんでしょう。確かに今現在，彼は私のことを心配し

てくれているとは思いますが，それがずっと続くとは思えません。そうやってずっと男の人と別れ続けてきていますから。
伊藤：なるほど。今に限れば彼にサポートされていると思えるけれども，それが続くようには思えないのですね。
千代田さん：そうです。
伊藤：わかりました。さきほどの中核信念もそうですが，ただでさえストレスがいっぱいあって，身体にも心にもたくさんの症状が出ていて，それだけでも非常につらいというのに，そもそも中核信念が全体的にネガティブで，しかも周囲からのサポートも非常に少ないとなると，千代田さんの抱えているつらさというのは，私なんかには想像もつかないぐらい，大きなものなんだろうなあ，と思います。少なくとも，そういうことが，今回のテスト結果からわかったと言えるのではないかと思いますが，いかがでしょう？
千代田さん：すごくつらいことは確かです。

　千代田さんのように，心理テストの結果が全体的にネガティブな方の場合，結果をフィードバックすること自体がさらなるストレッサーになるのではないかと心配する方がいらっしゃるかもしれませんが，ネガティブな結果を「宣告」という形ではなく，その結果を根拠にクライアントのつらさに共感するような形でフィードバックできれば，大丈夫だと思います。むしろ「テスト結果を通じて，自分の抱えるつらさを，少しはカウンセラーにわかってもらえた」という体験になるのではないでしょうか。

◆ケースD（堂本健太さん）の心理テストの結果とその簡単な解説

　ケースDの堂本健太さんの心理テストの結果は以下の通りです（表3.4，図3.12）。
　堂本さんは回避的な生活を送っているためか，ストレッサー（ストレス状況）は「なし」とのことで，種々のストレス反応も特に高くはありません。「コーピングスタイル」の欄を見ると，「あえて保留にする」「"なかったこと"にする」「他人に委ねる」といった，回避的なコーピングの使用頻度が高く，それ以外のコーピングについてはすべて使用頻度が「少ない」という結果になっているのが興味深いです。おそらくネガティブな思考も回避しているので，「反すう」の結果も見かけ上悪くはありません。
　一方，中核信念に関するテストは，ケースCの千代田さんと同様，すべ

表3.4 テスト結果表（ケースD　1回目）

テスト結果表

ID：ケースD　　クライエント氏名：堂本健太　　様
性別：　男性　　テスト実施日：2005年5月2日　　1回目

テスト種類	下位項目	得点	レベル	備考
01 ストレッサー	出来事状況 1		－	なし
	出来事状況 2		－	
	出来事状況 3		－	
	出来事状況 4		－	
	出来事状況 5		－	
02 GHQ28	総合	8	軽症	なし 0-2　軽症 3-8　中程度 9-19　重症 20以上
	身体的症状	0	なし	なし 0-1　軽症 2-3　中程度 4-5　重症 6-7
	不安と不眠	0	なし	なし 0-1　軽症 2-3　中程度 4-5　重症 6-7
	社会的活動障害	4	中程度	なし 0　軽症 1-2　中程度 3-5　重症 6-7
	うつ傾向	4	中程度	なし 0　軽症 1-2　中程度 3-5　重症 6-7
03 BDI-Ⅱ	全般的うつ状態	5	極軽症	極軽症 0-13　軽症 14-19　中程度 20-28　重症 29-63
	悲観	2	やや高い	0 将来について悲観していない　1 以前よりも将来について悲観的に感じる　2 物事が自分にとってうまくいくとは思えない　3 将来は絶望的で悪くなるばかりだ
	自殺念慮	0	低い	0 自殺したいと思うことはまったくない　1 自殺したいと思うことはあるが、本当にしようとは思わない　2 自殺したいと思う　3 機会があれば自殺するだろう
04 気分調査	緊張と興奮	14	中程度	軽症 8.44未満　中程度 8.44-17.34　重症 17.34以上
	爽快感	15	中程度	軽症 13.33未満　中程度 13.33-29.29　重症 29.29以上
	疲労感	20	重症	軽症 10.13未満　中程度 10.13-14.87　重症 14.87以上
	抑うつ感	17	中程度	軽症 8.29未満　中程度 8.29-18.37　重症 18.37以上
	不安感	18	中程度	軽症 12.42未満　中程度 12.42-22.14　重症 22.14以上
05 3次元対処	話をきいてもらう（カタルシス）	3	少ない	男性 少ない 6.81未満　中程度 6.81-11.81　多い 11.81以上　女性 少ない 7.63未満　中程度 7.63-13.45　多い 13.45以上
	あえて保留にする（放棄・諦め）	15	多い	男性 少ない 5.11未満　中程度 5.11-9.37　多い 9.37以上　女性 少ない 6.05未満　中程度 6.05-10.69　多い 10.69以上
	情報や助言を求める（情報収集）	3	少ない	男性 少ない 8.54未満　中程度 8.54-13.08　多い 13.08以上　女性 少ない 7.62未満　中程度 7.62-12.54　多い 12.54以上
	気分転換をする（気晴らし）	3	少ない	男性 少ない 6.77未満　中程度 6.77-11.33　多い 11.33以上　女性 少ない 7.49未満　中程度 7.49-13.37　多い 13.37以上
	"なかったこと"にする（回避的思考）	15	多い	男性 少ない 6.62未満　中程度 6.62-10.86　多い 10.86以上　女性 少ない 6.90未満　中程度 6.90-11.66　多い 11.66以上
	前向きに考える（肯定的解釈）	4	少ない	男性 少ない 8.84未満　中程度 8.84-12.90　多い 12.90以上　女性 少ない 9.00未満　中程度 9.00-13.46　多い 13.46以上
	解決策を検討する（計画立案）	3	少ない	男性 少ない 8.73未満　中程度 8.73-12.93　多い 12.93以上　女性 少ない 7.88未満　中程度 7.88-12.54　多い 12.54以上
	他人に委ねる（責任転嫁）	9	多い	男性 少ない 4.00未満　中程度 4.00-7.80　多い 7.80以上　女性 少ない 4.10未満　中程度 4.10-9.52　多い 9.52以上
06 反すう	合計値	16	中程度	少ない 0-14　中程度 15-27　多い 28以上
	内容	3	どちらも	1 よいことが多い　2 いやなことが多い　3 どちらもある
	結果	3	どちらも	1 良くなることが多い　2 悪くなることが多い　3 どちらもある
	コントロール	2	多少努力すれば	1 容易にできる　2 多少努力すればできる　3 かなり努力すればできる　4 非常に難しい
07 自己効力感		30	否定	男性 否定 64.00未満　中程度 64.00-91.86　肯定 91.86以上　女性 否定 61.89未満　中程度 61.89-88.73　肯定 88.73以上
08 時間的展望	目標指向性	5	低い	低い 10未満　中程度 10-20　高い 21以上
	希望	4	低い	低い 8未満　中等度 8-16　高い 17以上
	現在の充実感	8	低い	低い 10未満　中程度 10-20　高い 21以上
	過去受容	5	低い	低い 8未満　中等度 8-16　高い 17以上
09 甘えの断念 被受容 被拒絶	被受容感	10	低い	男性 低い 24.33未満　中程度 24.33-34.29　高い 34.29以上　女性 低い 25.76未満　中程度 25.76-35.86　高い 35.86以上
	被拒絶感	28	高い	男性 低い 12.14未満　中程度 12.14-22.14　高い 22.14以上　女性 低い 10.48未満　中程度 10.48-21.14　高い 21.14以上
	甘えの断念	25	高い	男性 低い 10.00未満　中程度 10.00-18.46　高い 18.46以上　女性 低い 9.79未満　中程度 9.79-18.39　高い 18.39以上
10 サポート	上司	0	0	男性 1(多): 3-4　2: 5-6　3: 7-8　4: 9-10　5(少): 11-12　女性 1(多): 3-4　2: 5-6　3: 7-8　4: 9-10　5(少): 11-12
	同僚	0	0	1(多): 3　2: 4-5　3: 6-7　4: 8-9　5(少): 10-12
	家族・友人	9	5	男性 1(多): なし　2: 3-4　3: 5-6　4: 7-8　5(少): 9-12　女性 1(多): なし　2: 3　3: 4-5　4: 6-7　5(少): 8-12

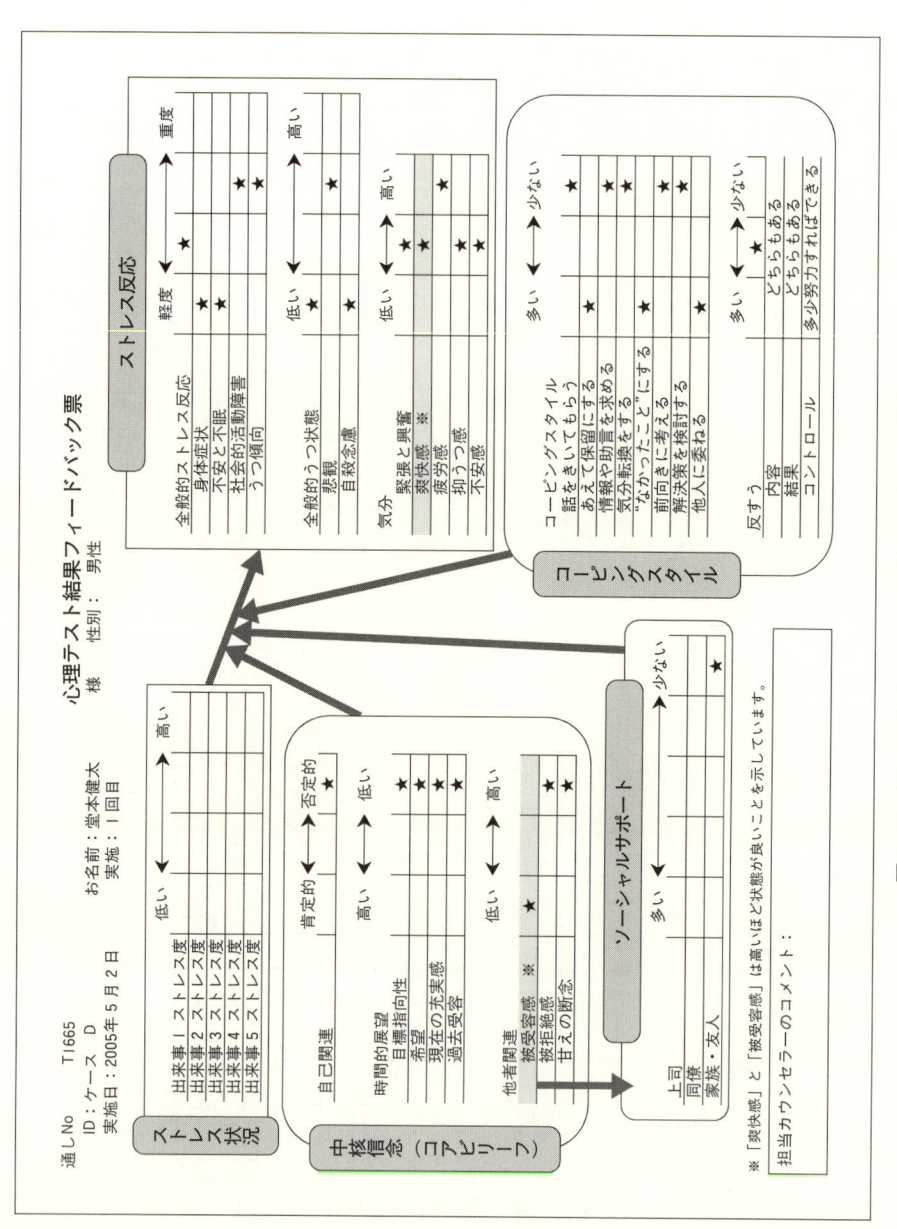

図3.12 フィードバックシート（ケースD　1回目）

てネガティブな結果になっています。サポートについては，そもそも仕事をしていないため，「上司」「同僚」の結果は出ず，「家族・友人」は少ないという結果です。

　このようなテスト結果からも，堂本さんが回避的な生活を送ることでストレス反応をそれこそ「回避」しているのですが，それは表面上の話で，彼の中核信念は全般的に非常にネガティブで，ストレス反応が少ないからといって，彼が決してハッピーな気分で生きているわけではない，ということが推察できます。

　以上のようなことを，テスト結果について説明する際，私から堂本さんに淡々とお伝えしました。堂本さんの反応も淡々としたものでした。

　このケースDの堂本さんのように回避的な生活を送っている人は，回避的な構えでカウンセリングを始める方がほとんどです。「このままじゃいけない」「何とかしなければ」という切実な思いはどこかにあるものの，その思いを見つめることも回避しており，カウンセリングに対しても「始める」という意思決定はしたものの，その一方で「できることなら（カウンセリングなんか）やりたくない」という回避的な気持ちがあるのです。そういうクライアントに対し，カウンセラーが熱く語りかけて〈頑張ろうよ！〉と励ますのは，逆効果です。むしろカウンセリングに対しても回避したくなってしまうクライアントの構えを認め，受け入れ，〈まあまだどうなるかわからないけれども，せっかく始めたのだから，できる範囲で進めていきましょう〉というスタンスでやりとりをするぐらいのほうが，クライアントにとって「脅威」にならずに済むようです。「脅威」にならなければ，カウンセリングを回避する理由も増えませんので，回避したいという気持ちを持ちつつ，とりあえず通い続けることができます。とりあえず通い続けていただければ，このようなクライアントの場合，少しずつCBTに対するモチベーションが上がってきます。したがってこのようなケースの初期段階では，心理テストの結果をフィードバックするときも含め，カウンセラーは淡々としているのが得策であると私は考えています。

◈ケースE（江藤真二さん）の心理テストの結果とその簡単な解説

　最後に，ケースEの江藤真二さんのテスト結果です（表3.5，図3.13）。
　ケースEの江藤さんは，ご自身の主訴は「特にない」というだけあって，テスト結果そのものは，心身ともに健康な人の結果です。強いて特徴を挙げ

表3.5 テスト結果表（ケースE　1回目）

テスト結果表

ID：ケースE　　クライエント氏名：江藤真二　　　　様
性別：　男性　　テスト実施日：2005年5月2日　　1回目

テスト種類	下位項目	得点	レベル	備考
01 ストレッサー	出来事状況　1	3	やや高い	妻に離婚等の話をされたこと
	出来事状況　2		―	
	出来事状況　3		―	
	出来事状況　4		―	
	出来事状況　5		―	
02 GHQ28	総合	2	なし	なし 0-2　軽症 3-8　中程度 9-19　重症 20以上
	身体的症状	1	なし	なし 0-1　軽症 2-3　中程度 4-5　重症 6-7
	不安と不眠	1	なし	なし 0-1　軽症 2-3　中程度 4-5　重症 6-7
	社会的活動障害	0	なし	なし 0　軽症 1-2　中程度 3-5　重症 6-7
	うつ傾向	0	なし	なし 0　軽症 1-2　中程度 3-5　重症 6-7
03 BDI-II	全般的うつ状態	0	極軽症	極軽症 0-13　軽症 14-19　中程度 20-28　重症 29-63
	悲観	0	低い	0 将来について悲観していない　1 以前よりも将来について悲観的に感じる　2 物事が自分にとってうまくいくとは思えない　3 将来は絶望的で悪くなるばかりだ
	自殺念慮	0	低い	0 自殺したいと思うことはまったくない　1 自殺したいと思うことはあるが、本当にしようとは思わない　2 自殺したいと思う　3 機会があれば自殺するだろう
04 気分調査	緊張と興奮	18	重症	軽症 8.44未満　中程度 8.44-17.34　重症 17.34以上
	爽快感	29	中程度	軽症 13.33未満　中程度 13.33-29.29　重症 29.29以上
	疲労感	10	軽症	軽症 10.13未満　中程度 10.13-14.87　重症 14.87以上
	抑うつ感	9	中程度	軽症 8.29未満　中程度 8.29-18.37　重症 18.37以上
	不安感	11	軽症	軽症 12.42未満　中程度 12.42-22.14　重症 22.14以上
05 3次元対処	話をきいてもらう（カタルシス）	4	少ない	男性 少ない 6.81未満　中程度 6.81-11.81　多い 11.81以上 女性 少ない 7.63未満　中程度 7.63-13.45　多い 13.45以上
	あえて保留にする（放棄・諦め）	3	少ない	男性 少ない 5.11未満　中程度 5.11- 9.37　多い 9.37以上 女性 少ない 6.05未満　中程度 6.05-10.69　多い 10.69以上
	情報や助言を求める（情報収集）	12	中程度	男性 少ない 8.54未満　中程度 8.54-13.08　多い 13.08以上 女性 少ない 7.62未満　中程度 7.62-12.54　多い 12.54以上
	気分転換をする（気晴らし）	3	少ない	男性 少ない 6.77未満　中程度 6.77-11.33　多い 11.33以上 女性 少ない 7.49未満　中程度 7.49-13.37　多い 13.37以上
	"なかったこと"にする（回避的思考）	3	少ない	男性 少ない 6.62未満　中程度 6.62-10.86　多い 10.86以上 女性 少ない 6.90未満　中程度 6.90-11.66　多い 11.66以上
	前向きに考える（肯定的解釈）	15	多い	男性 少ない 8.84未満　中程度 8.84-12.90　多い 12.90以上 女性 少ない 9.00未満　中程度 9.00-13.46　多い 13.46以上
	解決策を検討する（計画立案）	15	多い	男性 少ない 8.73未満　中程度 8.73-12.93　多い 12.93以上 女性 少ない 7.88未満　中程度 7.88-12.54　多い 12.54以上
	他人に委ねる（責任転嫁）	3	少ない	男性 少ない 4.00未満　中程度 4.00- 7.80　多い 7.80以上 女性 少ない 4.10未満　中程度 4.10- 9.52　多い 9.52以上
06 反すう	合計値	9	少ない	少ない 0-14　中程度 15-27　多い 28以上
	内容	1	よいこと	1 よいことが多い　2 いやなことが多い　3 どちらもある
	結果	1	良くなる	1 良くなることが多い　2 悪くなることが多い　3 どちらもある
	コントロール	1	容易に	1 容易にできる　2 多少努力すればできる 3 かなり努力すればできる　4 非常に難しい
07 自己効力感		149	肯定	男性 否定 64.00未満　中程度 64.00-91.86　肯定 91.86以上 女性 否定 61.89未満　中程度 61.89-88.73　肯定 88.73以上
08 時間的展望	目標指向性	25	高い	低い 10未満　中程度 10-20　高い 21以上
	希望	16	中程度	低い 8未満　中等度 8-16　高い 17以上
	現在の充実感	25	高い	低い 10未満　中程度 10-20　高い 21以上
	過去受容	20	高い	低い 8未満　中等度 8-16　高い 17以上
09 甘えの断念 被受容 被拒絶	被受容感	28	中程度	男性 低い 24.33未満　中程度 24.33-34.29　高い 34.29以上 女性 低い 25.76未満　中程度 25.76-35.86　高い 35.86以上
	被拒絶感	20	中程度	男性 低い 12.14未満　中程度 12.14-22.14　高い 22.14以上 女性 低い 10.48未満　中程度 10.48-21.14　高い 21.14以上
	甘えの断念	25	高い	男性 低い 18.46未満　中程度 18.46-18.46　高い 18.46以上 女性 低い 9.79未満　中程度 9.79-18.39　高い 18.39以上
10 サポート	上司	0	0	男性 1(多):3-4　2:5-6　3:7-8　4:9-10　5(少):11-12 女性 1(多):3　2:4-5　3:6-7　4:8-10　5(少):11-12
	同僚	0	0	1(多):3　2:4-5　3:6-7　4:8-9　5(少):10-12
	家族・友人	12	5	男性 1(多):なし　2:3-4　3:5-6　4:7-8　5(少):9-12 女性 1(多):なし　2:3　3:4-5　4:6-7　5(少):8-12

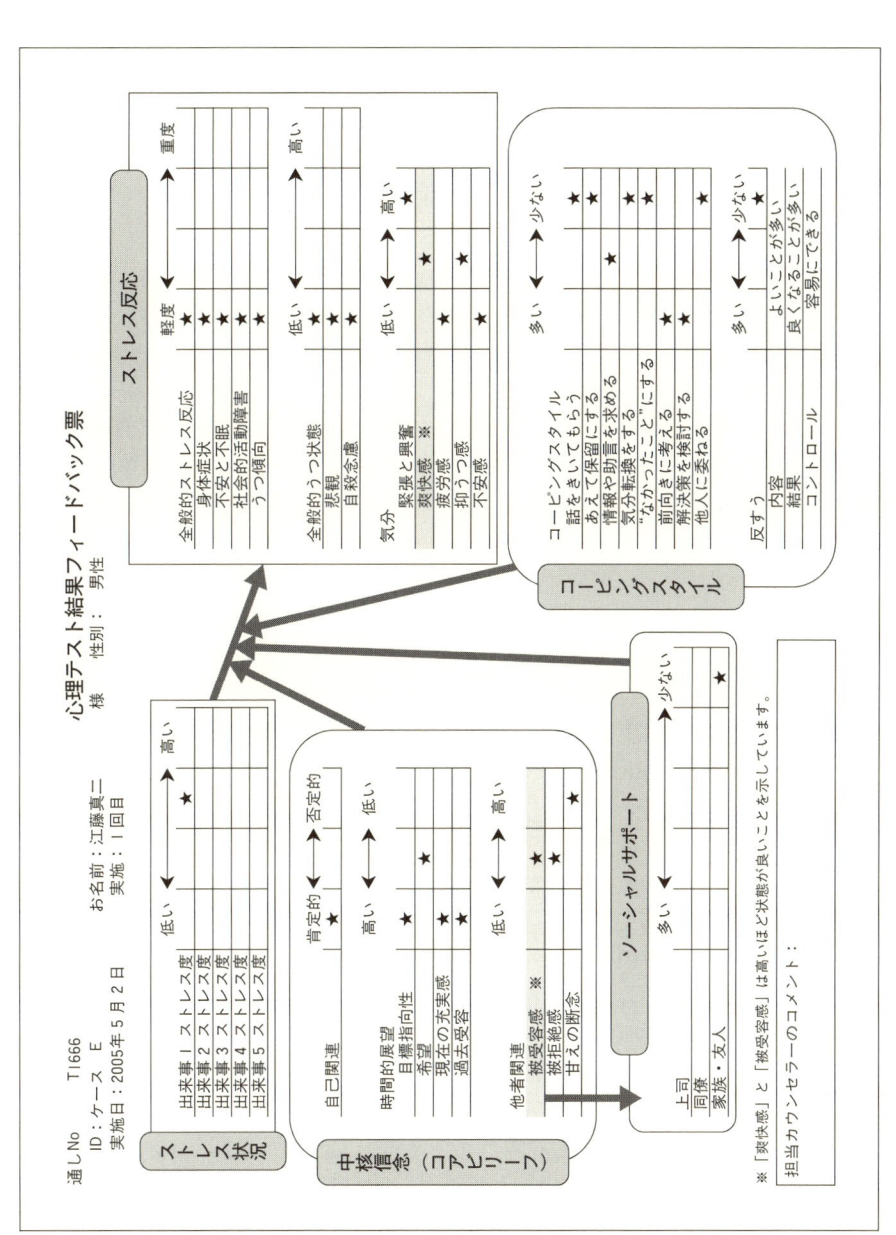

第 3 章 認知行動療法の導入　その 2　197

図 3.13　フィードバックシート（ケース E　1 回目）

れば,「気分調査」において「緊張と興奮」だけが高いこと,「コーピングスタイル」において,「前向きに考える」と「解決策を検討する」のみ頻度が高く,それ以外のほとんどが「少ない」という結果が出ていること,「反すう」の結果（思考内容がポジティブである，思考のコントロールが容易にできる）からポジティブシンキングの持ち主であると考えられること，中核信念がおおむねポジティブであること，そして会社の経営者なので「上司」「同僚」がいないのは当然としても，「家族・友人」のサポートが非常に少ないという結果が出ているということになりましょうか。それらの結果を総合すると，「ポジティブな中核信念の持ち主である江藤さんが，前向きな思考と問題解決的なコーピングで，毎日元気に暮らしており，申し分のない健康状態ではあるけれども，いわば『一匹狼』のような立場で，誰からのサポートも受けず，1人で頑張っている。そのためか気分的に常に緊張し，興奮している」という表現ができるかと思います。実際にそのようなことを私は江藤さんに伝え，江藤さんも「確かにその通りだと思う」と納得してくれました。

　以上，かなり長くなりましたが，当機関の初回面接において，心理テストの結果をどのように説明するか，ということについて紹介してまいりました。前にも述べたとおり，当機関のインテーク面接や心理テストのシステムを作るにあたっては，フィラデルフィアのベックの研究所（Beck Institute for Cognitive Therapy and Research）をかなり参考にさせてもらっています。心理テストのテストバッテリーそのものは，ベックの研究所とはだいぶ異なりますが，ストレスモデルやCBTのモデルに基づいて，信頼性や妥当性が確認されている複数の質問紙を選択し，クライアントに実施してもらう，というスタイルは一緒です。ベックの研究所でテストの結果をどのようにフィードバックしているのかは，残念ながら見ることができませんでしたが，当機関ではこれまで紹介してきたとおり，初回セッションのかなりの時間を心理テストの結果の説明に当てています。クライアントが労力をかけて回答してくださったテストの結果を，詳しく丁寧にフィードバックするのは当然のことだと思いますし，また結果をフィードバックしながら，ストレスモデルやCBTのモデルについて心理教育ができるので，一石二鳥です。また結果をフィードバックしながら，クライアントの反応を引き出したり観察したりし，それに合わせてこちらのコミュニケーションの仕方を調整することによって，よりよい関係を作ろうとすることもできます。

皆さんの機関でも，さまざまな心理テストをお使いかと思いますが，重要なのはテストの結果そのものだけでなく，テストの結果をどのようにクライアントにフィードバックし，共有するか，というコミュニケーションの部分だと思います。テストの結果ひとつ取っても，カウンセラーがそれを大事に扱い，クライアントと丁寧に共有するということを，実際のコミュニケーションを通じてクライアントに示すことで，カウンセラーがクライアント自身を大切に扱い，そのクライアントとのカウンセリングを丁寧に進めていこうとしているのだ，ということが少しでも伝わるといいなあ，と思いながら，私自身，毎回初回セッションに臨んでいます。

3−9 初回セッションの残りの時間の使い方

先にも申し上げたとおり，初回セッションで心理テストの結果について丁寧に説明すると，セッションの残りの時間はせいぜい10分から15分といったところでしょう。まとめの時間に5分を確保するとなると，使える時間は5分から10分ということになります。5分から10分というと，かなりの短時間で，「そんなに短時間では，何もできないのではないか」と思われる方がいらっしゃるかもしれませんが，「たかが10分，されど10分」です。漫然と話をしていると，10分はあっという間ですが，逆にうんと意識して使うと，10分あればそれなりに有意義な話し合いができます。

というわけで，初回セッションにおいて，心理テストの結果をフィードバックした後の残り時間で，たとえばどういう話し合いができるか，ということについて，具体的に解説します。

◈現状の主観的評定

皆さんすでにご存知のとおり，認知行動療法では尺度を用いた測定だけでなく，症状やその時々の状態を，通常は0から100までの間で，クライアント自身に主観的に評定してもらうことが多々あります。初回セッションでも，心理テストの結果の説明をした後，ご自身の現在の状態や症状の程度などを，主観的に評定してもらい，その数字を外在化するということをよくします。

たとえばケースAの青山さんの場合，テスト結果を説明した後，以下のようなやりとりがありました。

伊藤：こうやって今後このBDI-IIを使って，青山さんのうつの状態をチェックしていきたいのですが，もう1つ，青山さんのその時々の状態をチェックするために，やっていただきたいことがあります。

青山さん：はい。

伊藤：それは，青山さんご自身に，そのときどきのご自分の状態をチェックして，数字をつけていただく，という作業です。

青山さん：はい。

伊藤：たとえばちょっと考えてみていただきたいのですが，全く問題のない状態を「0パーセント」として，うつ状態が最大にひどくて，もうどうにもならない，という状態を「100パーセント」とするとしたら，今日のご自身の状態はどれぐらいだと思いますか？

青山さん：（しばらく考えて）うーん，今日の状態ですか？

伊藤：ええ。

青山さん：どれぐらいなんだろう……ちょっと難しいです。

伊藤：すみません，難しいことをお尋ねしてしまって。ちょっと質問を変えますね。今の青山さんのうつ状態やそのつらさを，一言で表現するとしたら，どういう言葉が一番ぴったりきますか？

青山さん：そうですね……（しばらく考えて）「しんどい」だと思います。

伊藤：「しんどい」というのが，青山さんのうつ状態を表すのにぴったりとくる言葉なんですね。

青山さん：ええ，そうです。

伊藤：（図3.14を描いて示す）この図を見ていただけますか？

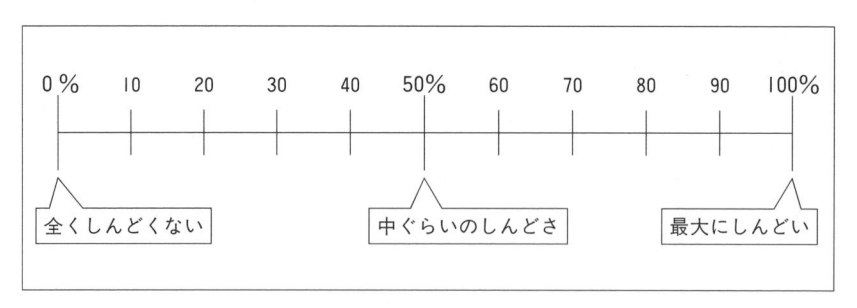

図3.14 主観的評定のためのグラフ（ケースA）

伊藤：しんどさに数字をつけるとして，「0％」が「全くしんどくない」，「100

％」が「最大にしんどい」,「50％」が「中ぐらいのしんどさ」だとします。「100％の最大にしんどい」は，青山さんがこれまで生きてきたなかで，最もしんどかったときの感覚に該当します。このようにグラフにしてみると，青山さんの今のしんどさは，大体何十％ぐらいだと思われますか？

青山さん：ああ，なるほど。だとすると，今，たぶん90％ぐらい。

伊藤：なるほど，90％なんですね。となると，最大じゃないとはいえ，かなりのしんどさですね。

青山さん：ええ，かなりだと思います。

伊藤：さきほどお伝えしたとおり，BDI-Ⅱの得点が42ポイントで，重症のうつ状態という結果でしたが，それとも一致する感じがしますが，どうでしょうか？

青山さん：そうですね，そう思います。自分の気持ちとしても，やはり重症という感じがします。

伊藤：ちなみに「100％の最大にしんどい」としては，いつのことを想定しましたか？

青山さん：この病気になった，今年の2月，3月あたりです。自分がうつ病だということもよくわからずに，でももうしんどくて会社に行けないし，家事もできないし，もう本当に途方に暮れていました。そのときの状態が100％です。

伊藤：ということは，その後うつ病と診断され，治療が始まり，休職することになって，多少は青山さんのしんどさが軽くなったということでしょうか？

青山さん：ええ，そうですね。本当に「少し」という感じですけれども。

伊藤：わかりました。こんなふうにご自分のしんどさに数字をつけるということについては，どう思われますか？

青山さん：へえ，こういうやりかたもあるんだ，と思いました。

伊藤：最初，難しいとおっしゃっていましたが，今はどうですか？

青山さん：（図3.14を指して）この図を描いていただいて，イメージが持てました。今はそんなに難しくありません。

伊藤：それではさきほど合意したとおり，毎回のセッションの冒頭でBDI-Ⅱを実施していただきますが，同時に，そのときのご自分の状態を0％から100％までの間で数字をつけて，それを報告していただきたいと思います。そして両方の数字から，今後の変化を見ていきたいと思うのですが，いかがでしょうか？

青山さん：わかりました。

すべてのケースではないのですが，特に抑うつや不安など気分や感情の問題を抱えている方の場合，このように現状や主訴を0から100までの数字で主観的に評定してもらうということを，初回セッションではよくやります。上の対話を読んで，青山さんが「難しい」とおっしゃる前に，最初から私が図3.14のグラフを描けばいいじゃないかと思った方がいらっしゃるかもしれませんが，あえてそうせずに，「0から100までで，いくつですか？」といったシンプルな質問をしているのは，クライアントの中には，すでに自分なりの尺度を持っている人がいらっしゃるからです。尺度を持っている方は，「0から100までで，いくつですか？」と聞かれただけで，「70です」とか「35です」とか，すぐに答えてくださいます。その場合，〈どういう基準で，今「70」とおっしゃったのですか？〉とこちらから尋ねて，クライアントなりの尺度（ものさし）を教えてもらうことができます。次に紹介する尾藤さんがそうなのですが，自分なりのものさしを持っている方は少なくないように思います。ものさしを持っている方の場合，必ずしも「0から100」というわけではなく，「0から10」という方もいらっしゃれば，「マイナス5からプラス5」という方もいらっしゃいます。基本的には無理に「0から100」にしないで，その方のものさしをそのまま使わせてもらえばよいかと思います。ただしCBTでは，種々の技法を使うときに，たとえば個々の気分・感情に「0から100」で数字をつけてもらったり，自動思考の確信度に「0から100」で数字をつけてもらったり，各場面における不安の強さに「0から100」で数字をつけてもらったりすることが多いので，そういう意味では，自分の主観的な体験に「0から100」で数字をつける練習を予めしておくのは役に立つと思われます。したがってそのことを説明したうえで，「0から100」にするか，クライアントがもともと持っている尺度にするか，話し合って決めればよいかと思います。私の経験では，「0から100」に鞍替えする人と，ご自身の尺度を使い続ける人は，半々という印象です。

上の青山さんの場合はものさしをお持ちではなかったようで，「0から100までで，いくつですか？」というシンプルな質問だけでは，考えづらいとのことでした。そこでまず青山さんの抑うつ状態を包括的に表す言葉を教えてもらい，その上で図3.14のグラフをフリーハンドで描き，あらためて0から100の間で数字をつけてもらいました。青山さんは，今度はあっさりと数字をつけることができました。このようにすればほとんどのケースで主観的評定ができるようになります。

主観的評定をこのようにしてもらう理由はいくつかあります。1つは，さ

図3.15　主観的体験に数字をつける意味＝外在化して重さを量る

きほど申し上げたとおり，アセスメント，認知再構成法，問題解決法，曝露療法など，CBTの様々な局面や技法において，「0から100」で数字をつけるという作業は不可欠です。となると，最初からこのような作業をすることで，「0から100」で数字をつけるという認知的作業に慣れておいていただくと，後のCBTの進行がスムースになります。また自分の主観的な体験に「0から100」で数字をつけるというのは，非常にシンプルな作業ではありますが，自分の内なる体験を，外在化して，その重さを量るようなものです。それはすなわち自分の体験に名前をつけ，外在化し，客観視するということです。図3.15を見てください。青山さんが自分のつらさに「しんどい」と名前をつけ，それを量りにかけて「90％」と評定することが，「外在化」「客観視」の機能をもつことがおわかりいただけるかと思います。非常にシンプルに見えて，結構この「主観的評定」というのは重要な作業なのです。名前をつけたり外在化したりすることは，ナラティブセラピーにも通じることだと思いますが，認知心理学的に考えたい私としては，これはまさに「メタ認知」的な作業であると考えています。

　なお青山さんは自分の体験に「しんどい」という名前をつけましたが，これは人によってまちまちです。たとえば「調子の良し悪し」という名前をつける人もいれば，「うつの度合い」という名前をつける人もいます。「悲しさ」「不安」「怒り」といった感情を名前に使う人もいますし，「だるさ」「頭

のもやもや感」といった身体感覚を名前に使う人もいます。「マイナス思考」といった認知的特徴を名前に使う人もいます。要は，クライアントの状態を包括的にあらわす言葉であれば（「包括的にあらわす」とクライアント自身が実感できれば），何でもよいのだと思います。

　主観的評定をするその他の理由としては，数字にして残しておけば，そのときどきのクライアントの状態を表すデータとして，後に様々な検討ができる，ということが挙げられます。たとえば調子に波のある人であれば，継続的にデータが記録されていると，その波の有り様がより具体的，客観的に理解しやすくなります。継続的なデータの記録はとても役に立ちます。クライアントは，というより誰しもが「今」を主観的に生きていますから，〈1週間前と比べてどうですか？〉〈1年前の自分と今の自分はどう違いますか？〉などと聞かれても，過去の自分と今の自分を客観的に比較するのは，なかなか難しいものです。そういうときにもその時々の自分の状態を数字にして残しておくと，1年前は平均して調子の悪さを「70％」と評定していた，それがこの3カ月は「50～60％」と評定している，主観的には調子の悪さが続いており，あまり良くなっているようには感じていなかったけれども，少しずつ回復はしてきているんだな，と思えるわけです。

　またたとえばケースAの青山さんのように，BDI-IIといった尺度を毎回のセッションで使うケースの場合は，尺度の点数と主観的な評定とのマッチングを行うことができ，それがまたクライアントを理解するために非常に役に立つ場合があります。たとえBDI-IIが標準化された質問紙だとしても，やはり自記式質問紙の限界で，クライアントによって点数の出方にかなり個性が出ます。主観的評定と併せてみていくことで，その個性を理解し，クライアントの状態をより正確に理解することが可能になります。たとえば私が以前担当していたうつ病のクライアントは，専業主婦の方だったのですが，BDI-IIが20点台だと，主観的な調子の悪さはせいぜい「10～20％」で，「結構調子がいいです。家事も問題なくできます。このぐらいの調子であれば，何とかやっていけます」とおっしゃり，BDI-IIが30点台の後半だと，主観的な調子の悪さが「70～80％」となり，「うつが重くて，すごくしんどい。死ぬ思いで家事をしたり子どもの面倒をみています」とおっしゃっていました。一方，別のうつ病のクライアントは，この方も専業主婦だったのですが，BDI-IIが20点を超えると，主観的な調子の悪さは「100％」となり，「もうつらくて何もできない」とおっしゃり，BDI-IIが10点台前半だと主観的な調子の悪さは「50％」，BDI-IIが一桁台だと「20％」と報告してく

れました。このように同じ質問紙でも，点数の出方はクライアントによってかなり異なるので，その意味でも，質問紙をやったのでOKというのではなく，クライアント自身の主観的な評定を教えてもらうのが重要だといえるでしょう。

　ケースBの尾藤さんとも初回セッションで主観的評定について話をしたので，その対話を以下に紹介します。この対話も，心理テストの結果について説明した直後のものです。

　　伊藤：心理テストの結果とは別に，ひとつ尾藤さんに教えていただきたいことがあるのですが，今，その話をしてもよろしいでしょうか？
　　尾藤さん：ええ，いいですよ。
　　伊藤：（インテーク面接の記録用紙を見ながら）カウンセリングに対する尾藤さんのご希望は，「躁うつの波を小さくしたい」ということだったと思いますが，躁うつの波のその時々の程度を，数字で表してみていただきたいのです。数字で表すことができると，その時々の状態を比較したり，検討したりしやすくなるからです。
　　尾藤さん：ああ，そういうことでしたら，すでに自分でやっています。
　　伊藤：そうなんですか。具体的に教えてください。
　　尾藤さん：5段階評価です。中学校の成績みたいですけど（笑）。
　　伊藤：「1」から「5」までの数字をつけるということですか？
　　尾藤さん：そうです。「1」が「ひどいうつ」，「3」が「普通」，「5」が「ひどい躁」という基準です。
　　伊藤：なるほど。そうやって数字をつけてセルフチェックしているのですか？
　　尾藤さん：いつもではありませんけど。ときどき「今の自分はどんなもんかな？」と思って数字をつけてみることがあります。
　　伊藤：なるほど。先ほど私が提案したのは，まさにそのような作業です。その時々の自分の状態を把握して，あらかじめ決めてある基準に沿って，数字をつけていただくと，状態の変化を把握しやすいですし，躁うつの波のパターンを理解するうえでも，大変役立ちます。そういう作業を尾藤さんがすでになさっているのであれば，認知行動療法の進行にも大変に役立ちます。
　　尾藤さん：それは朗報ですね（笑）。
　　伊藤：ええ，そう思います。ちなみに今日の尾藤さんの状態を5段階で評価するとしたら，いくつぐらいになりますか？
　　尾藤さん：2.4ぐらいです。

伊藤：なるほど。1週間前のインテーク面接のときは，いくつぐらいだったでしょうか？

尾藤さん：2.6ぐらいです。

伊藤：確かインテーク面接のときに，〈0がひどいうつ，50が普通，100がひどい躁だとしたら，今は何十％ですか？〉とお尋ねしたところ，「30％」というご回答でした。ちなみに0から100で言うと，今日は何十％ぐらいでしょうか？

尾藤さん：インテーク面接のときより，少し気分がいいので，今日は35％です。

伊藤：なるほど。今，5段階評価ではなく，0から100％という基準で数字をつけていただきましたが，やりづらかったですか？

尾藤さん：いいえ，特にやりづらくはありません。

伊藤：（図3.16を描いて，見せながら）今後尾藤さんには，できれば毎日，ご自分の状態をチェックしていただき，0％から100％の間で，数字をつけるという作業を，やっていただきたいと思います。

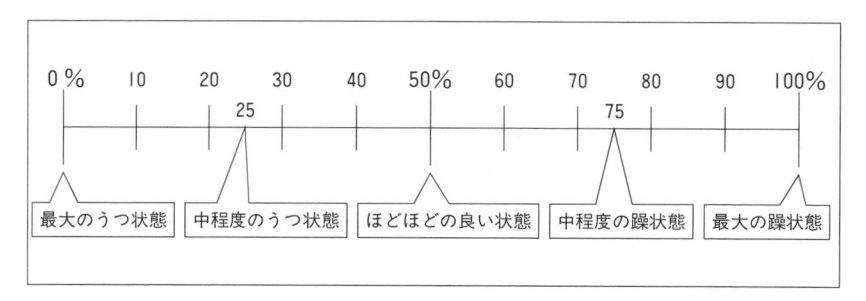

図3.16 主観的評定のためのグラフ（ケースB）

伊藤：さきほども申し上げたとおり，何らかの基準，すなわちものさしを作って，そのものさしを使って，その時々のご自分の状態に数字をつけていただきたいと思っていまして，その際，すでに尾藤さんが使っておられる5段階評価をそのまま使いたいのは山々なのですが，状態を細かく見ようとすると，どうしても小数点以下の数字が発生してしまいますよね。なのでもし尾藤さんさえ嫌でなければ，このグラフ（図3.16）のように，0から100までのものさしで評価していただくと，やりやすく，また理解しやすいのではないかと思います。基準は尾藤さんの5段階評価とほぼ同じで，「0％が最大のうつ状態」，「25％が中程度のうつ状態」，「50％がほどほどの良い状態」，「75％が

中程度の躁状態」,「100％が最大の躁状態」とするのです。いかがでしょうか？

尾藤さん：（図3.16を見つめて）こうやってグラフにすると，すごくわかりやすいですね。このやり方でできそうです。

伊藤：では毎日，このものさしを使って，ご自分の状態に数字をつけるということを，今日からお願いしたいと思います。1日のなかで，いつ，数字をつけると良さそうですか？

尾藤さん：いつがいいんでしょうね。朝起きたときとか？

伊藤：朝起きてすぐ，数字をつけられますか？

尾藤さん：ちょっと無理かも（笑）。朝食を食べて，歯を磨いているときとか？

伊藤：尾藤さんは毎朝，朝食を召し上がりますか？

尾藤さん：毎日食べます。

伊藤：歯磨きも欠かさず？

尾藤さん：よほどのことがなければ。

伊藤：では，毎朝，朝食を食べて，歯磨きをするときに，「今の自分は何十％かな？」と自分に聞いてみて，数字をつけ，それをメモしてもらうことにしましょうか？

尾藤さん：わかりました。

伊藤：メモはどこにつけましょうか？　何かそのための用紙を準備したほうがよいでしょうか？

尾藤さん：（カバンから手帳を取り出して）いつもこの手帳を使っているので，ここに書いてきます。

伊藤：わかりました。では書いてきたものを，次回ここで私に見せてください。

尾藤さん：はい。

　ケースAの青山さんの場合は，セッションに来たときにBDI-IIを実施し，そのとき同時に「しんどさ」の程度を，0から100で評価してもらうことにしましたが，ケースBの尾藤さんの場合は，毎日の気分を毎日チェックしてもらうことにしました。もちろん青山さんにも毎日チェックしてもらってもよいのですが，うつ状態がそれなりに重たいこと，「大うつ病性障害」という診断およびインテーク面接で聴取した情報から，状態がさほど乱高下するようには思われないことにより，とりあえずはセッションの場で，BDI-IIおよび主観的評定により状態をチェックできれば，おおまかな状態の変化がつかめると考えました。一方，ケースBの尾藤さんは，双極II型障害

の診断がついていること，主治医からの紹介状とインテーク面接での情報から，うつ状態から躁状態まで幅広く状態が変化しやすいと思われること，そのような変化がセッションとセッションの間に起こる可能性があること，現在うつ状態ではなく状態をチェックして数字を記録する作業がさほど過負荷になるとは思えないことなどを加味して，毎日チェックしてもらうことになりました。

　セッション中ではなく，日常生活でこのようなチェックを行ってもらう場合，いつ，どこで，どのようにチェックするのか，やり方を具体的に決めておく方が，忘れずにやってきてもらえる可能性が高まります。ただ単に〈では毎日チェックして，メモしてきてください〉ではなく，上のように〈毎日，朝食後の歯磨きのときにチェックして，それを普段持ち歩いている手帳にメモしてきてください〉という具体的な課題に落とし込むのです。そのほうがクライアントのモチベーションが上がりますし，具体的な計画を立てているうちに「ああ，そういうふうにチェックすればいいのだな」ということがイメージでき，それがイメージリハーサルのように機能します。ただし，ここまで具体的に計画を立てても，「できませんでした」「忘れてしまいました」というクライアントは決して少なくありません。その場合，「忘れずに課題を実行するにはどうすればよいか」という問いを立て，さらなる対策を検討します。たとえば仮にケースBの尾藤さんが，上のような課題を立てても忘れてしまうようであれば，洗面所の鏡に図3.16のグラフを貼っておくとか，歯磨き粉の入ったチューブにマジックペンで「数字をつけよう！」と書いておくとか，そういったしかけ作りをすることになるでしょう。

◆ **尺度の使用**

　第2章，第3章でお伝えしたとおり，当機関では10種類の質問紙をテストバッテリーとして組み，心理テストを実施していますが，クライアントによってはそれだけでは十分でない場合があります。たとえば強迫性障害や社会不安障害といった特定の診断がついているクライアントであれば，その診断に沿った尺度を使って，評価をするほうが良いでしょう。たとえば強迫性障害であればY－BOCSの日本語版（中嶋 他，1993），社会不安障害であればLSASの日本語版（朝倉 他，2002）が使えます。PTSDなど心的外傷（トラウマ）の問題を抱えているクライアントであれば，飛鳥井（1999）の尺度を用いることができます。

これらの尺度は，必ずしも初回セッションで行う必要はありませんが，主訴や症状がある程度はっきりしているのであれば，それに合った尺度を一度早めに実施して，数字を出しておくと良いかと思います。BDI-IIなどと違って，Y-BOCSやLSASなどの症状評価尺度は，毎セッションで実施することはありません。CBTの進行度に応じて，クライアントの回復の度合いとCBTの効果を検証するために，時折実施するだけです。場合によっては終結時に再度実施して，最終的な評価を行うだけのときもあります（つまり初回と終結時の2回しか実施しない）。そのためにもCBT開始当初の結果を早めに出しておき，後々の評価に備えておくと良いでしょう。

　どのような尺度を使っても，それが何の尺度なのか，何を測定しようとしているのか，なぜそのクライアントにその尺度を実施することが必要なのか，などといったことをきちんと説明したうえで行ってもらい，結果についてもきちんとフィードバックする必要があります。

　本ワークショップで紹介しているケースでは，ケースDの堂本さんに，当機関の標準的な10種類の心理テスト以外に，社会不安障害の症状の有り様と重症度を把握するために，上記のLSASの日本語版（朝倉 他, 2002）を実施してもらいたいと考え，初回セッション前にすでにその準備をしておきました。インテーク面接のときから，堂本さんは私とのやりとりの中で，自ら発言することが非常に少なく，私からの質問に対してもごく端的な回答をすることが多かったので，初回セッションで心理テストの結果を説明するのにさほど時間がかからず，セッションの時間がそれなりに残るだろうと予測していたからです。そこで，図3.17をご参照いただきたいのですが，堂本さんの場合，初回セッションのアジェンダには，「2．心理テストの結果の説明」の次に，「3．社会不安障害用の質問紙（LSAS-J）の実施」というのを用意しておき，アジェンダ設定のところで提案したところ，「それでいいです」ということでしたので，そのままそれをアジェンダとしました。それでも時間が余れば，堂本さんの場合もすぐにアセスメントに入らずにヒアリングを行うことがインテーク面接で合意されていたので，その計画を立てるというアジェンダを設定しました。残り時間如何によっては，このアジェンダについては話し合えるかどうか不明だったので，「4．ヒアリングの計画を立てる → ヒアリング開始」のところに「※時間があれば」という注釈も書き加えておきました。

　実際に心理テストの結果をすべて説明し終わっても，まだセッション開始から25分しか経っておらず，まとめの時間に5分取っておいても，15〜20

第 _1_ 回面接　西暦 2005 年 5 月 9 日（月）　時間 13:00 〜 13:50

クライアント氏名：＿堂本　健太＿＿＿様　　クライアントID：_D_
前回（第　　回）面接日：2005 年 5 月 2 日（月）　前回と今回の間隔：_1_ 週間
担当者：　伊藤絵美　　備考

前回のHW，本日のアジェンダ（予定）
　　1　認知行動療法の開始の確認，全体の流れの確認，1回の流れの説明
　　2　心理テストの結果の説明
　　3　社会不安障害用の質問紙（LSAS-J）の実施
　　4　ヒアリングの計画を立てる → ヒアリング開始　※時間があれば
　　~~5　その他？~~

ラスト：セッションに対する感想

今回のHW，次回のアジェンダ(予定)

次回予約　　有・無
次回（第　　回面接）予約日　　年　月　日（月）　時〜
今回と次回の間隔：
備考：

図 3.17　面接記録用紙（ケース D 初回セッション前）

分ほど時間があることがわかりましたので，堂本さんにはセッション中にLSASの日本語版を実施してもらいました。所要時間は約10分程度でした。その結果，106点という総合得点が出ましたが，106点というのは，社会不安障害としてはかなり重度であるという結果です。以下に，そのときの堂本さんとのやりとりを紹介します。

> 伊藤：先ほどお伝えしたとおり，これはいわゆる「社会不安障害」の症状の程度をみるためのテストですが，総合点数をどう評価するかについては，ここに書いてあるとおりです（LSASの得点の見方について標記されている文書を示す）。
>
> 堂本さん：（その文書をのぞきこむようにして）はい。
>
> 伊藤：ここに書いてあるとおり，総合得点が50〜70点で「中等度」，89〜90点で「苦痛を感じるだけでなく，実際に社交面や仕事などの日常生活に障害が認められる，となっています。さらに95〜100点以上ですと，「重度（働くことができない，会社に行けないなど，社会的機能を果たすことができなくなり，活動能力がきわめて低下した状態になってしまっている）」と書いてあります。先ほどの計算によれば，堂本さんの総合得点は「106点」でした。ということは，今述べた「重度」に該当するということになるのですが，いかがでしょうか？
>
> 堂本さん：この通りだと思います。実際に働くことができていませんし，ここに書いてあるとおり，「活動能力がきわめて低下した状態」であることは，間違いありませんから。
>
> 伊藤：なるほど。「重度」という結果が出たことについては，どう思われますか？
>
> 堂本さん：こんなふうに言うと，変に思われるかもしれないけれども，ちょっとホッとしました。さっきの結果だと（※当機関の心理テストの結果のこと），うつとかストレスとかそんなにひどくないという話で，それだと今こういう生活をしている言い訳ができなくなっちゃうなあ，と少し思ったんだけど……。
>
> 伊藤：ちょっと待ってください。さっきのテストの結果に対して，堂本さんはそのように思われたのですね？
>
> 堂本さん：あ，はい。
>
> 伊藤：なるほど。（今の堂本さんの発言を，面接記録用紙に書き取って）今みたいに，率直な感想をおっしゃっていただけると，すごく助かります。

堂本さん：あ，はい。

ちょっと話が逸れますが，こちらが感想を尋ねたときに，クライアントが何でもその場で率直な感想を伝えてくれるわけではありません。こうやって後になって本音を教えてくれる場合も少なくなく，それをカウンセラーが見逃さない（聞き逃さない）ことが重要です。これもメタコミュニケーションの一種ですね。こういったやりとりを繰り返すうちに，次第にその場で率直な感想を言ってくれるようになることがよくあります。

伊藤：ごめんなさい，話が逸れてしまいました。さきほどのテストの結果だと，うつとかストレスの度合いがそんなにひどくないので，「今，こういう生活をしている言い訳ができなくなっちゃうなあ」というふうに思われたのですね？

堂本さん：はい。

伊藤：それが，今一緒にやった社会不安障害のテストの結果が「重度」と出たことで，どんなふうに思われたのですか？

堂本さん：これで親に申し訳が立つかなって。

伊藤：テストの結果が重度だと，親に申し訳が立つ？

堂本さん：あ，はい。

伊藤：もうちょっと具体的に教えていただいてもいいですか？

堂本さん：（ポツポツと話す）今，こうやって，引きこもりみたいな生活を送っていて，たぶん親はどこかで自分のことを，「甘えている」とか「怠けている」とか思っているんじゃないかと自分は思っていて，自分でも少しそうなのかなとも思っていて……

伊藤：「そうなのかな」っていうのは，「甘えている」とか「怠けている」とか，ということ？

堂本さん：そうです。だからこういうテストで実際に「重度」という結果が出たということは，やっぱり自分は病気なんだって思えるし，親にもそう言えるから，それでちょっとホッとした。

伊藤：なるほど。それがさっきおっしゃっていた「親に申し訳が立つ」ということなんですね。

堂本さん：あ，そうです。

伊藤：今までおっしゃっていただいたことも，この認知行動療法のモデルにあてはめて考えることができますね。（図3.9（p.147）の上部，CBTの基本

モデルを指して）さきほどの心理テストの結果に対しては、堂本さんの頭には「今，こういう生活をしている言い訳ができなくなっちゃうなあ」という認知が浮かんだのですね。この認知は，さきほどお伝えしたとおり，「自動思考」と呼ばれる認知です。よろしいですか？

堂本さん：あ，はい。

伊藤：ストレスがさほどひどくない，というテスト結果が出て，堂本さんはそれに対して「今，こういう生活をしている言い訳ができなくなっちゃうなあ」と思って，それでどんな気分になりましたか？

堂本さん：（しばらく考えて）心配な感じ。

伊藤：なるほど。それが気分とか感情ですね。つまり「今，こういう生活をしている言い訳ができなくなっちゃうなあ」という自動思考が浮かんだ結果，心配な気分になってしまった。これで合っていますか？

堂本さん：合っています。

伊藤：一方，今一緒にやった社会不安障害のテストでは，「重度」という結果が出ました。そういう状況に対して，堂本さんの頭に浮かんだのは，「これで親に申し訳が立つかな」という自動思考で，その結果，気分的にはどうなったのでしたっけ？

堂本さん：ホッとした。

伊藤：ああ，そうでしたね。ホッとしたのでしたね。

堂本さん：はい。

伊藤：こうやってご自分のいろいろな反応を，この認知行動療法のモデルに当てはめて考えることができるのですが，そのことが少しおわかりいただけたでしょうか？

堂本さん：あ，はい。何となく。

伊藤：今は「何となく」ご理解いただければ，それで十分です。

堂本さん：はい。

前にもご紹介したとおり，このように何かネタがあれば，すかさずCBTのモデルに当てはめて，クライアントに示します。そうやって少しずつモデルに馴染んでいってもらうのです。対話に戻りましょう。

伊藤：すみません，また私が話を逸らしてしまいました。最初に結果をお伝えした当機関の心理テストについては，さきほどもお伝えしたとおり，3回目のセッションが終わった後に再び受けていただき，その後は5回毎に受けて

いただいて，こまめに経過を見ていきますが，今受けていただいた社会不安障害のテストは，そこまで頻繁には行いません。
堂本さん：はい。
伊藤：（図2．8　プロセスシート（p.38）の「7．効果の検証」の箇所を示して）ここでの認知行動療法がかなり進んで，堂本さんがいろんなことを日常生活で実践できるようになって，実際に認知行動療法の効果が出たなあ，という時期に入ってから，このテストを再び受けていただきます。
堂本さん：あ，はい。
伊藤：私たちがいつ，この「7．効果の検証」にたどり着けるかどうか，今はまだわかりませんが，一緒に協力して認知行動療法を進めていって，今日の106点という重度の結果がどのように変化しているか，そのときにまた一緒に確認しましょう。
堂本さん：はい，わかりました。

このように個別で実施する尺度については，上の対話にあるとおりさほど頻繁には実施せず，CBTがかなり進行してから，そして終結時やフォローアップ時といった区切りの時期に実施してもらい，1回目の結果と比較して，クライアントや症状の変化，そしてCBTの効果を検証します。

◈**主訴についての話し合い**

本ワークショップで紹介している5つのケースについては，インテーク面接の段階で主訴が明確になっているので，初回セッションで，改めて主訴について話し合うことをしませんでしたが（ケースEの江藤さんは，当初「主訴がない」とのことでしたが，インテーク面接での話し合いを通じて，CBTで当面何について話し合うか，ということについては明確化・合意されています），まれにインテーク面接の段階で，主訴を明確にできない，もしくは明確にしきれない場合があります。その場合は，初回セッションで「主訴について」というアジェンダを設定して，改めて話し合う必要があるでしょう。対話例を示します。

　　カウンセラー：では次に「主訴について」というアジェンダについて話し合いましょう。確かインテーク面接のときに「主訴」についてお尋ねして，いろいろと話し合ったところ，「何を主訴にしたらよいのか，実はよくわからな

い」という話になったのでしたね。
クライアントA：ええ、そうでした。
カウンセラー：それでインテーク面接のときは、「主訴」について保留にしたまま、だけど認知行動療法自体は始めてみたい、ということで始めることにして、今日このように初回セッションを行っているわけですが、どうでしょうか、あの後、主訴について考えてみて、どんなことに気づきましたか？
クライアントA：あの後、自分でもいろいろと考えてみて、いろんな問題があるけれども、私にとって一番大きいのは、やっぱり人間関係かなと思いました。
カウンセラー：人間関係？
クライアントA：はい。人間関係がもうちょっとうまくいけば、今みたいにうじうじ考えたりもしないし、自信を失ったりもしないし、もう少し楽しくなるんじゃないかなって。
カウンセラー：なるほど。いろいろな問題はあるけれども、その中心に人間関係の問題があるような感じなのでしょうか？
クライアントA：そうですね。
カウンセラー：わかりました。ところでAさんにとって人間関係の問題というのは、もうちょっと具体的に言うと、どのような問題になるのでしょうか？
クライアントA：うーん。……それがよくわからないんですよね。何が問題か具体的にわかれば、逆に何とかできるような気がするんですけれども。
カウンセラー：そうかもしれませんね。では、今のところ「人間関係」というテーマを主訴として設定しておいて、今後のここでの話し合いや作業を通じて、何が具体的に問題なのか、ということを一緒に見ていくことにしましょうか？
クライアントA：お願いします。

別の対話例を紹介します。

カウンセラー：では次に「主訴について」というアジェンダについて話し合いましょう。確かインテーク面接のときに「主訴」についてお尋ねして、いろいろと話し合ったところ、「何を主訴にしたらよいのか、実はよくわからない」という話になったのでしたね。
クライアントB：ええ、そうでした。
カウンセラー：それでインテーク面接のときは、「主訴」について保留にしたま

ま，だけど認知行動療法自体は始めてみたい，ということで始めることにして，今日このように初回セッションを行っているわけですが，どうでしょうか，あの後，主訴について考えてみて，どんなことに気づきましたか？

クライアントB：やっぱりよくわからないんですよね。自分が苦しいことは確かなんだけれども，何に対して苦しいのかが，考えてみてもやっぱりよくわからないんです。

カウンセラー：なるほど。苦しいことがいろいろありすぎて絞り切れない感じ？

クライアントB：うーん，そうなんでしょうか？ いろいろあるのかどうかもよくわからないんですよね。

カウンセラー：そうですか。それではこうしませんか？ 確かインテーク面接のときにおうかがいしたのは，そもそも中学生の頃からBさんは苦しくて，それが今に至るまでずっと続いているということでしたよね。

クライアントB：ええ。

カウンセラー：要はBさんの苦しみの歴史はすごく長いわけです。ですから，インテーク面接のときにもお話ししましたが，ここでのカウンセリングでは，まず「ヒアリング」という形で，Bさんの苦しみの歴史を共有させていただいて，その上で，主訴に対するアセスメントに入りませんか。ヒアリングをしながら，これまでの経過を共有するうちに，Bさんの苦しみがどのようなものであるか，具体的に見えてくるかもしれません。そうしたらそれを「主訴」にできますよね。

クライアントB：ああ，なるほど。

カウンセラー：逆に，ヒアリングを行っても，やはり主訴がはっきりしないという可能性もありますね。

クライアントB：ええ。

カウンセラー：その場合は，むしろ「はっきりしないけれども，とにかくBさんは苦しいんだ」という事実そのものを，主訴として扱えばよいのではないでしょうか。

クライアントB：そういうこともできるのですか？

カウンセラー：ええ，もちろんできます。ですから，ひとまずヒアリングに入って，これまでの経緯を聞かせていただいて，そこから何らかの具体的なテーマが見えてくるか，それとも依然としてはっきりしないか，その様子を見て，改めて主訴について一緒に検討できればと思いますが，いかがでしょうか？

クライアントB：それでいいと思います。

さらに別の対話例を紹介します。クライアントのCさんは，摂食障害の診断で当機関に紹介されてきましたが，Cさん自身はCBTで自らの摂食障害を治したいとは考えていません。CBTを受けなければ入院しなければならないと主治医に言われ，「入院して体重が増えるのだけは真っ平だ」という思いから，しぶしぶ当機関に来ました。インテーク面接を実施したところ，CBTそのものには興味を抱き，また入院を避けるためにはCBTを始めざるをえないという考えから，主訴はさておきCBTを開始するということが合意されたのでした。

カウンセラー：では次に「主訴について」というアジェンダについて話し合いましょう。（主治医からの紹介状を示して）一応主治医の先生からの紹介状には，Cさんが摂食障害であること，その摂食障害に対して認知行動療法を実施してほしいことが書かれてありますが，Cさんご自身は，摂食障害に対するカウンセリングは望んでいない，ということでしたよね。

クライアントC：はい。でもここには通わなくちゃいけないんです。入院させられるから。

カウンセラー：Cさんが摂食障害を治したいというのであれば，摂食障害が「主訴」ということになり，話は早いんですけれども……。

クライアントC：すみません，いい患者じゃなくて。

カウンセラー：いえいえ，いいんですよ。こちらもクライアントさんが「治したくない」とおっしゃっていることに対して，介入するつもりはありませんから。ですが，せっかくここで貴重な時間とお金を使って認知行動療法を行うのであれば，何に対して，どういう問題に焦点を当てて，認知行動療法を行うのか，つまりそれが「主訴」ということになりますが，ある程度主訴を明確にしておく必要があるかと思います。というのも，インテーク面接のときにご説明したとおり，認知行動療法とは，フリートークのカウンセリングと違って，問題解決型のカウンセリングで，皆さんが抱えている具体的な問題に焦点を当てて進めていきますから，やはりどのような問題に焦点を当てて進めていくか，ということをある程度決めておきたいのです。ここまでのお話はいかがでしょうか？

クライアントC：お話はよくわかります。でも私はここで摂食障害に焦点を当ててもらいたくはないのです。

カウンセラー：それはわかりました。ですから，Cさんに相談したいのは，ではどんな「問題」に対して，ここで一緒に取り組むのが良いのだろうか，ということです。何を「問題」として認知行動療法を行えば，それがCさんに役立つだろうか，ということです。

クライアントC：うーん。（しばらく考えて）……。漠然としているかもしれないけれど，「ストレス」というのはどうですか？

カウンセラー：ストレス？

クライアントC：先生がおっしゃったじゃないですか。ストレスは誰にでもあるって。確かに私にもストレスはあると思うので，それについて一緒にやっていただくことはできますか？

カウンセラー：Cさんご自身のストレスに焦点を当てて，認知行動療法を実施するということですか？

クライアントC：駄目ですか？

カウンセラー：いえいえ，全然駄目じゃありません。おっしゃるとおり，ストレスは誰にでもありますから，Cさんのストレスに焦点を当て，それがどうなっているのかを認知行動療法のモデルを使ってアセスメントを行って明らかにし，Cさんがご自分のストレスとさらに上手に付き合っていけるよう手助けすることは，十分可能だと思いますよ。

クライアントC：じゃあ，そうしてください。

カウンセラー：ではここでの認知行動療法の主訴は「ストレス」ということにして，進めていくことにしましょうか？

クライアントC：はい。

カウンセラー：今こうやって話し合って，摂食障害とは別の主訴を何とか設定することができましたが，Cさんとしてはいかがですか？

クライアントC：主訴が決まってホッとしました。じゃないと，入院させられちゃうから（笑）。

カウンセラー：CさんがホッとしたということをうかがってⅠ私もホッとしました（笑）。

以上3つの例をご紹介しましたが，お伝えしたかったのは，CBTを開始した時点で主訴が明確になっていなくても，いくらでも進めようはあるということです。ヒアリングを行って過去の経過をじっくりとおうかがいする中で，主訴が見えてくる場合もありますし，「とりあえずの主訴」を暫定的に設定して，それをアセスメントする中で，「本当に扱うべき主訴」が発見さ

れる場合もあります。上のCさんのケースのように,「ストレス」の問題としてしまえば,誰だってストレスはありますから,その人のストレスを「ネタ」にしてCBTを進めていくことができます。

　ちなみにCさんのようなケースをなぜ引き受けるのか,と疑問に思われる方がいらっしゃるかもしれません。摂食障害の診断で紹介状を持って当機関に来ているのに,本人は摂食障害に対するCBTは受けたくないと言っていて,当機関がそれに応じてしまっているのはいかがなものか,という疑問です。それはある意味もっともな疑問ではありますが,「協同的問題解決」を理念とするCBTで,クライアント本人が「やりたくない」と言っていることを「やる」ことは不可能です。摂食障害に対するCBTを「やる」か「やらない」かで議論してもあまり意味はありません。インテーク面接時にCBTについて説明をして,もしCBTそれ自体に興味を持ってもらえたのであれば,上の話し合いのように,「何に対してだったらCBTをやってもいいと思うか」ということを,クライアントに教えてもらうことが重要だと私は考えています。実際,摂食障害のケースの場合,クライアントが選んだ摂食障害以外のテーマに対してCBTを進めていくうちに,それらのテーマと摂食障害との関連性にクライアントが気づき,結果的に摂食障害も軽快するというケースが多々あります。摂食障害も他の問題も,同じ1人のクライアントの中で起きていることですから,関連性がないということはあり得ず,進めていくうちに,必ず何らかの変化が両方に起きてくるものです。ですから,たとえ主治医から「摂食障害のCBTを依頼する」という紹介状が来たとしても,クライアントがそれを望まなければ,最初から摂食障害を直接扱わなくてもよいのではないでしょうか。ただしその場合,「なお今のところ,カウンセリングでは摂食障害を直接的に扱わないことが合意されております」といった報告を,カウンセラーから主治医にしておく必要があるかと思います。場合によっては,そのような報告を受けた主治医が,「摂食障害を直接扱わないのであれば,そのようなカウンセリングは受けずに,入院しなさい」とクライアントに指示するかもしれません。そうしたらそうしたで,CBTではどうすればよいか,そのときになってから再びクライアントと相談すればよいでしょう。(今のところ,そのようなことは一度も経験したことがありませんが。)

　またインテーク面接やCBTの初期段階で設定した主訴が,後になって変わる場合もあります。もし後になってクライアントが主訴を変えたいと申し出たら,その申し出自体をアジェンダに設定し,十分に時間を取って話し合

う必要があります。主訴を変えたいというクライアントのご要望がカウンセラー側にも十分納得できれば，変えることは可能でしょう。ただしクライアントによっては，毎回「やっぱり主訴を変えたい」と言って，様々な問題を持ち込もうとする方もいらっしゃいます。その場合，「毎回主訴を変えたくなってしまい，CBTそのものが進まないこと」をアジェンダに挙げて，クライアントと話し合う必要があります。

◈ヒアリングをするか否かの話し合い

　ヒアリングとは，現在抱える問題に対するアセスメントを始める前に，これまでの経緯について話を聞かせてもらうことを言います。（ヒアリングそれ自体の進め方などについては，第6章で詳しく紹介します。）
　CBTは「今・ここ（here and now）」の問題に焦点を当てる問題解決型アプローチの心理療法であると言われ，したがって「過去には焦点を当てない」などと教科書に書いてあることがありますが，「今・ここ」の問題には，それぞれの歴史があります。歴史の長い問題の場合，その歴史についてある程度共有させてもらうことが，「今・ここ」の問題の理解を促進してくれます。その「歴史の共有」がヒアリングに該当します。
　最近発生したばかりの主訴や，比較的シンプルな主訴であれば，ヒアリングを行わずに，主訴のアセスメントにすぐに入ることができますが，経過が長かったり，複雑だったりするケースの場合，それを「今・ここ」の問題として即座にアセスメントに入るよりは，長く複雑な経過をまずヒアリングさせてもらうほうが，結局はその後のアセスメントの作業を促進してくれることが圧倒的に多いので，カウンセラーとしては長く複雑なケースについては，基本的にはヒアリングをさせてもらいたいと考え，通常はインテーク面接の時点でヒアリングについて提案させてもらいます。実際，経過が長かったり複雑だったりするクライアントの場合，その経過の長さや複雑さを通常自覚しておられますので，こちらがヒアリングを提案すると，皆さんあっさりと了承してくれることがほとんどです。
　ただしここでも重要なのはクライアントの意思です。経過が長い場合，カウンセラー側は「ある程度その経過を知っておきたいな」と思うのが当然かもしれませんが，クライアントの中には，「確かに経過は長いが，今どうにかしたいのは，『今・ここ』にある問題のほうなんだ。だから過去の話は置いておいて，とにかく今抱える問題について話をしたいし，話を聞いてほし

い」という人もいらっしゃいます。その場合,「経過が長いが,それについては共有していない」ということを共に認識したまま,あえてヒアリングを行わず,アセスメントに入る,という選択もありだと思います。たとえばケースEの江藤さんの場合,生育歴や生活歴,特にお兄さんとの関係や,お兄さんが亡くなった後の経過など,いろいろなことが過去にあって,それが今現在の江藤さんの抱える問題(正確に言えば,妻との関係における問題)に大きな影響を与えているだろうと思われたので,その件に関するヒアリングを私から提案してみましたが,江藤さんは「そのような必要性は感じない」ときっぱりおっしゃいました。そこで,とりあえずヒアリングをしないことにして,ただし後で必要になれば,そのときにヒアリングをさせてもらいたい旨を再度提案させてもらうということが合意されたのでした。

　このようにヒアリングを行うかどうかについては,インテーク面接の段階ですでに意思決定されていることが多いのですが,もし何らかの理由で,ヒアリングを行うか否かが決まっていないケースの場合は,初回面接で話し合って決める必要があります。

◈ヒアリングの計画とヒアリング開始

　ヒアリングをする場合,すぐにそれに入るのではなく,まずはヒアリングそれ自体の計画を立てる必要があります。計画を立てて,それについて合意された時点で,実際のヒアリングを開始するのです。ヒアリングの計画の立て方や実際の進め方については,第6章で説明しますが,ケースAの青山さんとの初回セッションでのやりとりを,以下に紹介します。なお青山さんとは,具合が悪くなった経過のみヒアリングを行い,早めにアセスメントに入ろうということが,インテーク面接時に合意されています。

伊藤：（時計を見て,セッション終了まで残り15分ほどあることを確認する）
　　　まだあと15分ほどあるので,次のアジェンダに進んでもいいですか？
青山さん：ええ,お願いします。
伊藤：（図3.5 面接記録用紙のアジェンダの欄,「3. ヒアリングの計画を立てる → ヒアリング開始」というアジェンダを示して）インテーク面接のときにお話ししたとおり,青山さんの主訴を認知行動療法のモデルを使って理解したり整理したりすることを,「アセスメント」と言って,私たちはそれを大変重視していますが,その前に,主訴がそもそもどのように形成されたの

か，主訴に関わるこれまでの経緯をお話ししてもらって，アセスメントに役立てるということを通常しておりまして，それを「ヒアリング」と呼んでいます。ここまでよろしいでしょうか？
青山さん：はい。
伊藤：インテーク面接のときに私たちの間で合意したのは，今回青山さんの具合が悪くなった経過については，ヒアリングを行って一緒に共有しておく必要があるけれども，できるだけすみやかに進めるために，あまりヒアリングに時間をかけすぎない，ということでした。このような考え方でよろしいですか？
青山さん：ぜひ，そのように進めていただきたいと思います。
伊藤：わかりました。では，具合が悪くなった経緯を，あまり時間をかけすぎずにヒアリングしていくということで，よろしくお願いいたします。
青山さん：お願いします。
伊藤：ところで，具合が悪くなった経緯をヒアリングするとしたら，いつから，もしくは何について，お話をおうかがいすればよいということになりますでしょうか？
青山さん：（しばらく考えて）本格的に具合が悪くなったのは今年の2月頃なのですが，具合が悪くなった経緯をお伝えするとしたら，どうして具合が悪くなったのか，ということについてもお話ししたほうがいいのですよね？
伊藤：ええ，どういう事情が背景にあって青山さんの具合が悪くなっていったのか，という経緯を教えていただけるとよいのではないかと思います。インテーク面接のときにおうかがいしたお話ですと，昨年，本社に異動してからとにかく必死だったということでしたが，そういったことも関係あると思われますか？
青山さん：ああ，そうですね，あると思います。あのまま埼玉の工場にいたら，たぶんこんなことにはならなかったんじゃないかと，時々考えることがあります。
伊藤：なるほど。ということは，去年の春，本社に異動になってからの経緯をおうかがいすればいい，ということになりますか？
青山さん：そうですね……職場については，たぶんそうだと思います。
伊藤：職場以外についてはどうでしょうか？ 職場以外というと，ご家庭ということになりますか？
青山さん：そうですね……先日の面接（※インテーク面接のこと）でふと思って，感想のところでも言ったんですけれども，子どもを産んでから，とにか

く子育てと仕事だけだったなあって，改めて思うようになりました。今回うつ病になった一番の原因は，本社に異動したことだとは思うのですが，よくよく考えてみれば，子どもを産んでからの私は，ずっと余裕がなかったように思います。物理的に忙しくて余裕がないのは仕方がないとしても，それだけじゃなくて，精神的にすごく余裕がなかったんだと思います。働きながら子育てしている女性はうちの会社にもいますし，保育園のママ仲間は皆そうですけど，皆，私より，余裕がありそうなんですよね。

伊藤：なるほど。ということは，出産後，どのように余裕がなくなってしまったのか，そのあたりの話もヒアリングで共有できるといいのかな，と思いましたが，いかがでしょう？

青山さん：そうですね。せっかくですからそういうお話もできるといいなと思います。

伊藤：ではヒアリングでは，出産後，どのように余裕がなくなってしまったのかということと，仕事の面では，特に去年の春の異動と，その後の経緯についておうかがいできればよい，ということになりますでしょうか？

青山さん：ええ，それで大丈夫だと思います。

何についてヒアリングするかは，このように，クライアントと相談しながら決めていきます。ヒアリングの計画についての話し合いは，まだまだ続きます。

伊藤：あまり時間をかけすぎないでヒアリングをするとなると，おそらくホームワークをうまく活用して，できるだけ効率的に進めていくことが必要になるかと思いますが，青山さんとしては，出産後そして異動後の経緯をヒアリングするのに，何回ぐらいのセッションが必要だと思われますか？ これは言い換えると，出産後そして異動後の経緯が大体どんな感じだったのか，青山さんにお話しいただいて，私が理解するために，どれぐらいのセッションが必要か，という意味の質問でもありますが。

青山さん：（しばらく考えて）どうなんでしょうか？ 皆さんどれぐらいのセッションをお使いになるのでしょうか？

伊藤：ヒアリングに時間をかけたいという方もいらっしゃいますが，そういう方は置いておくとして，また，幼少期や思春期を含め，これまでの人生をまとめて振り返りたいという方もいらっしゃいますが，そういう方も置いておくとして，青山さんのように，具合が悪くなった経過だけを抜き出してヒア

ID：
氏名：
記入日：　　年　　月　　日

テーマ：＿＿＿＿＿＿＿＿＿＿＿＿＿＿＿＿＿＿＿＿＿＿＿

図3.18　ヒアリングで用いるシート（縦二分割表）

リングするという場合，これも個人差があるのですが，少なくて1回，多くて5回ぐらいでヒアリングを終える方が多いことは多いです。
青山さん：なるほど。なんとなくわかってきました。それでしたら，大体2回ぐらいでヒアリングをしていただくといいかな，と思います。
伊藤：わかりました。そうしたら，2回を目途にヒアリングをするということを，私も青山さんも心積もりしておきましょう。

　これでヒアリングにかけるセッション数の目途が立ちました。もう1つ，ヒアリングの計画として話し合っておくべきことは，ヒアリングで話されたことを，誰が，どのようなツールに外在化するのか，ということです。ちなみに当機関では，図3.18のような，A4版の用紙を縦にして，縦に二分割してある（厳密に言うと三分割ですが）表を，ヒアリング用に使っています。ただしこの二分割表はヒアリングのためだけのツールではなく，必要に応じて，さまざまな目的に対して使っている，汎用性の高いシンプルなツールです。
　青山さんとのセッションでは，ここで図3.18のシートを取り出し，「青山さんとのヒアリング」用にいくつかの文言を記載し，図3.19のように体裁を整えました。

伊藤：（図3.19の「ヒアリングで用いるシート」を提示して）ヒアリングの内容は，この用紙に書き出していきます。一番左の欄に時期を書き，真ん中の欄には状況や出来事を書きます。たとえば出産したとか，仕事が増えたとか，派遣の人が急に辞めてしまったとか。右の欄には，青山さんの反応を書きます。たとえばうれしかったとか，「自分にその仕事ができるのだろうか」と思ったとか，家に仕事を持ち帰ったとか，眠れなくなったとかです。このような用紙にまとめていくことについては，それでよろしいでしょうか？
青山さん：ええ，それでいいと思います。
伊藤：そこで相談なのですが，ヒアリングのやり方について，私たちには2つ選択肢があります。1つは，青山さんに口頭でお話をしていただき，セッション中に私がこの用紙に書き出す，というやり方です。もう1つは，青山さんにホームワークとしてこの用紙に記入してきていただき，それをセッションで共有する，というやり方です。当然，ホームワークで記入してきていただく方が，すみやかにヒアリングが進みます。ただ

ID：A
氏名：青山恭子様
記入日：2005年　5月9日

テーマ：　これまでの経過のヒアリング

いつ？	環境, 出来事, 状況, 対人関係など	自分の反応 (認知, 気分, 身体, 行動)

図3.19　ヒアリングで用いるシート（縦二分割表）（ケースA初回セッション中）

し，具合が悪くなった経緯を書き出す，というのは，やはり楽しい作業ではありませんし，それなりに負担のかかる作業ですから，無理にホームワークで書いてくる必要があるものでもありません。青山さんとしては，どちらをお望みでしょうか？
青山さん：とりあえずホームワークで，自分で書いてみたいと思います。ただ書き方がまだよくわかっていないかもしれません。
伊藤：（時計を見て）この件について話し合う時間がまだ3分ほどありますから，書き方について，もう少し詰めておきましょうか。
青山さん：お願いします。
伊藤：さきほど私たちは，①出産後の経緯，②異動後の経緯，というふうに，ヒアリングについて2つの項目を挙げましたが，この2つは別々の用紙にまとめたほうが良さそうですか？ それとも出産したときにさかのぼって，出産のことも異動のこともすべて時系列に沿って，1つの用紙にまとめて書いたほうが，やりやすそうですか？
青山さん：（しばらく考えて）時系列に沿って，1つの用紙にまとめたほうが，やりやすそうです。
伊藤：では，そうしましょう。（図3.19の「ヒアリングで用いるシート」のタイトルの欄に「特に出産後と異動後の経緯」という文言を書き加える→図3.20を参照）まだもうちょっと時間がありますから，セッション中に少しだけこのシートに書き出してみて，その続きをホームワークで書いてきていただくことにしましょうか？
青山さん：お願いします。
伊藤：時間も残り少ないので，今は私のほうでこのシートに書いてみますね。それで「ああ，こうやって書けばいいんだ」ということが，おわかりいただけるかと思います。
青山さん：それがいいと思います。

というわけで，残り2分ほどでしたが，少しだけヒアリングの作業に入りました。

伊藤：出産後からヒアリングを行うということですので，まず出産やそれを取り巻く状況がどうだったのかということと，それに対する青山さんの反応を，多分その一部になってしまうかと思いますが，それらについておうかがいして，今日はおうかがいした分だけ，このシートに書き出しておきましょう。

その続きをホームワークでやってきていただくことにしましょうか。
青山さん：わかりました。
伊藤：では残りあと2分ほどですが，出産なさった頃のお話を少しだけ，おうかがいしておきたいと思います。青山さんが出産されたのは，えーと，今，お嬢さんが小学校1年生だから，6年前？
青山さん：そうです。6年前ですね。
伊藤：ということは，1999年ですね。（それらを図3.20のシートに書き込む）何月でしたか？
青山さん：出産したのが？
伊藤：そうです。
青山さん：娘が生まれたのは8月です。
伊藤：（「8月」と書き込む）6年前の8月にお嬢さんを出産された，と。（シートの真ん中の欄に「長女を出産した」と書き込む）（書き込んだシートを見せながら）こうやって，出来事や状況の変化などを，こちらの欄に書き込んでいきます。
青山さん：わかりました。
伊藤：出産そのものは大変でしたか？
青山さん：初めてだったのでもちろん大変でしたが，夫が仕事を休んで立ち会ってくれましたし，娘も無事に生まれてくれたので，そのときはとても充実感がありました。
伊藤：（これらのことをシートに書き込む）出産なさった当時，どんな思いがありましたか？
青山さん：この子を大事に育てていこうって，それだけです。
伊藤：（シートに書き込む）なるほど。となると，出産それ自体によって，強くストレスを感じたとか，そういったことは特になかったのですね。
青山さん：ええ，ありませんでした。
伊藤：当時，産休と育休を取られていたかと思いますが，出産なさった頃，仕事や職場についてはどんなふうに思っていたのですか？
青山さん：私は本当に恵まれていて，うちの会社は，女性が出産して戻ってくるケースが結構多いんです。出産して職場復帰して子育てしながら働いている先輩が身近にいて，妊娠中も何かと気遣ってくれたり，仕事のフォローをしてくれたりしていたので，仕事のことはほとんど気にしていませんでした。あの頃の私は，今思うとかなりのんきだったかもしれません。
伊藤：（シートに書き込む）（書き込んだシートを見せて）今お話しくださった

ID：A
氏名：青山恭子様
記入日：2005年　5月　9日

テーマ： これまでの経過のヒアリング（特に出産後と異動後の経緯）

いつ？	環境，出来事，状況，対人関係など	自分の反応（認知，気分，身体，行動）
6年前 1999年8月	長女を出産した。 　夫が立ち会ってくれた。 　娘は無事に生まれてくれた。 会社には，産休・育休を取る女性が多い。 子育て中の先輩が，フォローしてくれた。	大変だったけれど，充実感。 「この子を大事に育てていこう」 　仕事のことは気にせず。 　　（今思うとのんきだったかも）

図3.20　ヒアリングで用いるシート（縦二分割表）（ケースA初回セッション中）その2

ことを，こんなふうに書き込んでみました。さきほど申し上げたとおり，真ん中の欄には出来事や状況，青山さんを取り巻く環境などを書き込み，右側の欄には，それに対する青山さんの反応を書き出します。認知も，感情も，身体反応も，行動もすべてひっくるめて，右側の欄にお書きください。状況にせよ反応にせよ，できるだけ具体的に書いてください。
青山さん：わかりました。
伊藤：今少しだけ書き込んだこのシート（図3.20）のコピーを1枚お渡ししますので，そこに続きを書いてきていただきたいと思います。
青山さん：わかりました。
伊藤：では，時間がきましたので，まとめの作業に入りましょう。

以上が初回セッションでヒアリングに入る場合の典型的な対話の例でした。ヒアリングそれ自体については，第6章をご覧ください。

◈ アセスメントの開始

ヒアリングを行わず，すぐにアセスメントに入る場合もあります。さきほど述べたとおり，ヒアリングを行うかどうかについては，カウンセラーの見解を伝えたうえで，クライアントの意思を尊重して決定します。どういう場合にヒアリングを行い，どういう場合に行わないか，ということについては第6章でさらに具体的に紹介します。アセスメントの実際の進め方については，第7章，第8章で詳しく紹介しますので，そちらをご参照ください。

◈ 自殺についての話し合いと対応

メンタルヘルスに関わる仕事をしている方であれば誰しも，クライアントの自殺を防ぐことの重要性はよくご存知だと思います。そのためにはまず，初回セッションにおいて，クライアントが自殺を図る危険性を評価する必要があります。そして少しでも危険性が認められる場合，そのことについて話し合う必要がありますし，危険性が高い場合には，それを防ぐための話し合いをする必要があります。

当機関の場合，GHQ 28の個別の質問に，自殺や自殺念慮に関するものがありますので，それらに対するクライアントの回答を初回セッション前にチェックするのと，前にも説明しましたが，BDI-Ⅱの「悲観・絶望感」に関

する2番目の質問と,「自殺念慮」に関する9番目の質問に対する回答を,これも初回セッション前にチェックすることが必要です。そして自殺念慮が認められる場合は,テストの結果をフィードバックする際に,必ずそのことについて話し合うようにします。

たとえばケースAの青山さんの場合,GHQ28において,「この世から消えてしまいたいと考えたことは」という質問に対し,「一瞬あった」と回答し,「死んだ方がましだと考えたことは」には「あった」と回答しています。さらに「自殺しようと考えたことが」という質問に対しても「一瞬あった」と答えています。これはちょっと危険な感じがしますね。またBDI-IIの2番目の「悲観」についての質問には,「物事が自分にとってうまくいくとは思えない」と答え,9番目の「自殺念慮」についての質問には,「自殺したいと思う」と答えています。カウンセラー側は,初回セッションの前にこれらの回答を確認しておき,危険性の見られる回答の場合,初回セッションにおいて自殺についてきちんと話し合おうという心づもりをしておく必要があるでしょう。

もちろんBDI-IIといった質問紙を介在させなくても,自殺の危険性について見積もったり話し合ったりすることは可能ですし,もちろん必要なことですが,質問紙に対する回答を2人の間に置いて話し合いをするほうが,「直接対決」のような形にならずに済みますし,互いに話をしやすいのではないかと思います。

以下に,私と青山さんとの自殺についての対話をご紹介します。これは実際にさきほど紹介したテストの結果の説明をするところで行われた話し合いです。この話し合いは,BDI-IIの結果の説明の後,言い換えると気分調査の結果の説明の前に行われたものです。

伊藤:次の「気分」についての説明の前に,ひとつおうかがいしておきたいことがあるのですが,それは「自殺」についてです。
青山さん:はい。
伊藤:(表3.1(p.145)および図3.8(p.146)を提示して)ストレス反応に関する青山さんのテストの結果を見ると,たとえばこのGHQ28というテストには,「死んだ方がましだと考えたことは」という質問が含まれているのですが,それに対して青山さんは「あった」と答えています。また同じくGHQ28の「この世から消えてしまいたいと考えたことは」「自殺しようと考えたことが」に対しては「一瞬あった」と答えています。

青山さん：はい。

伊藤：さらに今結果について説明しました，このBDI-IIというテストでは，2番目の質問が「悲観」や「絶望感」についてのもので，9番目の質問が「自殺念慮」についてのものです。(図3.8の「ストレス反応」の中の「全般的うつ状態」の箇所を指して) この2つの質問に対する点数が共に高いと，実は自殺の危険性が高いということが実証的に明らかにされていまして，そこでこの2つだけは，わざわざ抜き出して，このように一目で結果がわかるようにしてあるのです。青山さんの場合，一番高い得点ではありませんが，「悲観」についても「自殺念慮」についても，それなりに高い点数で出てしまっています。というわけで，ちょっと心配なので，今，少し話し合っておいてもいいですか？

青山さん：はい。

伊藤：率直なところ，今現在，死んでしまいたいとか，自殺したいとかいうお気持ちがありますか？

青山さん：ええ，そんなことは考えちゃいけないとはわかっていますが，死んでしまいたいなあと思うことが，結構あります（涙ぐむ）。

伊藤：「自殺念慮」とは，死んでしまいたいという考えや気持ちの強さを言うのですが，そのようなお気持ちが，今，どれぐらいありますか？ そのようなお気持ちが全くないのが「0」，最大が「100」だとすると，たとえばこの1週間，自殺念慮が何十％ぐらいあったと思いますか？

青山さん：波があるんです。いつもいつもではありません。

伊藤：では自殺について全く考えていないときもあるのですね？

青山さん：ええ。

伊藤：そういうときは「0％」だとすると，逆にこの1週間で死にたくなってしまったときの強さはどれぐらいだったと思いますか？

青山さん：（しばらく考えて）80％ぐらいかなあ。

伊藤：なるほど。80％というと，かなり強いですね。

青山さん：死にたくなると，その気持ちがすごく強くなってしまうんです。

伊藤：なるほど。ところで青山さんはこれまでに，実際に自殺をしようとしたことがありますか？

青山さん：いいえ，それはありません。

伊藤：今，どうして死にたくなるのだと思いますか？

青山さん：何もかもがつらくて，そして実際に何もかもがうまくいかないからだと思います（涙）。積極的に死にたいということではなくて，生きているの

があまりにもつらいから，そこから逃げ出してしまいたいんです。でも，娘がいるというのに，そういうことを考えてしまうなんて，なんてひどい母親なんだろうと思ってしまいます（涙）。

伊藤：ところで死にたくなってしまったときに，「こうやって死のう」「ああやって死のう」というふうに，具体的な計画を立てたり，実際に死ぬための準備をしたりすることはありますか？

青山さん：そういうことはしません。ただ死にたいと思うんです。

伊藤：そうですか。もうひとつだけおうかがいしたいのですが，今，ときとして80％ぐらい死にたくなってしまうということでしたが，今の青山さんが，実際に自殺を図る可能性，つまり自殺の実行可能性は何十％ぐらいあると思いますか？

青山さん：実際にはしないと思います。

伊藤：0％と言ってもいい？

青山さん：うーん。ゼロとは言い切れないかなあ。でもたぶん，高く見積もっても20％ぐらいだと思います。

伊藤：そうですか。ちょっと話をまとめますと，今，生きていること自体があまりにもつらいから，それで生きていたくない，死んでしまいたい，と80％ぐらい強く思うことが，ときどきあるのですね。

青山さん：そうです。

伊藤：一方，青山さんはこれまでに一度も自殺を図ったことはないし，今後も図ることはほぼないだろう，高く見積もっても20％だろうということでした。それに自殺のために具体的な計画をお持ちであるということもないということでした。

青山さん：そうです。

伊藤：さらに，時おり「死んでしまいたい」と思う自分を，ひどく責めるようなことがあるようですね。

青山さん：そうですね。

伊藤：ちょっと自殺についてお話をさせてください。

青山さん：はい。

伊藤：（図3.8の「全般的うつ状態」の箇所を示して）さきほどもお伝えしたとおり，今，青山さんは，結構重症なうつ状態に陥っていらっしゃいます。そして「うつ状態」を測るテストに「悲観」とか「自殺念慮」という項目が入っていることからわかるとおり，「物事がうまくいくとは思えない」とか「自殺したいと思う」というのは，一種のうつ病の症状なんですよね。事実，

うつ病にかかられた多くのクライアントさんは,「生きていたくない」「死んでしまいたい」「自殺したい」と思うようになります。が,今申し上げたとおり,それはうつ病の症状であって,うつ病が回復するにしたがって,そのような気持ちは次第に解消されていきます。ここまでよろしいですか?

青山さん:ええ。

伊藤:このように,うつ病の症状として死にたくなってしまうことがありますし,さらに症状じゃなくても,病気になって,仕事を休んで,子育てや家事を思うようにできない,という今のつらい状態では,そこから逃げ出したい,もう生きていたくない,と時々思ってしまうのは,ある意味自然なことのようにも思いますが,いかがでしょうか?

青山さん:それは「死にたい」と思う自分を責めなくていい,ということですか?

伊藤:そうです。青山さんの今の状況や状態であれば,時々そういう気持ちが生じても,ある意味それは自然なことで,そういう気持ちになった自分を責める必要はないのではないかと思います。「死にたい」と思う自分を責めて,余計「死にたい」という気持ちが強くなったら,悪循環でしょう?

青山さん:(少し微笑んで)確かにそうですね。それには気づきませんでした。

伊藤:青山さんの場合,「死にたい」という気持ちが時々強く出てきても,実際に計画したり,実行したりする可能性は低いということですから,むしろ私は少しホッとしました。認知行動療法のモデルで言えば,自殺について「思う」すなわち「認知」することと,実際に自殺を「する」すなわち「行動」することとは,別のことだと言えます。「死にたい」という認知は,先ほど説明した自動思考に該当しますよね。自動思考はその名の通り,勝手に出てくる自動的な思考ですから,出てきたものは受け止めて,実行につなげなければよいのではないかと思います。むしろ「死にたいと思ってしまうぐらい,今,自分はつらいんだなあ」ぐらいに思っていただけたらと思いますが,いかがでしょうか?

青山さん:(微笑んで)そういうふうに思えばいいんですね。さっきも言ったとおり,娘がいながら「死にたい」と思ってしまう自分をすごく責めていたので,先生にそうおっしゃっていただいて,気持ちが楽になりました。

伊藤:ただ実行しないにせよ,「死にたい」と思ってしまうというのは,相当につらいことでしょうし,今は実行可能性が低くても,今後どうなるかわからない面がありますから,今後も自殺については,必要に応じて話し合うことにしたいと思いますが,いかがでしょう?

青山さん：わかりました。
伊藤：青山さんのほうでも，自殺について，お気持ちに何か変化が出てきたら，必ず私に教えてくださいね。一緒に話し合いましょう。
青山さん：わかりました。
伊藤：では，次のテストの項目に移りますね。

　GHQ 28 や BDI-II の結果が青山さんのようである場合，このようなやりとりがされることが多いです。自殺に関してカウンセラー側が確認すべきことは以下の4点です。

① これまでに自殺を試みたことがあるかどうか。
② 自殺念慮の強さはどれぐらいか。（興味深いことに，自殺念慮についての 0～100 の評定は，なぜか皆さんすんなりできます。）
③ 自殺について具体的な計画を立てたり，準備をしたりしているか。
④ 上記③の計画や準備の実行可能性はどれぐらいか。

　これらすべてがヒットしたら，かなり危険性が高いと判断し，危機介入なり応急処置なり，何らかの対応をするべきでしょう。後で紹介するケース C の場合が，それに該当しました。が，青山さんの場合は，自殺念慮が時に高まりますが，それ以外はさほどでもありません。その場合はまずいったん落ち着いて，クライアントと共に自殺の危険性を査定しつつ，一方で「死にたい」と思ってしまうこと自体は認めたり受容したりし，「死にたいと思ってしまうぐらい，つらい状態である」ということに共感を示すとよいのではないでしょうか。さらに「死にたい」と思うことと，実際に死のうとすることは別であり，「死にたい」と思ったり，「死にたい」という気持ちを口に出すこと自体は，全く問題のないことであることを，これもはっきり伝えるほうがよいのではないかと私は考えています。多くのクライアントが，「死にたい」と思うこと自体を悪いことだと考えたり，そういう自分を責めたり恥じたりしています。またたとえば家族や友人に「死にたい」ともらすと，「そんなこと考えちゃ駄目」「そんなこと言わないで」などの否定的な反応が返ってくることを経験している人も多いでしょう。しかしあまりにもつらくてそう思ってしまうことはむしろ自然なことであるということを，これもカウンセラーがはっきりと伝えることが，クライアントの助けになると思います。「死にたい」と思ってしまう気持ち（認知，気分・感情）そのものをノーマ

ライズするのです。

　一方，実際に死のうとする行動，すなわち自殺企図は防がなければなりません。クライアントもそんなことは重々わかっているのですが，改めてそのことを一緒に確認し，必要に応じて自殺企図を防ぐための話し合いをする必要があるでしょう。青山さんの場合は，自殺企図の危険性はさほど高くないということを一緒に確認し，それ以上の話し合いはしませんでした。

　抑うつ症状が重い方であれば，自殺念慮が抑うつ症状の１つであるということを心理教育的にお伝えすることが，クライアントの助けになることが少なくありません。「死にたい」と思うことを，「生きるか死ぬか」の，すなわち実存的な問題に結びつけて考えているクライアントの場合，「死にたい」と思うのが単なる症状であると理解できるようになると，よい意味で拍子抜けするようです。「死にたい」と思ってしまうから，「生きるか死ぬか，考えなければならない」と思って，さらに苦しんでいたのが，「死にたい」と思うのは，症状なのだから，病気が治ればその症状も治まるのだ，という方向への認知の転換ですね。ただしクライアントによっては，自殺念慮を症状として片付けられてしまうことで，傷ついてしまう人もいるので，クライアントの反応をこまめに見て，説明をする必要があります。もし自殺念慮を症状として説明されることにクライアントが不快感を示すようであれば，〈もちろん「死にたい」という気持ちは，「うつの症状」という側面だけでなく，様々な要因が絡んでいる複雑なものだと思います。ひとことで片付けられるような単純なお気持ちではありませんよね〉といったフォローをすれば，それ以上，クライアントを不快にさせずに済むでしょう。

　ところでケース B，D，E の尾藤さん，堂本さん，江藤さんは，心理テストでは，自殺念慮がほとんどないという結果になっていますが，そのような場合でも，初回セッションで一度は自殺念慮について，確認なり心理教育するなりしておくとよいでしょう。たとえば双極性障害の紹介状を持ってインテーク面接に訪れたケース B の尾藤さんの場合，今は「低値安定」という形で落ち着いているからよいのですが，いつまた状態が変わり，それに伴って自殺念慮が出てきてもおかしくありません。ひきこもり生活を送っている堂本さんの場合，まさにその「ひきこもり」という回避行動によって，ストレッサーに直面せずに生活しているので，今はストレス反応が低く，自殺念慮もほとんどありません。「コーピング」や「反すう」に関するテスト結果を見ると，回避しているのは行動だけでなく，「考えないようにする」という認知的な回避もかなりしているようです。が一方，BDI-II でいえば「悲

観」の得点は高いですし，中核信念は軒並みネガティブです。ということは，認知的および行動的な回避を止めて，アルバイトをするなど社会的な活動レベルが上がったりすると，そのときになってストレス反応が非常に強く出てくる可能性があり，それに伴い自殺念慮も高まる可能性があります。というわけで，1回目のテストで自殺念慮がない，もしくは低いという結果が出ても，自殺念慮について説明をしておいて，いつでも自殺についての話し合いができることを伝えておくとよいでしょう。重要なのは，自殺についての話題をタブーにしないことだと思います。

さて，ここでケースCの千代田さんです。彼女の場合はテスト結果（表3.3，図3.11）を見ただけで，「大変な状態にあるクライアント」として対応しなければならないことが，すぐにわかると思います。たとえばGHQ 28では，「人生にまったく望みを失ったと感じたことは」という質問に「たびたびあった」と答え，以下同様に，「生きていることに意味がないと感じたことは」に「たびたびあった」，「この世から消えてしまいたいと考えたことは」に「たびたびあった」，「死んだ方がましだと考えたことは」に「たびたびあった」，「自殺しようと考えたことが」に「たびたびあった」と答えていました。さらにBDI-IIの2番目の「悲観」については，「物事が自分にとってうまくいくとは思えない」と回答し，9番目の「自殺念慮」については，「機会があれば自殺するだろう」という回答をしています。このような結果であれば，他のアジェンダを後回しにしてでも，まず自殺について，それを回避するための見通しが立てられるまでは，話し合いを続けるべきでしょう。

ケースCの千代田さんとは，まずBDI-IIの結果を説明したときに，自殺念慮について少しだけ話し合いました。それが以下の対話です。

伊藤：（図3.11フィードバックシート（p.186）の右側，「全般的うつ状態」の箇所を指して）ここに書いてある「悲観」と「自殺念慮」というのは，この「全般的うつ状態」の項目から2つだけあえて抜き出して，ここに結果を示しています。なぜそういうことをするのかというと，うつの様々な項目の中でも，この「悲観」と「自殺念慮」の値が両方高いと，自殺の危険性が高いという研究結果があるからです。「悲観」というのは，ご自分の将来をどれぐらい絶望しているか，という程度を見ているものです。（表3.3（p.185）のBDI-IIの欄を示して）千代田さんの場合，「悲観」については「2」とお答えになっており，この「2」は「物事が自分にとってうまくいくとは思えな

い」に該当します。「自殺念慮」というのは，文字通り，どれぐらい自殺したいと考えているか，という程度を見ているものです。（表3.3のBDI-IIの欄を示して）千代田さんの場合，最も高得点の「3」，すなわち「機会があれば自殺するだろう」とお答えになっています。つまり「悲観」も「自殺念慮」も両方点数が高く，さきほど申し上げたとおり，自殺の危険性という観点からは大変心配な結果です。ここまでいかがでしょうか？

千代田さん：その通りです，としか言いようがありません。どう考えても物事がうまくいくとは思えないし，だから生きていたいとも思えないんです。いつも死ぬことばかり考えています。

伊藤：（インテーク面接の記録用紙を見ながら）確かインテーク面接のときに，リストカットはときどきするけれど，「これで死ねるとは思っていない」とおっしゃっていましたね。

千代田さん：はい。

伊藤：それで次に私から，自殺を図ったことがあるかどうかをお尋ねしたところ，「いつも死にたいと思っているが，本気で自殺しようとしたことはない。するなら母親の前で死んでやりたい。でもそんなことをしても無駄だと知っているので，本当にはしないと思う」とおっしゃっていました。

千代田さん：そのときはそう思ったからそう言ったけれど，自殺を「本当にしない」なんて言い切れないです。だって，本心ではいつでも死にたいんだから。

伊藤：なるほど。いつでも「死にたい」という思いがあって，だから自殺をしないなどとは言い切れないわけですね。

千代田さん：そうです。

伊藤：今はテストの結果について説明をしている段階なので，自殺についての話し合いはこれぐらいにしておきますが，さきほど申し上げたとおり，やはりこれは非常に心配な結果で，見過ごすことができません。ですから，今の心理テストの結果についての説明が終わったら，もう一度，この自殺念慮についてお話をうかがったり，相談させていただいたりしたいのですが，よろしいでしょうか？

千代田さん：わかりました。

伊藤：その場合，次に予定していたアジェンダの「ヒアリング」についての話し合いは，時間の都合でできなくなってしまいますが，そちらは次回以降に回して，今日はやはりこの話題について話し合っておきたいと思います。それでよろしいですか？

第 _1_ 回面接　西暦 2005 年 5 月 9 日（月）　時間 _17 : 00 ～ 17 : 50_

クライアント氏名： _千代田美里_ 　　様　　クライアントID： _C_

前回（第　　回）面接日：2005 年 5 月 2 日（月）　前回と今回の間隔： _1_ 週間

担当者： _伊藤絵美_ 　　備考

前回のHW，本日のアジェンダ（予定）
- ☐ 認知行動療法の開始の確認，全体の流れの確認，1回の流れの説明
- ☐ 心理テストの結果の説明
- ~~☐ ヒアリングの計画を立てる → ヒアリング開始~~　←次回以降にまわす
- ~~☐ その他？~~
- ☐ 自殺念慮についての話し合い

ラスト：セッションに対する感想

今回のHW，次回のアジェンダ（予定）

次回予約　有 ・ 無
次回（第　　回面接）予約日　　年　月　日（月）　　時～
今回と次回の間隔：
備考：

図 3.21　面接記録用紙（ケース C 初回セッション中）

千代田さん：それでいいです。
伊藤：（面接記録用紙のアジェンダを修正して，それを示す→図3.21参照）では，今日はアジェンダを変更して，テストの結果をお返ししたら，自殺念慮についての話し合いをしましょう。
千代田さん：わかりました。

「何でここで自殺念慮についての話し合いを続けないのだ？」という疑問をお持ちの方もいらっしゃるかもしれません。しかし，上の話し合いは，「心理テストの結果についての説明」というアジェンダにおけるものです。ここで自殺念慮の話をズルズルと長引かせてしまうと，セッションの構造が崩れてしまいます。よほどのことがない限り，セッションの構造自体を崩してしまうのは，危険なことだと思います。特に境界性パーソナリティ障害の傾向が多分にあると思われる千代田さんとのセッションで，カウンセラー側から構造を崩すようなことをしてしまうと，後々非常にやっかいなことになりかねません。上の話し合いの段階で，セッションの残り時間はまだまだありましたから，私の方で考えたのは，まず今取りかかっている「テスト結果の説明」というアジェンダを終えてから，自殺念慮についての話し合いをしっかりと行おう，ということでした。しかし自殺念慮についての話し合いは，本来のアジェンダには入っていませんでしたから，アジェンダを変更することについても話し合わなければなりません。そこで上のように本来のアジェンダを後回しにして，「自殺念慮についての話し合い」という新たなアジェンダを加えてもよいかということを千代田さんに尋ね，了承されたので，面接記録用紙にもそのように記載し直したのでした。

セッション開始時に決めたアジェンダは，このように変更になる場合があります。その際重要なのは，変更するかどうかについてクライアントと合意すること，取り消しとなったアジェンダの今後の扱い方についても合意すること，これらの変更を面接記録用紙にしっかりと外在化して，目で見てわかるようにしておくこと，の3点です。

ところで，私の提案に，千代田さんが抵抗せずにあっさりと応じたことに驚く方がいらっしゃるかもしれませんが，私の限られた経験では，わりとこういう反応を示すクライアントが多いように思います。というのも，本当に自殺したい人，本気で自殺をしようという人は，カウンセリングにはいらっしゃらないからです。少なくとも自殺することを100％決めている人は，カウンセリングには決して来ないでしょう。「死にたい」「自殺したい」「自殺

しよう」という思いがありながらも,「自殺とは別の形で,生きたまま楽になりたい」という思いが少しはあるから,わざわざセッションに足を運んでくださるのです。だからこそ,クライアントの「死にたい」気持ちは尊重しつつ,自殺そのものは危険だから話し合いましょうというこちらの真剣な働きかけには,素直に応じてくれる人がほとんどなのだと思います。

　ケースCの千代田さんに戻ります。私と千代田さんは変更したアジェンダに沿って,心理テストの結果についての説明が終わった後,自殺念慮の話し合いを行いました。その部分の対話を以下に紹介します。なおこの時点で,セッションの残り時間は約12分ほどでした。

　伊藤：（時計を見て）今日はもう残り時間があと12分ぐらいで,ホームワークを決めたり,まだいろいろとしなければならないことが残っているので,自殺念慮についてとりあえず5分ほどお話しして,あとは次回に持ち越しにしたいのですが,それでよろしいですか？
　千代田さん：セッションの時間を少し延長していただけませんか？
　伊藤：ごめんなさい,それはできないのです。ですから限られた残りの時間で,できる限り話し合って,だけどこれはとても大事な問題ですから,次回もう一度きちんと時間を取って話し合いたいと思います。よろしいでしょうか？
　千代田さん：何で延長してもらえないんですか？
　伊藤：インテーク面接のときにご署名いただいた契約書にも書いてあると思いますが,セッションの時間を延長しないというのがここでのルールの1つです。ここではどんな理由があろうと,セッションの時間は延長しないことにしています。ご了承いただけますか？
　千代田さん：次の人を待たせてとか,そういうことではないんです。6時から次の予約であれば（※千代田さんとの予約は17時からでした）,5時59分とか,ギリギリまで延長してもらえれば,それでいいんです。
　伊藤：ごめんなさい,そういう意味での延長もしていないのです。45分から50分でセッションを終えて,次のセッションまでの約10分間,私が何をするかと言うと,セッションの記録をおさらいしたり,必要に応じて記録を補足したり,次のセッションのアジェンダの案を考えたり,いろいろなツールを準備したり……つまり千代田さんとの今日のセッションを振り返ったり千代田さんとの次のセッションの準備をしたりする時間に充てています。こういった作業は,セッションの記憶が新しいセッション直後に行うのが一番効率的です。それから少しだけ深呼吸して,次の時間にお会いするクライアントさ

んとのセッションに備えます。セッションをよりよくするために，私にはそういう時間がどうしても必要なのです。ご理解いただけますか？
千代田さん：わかりました。……わがまま言ってすみません。
伊藤：どうか謝らないでください。ご要望やご質問は今みたいに遠慮なくおっしゃっていただくほうが助かります。
千代田さん：わかりました。
伊藤：では，自殺念慮の話に戻っていいですか？
千代田さん：はい。

　このように，セッションを延長してほしいとクライアントに言われることがありますが，第2章でもお伝えしたとおり，当機関ではセッションの時間は決して延長しません。予約が詰まっているという物理的な都合もありますが，たとえ次の時間に予約が入っていなくても，セッションの時間は延長しません。セッションの時間が決められているというのは，セッションの構造の要のようなものです。決められた一定の時間の中で，できるだけのことをするのが重要で，時間を延長して，それ以上のことをしようとすると，後で必ずしわ寄せがきます。一度でも延長すると，「場合によってはセッションの時間が延長されるんだ」ということをクライアントは学習してしまいますし，そうなると，次に延長を要請されたとき〈延長はできないんですよ〉とカウンセラーが言ったとしても，「何で前回は延長したのに，今回は駄目なのか」と問われてしまってもおかしくありません。しかもクライアントのそのような言い分はもっともなのです。ですから決められたセッションの時間は必ずその通りに守り，繰り返しになりますが，その中でできるだけのことをするということを，毎回のセッションを通じて身をもって示し続ける，ということが重要だと思います。
　千代田さんのように，CBTを開始した当初，「延長できないか」とおっしゃる方はときどきいらっしゃいますが，上の対話のように，根拠を示して延長できないことをそのまま説明すれば，クライアントは納得してくれます。そもそもそういう事態を防ぐためにも，やはりCBTを開始する前に，セッションの時間は延長できないことをはっきりと伝えておくとよいでしょう。契約書のような形で外在化されているとなおよいでしょう。そしていかなる場合でもセッションの時間が延長されることはないということを，クライアントが納得し実感できるようになると，クライアントから延長を要請されるようなことは一切なくなります。そうなるとクライアントも，決められた時

間の中でできる限りのことをし，時間が来たらおしまい，ということを当たり前のことのように感じられるようになります。

　当然，クライアントが遅れて到着した場合も，セッションの延長はしていません。ですから何らかの事情でクライアントが30分遅れて到着したとすると（当機関は東京にありますので，クライアントに全く非がなくても，電車が止まってしまうなどのアクシデントで，どうしても遅れて来ざるを得ない場合があります），セッションの時間はせいぜい15分から20分です。実際，そういうことが時々ありますが，クライアントも延長はないとわかっているので，その15～20分間を最大限有効に使うためにアジェンダ設定を一緒に行い，その中でできるだけのことをします。そして面白いなあと思うのは，15分や20分でもアジェンダを決めて，そのアジェンダに集中すると，生産的な話し合いが結構できるのです。精神科医が，外来の保険診療の限られた時間の中で，CBTをやっておられるということを時々聞くのですが，こういう感じなのかな，決して無理な話ではないな，というふうに思います。

　では自殺念慮をめぐる，千代田さんと私の対話に戻りましょう。

伊藤：（図3.11心理テストのフィードバックシートを示して）ええと，さきほども確認したとおり，「全般的うつ状態」のいろいろな項目の中でも，この「悲観」と「自殺念慮」の2つの項目の点数が高いと，自殺の危険性が高いということが言われていまして，実際千代田さんの場合，両方が高いですよね。そしてさきほどのお話では，ここにある結果の通りで，いつでも「生きていたくない」「死にたい」という気持ちがあるのだということでしたね。

千代田さん：そうです。それが本心です。

伊藤：そして「実際には自殺はしない」というお気持ちがあり，一方では「実際に自殺しないとも言い切れない」というお気持ちがあるのでしたね。

千代田さん：そうです。

伊藤：そうだとすると，率直に言って，結構危ないなあと私は思いますが，千代田さんはどうでしょう？

千代田さん：時と場合によっては，結構危ないかも，と思います。

伊藤：というわけで，提案なのですが，インテーク面接でもお伝えしましたが，千代田さんがここで認知行動療法を始めて，その効果が出てくるまでには，それなりに時間がかかると思います。もちろん時間がかかるのは，千代田さんだけじゃなくて，皆さんそうなんですけれども。で，効果が出てきて，千代田さんの主訴である，「精神的にものすごく不安定になりやすい」「生きる

ことに前向きになれない」「人間関係がうまくいかない」というのが少しずつ解消されていけば、おそらく「生きていたくない」「死にたい」という気持ちは薄れていくでしょう。ただそれはまだ先の話で、そこに至るまでの間、自殺の危険が大きくなったときにどうやってしのぐか、自殺以外の方法でどう切り抜けるか、ということについて、予め考えておいたほうがいいのではないかと思います。ここまでいかがでしょうか？

千代田さん：おっしゃっていることはわかります。ただ、それができないから、今、私、死にたいんですけれども。

伊藤：そうですよね。私も今ここで、「こうしたら自殺の危険をしのげますよ」と、何か具体的な方法を提案できるわけではないのです。なので私の提案は、次回、「自殺の危険性が高まったときの対処法」といったアジェンダを設定して、今後、認知行動療法の効果が出るまでの間、自殺の危険性が高まってしまったときの対処法を、2人であれこれと案を出し、さらにそれらを書き出して、実際、日々の生活のなかで応急処置的に使っていただけるようにしたいと思うのですが、いかがでしょうか？

千代田さん：そういうことができるんですか？

伊藤：ええ。何度も申し上げているとおり、認知行動療法には即効性がありません。ですから応急処置という形で、効果が出るまでの間、どうやって今のつらさやしんどさをしのぐか、ということを話し合い、紙に書き出して、実行する、ということを、必要であれば行います。（図3.22「コーピングシート」を取り出して、示す）これ、「コーピングシート」というツールなのですが、実際にここにいろいろな対処法を書き出して、それを持ち帰っていただきます。いかがでしょうか？

千代田さん：（コーピングシートを見て）どういう応急処置をするのか、ここに書き出すんですね。先生も案を出してくれるんですよね？

伊藤：もちろんです。千代田さんにも案を出してもらいますし、私も頑張って提案するようにします。どうでしょう、自殺の危険性に対する応急処置を、次回、ぜひこのような形で一緒にやりたいと思いますが、いかがでしょうか？

千代田さん：お願いします。

伊藤：ということは、どんなに自殺念慮が高まっても、とりあえず次のセッションには必ずいらしてくださいね。

千代田さん：わかりました。必ず来ます。

伊藤：お待ちしています。

第3章 認知行動療法の導入 その2 245

```
コーピングシート
クライアントID：_____        コーピングシート
問題状況に備えて，そのときに自分に何と言ってあげるとよいか，何をするとよいか，についてあらかじめ考えておくことが，役に立つ場合があります

氏名 _____        記入年月日 _____年 ___月 ___日（___曜日）

予測される問題状況（できるだけ具体的に記入します）    予測される自分の反応（感情，認知，行動，身体）

       ┌─────────────┐              ┌─────────────┐
       │             │              │             │
       │             │              │             │
       └─────────────┘              └─────────────┘

                          ▲

    そのときの自分に何て言ってあげるとよいか？   そのときの自分は何をするとよいか？
       ┌─────────────┐              ┌─────────────┐
       │             │              │             │
       │             │              │             │
       │             │              │             │
       └─────────────┘              └─────────────┘

備考：                           copyright 洗足ストレスコーピング・サポートオフィス
```

図3.22 コーピングシート

　初回セッションではここで自殺についての話し合いを終えて，まとめの作業に入りました。自殺念慮や自殺企図についての具体的な話し合いに入らず，次回セッションで自殺の問題をどう扱うか，その計画を立てただけでセッションを終わりにしたのには理由があります。1つは物理的に時間がなかったこと，もう1つは「時間がなかった」という1つめの理由とも関係がありますが，残り時間が少ない時点で，自殺念慮や自殺企図についての思いを生々しく語ってもらい，語りっぱなしの状態でセッションが終わってしまうと，その生々しい思いをそのまま日常生活に持ち帰ることになってしまい，それは非常に危険なことだからです。たとえば自殺の計画について具体的に話をしてもらったところで，セッションが終わりになってしまうと，具体的な計

画が頭に残ったまま,外に出ることになります。新宿駅で電車に飛び込むという具体的な計画を持ったまま,その人が新宿駅に行くのがどんなに危険かは,誰にでもおわかりになりますよね。ですからセッションの終わりの時間帯には,新たな話を始めずに,セッションを閉じる方向で,そして次のセッションにつなげる方向で,話をする必要があるかと思います。

千代田さんの場合,この初回セッションでは,「どういうときに死にたい気持ちが強くなるのか,よく自分を観察して,それを次のセッションで報告する。可能であればメモを取る(一部でも全部でも)」というホームワークをお願いしました。

本章は初回セッションがテーマですので,詳しくご紹介しませんが,千代田さんとは次の第2セッションで,自殺念慮が高まり,自殺企図の可能性が生じたときに,それをしのぐためのコーピングシートを作成しました。具体的なやり方やコーピングシートの内容については,第5章をご参照ください。

◆ クライアントのニーズに応える

初回セッションでは上記のような危機介入や応急処置的対応の他にも,クライアントの希望があれば,それに応じたアジェンダを設定する場合があります。たとえば p.137〜141 で紹介したとおり,ケース E の江藤さんは,アジェンダ設定のとき,カウンセラー自身についていくつか質問があり,それらに対する回答次第で,そのカウンセラーが専門家として自分にふさわしいかどうか判断したいとおっしゃいました。その「質疑応答」については10分あれば十分だということでしたので,テストの結果をフィードバックした後に,江藤さんの希望通り質疑応答を行うということで合意されたのでした。

それでは江藤さんと私との質疑応答の内容を具体的に見てみましょう。

伊藤: (テスト結果の説明が終わって)(図3.7 面接記録用紙(p.140)のアジェンダが記載されている箇所を示して)では,次のアジェンダの「質疑応答」に進みましょうか。さきほどのお話ですと,江藤さんから私にいくつかご質問があるということでした。全てに答えられるかどうかわかりませんけれども,ひとまずどのような質問か教えていただきたいと思いますが,いかがでしょうか?

江藤さん:先に全部の質問を言ったほうがいいですか?

伊藤:すみません,たぶん覚えられないと思うので,ひとつひとつでもいいで

すか？

江藤さん：では1つめですが，臨床心理士は大学院を出ないと資格が取れないと聞いていますが，先生の出身大学と大学院はどこか，教えてください。

伊藤：大学も大学院も慶應義塾大学です。

江藤さん：そうですか。大学院を出て，どれぐらいになるのですか？

伊藤：修士を出て16年目になります。ただその後，博士課程にも行きました。

江藤さん：臨床をなさって何年目になりますか。

伊藤：修士を出る直前に現場に出ましたので，同じく16年目です。

江藤さん：これまでに何人のクライアントを担当されましたか？

伊藤：すみません，何人というふうにカウントしたことがありませんので，具体的にはお答えできないのですが，現場に出てずっと，週に2日から5日はカウンセリングをしており，1日につき6名から10名のセッションを行っております。それをこの16年，続けてきております。

江藤さん：わかりました。それなりのご経験をお持ちだ，とみなしてもよさそうですね。

伊藤：経験を重要視なさるのですか？

江藤さん：当然でしょう。あと，もう1つおうかがいしたいのですが？

伊藤：どうぞ。

江藤さん：ストレートな質問で恐縮ですが，先生は，ご結婚はされていますか？

伊藤：ええ，しております。

江藤さん：お子さんはお持ちですか？

伊藤：いいえ，子どもはおりません。

江藤さん：私は妻とのことがメインだからいいのだけれど，子どもの悩みでこちらに来る方の場合，子どものいない先生が，どのようにして対応できるのですか？

伊藤：カウンセラーにとって重要なのは，クライアントさんの悩みを，クライアントさんと同じように感じることではなく，クライアントさん自身が，ご自分の悩みを整理して，解消するためのお手伝いをすることです。

江藤さん：なるほど。でもカウンセラーが，クライアントの悩みをきちんと理解することは重要なことですよね。

伊藤：もちろんです。ただ，カウンセラーもクライアントさんの悩みをできる限り理解しようとしますが，では同じ立場でなければ理解できないか，と言ったら，そういうわけでもないと思います。たとえば私には子どもがいませ

んから，子どもの悩みの場合，クライアントさんに状況をいろいろと教えてもらいながら，その方の悩みをできる限り理解しようと試みると思います。それがはたして全て「きちんと」理解できているかと聞かれたら，「100％理解できています」とは言い切れないかもしれませんが，それでもこれまで何とかやってきてはいます。結婚していないときに結婚の悩みを抱える方のカウンセリングも担当しましたし，結婚してから結婚していない方のカウンセリングを担当したこともあります。そもそも人はそれぞれ本当に様々で，同じ立場でなければ理解できないからカウンセリングはできないということになれば，カウンセリングという営みそのものが成立しないのではないかと思います。同じように考えると，たとえば私は女性で，江藤さんは男性で性別が異なるから，私たちは一緒にカウンセリングができない，ということになってしまいます。しかし現に私たちはここでカウンセリングを始めようという話になっています。それは男女の違いやその他の違いがあっても，同じ目的のためにやってみようと江藤さんも私も考えたからではないでしょうか。

江藤さん：なるほど。確かにそうですね。おっしゃることは理解しました。
伊藤：私からのご回答は，江藤さんのご質問の答えになっていますか？
江藤さん：なっています。理屈としてはよくわかりましたし，納得しました。引き続き伊藤先生にカウンセリングをお願いしたいと思います。
伊藤：そう思っていただけてよかったです。引き続き，どうぞよろしくお願いいたします。
江藤さん：こちらこそ。
伊藤：また新たに何かお聞きになりたいことが生じたら，アジェンダとして挙げてください。
江藤さん：わかりました。

　皆さんもご経験がおありだと思いますが，江藤さんのように，カウンセラーの個人的なことについて質問をしたいというクライアントは少なくありません。そのような質問に対してどこまで答えるかということについて正解はないと思いますが，私は個人的には，そのカウンセラーの「常識」として答えられる範囲で答えるのが良いのではないかと考えています。というのも，今後，協同作業をする相手であるカウンセラーがどのような人であるのか知りたい，というのはクライアントにとってごく当然の希望だと思うからです。
　たとえば私が何か習い事をするとして，その先生と一緒に長くやっていこうということであれば，私自身，その先生がどのような人か，ある程度は知

りたいと思うでしょう。まず知りたいのは専門家としての経歴や力量についての情報でしょうか。次に，特にその先生に愛着を感じるようになれば，先生の個人的なことについてもある程度知りたい気持ちになるだろうと思います。実際，これまでそうでした。そして「これぐらいだったら聞いてもいいかな」と思う範囲で，直接先生に尋ねたりしてきました。それはたとえば年齢（年代）だったり，結婚など家族についてだったり，どこに住んでいるかだったり，趣味だったり，休暇の過ごし方だったり，出身地だったりします。直接尋ねて教えてもらえれば，「そうなんだ」という個人的興味が満たされて，それで満足して終わりになりますし，先生によっては「その件については内緒です」などと言われることもありますが，それはそれで「あ，言いたくなかったのか。悪いことを聞いちゃったかな。もう聞かないようにしよう」と思って，それで終わりです。ですから，CBTのクライアントが，カウンセラーである私に，同じように，専門家としての私の力量を推し量るために私の経歴を知りたいと考えたり，ある程度個人的なことに興味を示したりすることについては，あまり違和感がありません。

　ただしこれはあくまで私の「常識」です。同じCBTのカウンセラーといえども，そこまでカウンセラーは自己開示する必要がないという「常識」をお持ちの方もいらっしゃるかと思います。その場合は，ご自身の「常識」に従って対応なされば良いのではないかと思います。

　ちなみにカウンセリングで個人的なことについて聞かれた場合に，どこまで答えるかという私の「常識」ですが，私が所属するスポーツクラブで多少顔見知りの他のメンバーさんに個人的なことを聞かれた場合を基準として，それに合わせるようにしています。たとえば年齢，結婚しているかどうか，子どもがいるかどうか，住んでいる場所（町名や最寄駅），趣味，出身地といったことについては，スポーツクラブで聞かれたら大体そのまま答えるので（年齢は「40代」のように，年代で答えることが多いですが），クライアントが普通に何らかの興味を抱いて聞いてくれているのだな，と思われる場合は，同じようにそのまま答えています。それ以上踏み込んだことを聞かれ，普通私はそこまで人に言わないな，という内容であれば（例：年収，性体験など），〈すみません，そういうことについては，聞かれても答えないことにしているんです〉と言って，お断りします。

　質問の具体的内容を聞けば，それがカウンセラーの経歴や力量を確認するための質問なのか，ちょっとした興味に基づく質問なのか，普通はわかると思います。経歴や力量の確認のための質問でしたら，できる限り誠実に答え

る必要があると思いますが，ちょっとした興味に基づく質問の場合，クライアントもさほど深い意味で聞いているわけではないことが多く，こちらが気楽に答えると，「あ，そうなんですか」「ふーん」「へえ，そうなんだ」で終わることが大半です。その反応を見れば，クライアントがカウンセラーに少々興味を持って聞いてくれたのだな，というのがわかります。なので，私はクライアントからの個人的な質問に対し，カウンセラー側が反応しすぎないほうがよいと考えています。

　ときどき事例検討会などで，カウンセラーに対する個人的な質問の意味について，そのような質問を発したクライアントについての解釈的な議論が延々と繰り広げられるのを見聞きすることがありますが，そのほとんどに対して，私自身は「そこまで深読みする必要はないのではないか」と思ってしまいます。また，そのようなクライアントの質問に対して，〈あなたは，私の年齢について聞きたいのですね？〉〈あなたが私の出身地をお聞きになりたいのは，どのような理由からでしょう？〉などと質問で返してしまう，ということが結構よくあるようです。そのようなやりとりに対し，私はいつもひっかかりを感じます。さきほども申し上げたとおり，たいていの場合，クライアントがそのような質問をするのは，カウンセラーに興味を持ってくれているからなのだと思います。だとすると，「こんなこと聞いたら失礼かもしれませんが，先生はおいくつぐらいなんですか？」といったクライアントの質問に対し，〈あなたは，私の年齢についてお聞きになりたいのですね？〉といった質問を返すことは，クライアントをすごく白けさせてしまうのではないかと思うのです。たとえばこんな風に年齢を聞かれたら，たいていの場合私は〈40代です〉とすぐに答えますし，「出身はどちらなんですか？」と聞かれたら，〈東京都の足立区に生まれ，小学校の途中まで足立区に住んでいました〉と，ありのまま答えてしまいます。その上で〈これでお答えになっていますか？〉と訊ねると，ほとんどのクライアントが「わかりました」「そうなんですね」などと和やかに返してくれて，それで終わりです。

　重要なのは，質問の意味を解釈することではなく，個人的な質問であれ，カウンセラーが答えられる範囲でお答えすることで，クライアントがカウンセラーに対して気軽に質問のできる関係を作ることなのではないかと私は考えます。個人的な質問に答えるうちに，どんどん質問がエスカレートして，それに対しても答えなければならないというプレッシャーにさらされるのではないか，と心配される方がいらっしゃるかもしれませんが，それは先ほども述べたとおり，カウンセラーの中に基準を作っておき，それに従って答え

るか否かを判断すれば，それでよいと思いますし，答えない場合は，これも先ほど申し上げたとおりですが，〈誰に聞かれても，そういった質問については答えないことにしているので，申し訳ないのですが，ここでもお答えすることができません。それでお許しいただけますか？〉とお伝えすれば，それで済んでしまうことがほとんどです。また，このように答えれば，質問をしたこと自体にクライアントが自責感を抱かずに済むでしょう。

　もちろん意図や意味がわからない質問であれば，〈ごめんなさい。ご質問の意図がよくわからないのですが，教えていただけますか？〉と言って，クライアントに教えてもらえばよいのだと思います。たとえば以前，あるクライアントに「伊藤先生は○○に所属しているということはないですよね？」と唐突に訊ねられたことがありました。○○というのは，とある宗教団体です。実際私は○○に所属してはいなかったのですが，そのようにいきなり尋ねられた意味が全くわからなかったので，〈ごめんなさい，ご質問の意味がちょっとよくわからないのですが……。お答えする前に，そのご質問の意味について教えていただいてもよろしいですか？〉とお尋ねしました。話を聞いてみると，そのクライアントの家族は○○という宗教をめぐってトラブルを抱えており，クライアント自身は，○○という宗教に対して非常に批判的だということでした。しかし，もし万が一カウンセラーの私が○○という宗教団体に所属しているとしたら，それについて批判することが憚られるため，予め聞いておこうと思って，そのような質問をなさったとのことでした。このように教えていただいたことで，私のほうでもクライアントの質問の意味が理解できたので，〈ああ，なるほど。それであのようにご質問くださったのですね。ご安心ください。私は○○という宗教団体には所属していませんし，過去に所属したこともありません〉とお答えしました。このように質問の意図や意味がよくわからない場合，「よくわからない」ということを率直に伝え，クライアントに教えてもらえれば，理解できるようになることがほとんどだと思います。やはりここでもまず重要なのは，「質問の意図や意味が何か」ということより，質問の意図や意味について気軽に話し合うことができる関係性を作っていくことだと思います。

　ところで，皆さんの中には，上で示した江藤さんと私のやりとりを，「ずいぶん理屈っぽいなあ」と感じる方がいらっしゃるかもしれません。その通りだと思います。「カウンセリングなのに理屈っぽいやりとりをするなんて，よろしくないのではないか」と思われるかもしれませんが，私はそうは考えません。第1に，CBTでは「理論的根拠」を提示することが非常に重要で，

何について話し合うにせよ, その根拠を理屈で説明することがむしろ推奨されるからです。第2に理論や理屈を重んじる江藤さんのようなクライアントの場合, こちらがそれに合わせてコミュニケーションを図る必要があるからです。理屈を重んじる人は, 理屈で納得することを好みます。そういうクライアントに対しては, カウンセラーも理屈っぽい人になって, 理屈を通じて納得してもらうようにすると良いのではないかと考えます。おそらくそれぞれのクライアントの好む「理屈のレベル」というのがあるのでしょう。そのあたりはクライアントの反応を見ながら, そのクライアントに合った理屈のレベルを探していけばよいでしょう。ただいずれにせよ「理論的根拠」を重んじるCBTにおいて,「理屈抜きで」ということはありえないので, クライアントの様子を見て,「こちら(カウンセラー)の理屈にうんざりしているのではないか」との危惧が生じたら, そこで理屈を引っ込めるのではなく,〈理屈っぽくてごめんなさいね〉〈本当に認知行動療法って理屈っぽいんですよね。でもこれだけは説明しておかないといけないので, ちょっと辛抱してくださいね〉などと, 謝りながら必要な理屈はきちんと説明する, というやり方が望ましいと思います。逆にケースEの江藤さんのように, むしろ理屈を好むと思われるクライアントの場合は, こちらからもきっちりと理屈を示すほうが, 信頼してもらえるようです。

　以上, ここではケースEの江藤さんの例を通じて,「クライアントのニーズに応える」ということについて解説しましたが, 他にも様々なニーズが初回セッションから出されることがあるかと思います。それらのニーズにどのように応えるか, もしくは応えないか, についての判断基準は, やはりカウンセラーの常識を第一に考えてよいのではないかと思います。「常識的に考えると, そのニーズに対して, 自分はどのように対応するべきか」と自問し, それに沿って対応すればよいのではないかと思うのです。もちろんカウンセラーの常識が絶対ではないですし, クライアントの常識とカウンセラーのそれとが食い違う場合もあるでしょう。その場合は, どちらが正しいとか正しくないとかそういうことではなく, 互いの常識が食い違っていることを共有した上ですりあわせを行い, お互いがとりあえず納得できる「落としどころ」を見つけようとすることが大切なのではないかと思います。

3-10 まとめの作業その1：ホームワークの設定

　セッションの最後の時間帯には, まとめの作業を行います。初回セッショ

ンでは，少なくともセッション終了時間の5分から10分前には，この作業に入る必要があるでしょう。まとめの作業では，その日のセッションを振り返ったり，必要に応じて補足やフォローを行ったり，次回のセッションの見通しを立てたり，クライアントの気分が昂ぶったり混乱したりしている場合はそれを落ち着かせたりするなど，とにかくその日のセッションをできるだけよい形で「閉じる」ための話し合いや作業を行いますが，中でも不可欠なのが，ホームワークを設定することと，セッションに対するフィードバックをクライアントにしてもらうことの2点です。ここではまずホームワークの設定について解説しますが，ホームワークそれ自体については，次の第4章で詳しく説明しますので，ここではあくまでも初回セッションでのホームワークの設定に限って簡単に紹介するに留めます。

　初級ワークショップのときにも強調しましたが，ホームワークの課題は，「予習」「復習」で言えば，「復習」に比重を置くほうが良いのではないかと思います。セッションの「復習」として，セッションで一緒にやったことをおさらいしてきてもらったり，セッションで一緒にやって，すでにやり方がわかっていることの続きをやってきてもらったりするのです。「予習」に比べれば「復習」ははるかに負担が小さいです。当機関でCBTを開始するクライアントは，主訴を長年抱えてきて，非常に弱った状態にある人がほとんどです。そういった方に，「復習」ではなく「予習」的な課題を出すというのは，それだけで大変な負担をかけることになってしまいます。「セッションで一緒にやったことのおさらいか続きを，ホームワークの課題とする」ということを基本原則としておき，それに沿ってホームワークの課題を設定するようにしておくと，過度な負担をクライアントにかけずに済みます。

　それでは以下に，初回セッションのまとめの作業におけるホームワークに関するやりとりを紹介します。ケースAの青山さんとのやりとりです。

伊藤：では，次回までにやっていただくホームワークの課題を決めましょう。
青山さん：はい。
伊藤：（図3.4「ホームワークシート」（p.121）を2枚取り出して，1枚を青山さんに手渡す）ホームワークの課題は，毎回，このシートにメモしていきます。メモすることで，どんな課題が出たのか忘れずに済みますし，認知行動療法の進行に沿ってホームワークの課題も変化していきますから，このシートを見るだけで認知行動療法の進み具合を把握することもできますので，何かと便利です。

青山さん：はい。

伊藤：ホームワークシートはこのように2枚用意してありまして，1枚を青山さんが，もう1枚を私が持つようにします。そしてお互い自分のシートに，課題を書き込んでいきましょう。よろしいでしょうか。

青山さん：わかりました。

伊藤：では，まずここにお名前を書いていただき，次に今日のセッションの回数，今日は初回ですから「1」と書いてください，そして今日の年月日をご記入ください。（それぞれ自分の手元にあるホームワークシートに青山さんの氏名などを記入する）

青山さん：はい，書きました。

伊藤：（図3.20「ヒアリングで用いるシート」(p.229)を取り出して）では今日のホームワークですが，これはもうさきほど合意しましたとおり，今日のセッションでちょっとだけ書き始めたヒアリングのためのシートに，続きを書いてきていただきたいのですが，それをお願いしてもよろしいでしょうか？

青山さん：わかりました。

伊藤：さきほど私たちは，①出産後の経緯，②異動後の経緯という2つのことを一緒にして，時系列的にヒアリングをしようという計画を立てました。また大体2回のセッションを目途にヒアリングを行おうということにもなっています。それでよろしいでしょうか？

青山さん：ええ，それでいいと思います。

伊藤：では，次回とその次のセッションの2回を使って，出産後と異動後の経緯をヒアリングさせていただくとして，ホームワークではどこまで続きを書いてきていただくことにしましょうか？ 次回の1回分だけにするか，書けそうであれば今に至るまでの流れを全て書いてきていただくことにするか，どのやり方が青山さんにとってやりやすそうですか？

青山さん：そうですね，次回の1回分と言っても，どのあたりまで書いてくればよいのかが，自分ではちょっとよくわかりません。

伊藤：そうですよね。6年前のことからヒアリングを始めているからと言って，それを物理的に半分に割って，前半3年，後半3年というふうには，なかなかいきませんよね。

青山さん：そうですね。でも6年分を全部いっぺんに書いてくるというのも，自信がありません。

伊藤：ちょっと負担が大きすぎますかね。では「どこまで」と決めずに，とに

かくトライしてもらって,「いけるところまで」書いてくるということにしませんか。今の青山さんにとっては,過去のことを思い出してそれを紙に書き出す,というのは結構負担の大きい作業かもしれません。ただ逆にそれをすることが,気持ちの整理につながるなど,案外役に立つ場合もあります。いずれにせよ,やってみないとわかりませんものね。

青山さん：そうですね。でも「いけるところまで」というのは,あまり明確じゃないと思うのですが,そういうアバウトな課題でもよいのでしょうか？

伊藤：ええ,学校の宿題とは違いますから,「ここからここまでちゃんとやって来なければいけない」というのではありません。ホームワークが青山さんの助けになれば,それでいいのです。

青山さん：わかりました。それでしたら,とりあえずトライして,いけるところまで書いてみたいと思います。

伊藤：いずれにせよ,書いてきてもらったものを次回ここで一緒に共有して,必要であれば追加で書き込んだりすることもできますので,「ちゃんとしたものを書かなくてはならない」などと思わず,負担になりすぎない程度で書いてきていただければ,と思います。

青山さん：そう言っていただけると,ちょっとホッとします。

伊藤：もし書いている最中に,あまりにも負担を感じたり,それによってかえって具合が悪くなってしまうようであれば,途中でやめていただいても何の問題もありませんので,とにかく無理をしないでください。

青山さん：わかりました。

伊藤：今の青山さんにとって,どういう課題なら無理なくできるか,どういう課題は負担がかかりすぎるか,ということを理解するということもとても大事なことですから,やってみてこういうふうに負担だったということがあれば,それについても遠慮なくお伝えください。

青山さん：わかりました。

伊藤：では,お互いのホームワークシートに,このように書きましょうか。「ヒアリングのためのシートに,①出産後の経緯,②異動後の経緯について,時系列に沿って,いけるところまで書いてみる」（手元のホームワークシートに書き込む）

青山さん：（手元のホームワークシートに書き込む）

伊藤：（青山さんが書き終えたことを確認して）さらにですね,米印（※）をつけて「ただし負担が大きいようであれば,途中でやめること」と書いておきましょう。大事なことですから,びっくりマーク（「！」）も一緒につけて

おきましょうかね。3つぐらい。
青山さん：（ちょっと笑いながら）わかりました。（書き足す）
伊藤：それからですね，このホームワークシートであれ，今日少し書き始めたヒアリングのためのシートであれ，テストの結果であれ，また今後，いろいろなツールが登場しますが，基本的にはそれらの全てを2部ずつ用意し，私と青山さんで同じファイルを作っていくような感じになると思います。
青山さん：はい。
伊藤：ですからセッションが終わったら，このヒアリングのシート（図3.20）をすぐにコピーして青山さんにお渡しします。青山さんにはその続きを書いてきていただくわけですから，シートが足りなくならないように，まっさらのシート（図3.18）も何枚か，予めお渡ししておきます。何枚ぐらいお持ちになりますか？
青山さん：そうですね，足りなくなると困るので，3枚ぐらい持って帰ってもいいですか？
伊藤：（まっさらのヒアリングのためのシート（図3.18，p.224）を3枚手渡しながら）ではこちらをお持ち帰りください。
青山さん：ありがとうございます。
伊藤：次回，青山さんが書き込んでくださったシートをお持ちになるわけですが，やはりそれについても1部コピーを取らせてもらい，同じものを共有したいと思います。セッションが始まってからコピーを取ってもよいのですが，時間がもったいないので，もしできれば，セッションが始まる前に受付の者に言っていただいて，予めコピーを取っておいていただきたいのですが，それをお願いできますでしょうか？
青山さん：ええ，大丈夫だと思います。
伊藤：ではお手数ですが，さきほどのホームワークシートに，「受付に言って，コピーを一部，取っておく」ということを追加で書いておきましょう。（手元のホームワークシートに書き込む　図3.23を参照）
青山さん：わかりました。（手元のホームワークシートに書き込む）
伊藤：ではこんな感じで毎回セッションの最後にホームワークを決めたいと思いますが，よろしいでしょうか。
青山さん：わかりました。

　以上が初回セッションにおけるホームワークをめぐるやりとりの1例ですが，かなり慎重に課題を設定していることが，おわかりいただけたかと思い

ホームワークシート
クライアントID：　A

ホームワークの課題を具体的にメモしておきましょう

氏名：　青山 恭子　　様
セッションNo. 1　2005年5月9日（月）

●前回のHWについて

●今回のHWについて
ヒアリングのためのシートに，①出産後の経緯，②異動後の経緯について，時系列に沿って，いけるところまで書いてみる。※ただし負担が大きいようであれば，途中でやめること！！！
　→受付に言って，コピーを一部，取っておく。

セッションNo.　　　年　月　日（　）

●前回のHWについて

●今回のHWについて

セッションNo.　　　年　月　日（　）

●前回のHWについて

●今回のHWについて

セッションNo.　　　年　月　日（　）

●前回のHWについて

●今回のHWについて

セッションNo.　　　年　月　日（　）

●前回のHWについて

●今回のHWについて

セッションNo.　　　年　月　日（　）

●前回のHWについて

●今回のHWについて

Copyright　洗足ストレスコーピング・サポートオフィス

図3.23　ホームワークシート（ケースA初回セッション）

ます。というのも，具合の悪い方々にホームワークをやってきていただくということ自体が，場合によっては大きなストレッサーになりうるわけで，その可能性を考えて課題を設定しているからです。どの程度の質や量のホームワークであれば，クライアントが大きな負担を感じることなく取り組むことができるのか，というのは，ある程度セッションを重ねてみないとわかりません。そのあたりの兼ね合いは，クライアントによってまちまちです。そして万が一ホームワークが大きなストレッサーになってしまった場合，そのことでクライアントの調子が悪くなってしまったり，カウンセラーやCBTに対するクライアントの信頼感が損なわれてしまったりする恐れが生じます。私自身，そのような配慮が足りず，CBTの初期段階で負担の大きなホームワークを出してしまい，クライアントが大きなストレスを感じたり，調子を落としてしまったという苦い経験が何度かあります。それらの経験をふまえて，CBTの初期段階，特に初回セッションでは，慎重にホームワークの課題を決めるようにしています。また上のやりとりにもあったとおり，やってみて負担が大きすぎたり，具合が悪くなってしまったりした場合の対処についても，予め話し合っておいたほうが良いように思います。

　ホームワークについては次章で詳しく解説しますので，今はこれぐらいにしておきましょう。

3−11 まとめの作業その2：セッションの感想を話してもらう

　セッションの最後に，セッションに対する感想をクライアントに話してもらいます。第3章でもお伝えしたとおり，当機関では，インテーク面接の最後のところで，クライアントから率直な感想（フィードバック）をお話しいただくことの重要性についてお伝えし，実際にインテーク面接に対する感想をその場で話してもらっています。また初回セッションの冒頭で1回のセッションの流れについて説明するときにも，最後に感想を話してもらうということを予め伝えてあるので，初回セッションの最後に，実際に感想を求められて驚くクライアントはほとんどいらっしゃいません。ほとんどの方が「ああ，感想ね，はいはい」という感じで，感想を話してくれます。

　引き続き，ケースAの青山恭子さんとの対話を紹介しましょう。

伊藤：では時間が来ましたので今日はこれで終わりにしますが，最後に，今日の初回セッションに対する感想をお話しください。

青山さん：そうですね，テストの結果については詳しく説明していただいて，今の自分の状態が少し客観的に理解できたような気がします。ヒアリングの計画が立ったので，少し見通しが持てるような気がしました。

伊藤：（青山さんからのフィードバックを面接記録用紙に書き留める）他にはいかがですか？

青山さん：ホームワークがどうなるか，ちょっと不安ですが，とりあえずやってみようと思います。

伊藤：（引き続き書き留めながら）そうですね，「とりあえずやってみよう」という感じでやってみていただいて，次回どうだったか教えてください。では今日はこれで終わりにしましょう。お疲れ様でした。

青山さん：ありがとうございました。

　たいていのクライアントは，青山さんのように，感想を端的に述べてくれるので，こちらはそれを記録用紙に書き留めて，それでセッションが終わりになります。セッションの最後のカウンセラーの声かけですが，私はいつも〈お疲れ様でした〉と言うようにしています。私が知る限り，CBTの多くのカウンセラーがそうしているようですが，CBTではない，別のアプローチの心理療法をやっている方が，私が最後に〈お疲れ様でした〉と言うというのを知って，ひどくびっくりされたことがありました。これはCBTが協同作業であることの表れなのでしょう。たとえば仕事で誰かとプロジェクトを組んで協同作業をするのであれば，その日の作業の最後に「お疲れ様」と言うのは，ごく自然なことで，CBTはその感覚と似ているのだと思います。

　ただし中には，CBTの初期段階，特に初回セッションでは，カウンセラーを警戒していたり，CBTに懐疑的であったりするなどして，セッションに対するありのままの感想を話してくれないと思しきクライアントもいらっしゃいます。初回セッションの段階で，カウンセラーを警戒していたり，CBTに懐疑的であったりすることは，それほど不思議なこととは思われませんので，このようなクライアントの反応については，あまり突っ込まず，そのまま受け止めるようにしています。たとえばケースCの千代田美里さんとの初回セッションは，次のようなやりとりで終わりになりました。

伊藤：では時間が来ましたので今日はこれで終わりにしますが，最後に，今日の初回セッションに対する感想をお話ください。

千代田さん：さあ，まだよくわかりません。

伊藤：「よくわからない」というのは？
千代田さん：全てです。
伊藤：ここでの認知行動療法やカウンセリングについて，ということですか？
千代田さん：そうです。カウンセラーを含めて。
伊藤：私のことも含めて，まだよくわからないというのが，今日の感想なのですね？
千代田さん：ええ，そうです。
伊藤：（千代田さんの感想を用紙に書き留めながら）こんなふうに毎回感想をおうかがいするので，今みたいに率直にお話しいただければと思います。では今日はこれで終わりにしましょう。お疲れ様でした。
千代田さん：はい。

　千代田さんの「さあ，まだよくわかりません」という感想は，そのときの言い方や表情も併せて考えるとおそらくネガティブな思いを含むものだと思われます。私を目の前にして，私のことを「伊藤さん」とか「伊藤先生」ではなく，「カウンセラー」と呼ぶのも，何かよそよそしいというか，距離を置かれている印象を受けました。ただし，今は何かについてあれこれ話し合うべき時間帯ではなく，「まとめの作業」としてセッションの感想をクライアントに話してもらう時間帯です。ですから，「まだよくわからない」という感想はカウンセラー側からすれば確かに気になりますが，ここでたとえば〈わからないって，どういうことですか？〉とか〈カウンセリングやカウンセラーに対して，何か否定的なお気持ちがあるのですか？〉などといった話をカウンセラー側から始めてしまうのは控えたほうがよいと思います。実はこれはCBTの初心者が陥りがちな落とし穴です。「感想」をおうかがいする時間帯であるにもかかわらず，クライアントの発言をカウンセラーの方からふくらませてしまったり，クライアントの質問に答えてしまったりすることで，「感想をおうかがいする」というアジェンダから外れていってしまうのです。一度そういうやり取りがあると，クライアントのほうは，「感想」を話す時間帯であるとは聞いていたけれども，実際にはさらに話し合いを行ったり，自分の質問に答えてもらったりすることができるんだな，というふうに「学習」してしまいます。そうなると軌道修正がとても大変になります。またクライアントによっては，感想を聞かれたから率直に感想を述べたところ，それについてあれこれ聞かれたり話し合ったりすることになってしまったことに対して，「それじゃ気軽に感想も言えない」「聞かれたから率直な感

想を伝えただけなのに、それについていちいち話し合う羽目になるのなら、面倒だから何も言わないほうがよい」といったふうに思う人もいらっしゃるでしょう。これももっともな反応だと思います。感想の内容にカウンセラーがいちいち振り回されないことが大切です。

　ですからいずれにせよ、感想を尋ねて出てきた感想は、それがどんなものであれ、すべて「感想」としてそのまま受け止めて、それで終わりにするというのが基本的なスタンスとしてはよいのではないかと思います。その上で、感想の時間帯に何か重要そうな話が出てきたら、その件についてその場で話し合うのではなく、次のセッションのアジェンダとするなどして、別の枠を設けて話をするのです。たとえば千代田さんとの上のやりとりで、CBTやカウンセラーなどに対する「まだ、よくわかりません」という千代田さんの感想は、私自身はカウンセラーとして十分に納得がいきました。というのも、対人関係でこれまで様々な苦労をしてきた千代田さんが、まだ会って2回目のカウンセラーに対してすぐに心を開けるはずがないと思うからです。むしろ警戒して、「まだよくわからない」との感想を述べてくれるほうが、了解できます。そして決してポジティブとはいえない「まだよくわからない」という感想を、率直に私に伝えてくれたことを私はうれしく感じました。ですから私は「まだよくわからない」という感想を、そのまま受け止め、それで終わりにしてしまいましたが、カウンセラーによっては、「まだよくわからない」という千代田さんの感想にひっかかってしまい、「それはどういうことなんだろう」と気になる人もいるかもしれません。その場合、さきほども申し上げたとおり、その場で〈それはどういうことなんですか？〉と聞くのではなく、次回のセッションでアジェンダ設定をするときに、〈前回、最後に感想をお尋ねしたときに、「まだよくわからない」とおっしゃっていましたが、それがどういうことなのか、私のほうではちょっと気になってしまっているので、このことについて話し合うというのを、今日のアジェンダに入れさせてもらってもいいですか？〉などと言って提案するとよいでしょう。

　感想を尋ねられたとき、沈黙したり、「感想を言うの、苦手なんです」とおっしゃったりするクライアントもいます。ケースDの堂本健太さんがそうでした。堂本さんとの対話を以下に紹介します。

　　伊藤：では時間が来ましたので今日はこれで終わりにしますが、最後に、今日の初回セッションに対する感想をお話ください。
　　堂本さん：あ……はい。（うつむいて沈黙する）

伊藤：今日のセッションに対して感じたことや思ったことを，何でもよいのでお話しいただけますか？

堂本さん：あ……はい。（沈黙が続く）

伊藤：感想を求められると困りますか？

堂本さん：え，あ，まあ，はい。……僕，感想言うの，苦手なんですよね。

伊藤：ああ，そうだったんですか。（インテーク面接の記録を取り出して）確か先週のインテーク面接のときには，「来るまですごく緊張したけれども，いろいろと細かく質問してくれるので，途中から気が楽になった」「認知行動療法の説明はとりあえずわかったけれども，あとはやってみないとわからない」といった感想をおっしゃってくださいましたね。

堂本さん：あ，そうでした。そのときは，たまたま感想を思いついたんです。

伊藤：今日はどうでしょう？

堂本さん：今日はちょっと，感想が出てこない。

伊藤：なるほど。その時々によって感想を思いつくときもあれば，出てこないときもある？

堂本さん：そうみたいです。

伊藤：そうしたら，こうしませんか？　感想を尋ねられて，インテーク面接のときのように何か思いつけばそれをお話ししていただきたいと思いますし，今日みたいにどうしても感想が出てこなければ，「出てこない」と言っていただいて，それでよしとする，というふうにするのです。

堂本さん：（ちょっとホッとしたように）それだったら，大丈夫かも。

伊藤：では，そうしましょう。そうしたら今日の感想は「出てこない」ということで，そのようにここ（※面接記録用紙）にも書いておきますね。（面接記録用紙の感想を書き留める欄に「出てこない」と書き留める）

堂本さん：あ，はい。

伊藤：では時間ですので，今日はこれで終わりにしましょう。お疲れ様でした。

堂本さん：あ，はい。

「感想を言うのが苦手だ」というクライアントが，ときどきいらっしゃいます。その場合，無理に言わせようとしても意味がありませんが，だからといって〈苦手なら（感想を言わないで）いいです〉と対応し，その後感想を尋ねない，というのはもったいない気がします。CBTの初期段階では，毎回のように「（感想は）ありません」「（感想は）出てきません」とおっしゃるクライアントが，CBTが展開するに従って，少しずつ感想を言ってくれ

るようになるケースがあるからです。CBTはあくまでもクライアントとカウンセラーの協同作業ですから、お互いにフィードバックする機会はできるだけ残しておきたいと思います。ですからCBTの初期段階、特にインテーク面接や初回セッションでクライアントが感想を言えなかったとしても、それはそれとして受け入れつつ、〈それでも毎回セッションの最後に感想をお尋ねするので、もし何か感想が出てきたら教えてくださいね。なければないで、「ない」と言っていただければ、それで大丈夫ですから〉とお伝えします。このあたりもCBTのコミュニケーションのしつこさを表していますね。

3-12 セッション後の作業

面接室での1回のセッションが終わった後の作業には、どのようなものがあるでしょうか。当機関で私たち面接担当者がセッション後に行っている作業を、思いつくままにざっと挙げてみましょう。

①受付にて、セッション中に作成したツール類をコピーして、クライアントに手渡す。
②面接記録用紙に加筆するなどして、記録をほぼ完成させる。
③次回セッションのアジェンダ案を、次のセッション用の面接記録用紙に記入する。
④次回セッションで使う可能性のあるツール類を用意する。
⑤次回セッションで特に注意すべき点などがあれば、それらについて用紙にメモしておく。

大体これぐらいでしょうか。ちなみに当機関では、会計をしたり、次の予約を取ったり、玄関までお見送りしたりするのは、面接を担当する者ではなく、受付担当のスタッフが行っています。しかし以前私が学生相談室で仕事をしていたときは、予約なども担当カウンセラーが行っていました。その場合、相談室内ではカウンセリングのための対話、相談室外ではカウンセリング後の事務手続きをする、という線引きをはっきりとさせたほうがよいと思います。事務手続き中にセッションの続きの話などはしませんし、またされても応じないようにしていました。こういうことも1つひとつ「構造を守る」ということなのだと思います。

上の5点について、少しだけ解説しましょう。

①受付にて，セッション中に作成したツール類をコピーして，クライアントに手渡す。

CBTでは作成したツール類はすべてコピーして，クライアントと共有します。ツールは途中までのものであっても（つまり未完成のものであっても），セッションが終わったときにコピーして，クライアントにお渡しします。またときおり面接の記録用紙のコピーを欲しいというクライアントがいらっしゃいますが，その場合記録用紙のコピーもそのまま差し上げています。

②面接記録用紙に加筆するなどして，記録をほぼ完成させる。

CBTのセッションでは，基本的にセッションの記録はリアルタイムで，クライアントの目の前で行いますので，セッションが終わった後で，多くの記録を取るようなことはありませんが，リアルタイムで書けなかったこと，補足しておいたほうがよいことなどがあれば，セッション直後にそれらを追加として書き足し，それで記録をほぼ完成させてしまいます。面接記録用紙の記入例については，後ほど紹介します。

③次回セッションのアジェンダ案を，次のセッション用の面接記録用紙に記入する。

セッション直後に，次のセッションの面接記録用紙を用意し，クライアント名など書き込めるものは先に書き込んでしまいます。その際，前回のセッションで設定されたホームワークの課題を書いておきます。そして次回のセッションのアジェンダ案もそのときに考え，書き出しておきます。

次のセッションのアジェンダの案ですが，次のセッションが行われる日に，極端に言えば次のセッションの直前にカウンセラー側の案を書き出せばよいという考え方もあるかと思いますが，私自身は，前のセッションの直後，つまり前のセッションの記憶が一番ホットなうちに，次のセッションのアジェンダの案を考え，その場で書き出しておくようにしています。そして次回のセッションが行われる日に，改めて自分の書き出したアジェンダ案を見直し

て，必要に応じて修正したりします。いろいろと試してみましたが，少なくとも私にとってはこのようなやり方が一番よいようです。

④次回セッションで使う可能性のあるツール類を用意する。

次回のアジェンダ案が立てられていれば，それらのアジェンダにおいて使用する可能性のあるツール（各種のシート，心理教育用の本など）がある程度予測できますので，それらのツールを予め用意しておきます。

⑤次回セッションで特に注意すべき点などがあれば，それらについて面接記録用紙にメモしておく。

たとえば前回のセッションで伝え忘れたことがあったとか，セッションとセッションの間に電話で問い合わせがあってそれに答える必要があるとか，セッション中のコミュニケーションで何か気をつけなければならないことがあるとか，前回忘れ物があってそれをお渡ししなければならないとか，何かあれば，それも併せて面接記録用紙にメモしておきます。

3-13 面接記録について

当機関では，図3.2のような面接記録用紙（p.117）に，セッションの記録を残しています。伝統的な心理療法では逐語録が重視されることが多いようですが，CBTの面接記録においてまず重要なのは，クライアントが何を話したかとか，それに対してカウンセラーがどう返したか，ということではなく，そのセッションでクライアントとカウンセラーは何をしたのか，どういうことについて合意がされたのか，ということを記録として残しておくことだと思います。セッションで行われたことや話し合われたことを具体的に外在化しておくのです。もちろんクライアントの発言や，クライアントとのカウンセラーのやりとりで重要だと思われるものは，併せて記録に残しておくとよいと思いますが，あくまでもそのセッションで何が行われたか，というのが面接記録の中心であるべきだ，というのが私の考えです[注]。

図3.24に，ケースAの青山恭子さんとの初回セッションの面接記録用

紙を提示します。括弧のついていない記載は，面接で話し合ったことや合意されたこと，もしくは実施したことの要点です。かぎ括弧（「」）はクライアントの発言，別の括弧（〈〉）はカウンセラーの発言をそのまま記したものです。「逐語録」ではなく「セッションそのものの記録」であることが，おわかりいただけるかと思います。この程度の記録であれば，セッション中にクライアントと話をしながら書き込むことが可能です。その際重要なのは，何を書いているのかをクライアントに見せながら記録を取っていくことです。クリップボードにはさんだ記録用紙を，クライアントとカウンセラーの間に置いて，クライアントの目の前で記録していくのです。カウンセラーが自分にしか見えないような角度で記録用紙を置いて記録を取ると，「いったいあの用紙に何が書かれているのだろう」とクライアントが不安を抱くおそれがあります。前にも申しましたが，クライアントが希望すれば，記録用紙はそのままコピーしてお渡ししています。このようにセッションの記録そのものもクライアントに対してオープンにしておくことが，クライアントに安心感や信頼感を持ってもらう一助になるのではないかと考えています。

　以上，大変長くなりましたが，ここまでが当機関の初回セッションについての解説です。同じ初回セッションと言っても，どのような機関のどのようなシステムの中で実施するかによって，セッションの有り様や進め方はだいぶ変わってくるかと思いますので，皆さんの所属する機関のシステムに合わせて，当機関のやり方をアレンジしていただけるとうれしいです。また，むしろこういうやり方が良いのではないか，ということがありましたら，ぜひ教えていただきたいと思います。

（注）ただしこれからカウンセリングを学ぼうという初心者の方は，やはりセッションを録音もしくは録画して何度も振り返ったり，それらの逐語を文字に起こして検討したりするなどして，援助的なコミュニケーションのあり方そのものを習得する必要があるでしょう。私自身も大学院の修士課程では，ロジャーリアンの先生のもとで，毎週自分たちの録音テープを皆で共有したり，自分の逐語録を皆に検討してもらったりして，まずは対人援助関係における基礎的なコミュニケーションのトレーニングを徹底して受けました。CBTの勉強を始める前にこのようなトレーニングを積むことができたのは，とても大事なことだったのだと今になって思います。

```
┌─────────────────────────────────────────────────────────────┐
│  第 _1_ 回面接　西暦 _2005_ 年 _5_ 月 _9_ 日（月）　時間 _16：00_ ～ _16：50_  │
│                                                             │
│  クライアント氏名：　_青山恭子_　　　　様　　クライアントID：_A_    │
│  前回（第インテーク回）面接日：_2005_ 年 _5_ 月 _2_ 日（月）  前回と今回の間隔：_1 週間_ │
│  担当者：　_伊藤絵美_　　　　備考：                          │
└─────────────────────────────────────────────────────────────┘
```

┌─ 前回のHW，本日のアジェンダ（予定） ─────────────────────┐
│　　　1 認知行動療法の開始の確認，全体の流れの確認，1回の流れの説明 ｝全てOK │
│　　　2 心理テストの結果の説明　　　　　　　　　　　　　　　　　とのこと │
│　　　3 ヒアリングの計画を立てる→ヒアリング開始   │
│　　　□ その他？   │
└──┘

・モデルの説明……よく理解されていた。「面白いですね」　※テスト結果へのコメントはフィードバックシートに記入
・自殺念慮この1週間80％、実行可能性20％、計画はない。自殺念慮に自責感ありとのこと。自殺念慮について心理教育実施。この件については随時話し合うということで合意。「気持ちが楽になった」
・〈全体の感想は？〉「合っている」「うつが重たいと聞いて、むしろホッとした」「反すうが腑に落ちた」but「こんなにサポートしてもらっているのにうつ病になったのだから、やっぱり私は弱い人間なのかな」……Cl.によく見られる自責的思考であることを共有する
※モデル、結果に対する理解は良好。特に反すうという概念にポジティブな反応を示していた。内省力高いようだ。
※BDI-Ⅱは毎回のセッション開始時に実施するということで合意。プラス、うつ（しんどさ）の主観的評定も始める。……「今日は90％」※BDI-Ⅱは42 p

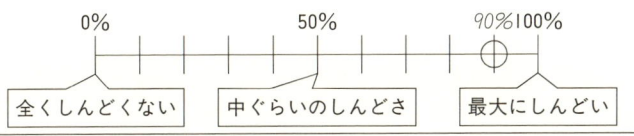

```
0%            50%           90% 100%
|--|--|--|--|--|--|--|--|--|⊕-|
全くしんどくない  中ぐらいのしんどさ  最大にしんどい
```

●ヒアリングについて合意されたこと……以下の2点について時系列でヒアリング①出産後の経緯②昨年春の異動後の経緯。
回数は2回を目途とする。
●残り時間でヒアリングを開始……1999年の出産時の話を少しだけヒアリングして、シートに外在化。残りをホームワークとする。
※全てでなくてOK。「いけるところまで」ホームワークとして書いてくるということで合意。

┌─ ラスト：セッションに対する感想 ─┐
│・テスト結果→今の自分の状態が少し客観的に │
│　理解できたような気がする。   │　　┌─ 今回のHW，次回のアジェンダ（予定） ─┐
│・ヒアリングの計画が立ったので、少し見通し │　　│・ヒアリングの続き（2回分の1回目）   │
│　が持てるような気がする。   │　　└────────────────────────────────────┘
│・ホームワークがどうなるか、ちょっと不安だ │
│　が、とりあえずやってみようと思う。   │
└───────────────────────────────┘

┌───┐
│ 次回予約　(有)・無   │
│ 次回（第 _2_ 回面接）予約日　2005 年 5 月 16 日（月）　16 時〜 │
│ 今回と次回の間隔：_1 週間_   │
│ 備考：　　※セッション開始時にBDI-Ⅱを実施し、「しんどさ」の主観的評定をしてもらう │
└───┘

図3.24　面接記録用紙（ケースA初回セッション終了後）

3−14 質疑応答

Q：心理テストの結果があまりにも重症で，カウンセラー側が不安を感じた場合，どのように対応すればよいでしょうか？

A：心理テストの結果を見て，私が不安になるのは，主に①自殺念慮と悲観の程度が高い場合（すなわち自殺の危険性が認められる場合），②医療機関にかかっていないクライアントのストレス反応（特に GHQ 28 と BDI-II のポイント）が非常に高い場合，の2つです。①の場合の対応については，すでに述べたとおりです。②は，当機関が医療機関でないがゆえの不安です。もちろん心理テストのストレス反応が高ければ，その全ての人が医療機関を受診しなければならないということではないと思いますが，本来医療につながるべき人がつながっていない可能性があるという意味では，②については十分に検討する必要があるでしょう。つまり医療機関にかかっていないクライアントのストレス反応が非常に高いことが，心理テストを通じて明確になった場合，何らかの形で医療機関（特に精神科，心療内科，メンタルクリニック）を受診していただくよう，クライアントに依頼するのです。これはもちろんクライアントの苦痛の軽減のためでもありますが，当機関のリスクヘッジでもあります。医療が必要な状態の人にそれを勧めないことによって万が一悪化するようなことがあれば，当機関の責任を問われるおそれがあるからです。ですから医療機関に通院していないクライアントのストレス反応が非常に高いというテスト結果が出た場合は，受診する必要性についてこちらの考えを率直に伝え，極力それに従ってもらうようにしています。場合によっては当機関での CBT をいったん保留にし，まずは医療機関を受診していただき，その後 CBT を再開するか否かについても医師の判断を仰ぐときもあります。実際にはケースバイケースですが，たとえばこんな事例がありました。別の民間カウンセリング機関から当機関に紹介されたクライアントで（紹介状には「パニック障害に対する CBT をお願いします」と記載してありました），本人も CBT を希望とのことでしたが，心理テストとインテーク面接の結果，相当に重症のうつ状態で，自殺念慮も高く，医療機関への受診や通院なしで，当機関だけでカウンセリングを開始するのは危険であると判断し，初回セッションではテストの結果をフィードバックすると共に，その旨を説明して，まずこちらから医療機関を紹介して，受診していただくことが合意されました。そこで今度は私が紹介状を作成し，それを持って紹

介先の医療機関を受診していただきました。後日そこのドクターからお返事をいただき，大うつ病とパニック障害の診断で投薬治療を開始したとの報告を受けました。その後その方は当機関にはいらしていないので，経過はわかりませんが，おそらく紹介先の医療機関での治療で回復されたのではないかと，これは私の希望も含めてですが，そのように考えています。

＊

Q：受診を拒否されたら，どのように対応しますか？

A：もちろんどのようなお気持ちで拒否されているのか，まずはある程度お話をうかがって話し合いをします。中には精神科の薬物治療に対する恐怖心や誤解によって，受診を過剰に恐れている方もいらっしゃり，その場合は，当機関が信頼しているドクターを紹介するので過剰に心配しないでほしいということ，薬物治療に対するそのようなお気持ちをドクターに伝えるとよいということ，継続的に通院するかどうかは一度受診してからクライアント自身が決めることができるということなどをお伝えすることで，クライアントの気持ちが「受診してもよい」という方向に変わることが少なくありません。それでも「どうしても受診したくない」という場合，あまり望ましいやり方ではないのかもしれませんが，インテーク面接時にサインしていただいた契約書（図2.2（p.14）を参照）を再度提示して，「当機関のカウンセラーが，あなた様の医療機関への受診を必要と判断する場合は，その旨をご説明いたします。その際は，必ず受診をおこなってください。」と記載されている箇所を示し，〈このようなお約束でここでのカウンセリングを始めていますので，大変申し訳ないのですが，やはり1度でよいのでお医者さんにも診てもらって，それから今後の方針を決めましょう〉とお伝えします。ただしこれはテスト結果におけるストレス反応がかなり重症な場合に限られます。明確な基準を定めているわけではないのですが，もしインテーク面接の段階でBDI-IIが50ポイントを超えているようであれば，やはりかなりの重症ケースであるとみなして，一度は医療機関を受診していただくことになるかと思います。これがたとえばBDI-IIが30ポイント台で，本人が「受診したくない」ということであれば，なんとしてでも受診してもらうというのではなく，しばらく様子を見て再度話し合いましょう，ということが合意されるときもあります。これはなかなか難しい問題ですが，クライアントの状態を軽く見積もって後で危険な状態に陥るのを防ぐことが最重要だと思われますので，そのことをクライアントにもお伝えし，納得してもらった

上で受診してもらうようにしています。

＊

Q：セッションの感想を話してもらう最後の時間帯に，新たな話が出てきたり，質問されてしまった場合は，どのように対応していますか？

A：あくまで「感想を話してもらう」というアジェンダのもとでお話をうかがっているのですから，基本的にはそのアジェンダから離れないようにします。ということは，新たな話や質問が出てきた場合は，それに付き合うことはせず，〈もし重要なお話であれば，その件をアジェンダとして，ぜひ次回のセッションで提案してください〉〈それは大変重要な質問ですね。ただ大変申し訳ないことに，今はセッションの感想をお話しいただく時間帯ですし，セッションの残り時間もあとわずかなので，ご質問に対してあれこれ話し合うことができません。もしこのご質問についてきちんと話し合いたいということであれば，ぜひ次回のセッションでアジェンダとして提案してください〉などと申し上げ，さらに〈では今日のセッションに対する感想をお話しいただけますか？〉と再度，セッションに対する感想をお尋ねするようにしています。もしここで新たな話につき合ったり，質問に対してしっかりと答えようとしたりすると，「感想を話す」というアジェンダからカウンセラー自らが離れてしまうことになり，構造化というCBTにおける重要な原則からすると，望ましくありません。一度でもカウンセラーの方から構造を崩してしまうと，クライアントにとって「感想を話す」というアジェンダは，単に感想を話すだけでなく，そのときに話したいことを話したり，聞きたいことを聞いたりして，カウンセラーといろいろな対話をする時間帯であると認識されることになってしまいます。その結果，セッションに対する感想を話してもらいたい最後の時間帯に，毎回のように，新たな話が出てきたり，質疑応答をしたりする羽目に陥り，さらにその結果面接時間が延びてしまったり，そのことに対してカウンセラーがイライラしてしまったりといった，望ましくない状態に陥る可能性が高まってしまいます。

＊

Q：カウンセラーにあまり経験がない場合，ケースEの江藤さんのようなクライアントだと，どうなってしまうのでしょう？

A：もっともなご質問だと思います。江藤さんはカウンセラーの経験を重要視

しているため，私に臨床経験を尋ね，私が率直に自分の経験年数などを答えたところ，一応「合格」となったようでしたが，ではたとえば経験年数がかなり少ない人が担当カウンセラーだったらどうなっていたでしょうか？　これについては想像するしかありませんが，経験年数が少なくても，そのことを率直かつ堂々と伝え，さらにそれに対するクライアントの反応を引き出し，落ち着いてやりとりができれば大丈夫なのではないかと思います。当然のことですが，カウンセラーは誰しも経験年数の少ない時期があります。そこをのりきって経験を積み，結果的に「ある程度経験を積んだ」と思ってもらえるようなところまで来るわけですが，「経験が少ない」と自覚している時期に，クライアントに経験について問われると，つい萎縮した気持ちになってしまってもおかしくありませんね。しかし萎縮してもしなくても「経験が少ない」という事実は変えようがありません。もしクライアントがカウンセラーの経験を気にするようであれば，経験が気になるのはもっともなことであるということを認めつつ，自分はまだ「経験が少ない」と自覚していることも率直に伝え，しかしできる限りの努力をしてクライアントと共に認知行動療法を進めていきたいと考えていることも伝えてみて，あとはそのような「経験が少ない」カウンセラーと協同作業をするか否かの選択をクライアントにしてもらうしかないのではないでしょうか。たまたま私の運が良かっただけなのかもしれませんが，事実，このような対応をすることで，最初は私の経験の少なさに不安を抱くと言っていたクライアントと，何とかCBTを継続して，最終的にはそれなりの着地点まで進むことができていました。こうやって考えてみると，「率直である」ということに尽きるような気がします。経験が少ないときは，どうしてもそのことを知られたくないと思ってしまいがちかもしれませんが，むしろそのことを隠さず率直に伝え，さらにそれに対するクライアントの率直な反応を引き出すことができれば，そのようなやり取りを通じて，「確かにまだ経験の少ないカウンセラーかもしれないが，こんなふうにやりとりができるのであれば，何とかやっていけるのではないかな」と思ってもらえることが多いように思います。

＊

Q：伊藤先生はクライアントに何を言われても，てきぱきとスピーディに対応しているように思います。また先生のDVD（『認知療法・認知行動療法　面接の実際』）を観て思ったのですが，先生の口調はテンポがよく，やはり非常にてきぱきしています。私は先生のように頭の回転が速くなく，またテンポよくてきぱき話をすることができません。こういう私はCBTのカウンセラーに向いてい

ないのではないでしょうか？

A：すみません，私は早口で，こうやってワークショップで皆さんの前で話すときも早口，クライアントさんと話をするときもついつい早口になってしまう悪い癖があります。また観ていただいたDVDのセッションも，セッション数で撮影の契約をしていたので，早口の癖がかなり出てしまっていて，お聞き苦しかったかもしれません。が，普段のセッションでも，反応のよいクライアントさんとの対話では，DVDと同じぐらい話すスピードが速くなる場合があります。しかし「早口」というのは，私伊藤のもつ特徴ないしは癖にすぎず，CBTに必要な要素では全くありません。私たちは皆，それぞれの思考やコミュニケーションの特徴や癖を持っていると思います。ゆっくりと考えて，ゆっくりと人と話すのが好きな人，私のようにちゃっちゃか考えて，ちゃっちゃか話すのが性に合っている人，静かに話すのが好きな人，ハイテンションで話すのが好きな人，低く抑えた声で話すのに慣れている人，大きく張りのある声で話すのに慣れている人，それぞれだと思います。大事なのは自分の特徴や癖を活かした，すなわち自分らしいコミュニケーションをセッションで行うことではないでしょうか。「ちゃっちゃか好き」な私が，無理してゆったりと構えて話そうとすると，その無理や不自然さがコミュニケーションに悪影響を与えそうですし，逆にゆったりと構えて話すのが得意な方が，あえてスピーディにしようとすると，そこにも無理が生じるでしょう。自分に合ったテンポや話し方を大事にしつつ，あとは目の前のクライアントさんにできるだけ歩調を合わせようとすれば（「ちゃっちゃか好き」の私でも，目の前のクライアントさんが「ゆったり好き」だということがわかれば，できるだけゆったりしてみようとの努力はします），それで大丈夫なのではないでしょうか。

　私がこのように思うに至ったのは，2002年にベックの認知療法研究所に研修に行ったときの経験が非常に大きいです。その研修では，とにかく様々な治療者・カウンセラーのCBTのセッションを見せてもらいました。ライブもあれば録画したものもありました。アーロン・ベックのセッションも見ましたし，娘さんのジュディス・ベックのセッションも見ました。アーロン・ベックのコミュニケーションは催眠療法のように優しくてやわらかいですし，ジュディス・ベックのコミュニケーションは家庭教師のお姉さんのように親切かつてきぱきとしていました。黒人のラッパーのような非常にスタイリッシュでかっこいい先生のセッションも見ましたし，白人のものすごく体の大きな先生が，非常にソフトでゆったりとしたテンポのセッションを行うのも見ました。ヒラリー・

クリントンのようないかにも「できる！」という雰囲気の，キャリア女性のような先生のやたらとパキパキしたセッションも見ました。このように様々な先生の様々なセッションを見せてもらって感じたのは，CBTにおけるコミュニケーションは，まさにその人らしいあり方でいいんだ，ということでした。その人にとって自然体のコミュニケーションを取っていれば，それでよく，むしろ重要なのはどのようなコミュニケーションのあり方でも，クライアントと協同作業を進めていくこと，セッションやケース全体の構造化をきっちり行うことなんだ，ということを強く感じたのです。ですからご質問の方が，もし私のような「ちゃっちゃか系」とは別のコミュニケーションスタイルをお持ちであれば，ぜひそれを大事にしてください，と申し上げたいです。ゆったりとしたコミュニケーションが普通に取れるなんて，とてもすばらしいことだと思いますし，むしろ私がお手本にしたいぐらいです。

●参考文献

朝倉聡，井上誠士郎，佐々木幸哉ら（2002）Liebowitz Social Anxiety Scale（LSAS）日本語版の信頼性及び妥当性の検討．精神医学，44, 1077-1084.

飛鳥井望（1999）不安障害外傷後ストレス障害（PTSD）．臨床精神医学増刊号，28, 171-177.

Beck, A.T., Steer, R.A., & Brown, G.K. (1996) Manual for the BDI‐II. Psychological Corporation. 小嶋雅代・古川壽亮（2003）日本版BDI-IIベック抑うつ質問票 手引き 検査用紙 日本文化科学社．

Beck, J.S. (1995) Cognitive Therapy: Basics and Beyond. New York Guilford. 伊藤絵美・神村栄一・藤澤大介（訳）（2004）認知療法実践ガイド・基礎から応用まで：ジュディス・ベックの認知療法テキスト．星和書店．

伊藤絵美（2006）認知療法・認知行動療法 面接の実際．星和書店．

伊藤絵美（2008）事例で学ぶ認知行動療法．誠信書房．

中嶋照夫，中村道彦，多賀千明，山上栄，切池信夫，永田利彦ら（1993）Yale-Brown Obsessive Compulsive Scale 日本語版（JY－BOCS）とその信頼性・妥当性の検討．臨床評価，21 (3), 491-498.

第4章　ホームワーク

　本章ではホームワーク（宿題）について解説します。ホームワークは認知行動療法（CBT）の要です。セルフヘルプの手段としてCBTを身につけてもらうために，ホームワークは欠かせません。本章ではCBTにおけるホームワークの意義と目的について簡単に解説した後，ホームワークについての心理教育の仕方，課題の設定の仕方，課題の実施状況の確認の仕方について具体的に紹介します。またホームワークに関して起こりがちな問題とその解決案についても提示します。なお本書で紹介しているケース（A〜E）の進行や展開に伴うホームワークの課題設定については，次章以降にも必要に応じてその都度具体的に紹介しますので，そちらも併せてご参照ください。

4−1　CBTにおけるホームワークの意義と目的

　CBTにおけるホームワークの意義と目的は，大きく分けると次の3つに集約されるように思われます。

① CBTに対するクライアントの主体性やモチベーションを上げる。
② CBTの効果を確実なものとする。
③ セッションと日常生活をつなぐ。

　それぞれについて解説します。

> ① CBTに対するクライアントの主体性やモチベーションを上げる。

セッションとセッションの間の日常生活において，クライアント自身がホームワークの課題に取り組むことによって，「CBTをやるのは自分なんだ」「自分が取り組むことでCBTが進んでいくんだ」ということを，クライアントが実感をもって認識するようになります。セッションにおける取り組みだけだと，特にCBTの初期段階では，カウンセラーがリードしたりマネジメントすることが多いので，どうしてもクライアントは依存的になりがちです。クライアントがホームワークに取り組むことが，CBTに対するクライアントの主体性やモチベーションを高めてくれるのです。

② CBTの効果を確実なものとする。

　CBTは「習い事モデル」で考えるとわかりやすくなるのは，何度も申し上げているとおりです。習い事は何でも「予習復習」や「反復練習」や「自宅学習」が大切ですよね。たとえば私はずっとピアノを習っていましたが，週に1度のレッスンを受けるだけでは絶対にピアノは上達しません。レッスンとレッスンの間，つまり日常生活で継続的に練習することが上達には不可欠です。また，私は今，とある英会話学校に通っていますが，今の学校に決めた理由の1つは，オリエンテーションのときにその学校のカウンセラーから，「ここに通うだけでは英会話は上達しません。大事なのは毎日のあなた自身による学習です」とはっきりと言っていただいたことでした。そう言われて，そういえば自分は英会話学校に通うことで「お任せ」にしようとしていたんだなあ，と気づきました。しかし少し考えてみれば，やはり学校や先生に「お任せ」というのはあり得ない話で，自分が主体となって英会話の学習や練習を日常的に行わなければ，ピアノと同様，スキルアップが難しいというのは当然といえば当然の話です。何かを身につけるためには，レッスンやセッションの時間に先生に教わるだけでなく，教わったことをおさらいしたり，何度も練習したりする「自主練」が不可欠です。
　CBTも同様です。CBTが目指すのはCBTの考え方や方法をクライアントに身につけてもらってクライアントがよりよくセルフヘルプできるようになることです。「身につけてもらう」という意味では習い事と同じです。ですからCBTの効果を確実なものにするには，やはりホームワークは欠かせません。

③ セッションと日常生活をつなぐ。

　そもそもクライアントはなぜ時間とお金を費やして，わざわざ CBT を受けに来られるのでしょうか？　それはもちろん日常生活で大きな困りごとを抱えているからですね。その困りごとを「主訴」として CBT に持ち込み，私たちはセッションの場で，主訴を理解したり解消したりするために，様々なことについて話し合ったり計画を立てたりします。しかしそれだけではクライアントの困りごとは解決しません。セッションで話し合ったり計画を立てたりしたことを，クライアントが自分の日常生活に持ち帰り，日常生活に適用する必要があります。つまりそれがホームワークです。ホームワークはセッションを「お持ち帰り」するための重要なしかけです。

　クライアントによっては，わざわざホームワークを設定しなくても，セッションでの話し合いを自発的に日常生活に持ち込み，自らの困りごとに適用する人もいるでしょう。しかしそのようなことをするのは一部のクライアントであり，全てではありません。そこでホームワークというしかけを作って，全てのクライアントがセッションの内容を日常生活に適用し，日常生活における困りごとの解消を積極的に図ろうとするわけです。そしてセッションを日常生活に持ち帰ってどうだったか，ということを次のセッションで一緒に検討します。ホームワークはセッションと日常生活をつなぐ大きな役割を担ってくれるのです。

4－2　ホームワークについての心理教育とやりとり

　CBT では何でもそうですが，ホームワークについても予めきちんと心理教育をする必要があります。通常私は初回セッションで 1 回のセッションの構造を説明するときに，ホームワークについても具体的に説明するようにしています。ケース A の青山恭子さんに対して私がホームワークについて心理教育を行っている部分のやりとりは，すでに前章で紹介しましたので，再度ご確認ください（p.133）。

　本節ではホームワークについて心理教育をするそれ以外の場面を，それぞれ具体的に紹介してみます。

◈インテーク面接におけるホームワークについての心理教育とやりとり

インテーク面接はCBTを開始するか否かを決めるための面接であり，実際のCBTのセッションとは異なるものと私は認識しています。ですから，インテーク面接では基本的にホームワークについてはこちらから触れませんし，ホームワークを出すようなこともしていません。しかし話の流れからホームワークについて説明したほうがよさそうだと判断した場合は，この限りではありません。以下に具体的な対話例を示します。

カウンセラー：（CBTの説明を一通り終えて）ここまでのお話はいかがでしょうか。何かわかりづらかった点やご質問があれば，遠慮なくおっしゃってください。

クライアントA：（図2.8「プロセスシート」（p.38）を指して）お話はよくわかりました。特に「主訴は日常生活にあるのだから，日常生活の中で私自身が認知行動療法をできるようになる必要がある」という説明は，本当にそうだなあと思いました。ということは，毎回，何か課題みたいなものがあって，それを私が日常生活の中で練習するということになるのでしょうか？

カウンセラー：すばらしい質問です。おっしゃる通りです。そのことについては初回のセッションでお伝えしようと思っていたのですが，せっかく質問してくださったので，少しだけ説明しますね。認知行動療法では「ホームワーク」と呼んでいますが，まあわかりやすく言えば「宿題」ですね，毎回のセッションで次回までにやってきていただく課題を一緒に決めて，それを宿題としてやってきていただく，というやり方を取っています。そうすることで，皆さんが認知行動療法をより効率的に身につけることができるからです。

クライアントA：確かにそうですよね。宿題があったほうが，効率よく身につけられそうな気がします。

カウンセラー：今日は認知行動療法を始めるかどうかを決めるための面接ですから，特にホームワークをお出しすることはしませんが，今度の初回セッションで，改めてホームワークについて説明させていただき，実際にセッションの最後に，ホームワークの課題を一緒に決めて，それをAさんにやってきていただきたいと思います。そんなふうに進めていきたいのですが，よろしいでしょうか？

クライアントA：ええ，よくわかりました。ありがとうございます。

他の例を紹介します。

カウンセラー：（CBT の説明を一通り終えて）ここまでのお話はいかがでしょうか。何かわかりづらかった点やご質問があれば，遠慮なくおっしゃってください。

クライアント B：認知行動療法の本を読んだことがあるのですが，確か宿題が出るようなことが書いてあったと思います。実際，宿題が出るんですか？

カウンセラー：ええ，出ます。認知行動療法では「ホームワーク」と呼んでいるのですが，毎回のセッションの最後に，次のセッションまでにやってきていただく課題を一緒に決めて，それをホームワークとして B さん自身に実践してきてもらうのです。ホームワークについては実際カウンセリングが始まってから，初回セッションで詳しくお話ししますが，今何かお聞きになりたいことがありますか？

クライアント B：どんな課題が出るのでしょうか？

カウンセラー：そうですね，どういう課題が出るかというのは，認知行動療法の進み具合によってもずいぶん違ってくるのですが，たとえば「認知行動療法のモデルに沿って自分を観察してみましょう」とか，「ここで一緒に作ったシートを持ち帰って，おさらいしましょう」とか，「このワークシートに書き込む練習をしてみましょう」とか，「ここで一緒に練習したコミュニケーションの新しいやり方を，生活の中で試してみましょう」とか，いろいろです。

クライアント B：なんだか難しそうな気もしますが……。

カウンセラー：今の説明だけ聞くと，難しそうに思われるかもしれませんが，学校の勉強では「予習復習」というのがありますよね。認知行動療法のホームワークは，そのうちの「復習」に該当します。その日のセッションでやったことのおさらいや，セッションの中でできるようになったことの練習を，ホームワークの課題として取り組んでいただくのです。

クライアント B：ああ，そういうことなんですね。

カウンセラー：ですからそんなに難しいことをホームワークとしてお願いすることは，まずありませんので，ご安心ください。今日はインテーク面接ですので，特にホームワークを出すことはしません。実際に認知行動療法を開始した初回セッションからホームワークをお出ししますので，ホームワークについては初回セッションで再度きちんと説明させてください。それでよろしいでしょうか。

クライアント B：わかりました。

もう1つ別の例を紹介します。

カウンセラー：（CBTの説明を一通り終えて）ここまでのお話はいかがでしょうか。何かわかりづらかった点やご質問があれば，遠慮なくおっしゃってください。

クライアントC：（図2.8「プロセスシート」（p.38）の右上の「1セッションの流れ」に記載されている「HW」という文字を指差して）これって何ですか？

カウンセラー：ああ，このあたりについてはさきほど説明しませんでしたね。これは実際に認知行動療法を始めることになったら，初回セッションで必ず説明するところなのですが，この「1セッションの流れ」には，1回のセッションの段取りが書いてあります。詳しくは初回セッションで説明させてください。そしてこことここに書いてある「HW（エイチダブリュ）」とは，「ホームワーク」のことです。認知行動療法では毎回のセッションでホームワークすなわち宿題を皆さんにお願いするんですよね。なのでセッションの中で，前回お願いしたホームワークをやってみてどうだったか一緒にチェックしたり，次のセッションまでのホームワークを一緒に設定したりするのです。このような説明でよろしいですか？

クライアントC：ああ，そうですか。わかりました。

カウンセラー：いずれにせよ，この「1セッションの流れ」については，始まってからもう一度きちんと説明いたします。それでよろしいでしょうか。

クライアントC：はい，大丈夫です。

以上A, B, Cの3つの例は，わりとよく見られるやりとりです。どれもクライアントから自発的にホームワークについて質問があった例ですが，ここでのポイントは，ホームワークについて簡単に説明はするのですが，詳しく説明しすぎないということです。もちろんインテーク面接の際に1回のセッションの構造やホームワークについても詳しく心理教育してもよいのかもしれませんが，私自身は，インテーク面接は「CBTを開始するか否かを決めるための面接」と定義しており，1回のセッションの構造やホームワークについての心理教育は「CBTを開始することにしてから説明するもの」というふうに分けて考えています。したがってインテーク面接でホームワークの話が出てきても，さらっと説明するにとどめ，〈詳しくは初回セッションでお話しします〉とお伝えするようにしています。ほとんどの方はそれで納

第 4 章 ホームワーク　281

得してくれますが，次のようなやりとりが展開される場合もあります。

　カウンセラー：（クライアントにホームワークについて質問されたので，上記 A〜C の対話例と同様に，ホームワークについて簡単に説明する）今日は認知行動療法を始めるかどうかを決めるための面接ですから，特にホームワークをお出しすることはしませんが，今度の初回セッションで，改めてホームワークについて説明させていただき，実際にセッションの最後に，ホームワークの課題を一緒に決めて，それを D さんにやってきていただきたいと思います。そんなふうに進めていきたいのですが，よろしいでしょうか？
　クライアント D：今日からホームワークを出していただきたいんですけれど……。
　カウンセラー：インテーク面接では通常ホームワークはお出ししていないのですが，D さんは今日からホームワークを実施したいとお考えですか？
　クライアント D：ええ，今日いろいろ説明してもらってやる気が出てきたので，せっかくなので何か始めてみたいんです。
　カウンセラー：なるほど。せっかくやる気が出てきたのだから，早速何か課題を始めてみたいということなんですね。
　クライアント D：はいそうです。
　カウンセラー：私としても D さんのせっかくのやる気を大事にしたいので，それでは早速何か課題を決めて，ホームワークでやってきていただくことにしましょうか。
　クライアント D：お願いします。
　カウンセラー：（図 3.4「ホームワークシート」(p.121) をキャビネットから 2 枚取り出して）ええと，これは「ホームワークシート」と言って，毎回のホームワークの課題を書き留めるためのシートです。1 枚は D さん用，もう 1 枚は私用です。それではお名前と今日の日付をまずシートに書いてください。
　クライアント D：はい（クライアントもカウンセラーもそれぞれのシートに名前と日付を記入する）
　カウンセラー：今回のホームワークでお願いしたいのは，さきほどの話でアセスメントの前に経過のヒアリングをしましょうということになりましたよね。今度の初回セッションでは，まず今日受けていただいた心理テストの結果をお返しして，残りの時間でそのヒアリングに入る予定です。これもさきほど合意したとおり，ヒアリングでは中学校からの人間関係の経緯を共有することになっていましたが，それで大丈夫そうですか？

クライアントD：大丈夫だと思います。
カウンセラー：ヒアリングの進め方自体は次回きちんと話し合って決めたいのですが，中学校以降の人間関係で，特に「いつの」「どんな人間関係」について，ここで共有する必要があるのか，それを項目のような形でメモに書いてきていただけますでしょうか？　たとえば「高校生のときの，部活での人間関係」とか「大学のゼミでの人間関係」とか。Dさんの人間関係の歴史を振り返る上で，重要なことを，項目にして書き出してきていただきたいのですが，それは可能でしょうか？
クライアントD：大丈夫だと思います。
カウンセラー：先に項目を書いてきていただけると，次回，ヒアリングの計画がずいぶんと立てやすくなるかと思います。
クライアントD：わかりました。
カウンセラー：ではお手元のホームワークシートに今の課題を書き出しましょう。そうですね，「人間関係についてのヒアリングのための項目をメモしてくる」というのでどうでしょう？
クライアントD：わかりました。（クライアントもカウンセラーもそれぞれのシートに「人間関係についてのヒアリングのための項目をメモしてくる」と記入する）
カウンセラー：先ほども申し上げたとおり，ここでは通常初回セッションで時間を取ってホームワークについて説明し，ホームワークの課題を一緒に設定します。今日はDさんのご要望もあってとりあえずこのような課題を設定してみましたが，やってみたら「やりづらかった」とか「結構スムースにできた」とか，何らかの感想が出てくるかと思います。スムースにできる場合，それはそれで結構なことですが，やってみて非常にやりづらかったり，ホームワークにトライしたことでかえって具合が悪くなるようなことがありましたら，無理してやろうとせずに，「やりづらかった」「具合が悪くなりそうになった」ということをそのまま私に報告してください。よろしいでしょうか？
クライアントD：はい，わかりました。

この例のように，インテーク面接の段階でホームワークの課題を出して欲しいと希望される方が，それほど多くはないですが時おりいらっしゃいます。その場合，当機関では通常初回セッションからホームワークを出すようにしていることを伝えつつ（つまりインテーク面接ではホームワークを出してい

第 4 章　ホームワーク　283

ないことを伝えつつ），クライアントがせっかく「ホームワークをやりたい」と言うのであればその気持ちはできるだけ受け入れて，何らかの課題を出すようにしています。ただしあくまでも「臨時の課題」という位置づけにしておき，その後の CBT の進行を大きく左右することのない，しかもその後の進行にできるだけ役立ちそうな課題を提案します。

　もう 1 つ，インテーク面接の時点からホームワークを出すことのあるケースとしては，何らかの事情により CBT の回数に制約があるケースが挙げられます。「何らかの事情」としては，たとえば EAP 機関からの紹介によるケースで，クライアントが無料で受けられるセッション数に限りがあるとか（5 回とか 7 回といった回数が多いようです），カウンセリングに費やせる金額が予め決まっているケースとか（以前，「ここでのカウンセリングのためにアルバイトをして何とか 5 万円貯金してきました」とおっしゃってインテーク面接を受けに来た学生さんがいらっしゃいました），近い将来に遠くに引っ越しすることが決まっていてそう長くは通えないことが予めわかっているケースなどがあります。回数に制約があること，しかもその制約がそれなりに厳しいものであることがインテーク面接で共有された場合，ホームワークについてインテーク面接時にある程度心理教育し，クライアントが望む場合は，インテーク面接時からホームワークの課題を設定するようにしています。その際のやりとりの例を以下に紹介します。このやりとりは，CBT の説明が終わり，CBT を開始することについて合意された後のものです。

カウンセラー：通常はこれでインテーク面接を終わりにするのですが，E さんにはひとつご相談したいことがあります。今お話ししてもよろしいでしょうか。

クライアント E：はい。

カウンセラー：さきほどのお話にもあったとおり，E さんの場合，EAP の 5 回の無料枠を使って，ここでのカウンセリングを行いたいということでした。

クライアント E：そうです。自分で料金を払えるほどの余裕がないのです。申し訳ありません。

カウンセラー：それは全然気にされなくていいのですよ。無理のない範囲で通っていただければいいのですから。ただ，今日のインテーク面接ですでに 5 回のうちの 1 回を使ったことになりまして，残りがあと 4 回ということになります。（図 2.8「プロセスシート」(p.38) を指して）さきほどもお伝えしたとおり，5 回で終結まで無理やり進めるのではなく，できるところまで一

緒に進めていき，後はEさんに認知行動療法を自習してもらうための計画を立てるというふうにしたいと思いますが，それでよろしいでしょうか？

クライアントE：ぜひそれでお願いします。

カウンセラー：ではそのように進めていくとして，さきほど申し上げた「ご相談」なのですが，実は認知行動療法では「ホームワーク」，まあ簡単に言えば「宿題」ですね，そういうのがありまして，これはセッションで話し合ったり練習したりするだけでは足りないし，認知行動療法の効果をより確実にするために，毎回何らかの課題を宿題としてお願いして，次のセッションまでにやってきていただく，ということをしているんです。

クライアントE：はい。

カウンセラー：このような「ホームワーク」「宿題」があることについて，Eさんはどう思われますか？

クライアントE：確かに効果を上げるためには宿題があったほうが良さそうですね。「宿題」と聞くと，ちょっとドキドキしてしまいますが（笑う）。

カウンセラー：宿題によって皆さんの具合が悪くなってしまっては元も子もありませんから，無理な課題をお願いすることはありません。どのような課題をホームワークにするかについても，毎回一緒に話し合って決めますので心配しないでください。

クライアントE：わかりました。

カウンセラー：ここでは通常，初回セッションからホームワークをお願いするようにしています。というのも今日のこのインテーク面接は認知行動療法を始めるかどうかを決めるための面接であって，まだ認知行動療法は開始されていないからです。認知行動療法を開始した第1回目のセッションから，ホームワークを出すことにしているのです。

クライアントE：なるほど。

カウンセラー：ですが，今ここで私がご相談したいのは，Eさんの場合，次の初回セッションからではなく，早速今日のインテーク面接からホームワークを設定することにするのが良いかどうか，ということです。少しでも先に進めていくために，早速今日からホームワークを始めることにするのか，それもと通常通り，次回の初回セッションからホームワークの課題を設定することにするのか，それをご相談したいのです。

クライアントE：ああ，そういうことですか。（しばらく考えて）どっちがいいんでしょうね。

カウンセラー：深刻に考えていただく必要はありません。少しでも先に進める

ために，今日からホームワークを始めてみたいか，それとも次の初回セッションを待って，通常通りそこからホームワークを始めるか，どちらを選んだからといって大きな違いが出るわけではありませんが，残りの回数のことが多少気になるので，このように相談させてもらっているのです。

クライアントE：もし今日からホームワークを始めるとなると，どんな課題になるのでしょうか？

カウンセラー：さきほど合意したとおり，次回のセッションでは今日やっていただいた心理テストの結果について説明した後，早速「アセスメント」と言って，Eさんが今回どのようにして具合が悪くなってしまったのか，そのプロセスを認知行動療法のモデルを使って，一緒に理解していく作業に入ります。それでよろしいですね。

クライアントE：ええ，それがいいと思います。

カウンセラー：今日のお話ですと，昨年，別の部署から課長クラスの上司が新たに異動してきて，その上司との関係がことごとくうまくいかなくて，それがきっかけで調子を崩していったということでした。

クライアントE：その通りです。

カウンセラー：ですので，今日もしホームワークをお願いするとしたら，その上司との間に具体的にどんなことがあったのか，それを書き出してきていただくというのが，まあ適切な課題なのではないかと思いますが，どうでしょう？

クライアントE：ああ，それぐらいの課題なら，できそうな気がします。

カウンセラー：いずれにせよその上司との間で何があったのかということを具体的にお聞きして，その上でその上司に対するEさんの反応を認知行動療法のモデルを使って整理していくことになるかと思います。ですから「その上司との間で何があったのか」ということを予め書いてきていただけると，その分セッションの時間を節約できるかなと思うのです。

クライアントE：確かにそうですね。その分時間を有効に使えますね。

カウンセラー：では今申し上げたことを，今回のホームワークの課題にすることにしてよろしいでしょうか？

クライアントE：わかりました。どういう形式で書いてくればいいですか？

カウンセラー：どういう形式がEさんにとって書きやすいですか？

クライアントE：うーん，手書きよりパソコンで整理したほうが，やりやすいかなあ。

カウンセラー：形式についてはお任せします。パソコンのほうがやりやすけれ

ば，ぜひパソコンをお使いください。どのソフトを使うかについてもお任せします。
クライアントE：わかりました。たぶんエクセルで整理するのが，一番やりやすそうな気がしますが，それでもいいですか？
カウンセラー：Eさんがやりやすいやり方であれば何でも構いません。エクセルでもいいですし，別のソフトを使っても，手書きに切り替えていただいても構いません。それでは「昨年新たにやってきた上司との間に何があったのか，具体的に書いてくる」というのを，今回のホームワークの課題にするということで，お願いします。
クライアントE：わかりました。やってみます。
カウンセラー：（図3．4「ホームワークシート」（p.121）をキャビネットから2枚取り出して）ええと，これは「ホームワークシート」と言って，毎回のホームワークの課題を書き留めるためのシートです。1枚はEさん用，もう1枚は私用です。それではお名前と今日の日付をまずシートに書いてください。
（以下省略）

このように回数や期間に制約がある場合は，インテーク面接の段階からホームワークを設定するかどうかの相談をするようにしています。たいていのクライアントは回数や期間の制約をそれなりに強く意識していますので，インテーク面接からホームワークを始めることを選択することがほとんどです。ただしそのことをカウンセラーが押し付けるのではなく，あくまでもクライアント自身が選択することが重要だと思います。回数に制約があるからといって，インテーク面接の段階からガツガツとCBTを進めていかなくてはならない，そのために早速ホームワークを始めなければならない，というわけではありません。制約があるからこそインテーク面接からホームワークを始めるか，制約があるけれども通常のケースと同様初回セッションでホームワークを始めるか，選択肢を提示して，クライアントに選んでもらえば，どちらを選択してもそれで良いのだと思います。

◆ 初回セッションでホームワークについて心理教育をしてみたところ，クライアントの反応が芳しくないときの心理教育とやりとり

前述のとおり当機関では通常，初回セッションでホームワークについて心

理教育を行うようにしていますが，ほとんどのクライアントは「ああ，そうですか」という感じで，ホームワークがあるということに対して否定的な反応を示すことはありません。が，まれにホームワークについて説明をした時点でネガティブな反応を示すクライアントがいらっしゃいます。そのようなときの対応例を以下に紹介します。

> カウンセラー：（図2.8「プロセスシート」（p.38）の右上，「1セッションの流れ」の欄を指してホームワークについて説明し始めたところ，クライアントの表情が曇り始めたのに気づく）ここまでよろしいでしょうか？ 何か気になることがありますか？
>
> クライアントF：いいえ，別に。
>
> カウンセラー：ホームワークの話になったら，Fさんの表情が曇ったように私には思えたのですが，ホームワークについて，もし何か気になることがあれば，遠慮なくおっしゃっていただきたいのですが。
>
> クライアントF：私はここに来るだけで精一杯なんです。なのにその上，ホームワークが出るなんて，できるわけないじゃないですか！
>
> カウンセラー：ああ，今からちょうどその話をしようとしていたところなんです。Fさんがここにいらっしゃるだけで精一杯だというのは，インテーク面接のときにもそのようにおうかがいしていますから，理解しているつもりです。
>
> クライアントF：本当にそうなんです。だからホームワークなんて，できるはずがないんです。
>
> カウンセラー：すみません，ここにいらっしゃるだけで精一杯というFさんの思いをもっときちんと受け止めながら，ホームワークについて説明をするべきでしたね。確かに認知行動療法ではホームワークとして何らかの課題を皆さんにお出ししますが，それはもちろんその方のその時々の状態に合わせて課題を設定します。私たちがホームワークを皆さんにお願いするのは，何らかの形でホームワークをしてきていただくほうが，結果的に認知行動療法の効果が出やすいことを研究的にも経験的にもわかっているからなんです。ですが，クライアントさんの負担になるようなホームワークを出して，それで具合が悪くなってしまったら元も子もないですから，そのようなことのないように課題を決めるようにしています。たとえば「ここに来るのが精一杯で，それ以上の課題なんてできない」ということであれば，ホームワークの課題としては「次回時間通りにセッションにやって来る」というぐらいが適切か

もしれませんね。

クライアントF：（ちょっと驚いたように）そういう課題でもいいんですか？

カウンセラー：ええ，もちろんです。その方がそのときの状態で無理なくできる課題を決めるのが重要なんです。ですから繰り返しになりますが，もしFさんが「ここに来るだけで精一杯で，『ここに来る』という課題以上のことは絶対にできそうもない」ということであれば，「次回時間通りにセッションにやって来る」というぐらいの課題が適切かもしれません。そういうホームワークであれば，大丈夫そうですか？

クライアントF：それだったら大丈夫です。「ホームワーク」って聞いて，何か本を読んでくるとかノートにまとめてくるとか，そういうことをやらされるのかなあと思って，それだと私には無理だと早合点しちゃったのですが，その時々の私の状態に合わせてくれるということがわかったので大丈夫です。

カウンセラー：私の説明の仕方が悪くてすみません。おっしゃる通り，ホームワークの課題は，その時々のFさんの状態を見て，できるだけ負担がかかりすぎないようなものを提案させていただきますし，Fさんのほうでも，私が提案した課題が「ちょっとそれは負担が大きくて無理」と思われるようでしたら，遠慮なくそのようにおっしゃってください。ホームワークは私がFさんに押し付けるのではなく，私とFさんとで一緒に相談して課題を決めるものです。今日も実際，セッションの最後の時間帯に，次回までにやってきていただくホームワークの課題を一緒に決めます。そのときに改めて私のほうから提案させていただきますが，ぜひFさんの意見も積極的におっしゃってください。

クライアントF：わかりました。

カウンセラー：ホームワークについては，とりあえずご理解いただけましたでしょうか？

クライアントF：はい，説明していただいてホッとしました。

もう1つ別の対話を紹介します。

カウンセラー：（図2.8「プロセスシート」(p.38) の右上，「1セッションの流れ」の欄を指してホームワークについて説明し始める）

クライアントG：ちょっと待ってください。

カウンセラー：はい，どうかされましたか？

クライアントG：あの，大変申し訳ありませんが，僕には無理です。

カウンセラー：無理って，ホームワークが無理ということですか？

クライアントG：そうです。本当に申し訳ないんですけど，ホームワークをやらないと，認知行動療法って受けさせてもらえないんですか？ どうしよう，それだと本当に困るんですけど。

カウンセラー：どうしてホームワークが無理だと思われるのですか？

クライアントG：コンピュータができないんです。

カウンセラー：ああ，ホームワークはコンピュータを使ってやるものだと思われたのですね。

クライアントG：違うんですか？

カウンセラー：コンピュータを使わなければならない，ということは全くありません。確かに何かを書いてきてもらうホームワークをお出しすることがあって，クライアントさんによってはコンピュータを使ってそういうホームワークをなさる方がいらっしゃいますが，手書きでも全く構いません。というより，普通皆さん手書きで書いてこられます。コンピュータを使う必要は全くありません。

クライアントG：そうなんですか。でも手書きでも，やっぱり僕にはできないんじゃないかなあ。（ため息をつく）先生ももうおわかりだと思いますが，僕は頭が悪いから書いたりするのがすごく苦手なんです。おまけに字が汚いし，漢字もよく知らないし。

カウンセラー：ホームワークについて心配させてしまったようで，ごめんなさい。でも字が汚いとか漢字をよく知らないとか，そういうことを気にする必要は全くありません。学校の宿題ならそういうことも気にする必要があるのかもしれませんが，ここではそういうことは全く気にしないでください。字がきれいでなくたって，漢字を間違えたって，漢字がわからなければ平仮名で書いたって，全然構わないのです。

クライアントG：そうですか。

カウンセラー：また，もし書くことがすごく苦手ということであれば，別に書かなくたっていいのです。「書く」とは別の形のホームワークの課題を立てればいいだけです。たとえばここで私が書いたものをおさらいしてきていただくとか，ここで私が書いたものを持ち帰ってそれを確認してきていただくとか，何かを観察してきていただくとか，何かを練習してきていただくとか，書かなくてもできるホームワークはいっぱいあります。ですからもし「書く」という作業があまりにも不安であれば，「書く」以外のホームワークを一緒に考えればよいだけの話です。……いかがでしょうか？

クライアントG：（まだ少し不安そうに）そんなのでいいのでしょうか？　それで認知行動療法がいつまでたっても進まないとか，そういうことになったりしないでしょうか？

カウンセラー：（きっぱりと）いえ，そんなことはないですよ。ここで私と一緒に認知行動療法に取り組もうとGさんが思ってくださるのであれば，そしてたとえ「書く」作業をしなくても，それ以外の作業に積極的に取り組んでいただければ，認知行動療法をきちんと進めていくことができますよ。

クライアントG：そうですか。そうだったらいいんですけど。

カウンセラー：Gさんは，ここで私と一緒に認知行動療法に取り組みたいとは思ってくださっているのですよね。

クライアントG：もちろんです。そうでないと仕事に復帰できないし，自分でも何かする必要があると感じていますから。

カウンセラー：そういうお気持ちでいてくださるのでしたら，ホームワークについて心配する必要は全くありませんよ。字がきれいでなくても，漢字が書けなくても気にしないで書いてもらってもいいですし，「書くのはどうしても」ということであれば，今申し上げたとおり，それ以外のホームワークにすればいいだけの話です。どうってことありません。

クライアントG：ああ，それなら良かったです。……「ホームワーク」って聞いて，気が動転してしまって，いろいろと聞いてしまいました。すみませんでした。

カウンセラー：いえ，むしろ今のように，動転したらしたですぐにそれを伝えていただいた方が，私のほうでも大変助かります。……どうでしょう？　ホームワークについて，今はどのように思われますか？

クライアントG：字が下手でもいい，書かなくてもいいって教えてもらったので，とりあえず安心しました。でもまだちょっと不安ですけど。

カウンセラー：では私のほうでもホームワークに対してGさんが不安に感じていらっしゃることを覚えておきますね。今日のセッションの最後に，実際にホームワークの課題を決めますが，そのときにGさんがあまり不安にならずに取り組めそうな課題を一緒に考えましょう。それでよろしいでしょうか？

クライアントG：わかりました。よろしくお願いします。

　初回セッションの冒頭で，ホームワークについて心理教育を行った際に，クライアントが示すネガティブな反応とそれへの対応の典型例を2つ挙げました。クライアントのFさんは，自分の状態が悪いことを根拠に，Gさん

は，自分の能力の低さ（本当に低いかどうかは別として，Ｇさん自身は自分の能力が低いと考えている）を根拠に，ほとんど反射的に「ホームワークはできない」との反応を示しました。Ｆさんに対してカウンセラーは，状態が悪いなら悪いなりに，そのときにできる課題を設定すればよいということを説明し，納得してもらいました。Ｇさんに対しては，苦手な課題（コンピュータ，書き物など）以外の課題を設定することができることを説明し，安心してもらいました。ＦさんにしろＧさんにしろ，「ホームワーク」と聞いた瞬間に，詳しい内容を聞くことなしに「ホームワーク」を自動的に過大評価してしまったことが，上のような反応を示した要因だと思われます。したがってカウンセラーに必要なのは，ホームワークをやるかやらないかの議論ではなくて，ホームワークについて具体的で詳しい心理教育を行い，クライアントの「ホームワーク」についての認知を修正することだと言えるでしょう。

　また，これは特にスーパービジョンをしていてよく思うことなのですが，カウンセラー側に「ホームワーク＝書き物」という思い込みが大きい場合が多くあるように感じます。ホームワークとして何か紙に書いてきてもらわなければならない，とカウンセラー側が思い込んでいるのです。が，後でご紹介しますが，別に書かずに実施できるホームワークの課題はいろいろとあります。クライアントがもともと書くことが好きだったり，書き物の課題をさほど負担に思わなかったりする場合は，書き物中心のホームワークで良いと思いますし，そのほうがセッションでの手間が省けるなどしてCBTの効率が上がりますが，書くという作業があまり好きでなかったり抵抗を示したりするクライアントに，無理に書いてもらおうとする必要は全くなく，「書き物以外のどのような課題を設定することが適切なのだろうか」という問いを立て，クライアントが気持ちよく取り組める課題を一緒に考えればよいだけの話だと思います。スーパービジョンで「クライアントがホームワークをやってこない場合どうすればよいか」という質問を受けてよくよく話を聞くと，クライアントが書き物系の課題を苦手としているにもかかわらず，カウンセラーが書いてもらうことに固執しているという場合が少なくありません。この場合問題は「ホームワークをやってこないクライアント」ではなく，「クライアントが気持ちよく取り組めるようなホームワークの課題を，カウンセラーが設定できない」ということになります。

◆初回セッションにて実際にホームワークの課題を決めるときの心理教育とやりとり

先にも述べたとおり，通常は初回セッションの最後の時間帯に，初めてのホームワークの課題を設定することになります。第3章では，ケースAの青山恭子さんとの初回セッションにおいて，どのようなホームワークの課題をどのように設定したか，対話例を紹介しましたが，再度ここでご紹介します。

なお第3章で紹介したホームワークシートも，ここで改めてご紹介します（図4．1）。当機関では初回セッションにこのホームワークを2枚用意し，クライアントとカウンセラーのそれぞれが毎回のホームワークの課題を，このシートに書き込むことにしています。

伊藤：では，次回までにやっていただくホームワークの課題を決めましょう。

青山さん：はい。

伊藤：（図4．1「ホームワークシート」を2枚取り出して，1枚を青山さんに手渡す）ホームワークの課題は，毎回，このシートにメモしていきます。メモすることで，どんな課題が出たのか忘れずに済みますし，認知行動療法の進行に沿ってホームワークの課題も変化していきますから，このシートを見るだけで認知行動療法の進み具合を把握することもできますので，何かと便利です。

青山さん：はい。

伊藤：ホームワークシートはこのように2枚用意してありまして，1枚を青山さんが，もう1枚を私が持つようにします。そしてお互い自分のシートに，課題を書き込んでいきましょう。よろしいでしょうか。

青山さん：わかりました。

伊藤：では，まずここにお名前を書いていただき，次に今日のセッションの回数，今日は初回ですから「1」と書いてください，そして今日の年月日をご記入ください。（それぞれ自分の手元にあるホームワークシートに青山さんの氏名などを記入する）

青山さん：はい，書きました。

伊藤：（図3．20「ヒアリングで用いるシート」（p.229）を取り出して）では今日のホームワークですが，これはもうさきほど合意しましたとおり，今日

ホームワークシート
クライアントID：＿＿＿＿＿

ホームワークの課題を具体的にメモしておきましょう

氏名：＿＿＿＿＿＿＿＿様

セッションNo.＿＿＿　　年　月　日（　）
- ●前回のHWについて

- ●今回のHWについて

セッションNo.＿＿＿　　年　月　日（　）
- ●前回のHWについて

- ●今回のHWについて

セッションNo.＿＿＿　　年　月　日（　）
- ●前回のHWについて

- ●今回のHWについて

セッションNo.＿＿＿　　年　月　日（　）
- ●前回のHWについて

- ●今回のHWについて

セッションNo.＿＿＿　　年　月　日（　）
- ●前回のHWについて

- ●今回のHWについて

セッションNo.＿＿＿　　年　月　日（　）
- ●前回のHWについて

- ●今回のHWについて

Copyright 洗足ストレスコーピング・サポートオフィス

図4.1　ホームワークシート

のセッションでちょっとだけ書き始めたヒアリングのためのシートに，続きを書いてきていただきたいのですが，それをお願いしてもよろしいでしょうか？
青山さん：わかりました。
伊藤：さきほど私たちは，①出産後の経緯，②異動後の経緯という2つのことを一緒にして，時系列的にヒアリングをしようという計画を立てました。また大体2回のセッションを目途にヒアリングを行おうということにもなっています。それでよろしいでしょうか？
青山さん：ええ，それでいいと思います。
伊藤：では，次回とその次のセッションの2回を使って，出産後と異動後の経緯をヒアリングさせていただくとして，ホームワークではどこまで続きを書いてきていただくことにしましょうか？ 次回の1回分だけにするか，書けそうであれば今に至るまでの流れを全て書いてきていただくことにするか，どのやり方が青山さんにとってやりやすそうですか？
青山さん：そうですね，次回の1回分と言っても，どのあたりまで書いてくればよいのかが，自分ではちょっとよくわかりません。
伊藤：そうですよね。6年前のことからヒアリングを始めているからと言って，それを物理的に半分に割って，前半3年，後半3年というふうには，なかなかいきませんよね。
青山さん：そうですね。でも6年分を全部いっぺんに書いてくるというのも，自信がありません。
伊藤：ちょっと負担が大きすぎますかね。では「どこまで」と決めずに，とにかくトライしてもらって，「いけるところまで」書いてくるということにしませんか。今の青山さんにとっては，過去のことを思い出してそれを紙に書き出す，というのは結構負担の大きい作業かもしれません。ただ逆にそれをすることが，気持ちの整理につながるなど，案外役に立つ場合もあります。いずれにせよ，やってみないとわかりませんものね。
青山さん：そうですね。でも「いけるところまで」というのは，あまり明確じゃないと思うのですが，そういうアバウトな課題でもよいのでしょうか？
伊藤：ええ，学校の宿題とは違いますから，「ここからここまでちゃんとやって来なければいけない」というのではありません。ホームワークが青山さんの助けになれば，それでいいのです。
青山さん：わかりました。それでしたら，とりあえずトライして，いけるところまで書いてみたいと思います。

伊藤：いずれにせよ，書いてきてもらったものを次回ここで一緒に共有して，必要であれば追加で書き込んだりすることもできますので，「ちゃんとしたものを書かなくてはならない」などと思わず，負担になりすぎない程度で書いてきていただければ，と思います。

青山さん：そう言っていただけると，ちょっとホッとします。

伊藤：もし書いている最中に，あまりにも負担を感じたり，それによってかえって具合が悪くなってしまうようであれば，途中でやめていただいても何の問題もありませんので，とにかく無理をしないでください。

青山さん：わかりました。

伊藤：今の青山さんにとって，どういう課題なら無理なくできるか，どういう課題は負担がかかりすぎるか，ということを理解するということもとても大事なことですから，やってみてこういうふうに負担だったということがあれば，それについても遠慮なくお伝えください。

青山さん：わかりました。

伊藤：では，お互いのホームワークシートに，このように書きましょうか。「ヒアリングのためのシートに，①出産後の経緯，②異動後の経緯について，時系列に沿って，いけるところまで書いてみる」（手元のホームワークシートに書き込む）

青山さん：（手元のホームワークシートに書き込む）

伊藤：（青山さんが書き終えたことを確認して）さらにですね，米印（※）をつけて「ただし負担が大きいようであれば，途中でやめること」と書いておきましょう。大事なことですから，びっくりマーク（「！」）も一緒につけておきましょうかね。3つぐらい。

青山さん：（ちょっと笑いながら）わかりました。（書き足す）

伊藤：それからですね，このホームワークシートであれ，今日少し書き始めたヒアリングのためのシートであれ，テストの結果であれ，また今後，いろいろなツールが登場しますが，基本的にはそれらの全てを2部ずつ用意し，私と青山さんで同じファイルを作っていくような感じになると思います。

青山さん：はい。

伊藤：ですからセッションが終わったら，このヒアリングのシート（図3.20，p.229）をすぐにコピーして青山さんにお渡しします。青山さんにはその続きを書いてきていただくわけですから，シートが足りなくならないように，まっさらのシート（図3.18，p.224）も何枚か，予めお渡ししておきます。何枚ぐらいお持ちになりますか？

青山さん：そうですね，足りなくなると困るので，3枚ぐらい持って帰ってもいいですか？

伊藤：(まっさらのヒアリングのためのシート（図3.18）を3枚手渡しながら）ではこちらをお持ち帰りください。

青山さん：ありがとうございます。

伊藤：次回，青山さんが書き込んでくださったシートをお持ちになるわけですが，やはりそれについても1部コピーを取らせてもらい，同じものを共有したいと思います。セッションが始まってからコピーを取ってもよいのですが，時間がもったいないので，もしできれば，セッションが始まる前に受付の者に言っていただいて，予めコピーを取っておいていただきたいのですが，それをお願いできますでしょうか？

青山さん：ええ，大丈夫だと思います。

伊藤：ではお手数ですが，さきほどのホームワークシートに，「受付に言って，コピーを一部，取っておく」ということを追加で書いておきましょう。(手元のホームワークシートに書き込む　図3.23（p.257）を参照)

青山さん：わかりました。(手元のホームワークシートに書き込む)

伊藤：ではこんな感じで毎回セッションの最後にホームワークを決めたいと思いますが，よろしいでしょうか。

青山さん：わかりました。

ホームワークの課題を設定するにあたってのポイントをまとめてみましょう。

①課題はできるだけ具体化する。
②「復習」に該当する課題を設定する。
③クライアントと相談したり話し合ったりしながら課題を決める（「共有課題」として位置づける）。
④課題は必ず外在化する（紙に書く）。
⑤課題による負担を考慮する。
⑥書き物の課題の場合，次回セッションまでにコピーを取ってもらうようにする。

それぞれについてもう少し詳しく説明します。

① 課題はできるだけ具体化する。

　これはホームワークに限ったことではないですが，CBT での課題は全て，「どのような課題を何のためにどのようにやるのか」について，できるだけ具体化しておくとよいでしょう。セッション中に一緒に取り組む課題であれば，課題を徐々に具体化していくこともできますが，ホームワークの課題は基本的にクライアントが1人で取り組むことになります。ですから，ホームワークについてはセッション中に課題を設定するときに，いざクライアントが1人で取り組むときになってわからなくならないよう，できる限り明確にしておく必要があります。

　たとえば「理由なく不安になりやすい」という主訴をもつクライアントに対し，自己観察課題をホームワークとして出すという場面を想定してみましょう。〈次回のセッションまでの2週間，ご自分の不安を観察してみてください〉という課題は，一見具体的なようにも見えますが，これだと足りないと私は思います。何を目的としたホームワークであるか，ということにもよると思いますが，単に〈観察してください〉という課題よりは，たとえば〈常に不安を観察するようにして，不安度が50パーセントを超えたら，日付，場所，その他の状況をメモし，そのときの不安度を0から100の数字で評価し，それも併せてメモしてきてください〉とか，〈少しでも不安を感じたら，そのときどんなことが頭をよぎったか（すなわち自動思考），さっと振り返って，不安を感じる直前もしくは不安を感じている最中の自動思考をメモしてきてください〉とか，〈ノートを1冊用意して「不安ノート」と名づけ，毎日の自分の不安を観察し，わかったことや気づいたことは何でも，その「不安ノート」に書いてきてください〉など，より具体化した課題を設定することをお勧めします。

　特に初回セッションのホームワーク設定では，多くのクライアントが「どんな課題が出るんだろう」「その課題を自分はちゃんとできるかな」と考えて不安を抱くものと思われます。課題を極力具体化するということは，「何をすればよいか」という見通しをクライアントに提示することでもあります。具体化された課題を提示されることでクライアントは安心できますし，場合によっては「そのような課題は今の自分には負担が大きすぎる」といった判断を下すこともできます。

②「復習」に該当する課題を設定する。

　学校の勉強でも，何らかの習い事でも，「予習」「復習」というのがあり，特に学校の勉強の場合は「復習」だけでなく，積極的に「予習」をすることが推奨されたりもしますが，CBTのホームワークの課題については，基本的に「復習」中心に設定することをお勧めします。クライアントがすでにできていること，すでにやったことのあることを，あらためてホームワークの課題としてやってきてもらうのです。「新たな課題はセッションで一緒にチャレンジすることにし，すでにやったことのある課題のおさらいや続きをホームワークでやってきてもらう」ということを軸にしておくと，課題を決めやすくなりますし，クライアントに負担がかかりすぎることもありません。
　では，クライアントのエネルギーがさほど低下しておらず，CBTに対するモチベーションが高く「ホームワークをガンガンやりたい」というクライアントの場合（当機関にはそういう方はほとんど来所されませんが），「予習」に該当するホームワークの課題をガンガン出してもよいか，と問われると，やはり私は慎重にしたほうがよいと考えます。習い事は何事もそうですが，「何度も練習して着実に身につけてもらう」ということが重要です。楽器の演奏でも，何らかのスポーツでも，料理を習うにしても，同じですよね。1回やったらOKということではなく，レッスンやセッションで先生と一緒に練習し，さらにそのおさらいを自分で何度もやって，先生がいなくても1人でできるようになる，ということが重要です。CBTも全く同じで，「やる気があるから，1人でどんどん先に進んでよい」というよりは，「やる気があるのなら，そのぶん頑張っておさらいをして，これまでやったことを着実に身につけておいてください」ということになると思います。
　なぜ私が「予習」をしてきてもらうことについてこれだけ慎重なのかと言いますと，予習的な課題をお願いしてしまって，こちらの教示が足らなかったせいで，もしくはクライアントに何らかの勘違いがあったせいで（ただしこれも勘違いをさせてしまったカウンセラーの責任だと思いますが），当初の思惑とは異なるホームワークの結果が提出された場合，それを訂正したりフォローしたりリカバリーしたりするのが大変だからです。そのために時間がかかるというのももちろんありますが，自分がやってきた課題をことごとく訂正されるという体験は，クライアントにとってあまり気持ちの良いものではないだろうと思われます。復習的なホームワークの場合でも，もちろん

訂正したり何らかのフォローをしたりする場合はありますが，それはごく部分的なものに留まるはずなので，「ことごとく訂正された」という体験にはならないでしょう。一方，セッションでやったことのない課題を予習的にやってきてもらった場合，やはり「ことごとく訂正される」ということが起こる可能性があり，「カウンセラーの言うとおりにホームワークをやってきたのに，ことごとく訂正された」「せっかくホームワークをやってきたのに，カウンセラーにダメ出しされた」とクライアントが不満に思うおそれが出てきます。そのような不満が，その後のCBTの取り組みに対して否定的な影響を与えてしまうこともあるでしょう。このようなことを防ぐという意味でも，やはりホームワークの課題は，「予習」より「復習」のほうがはるかによいと私は思うのです。

③クライアントと相談したり話し合ったりしながら課題を決める（「共有課題」として位置づける）。

　これもホームワークの課題に限ったことではありませんが，とにかく課題は「カウンセラーが一方的に与えるもの」ではなく「カウンセラーとクライアントが一緒に決めるもの」という位置づけにしておくのがよいでしょう。初回セッションをはじめとして，CBTの初期段階では，カウンセラーがホームワークの課題を提案することがどうしても多くなりますが，その際ニュアンスとしては，〈○○という課題をお願いします〉〈○○という課題をやってきてください〉という感じではなく，〈○○という課題をお願いしたいと思うのですが，いかがでしょうか？〉〈私としては，今回のホームワークの課題として，○○という課題がよいのではないかと思うのですが，いかがでしょう？　〜さんの率直な気持ちを教えてください〉〈○○という課題であれば，今の〜さんにとって，さほど負担なくできるように思うのですが，実際のところはいかがでしょう？　結構負担になりそうですか？　もしそれだったらもう一度考え直しますので，遠慮なくおっしゃってください〉などと言って，こちらの提案に対するクライアントのフィードバックをもらうようにするとよいでしょう。要はカウンセラーが課題を一方的に押し付けたことにならないよう，クライアントがこちらの提案に対して「ノー」と言える余地を作るということでしょうか。

　また課題は「丸投げ」にせず，つまり〈○○という課題をやってきてくだ

さい〉ということにせず、〈○○という課題をやってみてどうだったか、次回ぜひ私に報告してください〉というように、「結果を含めすべて一緒に共有するもの」という位置づけにしておくとよいと思います。〈課題をやってみて、それがどのような結果になっても良いから、まずは結果を共有しましょう〉という感じです。ホームワークは「うまくやる」ことが重要なのではなく、「やってみて、その結果をカウンセラーと共有する」ということが重要なのです。このことがうまくクライアントに伝わると、クライアントのほうでも、「○○というホームワークをやってみたら、こんな結果になっちゃった。そのことをカウンセラーに報告して、次にどうするか一緒に考えたい」と思ってくれるようになるものです。このような「結果にとらわれない態度」というのは、CBTを進めていく上でもとても大事なことなのではないかと私は考えています。

④課題は必ず外在化する（紙に書く）。

ジュディス・ベック（Beck, J.S., 1995）が強調していますが、どのようなホームワークの課題が設定されたか、クライアントにメモを取ってもらうことは非常に重要です。メモを取るなど、外部の媒体に書き出すことは「外在化」と言って、これもホームワークに限らずCBTでは非常に重要な作業ですが、特にセッション外で実施してもらうホームワークの課題については、きっちりと外在化しておき、忘れないようにしたりいつでも参照できるようにしたりしておくことは不可欠だと思います。

私自身、これまでホームワークの課題の外在化については試行錯誤してきました。あるときは小さなメモ帳にカウンセラーである私自身がクライアントの目の前で課題を外在化し、そのメモ帳をちぎってクライアントに渡してみたり、クライアントに手帳を取り出してもらって手帳に書き付けてもらったり、いろいろしてみたのですが、その結果、今のやり方に落ち着きました。すなわち図4.1（p.293）のようなホームワークシートを2枚用意し、セッションの最後に、クライアントとカウンセラーのそれぞれがホームワークの課題を書きとめ、この用紙を毎回持参してきてもらうというやり方です。

このやり方がいいのは、CBTで用いるツールがA4版の用紙であることが多く、このホームワークシートも同じ大きさなのでファイリングしやすいこと、カウンセラーとクライアントが同時に書くことによって両者の「共有

課題」という意味合いが明確になること，クライアント自身が課題を外在化することで課題に対して主体的になりやすいこと，カウンセラーとクライアントがそれぞれ書くことで常に同じホームワークシートが2部存在することになり，万が一クライアントがホームワークシートを紛失しても（もちろんカウンセラーが紛失する可能性もなくはありませんが，現実的には，紛失するとしたら，シート類を持ち歩くことになるクライアント側ということになります。少なくとも私も当機関のカウンセラーもホームワークシートを始め，これまでツールを無くしたということはありません），カウンセラーが全く同じものを1枚持っているので困ったことにならない，といった理由を挙げることができます。

　さらに先述の青山さんとの対話にもありましたが，図4．1のようなホームワークシートに課題を外在化しておくと，それらの課題を時系列的に眺めるだけで，CBTの進行状況を把握することができますので，そういう意味でもこのホームワークシートは便利だと感じています。まあ，このようなホームワークシートを使うにせよ，他のツールや媒体を使うにせよ，とにかく重要なのはホームワークの課題について口頭レベルでやりとりするだけでなく，必ず外在化しておき，どのような課題が出たか，目で見てわかるようにしておくことです。

⑤課題による負担を考慮する。

　ホームワークとは日常生活でCBTの練習をしていただくというものですから，CBTの進行のためには非常に役立つのですが，反面，そのために時間やエネルギーを割かなければならないということで，クライアントの負担にもなります。しかもCBTで焦点を当てるのは，通常「困りごと」つまりクライアントにとってネガティブなテーマであって，決して楽しいことではありません。したがってホームワークの課題を設定するにあたっては，「それがクライアントにどの程度の負担になるか」を必ず考慮し，さらに「クライアントはその負担に耐えられるか」ということを予測する必要があります。このようなことはカウンセラー1人で考えて判断できることではありませんから，必ずクライアントと相談しなければなりません。ただし実際にはその課題をやってみなければ，それがどの程度負担になるかということはわからないので，特に初回セッションなどCBTの初期段階では，上記の青山さん

との対話のように，「とりあえずやってみて，あまりにも負担であれば，中止する」という設定にすることが多いです。

　ここで注意するべき点が2つあります。1つは，「負担でなければ（ホームワークの課題を）やる」「負担だからやらない」という二者択一的な思考に陥らないようにしてください，ということです。ホームワークが全く負担でないということはありえません。何かを練習したり身につけたりするには，その人にとって負担となるような課題にチャレンジしていく必要があります。ですから「負担か負担でないか」という問いの立て方はナンセンスで，現実的には「どの程度の負担であれば，今のクライアントに耐えられるだろうか」「今のクライアントなら，どの程度の負担の課題であれば，何とかやりこなすことができるだろうか」という問いを立てて，課題の中身や量を設定するとよいと思います。

　もう1つの注意点ですが，カウンセラーから〈○○という課題があなたにとって負担になりすぎることはないでしょうか？〉などと言って，そのクライアントにとっての負担度を見極めようとする際，内心は負担に感じているにもかかわらず，表面的には非常に協力的で，「大丈夫です。全く負担ではありません」などと答えるクライアントがときどきいらっしゃるということです。この場合，「それなりに負担を感じてもおかしくない課題なのに，『全く負担でない』というのはちょっとおかしいな」とカウンセラーが感じたら，もう一度質問してみるのが良いでしょう。たとえば〈もし私自身がこの課題をホームワークでするとしたら，ちょっと面倒だなと思ってしまいそうなのですが，○○さんは全然そうは思わないのですか？〉とか，〈他のクライアントさんは皆さん，ちょっと負担だなあと思いつつ，このような課題に取り組んでくださるのですが，○○さんは全く負担には感じないのですか？〉などと聞いてみることができます。すると「実はちょっと負担かな，という気持ちもなくはありません」とか「すみません，負担だと言うと先生に悪いかなと思って言えなかったんですけど，やっぱりちょっと荷が重いような気がします」などと言ってくれる方もいらっしゃいます。そうしたらもう一度課題の中身や量についてクライアントと再検討します。もちろんそのように問いかけても，「いえいえ，全然負担じゃないです。大丈夫です」という方もいらっしゃいますが，その場合はクライアントの言葉をそのまま信じることにして，次のセッションで〈実際にやってみていかがでしたか？〉と質問します。

　ところで，ちょっと話がそれますが，CBTをやっていて「面白いなあ」

と思うのは，質問を2回重ねることで，クライアントの本音が出やすいという場面に多々遭遇することです。特に遠慮がちだったり控えめだったり，もしくはカウンセラーのネガティブな反応を恐れているクライアントは，〈何でも率直におっしゃってください〉とカウンセラーがはっきりとお伝えしてあったとしても，それですぐに率直に伝えてくれるようになるわけではありません。ですから何かについて説明したり提案したりしたときに，〈今の説明についてはいかがですか？〉〈何かわかりづらいことなどありませんか？〉などと質問して，「大丈夫です」「特に問題ありません」などといった回答が返ってきても，もう一度〈わかりづらい点があれば遠慮なくお尋ねください〉〈どんなに細かい点でも構いませんので，何かあれば何でもお話しください〉などダメ押しをすると，そこで初めて何らかのコメントや質問が返ってくる場合が多くあるのです。ですからホームワークの負担について話し合うときも，「いいえ，負担じゃありません」という回答が1回目にあったとしても，ダメ押しで再度質問すると，やっと本音を話してくれるというようなことが少なくないので，皆さんもぜひ試してみるとよいかと思います。

　ただ先ほども述べたとおり，そのホームワークの課題の負担度がどれぐらいかということは，あとは実際にやってみないとわかりません。負担度がそれほどでもないと予測したのに実際には大変だったとか，結構な負担になると思っていた課題がやってみたら実はさほどでもなかった，ということはよくあります。ですから実際の負担度については次のセッションで確認して，その結果をその次の課題設定に活かせるとよいでしょう。

> ⑥書き物の課題の場合，次回セッションまでにコピーを取ってもらうようにする。

　「書き物のホームワークにこだわらないように」と先ほど述べましたが，そうは言っても実際には書いてきてもらう形のホームワークを出すことが多いのは確かです。その場合，「書いた物をセッションに持参してきてください」と依頼するのではなく，「書いた物を持参して，セッションの前に，受付でコピーを一部取っておいてください」とか，クライアントがパソコンで入力してプリントアウトする場合には「カウンセラーの分までプリントアウトして持ってきてください」とか，つまりクライアントの分だけでなくカウンセラーの分まで，予め用意してもらうようにしています。大変シンプルな

工夫ですが，これがセッションの効率を非常によくしてくれます。

　それでは以下に，ケースBからEについて，初回セッションの最後の時間帯でホームワークを設定したときの具体的なやりとりをそれぞれ紹介します。なお以下の4つの対話は，ではこれからホームワークの課題を決めましょうという話になって，私からホームワークシート（図4.1, p.293）をお渡しして，その説明も終わった後の対話です。

〈ケースB（尾藤武夫さん）：初回セッションでのホームワークの課題設定時のやりとり〉

　伊藤：さきほど合意したとおり，今後は，ここでの心理テストの結果と，尾藤さんの主観的な状態と，現実的に生活や仕事でどうかということの3つをつき合わせて，尾藤さんの躁うつの波を一緒に見ていきたいと思いますが，それはよろしいでしょうか。
　尾藤さん：ええ，私もそれがいいと思います。
　伊藤：心理テストはここで定期的に受けていただくので，その結果を見ていくのでよいと思いますが，尾藤さん自身の主観的な状態については，これもさきほど合意したとおり，「毎朝，朝食を食べて，歯磨きをするときに，『今の自分は何十％かな？』と自分に聞いてみて，0から100までの数字をパーセントでつけて，それをいつも使っている手帳にメモをしてくる，ということで，よろしいでしょうか？　数字をつけるにあたっては，さきほど目の前でお描きしたこのグラフ（図3.16, p.206）を基準にしていただけますか。
　尾藤さん：わかりました。
　伊藤：そしてもう1つ，尾藤さんが生活や仕事などにおいて実際にどうしているか，どれだけ動けているか，どれほど動いているかということについても，早速記録を取り始めたいと思うのですが，いかがでしょう？
　尾藤さん：記録ってどう取るんですか？
　伊藤：（モニター表（図4.2, p.308）を取り出して）これは，ここに「活動モニタリング・ワークシート」と書いてありますが，通常私たちは「モニター表」と呼んでいるシートです。見ていただくとおわかりになるかと思いますが，1日を6つの時間帯で割って，それぞれの時間帯にどういう活動をしたか，そのときの気分がどうだったか，というのを記録するためのシートです。睡眠時間はこれに含めなくても構いません。また6つを均等な時間にす

る必要はありません。たとえば1つめのコマを「朝6時から8時」，2つめのコマを「朝8時から12時」というふうにしてもらっても全くかまいません。尾藤さんの生活リズムに沿うような形で6つに分けていただければと思います。尾藤さんは普段，大体何時ごろに起きますか？

尾藤さん：仕事がある日は，5時半から6時の間です。

伊藤：学校の先生って朝早いんですね。

尾藤さん：そうなんです。うつ状態のときだと，この早起きがかなりつらいんです。

伊藤：朝食を食べて歯を磨くのが何時ごろですか？

尾藤さん：6時とか6時半とか。

伊藤：家を出るのが？

尾藤さん：7時には家を出ます。

伊藤：ということは，モニター表の1日の最初の時間帯は，「5時半から7時」とすると，現実的でしょうか？

尾藤さん：ああ，そうですね。

伊藤：そんな感じで1日を6つに割っていただき，そのときに何をしたか，そしてそのときにどのような気分だったか，というのをメモしていただきたいのです。

尾藤さん：なるほど。わかりました。

伊藤：今の尾藤さんの状態は，0から100でいうと，30％ぐらいだということですが，30％ぐらいの状態なら，こういうモニター表をつけるということも，何とかできそうですか？

尾藤さん：これぐらいなら，何とかなりそうです。

伊藤：負担感はどうですか？

尾藤さん：やってみないとわかりませんが，今はそれほど感じません。

伊藤：わかりました。あとはやってみて実際にどうか，ということを共有しましょう。

尾藤さん：わかりました。

伊藤：モニター表はあとでまとめて書くとなると大変なので，できるだけリアルタイムに，こまめに書くようにしてください。少なくともその日のうちにその日の分を書いていただくと，忘れずにすみますし，正確な記録が取れてよいかと思います。

尾藤さん：わかりました。

伊藤：ああ，そうか，そうしたらですね，さきほど「毎日の気分の状態を朝の

歯磨きの後に手帳にメモをする」という課題ですが，メモをした数字を，最終的にはこちらのモニター表に書き写してもらうと，両方をいっぺんに見られるのでいいかなあ，と思うのですが，どうでしょう？

尾藤さん：確かにそうですね。どこに書き写すとよいでしょうか？

伊藤：先ほどのお話ですと，最初のコマが「5時半〜7時」になって，そこに必ず朝の歯磨きが入ると思うので，そこに数字を追加するか，もしくは一番上の日付を書くところに，たとえば「30％」とか「45％」といった数字を，丸で囲むなりして目立つように書いておくとか，いくつか考えられそうですが，どうでしょう？

尾藤さん：そしたら日付のところに目立つように数字を書くようにします。休みの日などはいつもと起きる時間が違うので，上に揃えて書いたほうがバラバラにならずに済みますので。

伊藤：わかりました。では日付のところに数字を書いていただくことにしましょう。先ほどは，毎朝の状態はまず手帳にメモするという話になりましたが，そこはどうしますか？　毎朝の状態を数字にしたものも，手帳ではなく，こちらのモニター表に直接記入することにしますか？

尾藤さん：（しばらく考えて）いや，手帳にします。朝のバタバタしているときに，モニター表を取り出して書くというのは，ちょっと難しいかもしれないので。手帳のほうがパパッとやりやすいと思います。

伊藤：そうかもしれませんね。そうしたら，今話し合ったことをホームワークシートに書き出していきましょう。まず1番目の課題ですが，「毎朝の歯磨き後の気分の状態をチェックし，0〜100％の数字をつけ，手帳にメモをする」ということで，よろしいでしょうか？

尾藤さん：わかりました。（2人とも，ホームワークシートに書き出す）

伊藤：次に，「モニター表に毎日の活動と気分の記録を取る」ということで，よろしいでしょうか。

尾藤さん：わかりました。（2人とも書き出す）

伊藤：3つ目の課題としてお願いしたいのが，毎朝手帳にメモをしたその日の状態の数字を，モニター表に書き写しておくということです。これは次のセッションの直前にまとめてやっていただいても構いません。

尾藤さん：はい。

伊藤：すると，次のセッションの直前には，毎朝の気分が日付の欄に全て書き写された状態のモニター表が，尾藤さんのお手元にあるということになりますね。

尾藤さん：ということになると思います。
伊藤：そうしましたら，お手数ですが，そのコピーを1部取っておいていただけますか。そうすると1部が尾藤さんのもの，もう1部が私のものということになり，お互いに同じファイルを作っていくことができます。受付の者に言っていただければ，ここでコピーを取ることもできますので，よろしくお願いします。
尾藤さん：わかりました。
伊藤：では，ホームワークシートに3番目の課題として，次のように書きましょう。「次のセッションまでに，手帳の数字をモニター表の日付欄に書き写し，そのコピーを1部取っておく」
尾藤さん：わかりました。（2人とも書き出す）
伊藤：初回セッションというのに，ホームワークが早速3つも出てしまって，ちょっと大変かなあとも思いますが，とりあえずできる範囲でやってみて，やりづらい点などがありましたら，ぜひそれを次回私に教えてください。やってみてあまりにも負担になるようでしたら，無理してやる必要はありません。どんなふうに負担だったか，私に教えていただければそれで十分です。よろしいでしょうか。
尾藤さん：はい，わかりました。このぐらいならたぶん大丈夫だと思います。

　ホームワークの課題設定における尾藤さんとの対話は以上です。対話に出てきたモニター表を図4.2に示します。モニター表はいろいろな用途に使える大変便利なツールです。モニター表そのものについては，第7章で詳しく説明します。また尾藤さんと作成した初回セッションでのホームワークシートを図4.3に示します。

〈ケースC（千代田美里さん）：初回セッションでのホームワークの課題設定時のやりとり〉

　ケースCの千代田さんとは，初回セッションでの話し合いで，千代田さんの自殺念慮が強く，それが心配であることが共有されています（第3章p.237～245参照）。そしてその話し合いの中で，「どんなに自殺念慮が高まっても，とりあえず次のセッションには必ず来ること」ということが約束され，第2セッション以降で自殺の危険をしのぐためのコーピングシートを一緒に作ることについて合意されています。次の対話はそれを受けてのもので

活動モニタリング・ワークシート
クライアントID：＿＿＿＿＿＿

活動モニタリング・ワークシート：一週間のすごし方を記録し、そのときどきの自分のあり方を自己観察してみます。

氏名：＿＿＿＿＿＿＿＿＿　記入日：＿＿＿＿年＿＿月

●活動内容を書きます　例：休息、食事、電話、テレビを見る、コンビニで買い物、など。●気分を書きます　例：楽しい、しんどい、悲しい、落ち着いた、など。

時間帯 自分の生活リズムに合わせて、1日を6つに分けてみましょう	日（　）	日（　）	日（　）	日（　）	日（　）	日（　）	日（　）

1週間の感想：

copyright 洗足ストレスコーピング・サポートオフィス

図4.2　モニター表

ホームワークシート
クライアントID：　B
氏名：　　尾藤　武夫　　様

ホームワークの課題を具体的にメモしておきましょう

セッションNo. 1　　2005年5月14日（土）

● 前回のHWについて

● 今回のHWについて
①毎朝の歯磨き後の気分の状態をチェックし，0〜100％の数字をつけ，手帳にメモをする。
②モニター表に毎日の活動と気分の記録を取る。
③次のセッションまでに，手帳の数字をモニター表の日付欄に書き写し，そのコピーを1部取っておく。

セッションNo.　　　　　年　月　日（　）

● 前回のHWについて

● 今回のHWについて

セッションNo.　　　　　年　月　日（　）

● 前回のHWについて

● 今回のHWについて

セッションNo.　　　　　年　月　日（　）

● 前回のHWについて

● 今回のHWについて

セッションNo.　　　　　年　月　日（　）

● 前回のHWについて

● 今回のHWについて

セッションNo.　　　　　年　月　日（　）

● 前回のHWについて

● 今回のHWについて

Copyright　洗足ストレスコーピング・サポートオフィス

図4.3　ホームワークシート（ケースB初回セッション）

す。

　伊藤：（ホームワークシートについて説明し，シートを渡し，日付などを記入した後で）では今回のホームワークの課題ですが，まず最初にさきほど約束した，「どんなに自殺念慮が高まっても，とりあえず次のセッションには必ず来ること」というのをきちんとここ（ホームワークシートの当該欄）に書いておきましょう。（ホームワークシートに書き出す）
　千代田さん：わかりました。（同様にホームワークシートに書き出す）
　伊藤：このようにホームワークの課題，つまり私たち2人の宿題として決めたのですから，とにかく次回，予約の日時に必ず来てください。よろしいですか？
　千代田さん：ええ，わかりました。必ず来ます。
　伊藤：できればもう1つ，課題としてお願いしたいことがあります。
　千代田さん：はあ。
　伊藤：次回のセッションで私たちは「自殺の危険性が高まったときの対処法」というアジェンダを立てて，応急処置的な対処法を話し合うことになっていますね。そのことについてはよろしいですね。
　千代田さん：はい。
　伊藤：そのためには，どういうときに千代田さんの死にたい気持ちが出てきてしまうのか，どういうときにその気持ちがぐんと強まってしまうのか，それをまず具体的に把握する必要があります。千代田さんの死にたい気持ちがどんなときに出やすいか，それを具体的に理解できればできるほど，具体的な対処法を見つけやすくなるのです。ここまでご理解いただけますか？
　千代田さん：たぶん。
　伊藤：そこでホームワークとして，千代田さんにお願いしたいのは，どういうときに死にたい気持ちが強くなるのか，ご自分を観察してみるという課題です。「これこれこういうときに，こういうことがあったときに死にたい気持ちが出てきた」とか，「誰かにこういうことを言われた後，死にたい気持ちが強くなった」とか，大雑把で構いませんので，いつ，どういうときに，どういうふうに死にたい気持ちが出てきたか，もしくは強くなったかというのを，ちょっとご自分を観察してみていただいて，気づいたことがあったらどんなことでも構わないので，それを次のセッションで私に教えていただきたいのです。……いかがでしょうか？
　千代田さん：はい……わかりました。

伊藤：ちょっと大変そうですか？　次回，ここに無事に来ていただくのが一番重要なことなので，「自分を観察する」という課題の負担が大きければ，無理することはないとは思いますが。

千代田さん：そんなこと私にはわかりません。先生が決めてください。

伊藤：確かにそうですよね。ここでの認知行動療法は今日始まったばかりですものね。あまり負担をかけすぎるような課題をお願いするつもりはありませんが，やはりできれば，死にたい気持ちがどういうときに強くなるのか，千代田さん自身に観察してきていただいて，それをもとに次回一緒に応急処置のための対処法を考えてみたいと思います。なので，できる範囲で構いません，これもホームワークの課題としてお願いしたいと思います。よろしいですか。

千代田さん：わかりました。

伊藤：ではこのこともホームワークシートに書き込みましょう。「②，どういうときに死にたい気持ちが強くなるのか，よく自分を観察して，次のセッションで報告する」という課題ですね。（ホームワークシートに書き込む）

千代田さん：はい。（ホームワークシートに書き込む）

伊藤：あと，もし可能であれば，観察した内容を，できる範囲でメモをしておいていただけると助かるのですが，いかがでしょうか？　ちゃんとした記録じゃなくて全く構いません。忘れないようにメモ書きしておく，という程度で全く構わないのですが。

千代田さん：わかりました。

伊藤：じゃあ，それも書き込んでおきましょう。「可能であれば，メモを取る……一部でも全部でも」というふうに書いておきましょうかね。（ホームワークシートに書き込む）

千代田さん：はい。（ホームワークシートに書き込む）

伊藤：今回はこのように2つの課題をホームワークとしてお願いすることになりましたが，一番重要なのは，1番のほうですね，「どんなに自殺念慮が高まっても，とりあえず次のセッションには必ず来る」という課題ですので，とにかく次回，ここで時間通りにお目にかかりましょう。よろしいでしょうか？

千代田さん：わかりました。

ホームワークの課題設定における千代田さんとのやりとりは以上です。皆さんはすでにお気づきかと思いますが，2番目の課題，すなわち「どういう

ときに死にたい気持ちが強くなるのか，よく自分を観察して，次のセッションで報告する」という課題について，千代田さんの反応はあまり芳しくありませんでした。私もそれが気になって〈負担が大きければ，無理することはない〉と申し上げたのですが，それに対しても，「そんなこと私にはわかりません。先生が決めてください」と返されてしまいました。私としては，次回自殺念慮が高まったときの応急処置の対策を立てるのであれば，やはりその準備として自己観察をしてきてもらいたいという考えがあり，その上でこのような課題をお願いしたという根拠があるので，反応が芳しくないからと言って引っ込めるのもよくないだろうと考え，課題を引っ込めることはせず，できる範囲での自己観察を第2の課題としてお願いしたのでした。その後の対話においても，千代田さんは，はっきりと拒否することはなかったのですが，ひたすら「わかりました」を繰り返すばかりで，やはりとても芳しいとは言えない反応を示しています。私のほうでもそれは気になったのですが，残り時間も少なく，ここで新たな話し合いを始めるのは構造を守る上でもそれこそ「芳しくない」と判断し，もしこの件で何か問題が起きたら，またその時点で話し合えばよいと考え，ホームワークについての話し合いをそこで終えてしまいました。実際，次のセッションで，この件についてはやはり問題が起きたことが発覚し，そのための話し合いを行っています。それについてはまた後ほど具体的に紹介します。

　また，先ほどご紹介したケースAの青山さんとの初回セッション，そしてケースBの尾藤さんとの初回セッションの両方において，「書き物」の課題を依頼し，しかもセッション前にコピーを取っておくようお願いしましたが，このケースCの千代田さんの初回セッションでは，そこまでがっちりとした書き物系の課題は設定しませんでした。もちろんそれは上記のとおり，自己観察という課題そのものに対する千代田さんの反応が芳しくなかったという理由もありますが，仮にもう少し良好な反応が見られたとしても，やはりがっちりとはお願いしなかったと思います。というのは，千代田さんの場合，今一番懸念されるのは自殺念慮の高さであり，自殺念慮が高い場合の対処法を話し合うのが最優先されるべきテーマだと考えたからです。そのためにはとにかく次回のセッションに無事な状態で来てもらうことが不可欠であり，そのことを千代田さんにも強調しておく必要があると考え，他のもう1つの課題にはあまり重きを置きませんでした。

　ただそうなると，「だとしたらそもそも2番目の課題は必要なかったのではないか」という疑問が生じる方もいらっしゃるかと思います。事実，あま

り反応が芳しくなかったわけですから，その疑問はもっともだと思います。その辺の判断は，正直言ってとても難しいですね。というのも，クライアントの反応が芳しいかどうかを，カウンセラー側が前もって予測することができないからです。もし上の対話においても，「2番目の自己観察課題は次のセッションにとっては有益だが，千代田さんはこの課題に対しては，芳しい反応を示さないだろう」と予測できていれば，わざわざ提案することはなかったでしょう。しかしクライアントによっては，上のような事態であっても，自己観察課題に対して「ぜひやってみたい」とポジティブな反応を示す方もいらっしゃるわけで，クライアントの反応はこちらが提案してみないとわかりません。たまたま千代田さんの場合は，提案してみたら反応が芳しくなかったという結果になったのです。というわけで，ホームワークの課題に限らず，カウンセラーがそれなりに根拠のある提案や発言をする際，クライアントの反応が予測できない場合は，クライアントの反応に気を配りつつ，ひとまず提案や発言をしてみて，何か問題が生じたら，その都度対処するというやり方を，私自身は取っています。問題を恐れて提案や発言を引っ込めるのは，問題解決的な態度とは言えませんし，逆に，何か問題が生じたらその都度落ち着いて対処するというのは，優れて問題解決的な態度だと思います。CBTが「協同的問題解決」だとしたら，カウンセラーは問題解決者としてそのモデルになる必要があり，それがこういう具体的な面接場面でも現れるのだと思います。

〈ケースD（堂本健太さん）：初回セッションでのホームワークの課題設定時のやりとり〉

　それでは次に，ケースDの堂本健太さんとの，ホームワークの課題をめぐるやりとりを紹介します。

　　伊藤：（ホームワークシートについて説明し，シートを渡し，日付などを記入した後で）では早速ホームワークの課題を決めたいと思いますが，認知行動療法のホームワークは，「予習復習」で言うと，基本的には「復習」をしてきていただくんですよね。
　　堂本さん：はあ。
　　伊藤：ですから今日ここでやったことの復習，つまりおさらいをしてきていただきたいのですが，全てをおさらいするというのも大変だと思うので，今日

ここでやったことのどれをおさらいしてきていただくか，今一緒に決めたいと思うのですが，いかがでしょうか？

堂本さん：はあ，おさらいって何をすればいいんですか？

伊藤：たとえば，今日は認知行動療法のモデルについて，このツール（図3.9）をお渡しして説明しました。それを読み返してくるというのを課題にしてもいいですし，今日お返ししたテスト結果を見直してくるというのも課題にできます。あるいは今日ここで一緒にやった「LSAS」という社会不安障害のテストの結果を振り返ってくる，というのでもいいかもしれません。

堂本さん：あ，それがいいです。

伊藤：「それ」というのは，社会不安障害のテスト結果を振り返ってくる，という課題のことですか？

堂本さん：あ，はい。

伊藤：ではそうしましょうか。振り返ってみて，思ったことや気づいたことを，ぜひ次回私にお話しください。そうしたらホームワークシートに，「社会不安障害のテスト結果を振り返ってきて，思ったことや気づいたことを報告する」と書きましょう。（ホームワークシートに記入する）

堂本さん：わかりました。（ホームワークシートに記入する）

伊藤：では次回，私の方からホームワークについては必ずお尋ねしますので，テスト結果を振り返ってみてどうだったか，教えてください。

堂本さん：あ，はい。わかりました。

　ケースDの堂本さんとは，時間をかけてこれまでの経緯をヒアリングすることが合意されていましたが，ケースAとは異なり，初回セッションではヒアリングに入りませんでした。したがってケースAの青山さんには，「ヒアリングの続き」というホームワークを出すことができましたが，堂本さんの場合はそれができません。そこで「ホームワークは復習中心」という原則に従って，初回セッションでやったことのおさらいをホームワークの課題にすることにしました。

　第3章でも述べましたが，ケースDの堂本さんは，この段階ではかなり受け身で，CBTに対するモチベーションもさほど高い様子ではありません。そのようなクライアントに対し，最初から負荷の高いホームワークの課題を依頼すると，「こんなに大変なことを続けなければならないなんて，面倒くさい」といったネガティブな反応を引き出してしまい，モチベーションを低めてしまう恐れがあります。そういう意味でも，上記の対話のような「テス

ト結果の振り返り」といったぐらいの，あまり負荷の高くない課題を依頼するぐらいがちょうどよいと思います．

〈ケースE（江藤真二さん）：初回セッションでのホームワークの課題設定時のやりとり〉

　最後に，ケースEの江藤さんとのホームワークをめぐる対話を紹介します．江藤さんはインテーク面接の際，「特に主訴はない」とおっしゃっていましたが，江藤さんがCBTを受けなければ離婚すると奥さんに言われているため，奥さんが江藤さんについて指摘している2つのこと（①お酒の飲み方，②妻や子どもへの態度）についてCBTのモデルを使ってアセスメントをしてみて，奥さんが何に怒っているのかを一緒に理解しましょう，ということが合意されました．初回セッションではテストの結果をフィードバックした後，カウンセラーの個人的なことについていくつか質問があり（第3章を参照），その後，早速アセスメントの作業に入っています．江藤さんと相談した結果，上記の①（お酒の飲み方）と②（妻や子どもへの態度）は全く別の問題ではなく，むしろ同じエピソードで扱えるということでしたので，①と②の両方が絡んでいると思われる最近のエピソードを1つ，江藤さんに選んでもらい（前月，4月10日の日曜日の夕方，自宅でお酒を飲んでいる最中に妻と口論となったエピソードが選ばれました），エピソードの内容の聞き取りを行っている最中に時間切れになりました．私としては，その続きをホームワークで江藤さん自身にメモ書きしてきてもらうという課題を依頼したいと考えていました．

　伊藤：（ホームワークシートについて説明し，シートを渡し，日付などを記入した後で）では，今回のホームワークですが，今日途中までメモを作ったエピソードの続きを，江藤さんご自身に書いてきていただきたいと思うのですが，いかがでしょうか？
　江藤さん：私が書くのですか？
　伊藤：ええ．今日，ここでは私が書きましたが，続きを書いてきていただきたいのです．
　江藤さん：そんな時間はありませんね．
　伊藤：そうですか．今日の様子からすると，1時間もあれば書けそうだと思うのですが，難しいでしょうか？

江藤さん：なぜ私が書いてこなければならないのですか。次回ここでまた私が話しますから，今日のようにそれを先生が書きとめればよいのではないですか。

伊藤：ホームワークで書いてきていただくほうが，効率が良くていいかなあ，と思ったので，書いてきてくださいとお願いしたのですが，今日の続きは，また次回ここで一緒にするほうがよいとお考えなのですね。

江藤さん：そうです。私は特にこれ（CBT）を急いでいませんから。

伊藤：わかりました。そうしたらホームワークの課題としては……。

江藤さん：（カウンセラーの話をさえぎって）課題など特になくてもいいのではないですか。

伊藤：今日最初にご説明したとおり，認知行動療法では通常，クライアントさんに何らかの課題を，ホームワークとして行ってきていただくことになっています。その理由についてもさきほど説明したとおりです。今日は特に初回なので，これといった課題を見つけづらいかもしれませんが，江藤さんと私の認知行動療法が進むうちに，ますますホームワークの課題が重要になってくることが予測されます。ですから今のうちに，「セッション→ホームワーク→セッション→ホームワーク」というリズムを作っておいて，「セッションとセッションの間の日常生活においてホームワークに取り組む」という習慣を，作っておきたいのです。いかがでしょうか。ですから私が先ほど提案した課題じゃなくてもいいのです。どういう課題であれば，ホームワークとして江藤さんが取り組めそうか，一緒に考えてみましょう。

江藤さん：（微笑して）それにしても先生はなかなか頑固な人ですね。まったく，なかなかのもんだわ。

伊藤：（微笑して）そうですか？

江藤さん：理屈はわかりました。「認知行動療法ではカウンセラーに丸投げするな」ということですね。

伊藤：まさにその通りです。主役は私ではなく江藤さんなのですから。

江藤さん：まあ，そう言われちゃったら否定はできないわな。（微笑する）

伊藤：（微笑して）よろしくお願いします。では，メモ書きは次回ここで一緒にするとして，どういう課題をお願いしましょうか？　こういうのはどうですか？「今メモを作っているエピソードについて，頭の中で詳細に思い出しておく」という課題です。これなら書く手間はかかりませんし，セッション前の隙間の時間を使ってできると思うのですが。

江藤さん：（しばらく考えて）あまり思い出したいことではないけれど，どっ

ちみちここで思い出して話さなければならないんですよね。
伊藤：そうですね。
江藤さん：いいでしょう。その課題にします。
伊藤：ではホームワークシートに，このように書いてください。「4月10日（日）の夕方の出来事について，頭の中で詳細に思い出しておく」。よろしいでしょうか？　（ホームワークシートに書き出す）
江藤さん：わかりました。（ホームワークシートに書き出す）
伊藤：こんなふうに，毎回，お互いに案や意見を出し合ってホームワークの課題を決めますので，よろしくお願いいたします。
江藤さん：先生はなかなかのもんですね。
伊藤：そうですか？
江藤さん：（独り言のようにつぶやく）いや，なかなかだわ。

　江藤さんは私を「なかなかのもん」とおっしゃっていますが，ここでの対話からも，江藤さんが私たちカウンセラーからすると「なかなかのクライアントさん」であることがおわかりいただけるかと思います。私のほうでは江藤さんと話していると，「カウンセラーの言うなりにはならないぞ」「こちらがカウンセラーを使ってやるんだ」といった気迫（？）が伝わってくるような気が，特にこの初期段階ではしていました。ただしそれはカウンセラーの私のほうが，江藤さんの自動思考を勝手に読んでしまっている可能性もありますので，ここで重要なのは，その気迫に直接的に答えようとするのでもなく（言い合いになってしまう可能性が大きい），またクライアントの言いなりになってしまうのでもなく，1つひとつ根拠を示しつつ，カウンセラー側の要望を明確に伝え続けることだと思います。一言で言えば「ぶれない」ということになりましょうか。江藤さんが私のことを「なかなか頑固だ」「なかなかのもん」とおっしゃったのは，おそらくこの「ぶれない」というカウンセラーのあり方に対するコメントなのだと思います。しかも，この「なかなか頑固だ」「なかなかのもん」という江藤さんの発言に対して，私はほとんど取り合っていません。というのも，今は「ホームワークの課題を決める」というアジェンダについて話し合っているのであって，カウンセラーが「なかなかのもん」かどうかを検討することがアジェンダではなかったからです。

　以上，初回セッションにおいてホームワークの課題を決める際のやりとり

を，5つのケースの具体例を通してご紹介してみました。課題を1つ決めるのでも，実に様々なやりとりや工夫がありうるということが，おわかりいただけたかと思います。

◎ **次のセッションにてホームワークの実施状況を確認するときのやりとり**

　ホームワークを出したら必ず，次のセッションでその実施状況を確認する必要があります。これは非常に重要なことです。スーパービジョンなどでときどき見受けられるのですが，ホームワークの課題を設定したのにもかかわらず，その後その課題について確認していなかったり，していたとしてもおざなりな確認に留まっていたりするケースが結構あるようです。あえて言いますが，それはホームワークへの対応としては最悪です。

　先述したとおりCBTにとってホームワークは非常に重要です。ですから一度設定したホームワークの課題については，すべてきっちりと確認し，その後の扱いについてもクライアントと相談する必要があります。すべてのホームワークの課題を大事に扱うのです。カウンセラーがホームワークを重視し，毎回すべての課題について丁寧に検討することを通じて，クライアントにもホームワークの重要性が伝わるのだと思います。逆にホームワークを出しておきながらその実施状況を確認しなければ，「ホームワークは別にやってもやらなくてもいいんだな」とクライアントが思ってしまう恐れが生じます。そういう事態は絶対に避けなければなりません。

　CBTの進行度やアジェンダなどにもよりますが，私自身は通常，セッションの冒頭で，ホームワークの実施状況について確認するようにしています。以下に，第2セッションの冒頭におけるホームワークをめぐる対話について，ケースAからEの5つの対話例を紹介します。ただし冒頭といっても，挨拶が済んで，「橋渡し」が終わった後での対話であることにご注意ください。

〈ケースA（青山恭子さん）：第2セッション冒頭でのホームワークをめぐるやりとり〉

　まずケースAです。初回セッションで設定されたホームワークの課題は，「ヒアリングのためのシートに，①出産後の経緯，②異動後の経緯について，時系列に沿って，いけるところまで書いてみる。※ただし負担が大きいようであれば，途中でやめること！！！……受付に言って，コピーを一部，取っ

ておく」というものでした。

　伊藤：（前回セッション時に記入したホームワークシートを示して……図3.23を参照）それでは前回お願いしたホームワークの確認をさせていただいてもよろしいですか。
　青山さん：はい。（バッグからファイルを取り出して，すでに書き込んでコピーを取ってある「ヒアリングのためのシート」をカウンセラーに手渡す）こんな感じでいいのかどうかわからなかったのですが，とにかく書いてみました。
　伊藤：（「ヒアリングのためのシート」のコピーを受け取りながら）ありがとうございます。
　青山さん：結果的に6年のうち，最初の3年分を書くような形になってしまいました。
　伊藤：ああ，そうでしたか。お疲れ様でした。結構びっしりと書いてありますね。これ書くの，大変でした？
　青山さん：ええ。最初はちょっと大変でした。思い出すことも，書くことも。でも続けているうちに，それほど苦にはならなくなって，結果的に3年分を書くことができました。……なので大丈夫です。
　伊藤：それを聞いて私もホッとしました。ではこのシートは後で一緒に共有しましょうね。では今日のアジェンダですが……。（以下省略）

　たいていのケースではセッションの冒頭でホームワークの確認をするとき，このようなあっさりとした対話で済ますことができます。ホームワークの諸課題を実施してみての結果や感想は，必要に応じてホームワークシートにも記入します。たとえば上の青山さんの報告を受けて，私は図4.5のようにホームワークシートに記入しました（第2セッションの「前回のHWについて」の欄を参照）。
　ただし私は実際にはホームワークに対するクライアントのコメントは，面接記録用紙に書いてしまうことが多く，あまりホームワークシートの「前回のHWについて」という欄は活用していません。したがって「前回のHWについて」を削除した新たなホームワークシートを作っても良いのですが，クライアントのほうでこの欄を活用していたり，スペースに余裕があったほうが良いような気がしたりすることもあって，このままのフォームで使い続けています。
　またホームワークシートを縦に使うか横に使うかについては，どちらでも

ホームワークシート
クライアントID：　A

ホームワークの課題を具体的にメモしておきましょう

氏名：　青山 恭子　様

セッションNo. 1　2005年5月9日（月）

●前回のHWについて

●今回のHWについて
ヒアリングのためのシートに、①出産後の経緯、②異動後の経緯について、時系列に沿って、いけるところまで書いてみる。※ただし負担が大きいようであれば、途中でやめること！！！
→受付に言って、コピーを一部、取っておく。

セッションNo. 2　2005年5月16日（月）

●前回のHWについて
6年のうち3年分を記入してきてくれた。
「最初はちょっと大変だったが、続けているうちに苦にならなくなって、結果的に3年分を書けた。大丈夫」

●今回のHWについて

セッションNo.＿＿＿　年　月　日（　）

●前回のHWについて

●今回のHWについて

セッションNo.＿＿＿　年　月　日（　）

●前回のHWについて

●今回のHWについて

セッションNo.＿＿＿　年　月　日（　）

●前回のHWについて

●今回のHWについて

セッションNo.＿＿＿　年　月　日（　）

●前回のHWについて

●今回のHWについて

Copyright 洗足ストレスコーピング・サポートオフィス

図4.5　ホームワークシート（ケースA第2セッション冒頭）

いいと思います。私は横に使いたいので，図4.5のように第2セッションの欄を，初回セッションの右隣に取りましたが，縦に使いたい方は初回セッションの下の欄を第2セッションに充てればよろしいかと思います。私は横に使いますが，クライアントは縦に使うということもよくあります。

〈ケースB（尾藤武夫さん）：第2セッション冒頭でのホームワークをめぐるやりとり〉

ではケースBの対話に移ります。初回セッションで設定されたホームワークの課題は，「①毎朝の歯磨き後の気分の状態をチェックし，0～100の数字をつけ，手帳にメモする。②モニター表に毎日の活動と気分の記録を取る。③次のセッションまでに，手帳の数字をモニター表の日付欄に書き写し，そのコピーを1部取っておく」というものでした。

伊藤：（前回セッション時に記入したホームワークシートを示して……図4.3を参照）それでは前回お願いしたホームワークの確認をさせていただいてもよろしいですか。

尾藤さん：はい。

伊藤：まず「①毎朝の歯磨き後の気分の状態をチェックし，0～100の数字をつけ，手帳にメモする」という課題はいかがでしたでしょうか？

尾藤さん：（手帳を取り出して見せる）こんな感じです。

伊藤：（手帳を見せていただく）毎日しっかりと書けていますね。すばらしいです。……これ大変でしたか？

尾藤さん：いや。もう習慣になりました。

伊藤：すばらしい。ではこれは引き続きやっていただくとして，次の課題「②モニター表に毎日の活動と気分の記録を取る」は，いかがでしたでしょう？

尾藤さん：（記入済みのモニター表を取り出して）これがちょっと書けたり書けなかったりで，こんな感じになってしまったのですが，もうちょっと細かく書いてきたほうが良かったんですかね。

伊藤：モニター表の内容については，後で一緒にしっかりと見ましょう。書き方についても必要であれば一緒に相談したいと思いますが，3つめの課題として，「③次のセッションまでに，手帳の数字をモニター表の日付欄に書き写し，そのコピーを1部取っておく」というのがありましたが，ちょっと見ると日付の欄には数字が書き込まれていないようですし，モニター表のコピー

もないようですが？

尾藤さん：（ハッと気づいたように）ああ，そうでしたね。そういえば，数字をこの日付の欄に書いて，コピーを取っておくようにと，前回先生に言われたのを，すみません，今思い出しました。すっかり忘れていました。

伊藤：ではその作業を今やってしまいましょうか。まず手帳に書いてある2週間分の数字を，こちらのモニター表にささっと書き写してください。

尾藤さん：はい。（その通りにする）

伊藤：（数字を転記したモニター表を持って）では1分ほどお待ちいただけますか。受付でコピーを取ってきます。すぐに戻りますので，すみませんがしばらくお待ちください。

尾藤さん：はい。

伊藤：（受付に行ってモニター表のコピーを取り，面接室に戻る）お待たせしました。じゃあ原本を尾藤さんにお返しして，コピーのほうを私が頂戴しますね。（モニター表の原本を尾藤さんに返す）

尾藤さん：すみません，そこまで私がやっておかなきゃいけなかったのに。

伊藤：いえいえ，いいんです。忘れるなんていうのは，よくあることですから。ただ，おそらく今回も似たような課題をお願いすることになろうかと思います。できれば次回こちらにいらして受付でお待ちになる間に，一度このホームワークシートを読み返して，「あ，そうだった。手帳の数字を書き写すんだった。しかも書き写した後，モニター表のコピーを取ってもらうんだった」と思い出し，その通りにしておいていただけるとよいかと思いますが，いかがでしょう？

尾藤さん：はい，そうします。今度は忘れないようにします。

伊藤：では今日のアジェンダですが……。（以下省略）

　この対話におけるポイントは，モニター表の書き方について尾藤さんから「もうちょっと細かく書いてきたほうが良かったんですかね」と質問がありましたが，それをこの段階で検討しないということです。今やっているのは「ホームワークの内容についての話し合い」ではなく「ホームワークの実施状況のチェック」です。ですからここでモニター表の書き方について検討する必要はまったくありません。

　もうひとつのポイントは，尾藤さんが忘れてしまった課題の扱いです。尾藤さんはホームワークをやろうという意識はしっかりとお持ちで，だからこそ①と②の課題を実施してきてくれたわけですが，③の課題についてはすっ

かり忘れてしまっていたようでした。幸いすぐその場でできる課題でしたので、その場で尾藤さん自身にやっていただき、私が少しだけ中座してコピーを取り、実はそこまでがホームワークの課題だったということを一緒に確認しました。そして次回どうすれば忘れずに済むかという話をしました。一度こういうことがあると、たいていの人は、覚えているものです。おそらく尾藤さんは次回は手帳につけた数字をモニター表に転記することも、モニター表のコピーを取っておくことも忘れずになさることでしょう。が、ときには「また忘れちゃった」ということが起きる場合もあります。その場合は「忘れずに課題を行うにはどうしたらよいか」ということを何度でも話し合って、対策を一緒に立てます。私の経験では、カウンセラー側があきらめなければ、どんなクライアントでもそのうち必ずホームワークの課題を忘れずに遂行できるようになります。

〈ケースC（千代田美里さん）：第2セッション冒頭でのホームワークをめぐるやりとり〉

ではケースCの対話に移ります。初回セッションで設定されたホームワークの課題は、「①どんなに自殺念慮が高まっても、とりあえず次のセッションには必ず来る。②どういうときに死にたい気持ちが強くなるのか、よく自分を観察して、次のセッションで報告する（可能であればメモを取る……一部でも全部でも）」というものでした。なおこれから紹介する千代田さんとの対話は、他のケースと違って、第2セッションの開始時からの対話、つまり本当の冒頭からのものになります。

伊藤：（千代田さんを部屋に招きいれて）こんにちは。どうぞおかけください。
千代田さん：（固い表情で、カウンセラーを見ずに）こんにちは。（椅子に腰掛ける）
伊藤：（椅子に腰掛ける）（千代田さんの固い表情に気づくが、笑顔で、努めて穏やかに）前回お出しした1番目のホームワークが、「どんなに自殺念慮が高まっても、とりあえず次のセッションには必ず来る」というものでした。こうやって無事に予約どおりにいらしてくださったということで、このホームワークについては「ハナマル（花丸）」ということになりますね。（ホームワークシートに花丸をつける……図4.6（p.328）参照）
千代田さん：（うつむいて、小さい声で）はい。

伊藤：何か，とても具合が悪そうですが，どうかされましたか？

千代田さん：（うつむいたまま，カウンセラーを見ずに，くしゃくしゃになったメモ用紙を差し出す）

伊藤：これは2番目のホームワークに関するメモですか？

千代田さん：（だまってうなずく）

伊藤：今私がこのメモを読んでもいいですか？

千代田さん：（だまってうなずく）

伊藤：（くしゃくしゃになったメモ用紙を開いて，そこに書いてあることを小声で読む）「次のセッションに無事に来ればいいと先生が言ってくれたから，先生は私のつらさをわかってくれたと思ってうれしかったけど，もう1つの課題を出されて，結局私のつらさなんて先生はこれっぽっちもわかっていないということがわかって，それから死にたくなった。今も死にたいです」……そうかあ，そうだったんですね。2番目のホームワークは，千代田さんに負担かなと思いつつ，今日のセッションのために私が欲張って出してしまったんですよね。それが負担だったというより，そうやって欲張ってホームワークを出してしまった私に対して，「わかってもらえない」と思って，そのせいで死にたくなってしまったんですね。

千代田さん：（だまってうなずく）

伊藤：ごめんなさい。この件については全面的に私が悪かったです。前回この2つ目の課題を提案したときに，千代田さんがつらそうな反応を示しておられて，私のほうでもそれに気づいていたのにもかかわらず，そのままホームワークとしてお願いしてしまったんです。そのせいで千代田さんが死にたくなってしまったというのは，もう本当に申し訳ありませんでした。

千代田さん：はい。（うなずく）

伊藤：そのことをこういうふうにちゃんとメモにして，今日持ってきてくださったんですね。それについては本当にありがとうございました。

千代田さん：はい。（うなずく）

伊藤：（ホームワークシートを示して）千代田さんがすごくつらい状態であるにもかかわらず，私が欲張ってホームワークの課題を出してしまったせいで，さらにつらく，死にたくなってしまった，ということを，反省をこめてここに書いておきますね。（ホームワークシートに書き込む……図4.6参照）

千代田さん：（カウンセラーを見て，小声で）すみません。

伊藤：すみませんなんておっしゃらないでください。申し訳ないのは私のほうです。今日は私のせいでうんとつらくなってしまったにもかかわらず，ここ

にこうやって来てくださったので、千代田さんのほうは「ハナマル（花丸）」なんです。で、私の反省点としては、前回、2番目のホームワークについて話している最中に、千代田さんがつらそうにしているのに気づいていたのにもかかわらず、欲張ってそのまま2番目のホームワークを出してしまったことです。このように考えてよろしいでしょうか？

千代田さん：（うなずきながら、小声で）はい。

伊藤：同じことを今後繰り返さないために、どうしたらよいか、ここでちょっと考えさせてください。ええと、そうですね、今後、ホームワークの課題について話し合っているときに、千代田さんがつらそうな様子を見せたら、その課題は保留にすることにしましょうか。つまり「その課題について考えるだけで、もうそれだけでつらい」という課題は、ひとまずホームワークにしない、ということです。どう思いますか？

千代田さん：そうしていただければ、と思います。

伊藤：このことを忘れないように、ここ（ホームワークシートの上の部分）に書き留めておきますね。（図4．6参照）

千代田さん：はい。

伊藤：もちろん千代田さんの状態が今よりずっと良くなって、「もう、ガンガンホームワークができるわ！」ということになったら、この注意事項についても見直しましょう。

千代田さん：（少し笑って）わかりました。

伊藤：あと、これはお願いなんですが、ホームワークの課題を決めるとき、私のほうで極力気をつけて千代田さんの様子を見ようと思いますが、千代田さんのほうでも、ある課題について話し合っているときに「その課題はつらいなあ」「この課題について考えるだけでつらくなってきた」という気持ちになったことに気づいたら、遠慮せず、そのまま私に教えていただきたいのですが、それは可能でしょうか？

千代田さん：はい。気づけばたぶん可能だと思います。でも、私、なかなかその場では気づけないんです。今回のことも、自分がつらいかどうかよくわからないままホームワークが決まって、セッションが終わってから、「先生は全然わかってくれていない」って思って、死にたくなっちゃったんです。後からつらくなっちゃうんです。

伊藤：ああ、なるほど。わかりました。そうしたら、極力私のほうで気をつけて、千代田さんがつらそうな様子を見せたら、その課題はとりあえず「なし」にしましょう。ここでの認知行動療法が進むうちに、「今、自分がつらいかど

うか」を千代田さん自身が今よりも気づけるようになると思いますので，そうしたら千代田さんのほうでも「つらいんだ」ということを私に教えてくださいね。こういうやり方でどうでしょうか？

千代田さん：（ホッとしたように，深いため息をついて）わかりました。それでいいと思います。

伊藤：たった今，深いため息をつかれましたが，今，どんなお気持ちですか？

千代田さん：（メモ用紙を指して）これを渡したらここでのカウンセリングがパーになってしまうんじゃないかと思っていたので，ホッとしました。でも渡せなかったら，もう私はここに来られなくなってしまうこともわかっていたので，死ぬほど怖かったんだけど先生に渡したんです。

伊藤：そういう思いをさせてしまって，本当にごめんなさい。このメモを書いて私に渡すというのも，大変なことだったと思います。でもメモを渡してくださったおかげで，私は自分の間違いに気づくことができましたし，ホームワークついて今後の方針を立てることができました。ありがとうございました。

千代田さん：はい。

伊藤：あと，結果的に，千代田さんがどういうときにどう死にたくなるかという例が，これで1つ手に入ったので，今日後で，死にたくなったときのためのコーピングシートを作ることになるかと思いますが，今回のこともぜひ参考にしてみましょう。

千代田さん：わかりました。

伊藤：ここまで話してみて，いかがですか？　つらいお気持ちが少しでも和らいでいるといいのですが……。

千代田さん：話せたことは良かったと思います。でもだからと言って，死にたい気持ちがなくなったわけではありません。

伊藤：わかりました。今日のアジェンダですが，「自殺の危険性に対する応急処置」というタイトルにして，どういうときに危険性が高まりそうかとか，高まったときにどういう対処ができそうか，という当面の対策を一緒に考え，この間お見せしたこのコーピングシートに書き出していきたいと思います。それでいかがでしょうか？

千代田さん：お願いします。

伊藤：｢自殺の危険性に対する応急処置」というのは，大変重要なテーマですから，今日はこのアジェンダ1つでいきたいと思いますが，それでよろしいですか？

千代田さん：そのほうがいいと思います。（以下省略）

　先述したとおり私は，初回セッションでホームワークの課題を設定しているときから，千代田さんの反応が芳しくなかったのが気になっていたのですが，「案の定」という感じで，まさにその課題設定によって「結局私のつらさなんて先生はこれっぽっちもわかっていないということがわかって，それから死にたくなった」という反応が起きてしまったということが報告され，あれこれと対応したのが上のやりとりです。こういったことはできれば予め防ぎたいと思うのですが，私の見通しが甘いのか，クライアントに対する配慮が足りないのか，そんなにしょっちゅうではありませんが，ホームワークをめぐってこのようなことが起きる場合がたまにあります。このような場合，必要なのは，①クライアントをつらい気持ちにさせてしまったことへの謝罪，②ホームワークのせいでつらい気持ちになったというフィードバックをしてくれたことへのお礼，③今後同じことが起こらないようにするにはどうしたらよいかという対策の提案，の3点です。できれば防ぎたいことがすでに起きてしまったのであれば，それに対してあたふたするのはなく，それにどう対処するかということのほうが重要で，これら3点についてオープンにやりとりができれば，起きてしまったことをリカバリーできるだけでなく，「何か不快なことがあっても，そのことについて一緒に話し合えればいいんだ」ということが共有でき，結果的に「雨降って地固まる」ではないですが，むしろポジティブな方向に生かすこともできるのではないかと思います。

　クライアントからのネガティブなフィードバックをどう受け取るかというのは，ホームワークの課題設定に限らず，CBTのコミュニケーションにおいて非常に重要なテーマだと思います。カウンセラーも当然普通の人間ですから，ネガティブなフィードバックを受け取るのがうれしいわけでは決してありません。が，セッションやカウンセラーに対して何らかのネガティブな反応がクライアントに生じたのであれば，カウンセラーはそれを知り，リカバリーしようとする必要があります。そのためには，そのようなネガティブな反応が生じたことをクライアント自身に教えてもらわなければなりません。私は器の小さな人間ですから，ネガティブなフィードバックを受けている最中は，主に自分自身に対するネガティブな自動思考が頭の中に沸き上がり（例「何であのときにあんな課題を出してしまったんだろう」「何でクライアントの反応をもっと敏感につかまえられなかったんだろう」「クライアントのネガティブな反応に気づいていたのにもかかわらず，何でそれについて直

ホームワークシート
クライアントID：　C　
氏名：　千代田　美里　様

「その課題について考えるだけで，もうそれだけでつらい」という課題は，ひとまずホームワークにしない
（09年5月16日記入）

ホームワークの課題を具体的にメモしておきましょう

セッションNo.　1　　2005年5月9日（月）

●前回のHWについて

●今回のHWについて
①どんなに自殺念慮が高まっても，とりあえず次のセッションには必ず来る。
②どういうときに死にたい気持ちが強くなるのか，よく自分を観察して，次のセッションで報告する（可能であればメモを取る……一部でも全部でも）。

セッションNo.　2　　2005年5月16日（月）

●前回のHWについて
① 🌹 
②このホームワークを伊藤が出したせいで，かえって死にたくなってしまった。

●今回のHWについて

セッションNo.＿＿＿　　年　月　日（　）

●前回のHWについて

●今回のHWについて

セッションNo.＿＿＿　　年　月　日（　）

●前回のHWについて

●今回のHWについて

セッションNo.＿＿＿　　年　月　日（　）

●前回のHWについて

●今回のHWについて

セッションNo.＿＿＿　　年　月　日（　）

●前回のHWについて

●今回のHWについて

Copyright 洗足ストレスコーピング・サポートオフィス

図4.6　ホームワークシート（ケースC第2セッション冒頭）

接話し合わなかったんだろう」）、ネガティブな気分でいっぱいになってしまうのですが、クライアントのフィードバックを受けとめ、リカバリーに向けて努力をすることで、結果的にはクライアントとの関係が良くなったり、CBT が良い方向に向かったりすることがほとんどです。また、相手に対してネガティブなフィードバックを行うというのは、大変勇気やエネルギーの要ることです。ただでさえ主訴を抱えて苦労しておられるクライアントが、さらに勇気やエネルギーをふりしぼってフィードバックしてくれているわけです。それはクライアントがそれだけ真剣にカウンセラーと向き合い、CBT に取り組んでくれているということになるかと思います。カウンセラーがそのことを忘れなければ、たとえフィードバックを受けている最中はどんなにつらくても、クライアントの思いを受けとめ、何とかリカバリーしていこうと思えるのではないかと思います。

〈ケース D（堂本健太さん）：第 2 セッション冒頭でのホームワークをめぐるやりとり〉

　ではケース D の対話に移ります。初回セッションで設定されたホームワークの課題は、「社会不安障害のテスト結果を振り返ってきて、思ったことや気づいたことを報告する」というものでした。

　　伊藤：（前回セッション時に記入したホームワークシートを示して）それでは前回お願いしたホームワークの確認をさせてください。前回お願いしたのは「社会不安障害のテスト結果を振り返ってきて、思ったことや気づいたことを報告する」という課題でしたが、実際に振り返ってみていただけたでしょうか？
　　堂本さん：あ、はい。ちょっとだけ。
　　伊藤：「ちょっと」ということであれば、あえてアジェンダにせず、今、ご報告いただくことにしましょうか。それとも 1 つのアジェンダにして、しっかりと時間を取ってご報告いただくことにするほうがよいですか？
　　堂本さん：今報告するのでいいです。
　　伊藤：では振り返ってどうだったか、教えていただけますか。
　　堂本さん：あ、まあ、この間言ったのと一緒で、「重度」だとわかったから、親に言い訳ができると思って、ちょっとホッとした。
　　伊藤：なるほど。前回もそのようにおっしゃっていましたものね。実際にテス

トの結果はご両親に報告されたのですか？
堂本さん：あ，はい。ちょっとだけ。
伊藤：ご両親はなんておっしゃっていましたか？
堂本さん：「カウンセリング頑張りなさい」って。
伊藤：そうですか。他にはテストの結果を振り返ってみて，どんな感想が浮かびましたか？
堂本さん：ええと，ええと……あ，そうだ……そうは言ってもずっと重度のままじゃ困るなって思った。
伊藤：なるほど。重度だから言い訳ができると思った反面，でもやっぱりずっと重度のままじゃ困るというふうにも思われたのですね。
堂本さん：あ，はい。そうです。
伊藤：他にはどうでしょう？　テストの結果を振り返って，どんなことに気づきましたか？
堂本さん：うーん……それぐらいです。
伊藤：さきほど「重度のままじゃ困る」とおっしゃいましたが，重度のままだと何が困るんでしょう？
堂本さん：うーん……やっぱりこのままじゃまずいとどこかで思っているから。
伊藤：「このまま」って？
堂本さん：ひきこもりみたいな生活を送っていること。
伊藤：なるほど。今のひきこもりのような生活と，社会不安障害のテストの結果が重度だったというのは，何か関係がありそうに思われるのですね。
堂本さん：あ，はい。
伊藤：ホームワークで考えてきてくださったのは，大体これぐらいでしょうか？　他にはいかがですか？
堂本さん：大体これぐらいです。
伊藤：ありがとうございました。こんなふうに毎回，ホームワークをお出しした結果がどうだったかお尋ねしますので，今のようにお答えいただければと思いますが，よろしいでしょうか。
堂本さん：あ，はい，わかりました。
伊藤：では今日のアジェンダを一緒に決めましょう。(以下省略)

　私は，「前回お願いしたのは『社会不安障害のテスト結果を振り返ってきて，思ったことや気づいたことを報告する』という課題でしたが，実際に振り返ってみていただけたでしょうか？」という問いかけに対する堂本さんの

反応を見て，彼が時間をかけてしっかりとテスト結果を振り返ってきたのではないと思いました。もちろんこれは私の推測ですから，間違っているかもしれませんが，ホームワークの課題をしっかりやってきた人とそうでない人の反応の違いぐらいは，私のほうでもわかっているつもりです。ただししっかりやってきている可能性もゼロではありませんし，しっかりやってきているとしたら，それはしっかりと共有する必要がありますから，ホームワークについての話し合いを，1つの独立したアジェンダとして行うか，もしくは今ここで報告してもらうかという選択肢を提示して，堂本さんに選んでもらいました。すると予想通り「今ここでの報告」を彼が選んだので，あまり時間をかけずにホームワークの結果についての話し合いを行いました。

　こういう場合の対話のポイントは，たとえクライアントがホームワークをしっかりやってきていなくても，「しっかりやってきた」ことにしてしまう，ということだと私は考えています。「やってきた」「やってきていない」という話にしてしまうと，結局「やってきていないから駄目だった」という結論につながりやすく，対話の雰囲気もネガティブになりがちです。一方，たとえしっかりとやってきていなくても，〈振り返ってみてどうでしたか？〉とカウンセラーに聞かれれば，少なくともその場で何か考えて回答することができます。何か回答してもらえれば，〈なるほど，ホームワークを通じて，そういうふうに考えてきてくれたのですね〉というふうに，あたかもクライアントがホームワークを「しっかりやってきた」かのように話を進めることができます。クライアントにしても，〈今回はホームワークをやってこなかったのですね。でも次回は頑張ってやってきてください〉と言われるより，〈ああ，こんなふうにしっかりとホームワークをやってきてくださったんですね。では次回もこの調子で頑張ってきてください〉と言われるほうが，モチベーションが上がるのではないかと思います。CBT開始当初，なかなかホームワークにしっかりと取り組めないクライアントも，毎回，このような対話が繰り返されるうちに，少しずつ自発的に，そして積極的にホームワークに取り組んでくれるようになるものです。

　堂本さんのような，さほどモチベーションが高くない状態でCBTを開始したクライアントの場合，今お話ししたポイントは特に重要です。もしカウンセラーのスタンスが〈ホームワークの課題をガンガンにやってもらってCBTをどんどん進めましょう！〉というものであれば，このようなクライアントはそれを重荷に感じたり，セラピストのやる気に引いてしまったりして，そのぶん中断の可能性が高くなってしまいます。このようなクライアン

トは，まずセッションに来続けてもらうことが重要で，来続けているうちに，カウンセラーにのせられて，気づいたらモチベーションが結構上がっていたというのが望ましいのではないでしょうか。

〈ケースE（江藤真二さん）：第2セッション冒頭でのホームワークをめぐるやりとり〉

ではケースEの対話に移ります。初回セッションで設定されたホームワークの課題は，「4月10日（日）の夕方の出来事について，頭の中で詳細に思い出しておく」というものでした。「4月10日（日）の夕方の出来事」とは，江藤さんと奥さんが，江藤さんの言動や飲酒をめぐるやりとりでトラブルになったという出来事を指しています。

> 伊藤：（前回セッション時に記入したホームワークシートを示して）それでは前回お願いしたホームワークの確認をさせてください。前回は「4月10日（日）の夕方の出来事について，頭の中で詳細に思い出しておく」という課題をお願いしましたが，いかがでしたでしょうか？
> 江藤さん：先生のご指示どおり，思い出しておきましたよ。
> 伊藤：そうですか。お疲れ様でした。後ほど詳しくおうかがいしますので，どうぞよろしくお願いします。
> 江藤さん：わかりました。
> 伊藤：それでは今日のアジェンダですが……。（以下省略）

ケースAやケースBのように「書き物」系の課題の場合は，ホームワークの実施状況をチェックする段階で，「書き物」の現物があるかどうか，すでにコピーが終わっているかどうかなどを確認する必要がありますが，ケースEの江藤さんにお出しした「思い出しておく」というような「非書き物」系の課題の場合，しかもその日のセッションでメインとなるアジェンダに関わる課題の場合，そのアジェンダに入ってからホームワークについてじっくりとおうかがいすればよいので，このようにあっさりと対話を終えてしまいます。

以上，ケースAからEの5つの例を通じて，ホームワークの課題を次のセッションの冒頭でどのように扱うか，ということについてご紹介しました。ホームワークの課題を設定するときと同様，実に様々なパターンがあるとい

うことがおわかりいただけたでしょうか。ただしたとえパターンは様々であっても，重要なのは，「クライアントにいかに気持ちよく CBT に取り組んでもらうか」という実にシンプルなことなのではないかと思います。

◈「ホームワークをやってきてくれないクライアント」への働きかけ

　スーパービジョンでよく受ける質問に，「ホームワークをなかなかやってきてくれないクライアントに対して，どのように働きかければいいでしょうか？」というのがあります。この質問にはいくつか問題があります。まず1つめは，ホームワークの課題とはカウンセラーとクライアントの共有課題であるはずなのに，ホームワークが遂行されない原因をクライアントだけに帰属して，「ホームワークをやってきてくれないクライアント」というふうにレッテル貼りしていることです。2つめの問題点は，1つめとも関連しますが，ホームワークが遂行されない場合に立てるべき問いは，「クライアントにどう働きかけるか」というものではなく，「どのようなホームワークであれば，クライアントは課題を遂行できるのか」というものであるはずで，クライアントに焦点を当てた問いそのものが適切でないということです。そして，さらなる問題点は，「ホームワークをクライアントにやってきてもらうためにどうしたらよいか」という問いは，スーパーバイザーの私ではなく，まずクライアントと共有すべきであるということです。CBT においてホームワークが重要なのにもかかわらず，ホームワークをうまく活用できていないとしたら，それはやはり問題です。だとしたらその問題を解決するべく，カウンセラーが相談する相手はまず第一にクライアントであるはずです。

　実際，私自身はこれまで「ホームワークをやってきてくれないクライアント」に困ったことは一度もありません。それは私が魔法のようなスキルを持っていて，そのおかげで全てのクライアントがガシガシと課題をやってきてくれるということではなく，「どのような課題であれば，ホームワークとしてやってこられるのか」という問いを立て，その問いをクライアントと共有しながら課題設定をしているからなのだと思います。

　またこれは前にも申し上げたことですが，「書き物」系の課題だけが CBT のホームワークであると思い込んでいるカウンセラーが少なくないようです。もともと書くことに慣れていたり書くのが好きだったりするクライアントはそれでよいのでしょうが，慣れていなかったり好きでなかったりするクライアントの場合，いきなり「書き物」系の課題を出されても，スムースに取り

組めないことのほうが多いでしょう。その場合セッションで書き方そのものをクライアントに練習してもらい，そのおさらいとして書いてきてもらうようにするか，もしくは当面は書き物以外の課題を出すことにするとよいでしょう。書き物以外にどのような課題があるか，ということについては次節で具体的に紹介します。いずれにせよどのような課題をどのように設定すればクライアントが気持ちよく取り組めるか，ということを，カウンセラーが1人で考えるのではなく，クライアントと共に検討することが重要だと思います。クライアントに相談する，クライアントと共に検討するという構えが徹底されていれば，ホームワークについてはまず大丈夫なはずです。

4－3　ホームワークとしてどのような課題をどのように設定することができるか

　それではCBTにおけるホームワークとして，どのような課題をどのように設定することができるか，具体的に見ていきましょう。と言いましても，実際はそれぞれのケースの有り様や進行段階によって様々です。特に本ワークショップで紹介しているケースAからEの進行とそれに伴うホームワークの課題については，次章以降にも具体的に紹介しますので，そちらも併せてご参照ください。

◈セッションで行ったことの確認やおさらい

　クライアントが一番取り組みやすい課題は，セッションで行ったことを確認してきてもらったり，セッションで練習したことをおさらいしてきてもらったりするような課題でしょう。たとえばセッションでアセスメントシートに記入したのであれば，「シートに記入されたことが本当にその通りかどうか確認してみて，追加や修正があれば報告する」とか，セッションで問題リストを作成したのであれば，「セッションで作成した問題リストが，本当にその通りか確認し，追加や修正があれば記入してくる」とかいった課題です。あるいは，セッションで自動思考を観察する練習を一緒にしたのであれば，「『自動思考を観察する』という練習を毎日続ける」とか，セッションで腹式呼吸法の練習を一緒にしたのであれば，「1日に3回以上，1回につき1分以上，腹式呼吸法の練習を行う」とかいった課題です。

◆セッションで行った作業の続き

　セッションで行った何らかの作業の続きを，ホームワークの課題としてやってきてもらう，というのも，クライアントにとって取り組みやすい課題です。ただしクライアントにとって初めて取り組む作業の場合は，その続きを課題にすることはやめておいたほうが無難でしょう。たとえばアセスメントシートを初めて作成するとき，途中でセッションが時間切れになってしまった場合，その続きをホームワークとして依頼することはしないほうがよいということです。その場合は，上記の「セッションで行ったことの確認やおさらい」を課題とすることにして，途中まで作成したシートが「自分の体験とぴったりと合っているかどうか」を確認してきてもらうことにするとよいでしょう。逆にたとえばセッションですでに3枚ものアセスメントシートを一緒に作り，アセスメントシートへの記入の仕方をクライアントがある程度習得できていることが共有されているのであれば，4枚目のアセスメントシートが途中で終わってしまった場合，その続きをホームワークの課題とすることができるということです。

◆セッションに対する感想を改めて話してもらう

　CBTの構造化セッションでは通常，セッションの最後に，そのセッションに対する感想をクライアントに話してもらうことになりますが，クライアントによってはなかなか感想が出てこなかったり，端的に感想を話せなかったりする人もいらっしゃいます。その場合，セッションが終わってからゆっくりとその日のセッションについて振り返ってもらい，その次のセッションで，前回のセッションに対する感想や疑問点などを話してもらうことにして，それをそのままホームワークの課題にすることができます。感想は口頭で話してもらっても，書き出してきてもらってもよいでしょう。

◆質問紙・尺度

　質問紙や尺度を実施してきてもらうことをホームワークの課題にすることもできます。当機関の場合，第2章で紹介したように，質問紙だけでテストバッテリーを組み，それをインテーク面接時に受けていただいた後，第3セ

ッション後に再度受けていただき，その後は5回のセッション毎に，すなわち第8セッション後，第13セッション後，第18セッション後，第23セッション後……というように定期的に受けていただいています。したがってたとえば第3セッション後に当機関の受付でテストを受けていただける場合はよいのですが，時間の都合などで直後に受けていただけない場合は，「テストを持ち帰り，記入して，次回のセッションに持ってくる」というのがホームワークの課題になります。

　他にもBDI-IIなど，何らかの質問紙を毎回実施することにしたケースの場合，セッションの冒頭で実施してもらうこともできれば，セッションの前にクライアント自身にやってきてもらうこともでき，後者の場合たとえば「次回のセッションの直前にBDI-IIを実施し，得点を合計してきてカウンセラーに報告する」といったホームワークの課題を設定することができます。

◈症状や問題の観察・メモ・記録

　クライアントの抱える症状や問題について，「よく観察してきて，気づいたことを次回報告する」とか，「症状の回数を『正の字』で手帳にメモしてくる」とか，「その問題が生じたら，『いつ・どこで・どんなふうに』ということについて，A4版の用紙に記録をしてくる」とか，「その問題が生じたら，モニター表（図4.2を参照）に記録してくる」とか，「その問題が生じたら，携帯電話にその都度メモを残しておく」など，観察したりメモを取ったり記録に残したりするという作業も，CBTのホームワークとしてはよく用いられる課題です。その場合，ただ漠然と「観察する」とか「メモを取る」という課題にするのではなく，どのように観察するのか，観察したことをどうするのか，何にどのようにメモを取るのかといったことをできるだけ具体化しておくことがポイントです。2つの対話例を紹介します。両方のケースともに，クライアント（女性）は「過食嘔吐」を主訴としてCBTを開始しています。両ケースとも，まだ始まったばかりで，クライアントはCBTの基本モデルにはそれほど馴染んでいません。

　　カウンセラー：ではホームワークの課題を決めましょう。Hさんの主訴である「過食嘔吐」について，これからここでアセスメントをしていくわけですが，そのためには，Hさんの「過食嘔吐」が実際にどうなっているのか，まず具体的に教えていただく必要があります。つきましては，1週間後の次のセッ

ションまでの間，Hさんの過食嘔吐の現状を観察するか記録するかしてきていただき，次回それを共有したいと思うのですが，いかがでしょうか？

クライアントH：わかりました。具体的にはどうすればいいですか？

カウンセラー：いつ，どこで，どんなときにHさんが過食したり嘔吐したりするのか，過食や嘔吐の前はどんな感じで，最中はどんな感じで，後はどんな感じなのか，何をどれぐらい過食したり嘔吐したりするのか，といったことを，私たちは今後すべて具体的に把握していく必要があります。もし可能であれば，今週1週間の過食嘔吐について，今私が申し上げたようなことを，メモを取るなどして，記録してきていただけると，すごく役に立つと思うのですが，いかがでしょうか。

クライアントH：うーん。そんなにたくさんメモを取るのはちょっと大変そうな気がします。

カウンセラー：そうですか。確かにそうかもしれませんね。過食嘔吐そのものが大変なのに，それを全部具体的にメモを取るというのは，もっと大変になってしまうかもしれませんね。

クライアントH：はい，ちょっと大変すぎます。

カウンセラー：そうしたら，こうしませんか？　今までのペースを考えると，次回お目にかかるときまでに，何回ぐらい過食嘔吐をしそうですか？

クライアントH：大体週末には必ずやるし，平日も早く帰れたときはやっぱりやるので，1週間の間でたぶん3回か4回ぐらいは，やってしまいそうです。

カウンセラー：その3回ないしは4回の過食嘔吐は，大体似たような感じになりそうですか？　それともその時々によってだいぶ違うのでしょうか？

クライアントH：そうですね，平日はどれだけ時間があるかによって変わってきますが，週末の過食嘔吐はいつも大体似たような感じです。

カウンセラー：週末って土曜も日曜も？

クライアントH：そうです。

カウンセラー：そうしたら，できればまず典型的な具体例を一緒に把握したいので，土曜日か日曜日の過食嘔吐のどちらかについて，次回報告していただくことにしましょうか。土曜日と日曜日でしたら，どちらがいいですか？

クライアントH：じゃあ，土曜日で。

カウンセラー：では今週の土曜日の何時何分に，どこで，どういう状況で，何をどれぐらい食べて，次にそれをどのように吐いて，吐いた後どうだったのか，ということを，次回教えていただこうと思いますが，それでよろしいですか？

クライアントH：土曜日の過食嘔吐がどうだったか，ということを次回お話しすればいいのですね。

カウンセラー：そうです。ところで土曜日の分だけでも簡単なメモを取るというのは，やはり大変そうですか？ メモがあったほうが次回のセッションでそのときのことを思い出しやすいかなあと思うのですが，どうでしょう？

クライアントH：土曜日の1回分なら，できそうな気がします。

カウンセラー：では土曜日の分だけ，メモを取ってきていただくことにしましょう。さきほど申しました通り，今週の土曜日の何時何分に，どこで，どういう状況で，何をどれぐらい食べて，次にそれをどのように吐いて，吐いた後どうだったのか，ということについて観察して，できる範囲で構いませんので，簡単なメモを取ってきていただけますでしょうか。

クライアントH：わかりました。

カウンセラー：（A4版の白紙の用紙を取り出して）メモはコピーして，私も共有させてもらうので，できればこのようなA4版の紙に書いてきてもらえると助かりますが，いかがでしょう？

クライアントH：わかりました。

カウンセラー：書式は好きなようにしていただいて構いません。そのメモを見て，Hさん自身がそのときの過食嘔吐を具体的に思い出せればそれで十分ですので，書き方や字がきれいかどうかなどは，全く気にしないでください。

クライアントH：わかりました。

カウンセラー：今申し上げたとおり，私もそのメモのコピーをいただきたいので，お手数をおかけしますが，次回，セッションが始まる前に受付のスタッフに言っていただき，コピーを取っておいてもらいたいのですが，よろしいでしょうか。

クライアントH：わかりました。そうします。

カウンセラー：では，今決めたホームワークの課題を，ホームワークシートに書きましょう。（以下省略）

もう1つの対話例です。

カウンセラー：ではホームワークの課題を決めましょう。Iさんの主訴である「過食嘔吐」について，これからここでアセスメントをしていくわけですが，そのためには，Iさんの「過食嘔吐」が実際にどうなっているのか，まず具体的に教えていただく必要があります。つきましては，1週間後の次のセッシ

ョンまでの間，Iさんの過食嘔吐の現状を観察するか記録するかしてきていただき，次回それを共有したいと思うのですが，いかがでしょうか？

クライアントI：わかりました。具体的にはどうすればいいのですか？

カウンセラー：いつ，どこで，どんなときにIさんが過食したり嘔吐したりするのか，過食や嘔吐の前はどんな感じで，最中はどんな感じで，後はどんな感じなのか，何をどれぐらい過食したり嘔吐したりするのか，といったことを，私たちは今後すべて具体的に把握していく必要があります。もし可能であれば，今週1週間の過食嘔吐について，今私が申し上げたようなことを，メモを取るなどして，記録してきていただけると，すごく役に立つと思うのですが，いかがでしょうか。

クライアントI：はい。ぜひやってみたいと思います。どのような用紙に記録を取ればいいですか？

カウンセラー：（面接記録用紙に項目を書き出しながら）日付，時間，場所，過食のきっかけ，過食をする前のIさんの状態，何をどれだけ食べたか，食べている最中のIさんの状態，食べた後のIさんの状態，嘔吐する前のIさんの状態，嘔吐している最中のIさんの状態，嘔吐した後のIさんの状態，……大体これだけのことについて観察をして，記録を取っていただけると，大変助かるのですが，どうでしょう？

クライアントI：やってみます。

カウンセラー：ちなみに今申し上げた「状態」というのは，この間説明した認知行動療法のモデルで言うと，「認知」「気分・感情」「身体反応」「行動」の部分に該当します。つまりたとえば過食する前，Iさんの頭にどんな考えやイメージが浮かび，どんな気分や感情が出ているか。そして身体にはどんな感覚があって，実際にどのような行動を取っているか……といったことについて自分を観察し，メモを取っていただきたいのです。ただし「認知」「気分・感情」「身体反応」「行動」を具体的にどう分けるのか，まだ私たちはその作業を一緒にやっていませんので，今回は大雑把で結構です。過食の前のIさんはどんな状態か，最中はどうか，終わった後はどうか，自分の状態を観察して，観察できたことを認知とか気分とか区別は一切気にせずに，書いてきていただければ十分です。いかがでしょう？　大丈夫そうですか？

クライアントI：はい，とりあえず観察して，気づいたことを書いてみればいいんですよね。

カウンセラー：その通りです。では1回の過食嘔吐ごとに，これらの項目について記録するとしたら，Iさんはどのような用紙だとやりやすそうですか？

クライアントI：手書きじゃないといけませんか？
カウンセラー：手書きじゃないとしたら？
クライアントI：パソコンに打ち込んだほうが，やりやすいかなと思って。
カウンセラー：なるほど。もちろんパソコンを使っていただいても大丈夫です。
クライアントI：そうしたら，どのソフトを使うかわかりませんが，パソコンに記録を打ち込んで，それをプリントアウトして次回持ってきたいと思います。
カウンセラー：ぜひそうしてください。Iさんがやりやすいようにやっていただければいいので，ソフトやフォームについてはお任せします。またお手数ですが私のぶんもいただきたいので，2部，プリントアウトしていただいてもいいですか？
クライアントI：わかりました。
カウンセラー：すべての過食嘔吐について，このように記録してきていただくのは，大変すぎるのではないかとちょっと心配なのですが，いかがでしょうか？
クライアントI：でも1週間なら，平日に多くて2〜3回，週末は必ずやっちゃうので土日で2回，合わせても多くて5回ぐらいなので，大丈夫だと思います。やってみます。
カウンセラー：わかりました。それでは今回はすべての過食嘔吐について，記録を取ってきてもらうことにしましょう。いずれにせよしばらくは，過食嘔吐の観察や記録を続けていただくことになると思いますので，やってみて，あまりにも大変だということであれば，再度やり方を検討しましょうね。
クライアントI：わかりました。
カウンセラー：では今決めたホームワークの課題を，ホームワークシートに書き込んでいきましょう。（以下省略）

　同じホームワークでも，クライアントとの話し合いによって，具体的な課題のあり方が変わってくることがおわかりいただけたかと思います。特にCBTの前半ではホームワークを通じて，クライアントの主訴に関わる症状や問題を自己観察（セルフモニタリング）してもらったり，メモを取るなどしてそれらを記録してもらったりすることが多いのですが，その具体的なやり方については，このようにクライアントと細かく話し合って決めていくのがよいでしょう。これには，どんな細かいことでもクライアントと相談して決めていくというカウンセラーの構えを通じて，CBTに対するクライアントの主体性を育てていくという意味も含まれます。CBT開始当初，さほど

モチベーションの高くないクライアントの場合，直接的な励ましより，こういった細かい工夫のほうが，モチベーションを上げていくには効果的なようです。

また上記のクライアントのIさんのように，ホームワークの課題を，パソコンを使って行うクライアントが最近増えています。携帯電話のメモ機能を使って，自己観察の記録を取る方もいらっしゃいます。過食を主訴とするクライアントの場合，食べ物を携帯電話の写真機能を使って記録してきてくれる方もいらっしゃいますし，自分の部屋がどれほど片付いていないかをカウンセラーと共有するために，デジカメで写真を撮ってきて見せてくれる方もいらっしゃいます。様々なメディアを使うことで，課題がやりやすくなりますし，ホームワークへの取り組みが楽しいものになりますので，いろいろと工夫してみるとよいでしょう。

話が逸れますが，ICレコーダーを使ってセッションを録音したいというクライアントが時折おられます。たいていはセッションの復習のためです。家族に聞かせたいという方もいらっしゃいます。こちらが納得のいく理由で録音したいというのであれば，快く了承するようにしています。

◎ヒアリングに関わる作業

CBTがこれまでの経緯をヒアリングしている段階であれば，ヒアリングに関わる作業がホームワークの課題になることが多いです。ケースAの青山恭子さんとの初回セッションでは，セッションで開始したヒアリングの続きをホームワークの課題としました。具体的にはヒアリングのためのシートに記入してくるという課題です（第3章参照）。このように続きをシートに書くことが課題になる場合もあれば，シートはセッション中にカウンセラーが書くことにして，「次のヒアリングで何を話すか心積もりをしてくる」とか「次のヒアリングで話す項目をメモしてくる」という課題を設定する場合もあります。つまり次のヒアリングのための準備です。一方で，「今日のセッションでヒアリングした内容を振り返ってくる」「今日のセッションで作成したヒアリングのシートを読み返して，感想を報告する」といった課題を設定することもあります。つまり次のヒアリングの準備ではなく，すでにヒアリングしたことをおさらいするような課題をホームワークにするのです。

このようにヒアリングひとつ取っても，課題の有り様はさまざまです。大切なのは何度も申し上げているとおり，クライアントと相談してどのような

課題にするか決めることです。ただしヒアリングは基本的に「過去の自分」に向き合う作業です。しかもその「過去」が楽しく幸せな過去であることは少なく，たいていはつらい過去に向き合うことになります。そのような作業をセッション中にカウンセラーと共に行うのであれば耐えられるけれども，セッション外に1人で行うのは耐えられないし，そのせいで実際に具合が悪くなってしまったという人が中にはいらっしゃいます。その場合クライアントと相談の上，ヒアリングに関するホームワークは一切出さないことにして，それ以外の課題を設定するようにすることもあります。ただし私が思うに，「つらいからヒアリングに関わる課題は設定しない」とする必要はありません。ヒアリングに関わる課題は基本的につらいに決まっているのです。ですから「つらいからやらない」ではなく「どの程度のつらさなら耐えられるか」という問いを立て，「耐えられないつらさであれば，それはやらないでおく」と考えるぐらいがよいのではないかと思います。

ヒアリングそれ自体については第6章で具体的に説明します。

◈モニター表

モデルに沿ったアセスメントを始める前に，図4.2で示したようなモニター表をホームワークの課題として設定することはよくあります。先述したケースBの初回セッションでも，モニター表に日々の行動と気分，そして毎朝の気分（テンション）を数字にしたものを記入するよう依頼しました。クライアントの日々の生活において，主訴となる問題や症状が具体的にどうなっているのかを見ていくのに，このモニター表は非常に役立ちます。特に飲酒や過食など習慣化された行動が主訴に含まれる場合，いきなりアセスメントするのではなく，まずはモニター表に日々の行動を記録してデータを蓄積し，その後CBTのモデルを使って整理していくのがやりやすいと思います。また主訴がはっきりしなかったり，アセスメントでターゲットとするエピソードを絞りきれない場合も，このモニター表が役立ちます。さらにクライアントの生活の有り様や生活リズムを把握したり共有したりする際にも役立ちますし，毎回のセッションの橋渡しのときに，前回から今回にかけて自分がどのように暮らしてきたか，どのような経験をしたのかということについて，カウンセラーに報告したい，共有してもらいたいというクライアントには，口頭で報告してもらうよりモニター表を作成してそれを見ながら報告してもらうほうがやりやすいですし，効率的です。

このようにモニター表に記入するというのは，様々な用途に併せて活用することのできる大変有用な課題です。特に最後に挙げた，「生活の記録」という意味合いでモニター表をつけてきてもらう場合は，CBT の初期段階から終結まで，ずっとこの課題がホームワークとして設定され続けることになります。これが効果検証する場合に非常に役立ちます。特に長い期間（年単位）をかけて終結に至るケースなどでは，数年前のモニター表と現在のモニター表を見比べて，自分の生活がいかに変化したか，以前は機能できていなかった自分がいかに機能できるようになったか，いかに対人関係が改善されたか，などを検証して，自分の成長や CBT の効果を共有することができるからです。

またモニター表に記入するというのは，前項の「ヒアリングに関わる作業」に比べると侵襲性の低い作業です。その意味でも，特に CBT の初期段階ではホームワークの課題として活用がしやすいです。モニター表の具体的な使い方については主に第 7 章で紹介します。

◈アセスメントのためのエピソードを持ってくる

いよいよアセスメントが始まったら，通常はまず，アセスメントのターゲットとなる問題や症状に関わるエピソードをクライアントに話してもらい，それをセッションの中でアセスメントシートに外在化して整理するという作業をしばらく続けることになります。そのためにはクライアントにエピソードを持ってきてもらう必要があり，それがホームワークの課題になります。その際よくお願いするのが「アセスメントのためのエピソードを 1 つ選び，A4 版用紙にメモしてくる」という課題です。このような課題が出るのは CBT の初期段階ですから，メモをしたくない，書き物系の課題は嫌だというクライアントの場合は，「アセスメントのためのエピソードを 1 つ選び，頭の中で思い出しておく」「アセスメントのためのエピソードを 1 つ選び，それをここでどのように話すか心づもりしておく」といった課題を出す場合もあります。

◈CBT の基本モデルに沿ったセルフモニタリング

CBT の基本モデルを使ったアセスメントの段階に入ったら，まずは CBT の基本モデルに沿ったセルフモニタリングの作業をホームワークの課題とす

ることが多くあります．CBT の基本モデルとは，図4．7の通りですが，このモデルの活用の仕方それ自体については伊藤（2005）および第7章，第8章をご参照ください．基本モデルに沿ったセルフモニタリングに関わる課題をホームワークにする場合は，当然のことながら，基本モデルそのものの心理教育をセッション中に行い，クライアントがそれを理解している必要があります．特に認知の場合，モニタリングやアセスメントの最初のターゲットになるのは「自動思考」になりますが，セッション中に自動思考についてしっかりと心理教育を行い，クライアントが自動思考という概念を理解したことを確認してから，ホームワークの課題とするのがよいでしょう．

ホームワークの課題として，この基本モデルに基づくセルフモニタリングをクライアントに依頼する場合，具体的には次のような課題があります．

- この1週間でどのようなストレスを感じる出来事があったのか，メモに書き出してくる．
- 今回から次回のセッションまでの間に，どのような対人関係上の出来事があったのか，順番に書き出してくる．
- 今日からの2週間で，最も強くストレスを感じた出来事や状況を1つ選んで，次回報告する．
- 主訴に関わる出来事を1つ選んで，できるだけ詳しく紙に書き出しておく．
- 主訴に関わる出来事を1つ選び，それを次回報告できるよう，心積もりしておく．
- 常に「自動思考」を意識し，自動思考が出てきたら，それをつかまえようとしてみる．
- 常に「自動思考」を意識し，自動思考をつかまえたら，それを手帳にメモしておく．
- 常に「自動思考」を意識し，主訴に関わる自動思考が出てきたら，それをメモしておく．
- 毎朝，起きたときに最初に浮かぶ自動思考をモニターし，それをメモしておく．
- ストレスを感じたときに，どのような自動思考が浮かんだか，その場で把握し，メモしておく．
- 主訴に関わるエピソードが起きたときの自動思考を全てつかまえようとしてみて，それらをメモしておく．

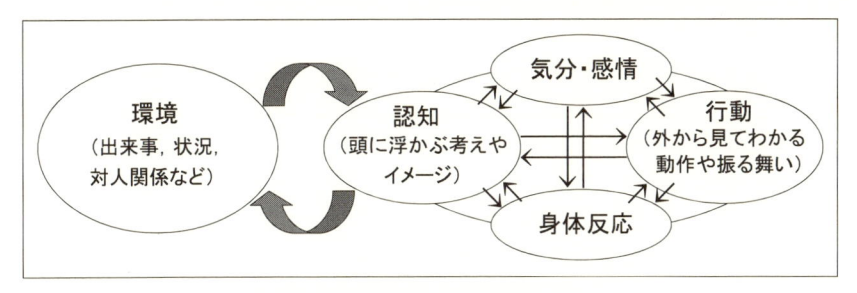

図4.7　認知行動療法の基本モデル

- 主訴に関わるエピソードが起きたときの自動思考をその場で自己観察し，可能であればメモを取っておく。
- 日々，自動思考を観察し，個々の自動思考が生じたときにどのような気分や感情が生じるか，それも併せて観察してみる。
- 日々の気分や感情を自己観察し，モニター表に記録する。
- （たとえば「怒り」の問題が主訴の場合）怒りが生じたときの状況，自動思考を自己観察し，メモを取る。
- （たとえば「怒り」の問題が主訴の場合）個々の怒りの強度を0～100％で表現してみる。
- （たとえば「不安」の問題が主訴の場合）どのような状況で不安を感じたか，個々の状況をメモしてくる。
- （たとえば「不安」の問題が主訴の場合）不安を感じているときの自動思考を観察し，メモしてくる。
- （たとえば「不安」の問題が主訴の場合）不安なときにどのような身体感覚が生じているか，自己観察してくる。
- （たとえば「頭痛」が主訴の場合）モニター表に日々の頭痛の程度を0～100％で記録してくる。
- （たとえば「頭痛」が主訴の場合）モニター表に，状況，場所，活動，頭痛の程度を具体的に記入し，「頭痛日記」を作成してくる。
- （たとえば「頭痛」が主訴の場合）頭痛が生じたときにどのような自動思考が浮かぶか，観察し，メモを取ってくる。
- （たとえば「頭痛」が主訴の場合）頭痛に気づいた後にどのような行動を取ったか，自己観察し，次回報告する。
- （たとえば「頭痛」が主訴の場合）頭痛に気づいた後にどのような行動を取ったか，その行動の結果頭痛がどうなったか自己観察し，そのメモ

を取ってくる。
- ▶ （たとえば「過食」が主訴の場合）過食をする前の状況，自動思考，気分・感情，身体反応を自己観察し，記録してくる。
- ▶ （たとえば「過食」が主訴の場合）過食をしている最中の状況，自動思考，気分・感情，身体反応を自己観察し，記録してくる。
- ▶ （たとえば「過食」が主訴の場合）過食をした後の状況，自動思考，気分・感情，身体反応を自己観察し，記録してくる。

きりがないのでこれぐらいに留めておきましょう。何をお伝えしたいのかというと，「CBTの基本モデルに沿ったセルフモニタリング」という課題を1つとっても，具体的な設定の仕方は実に様々である，ということです。〈認知行動療法の基本モデルに沿って自分を観察し，観察内容をメモしましょう〉という漠然とした課題ではなく（もちろん基本モデルをクライアントがしっかりと理解しているのであれば，この課題でも大丈夫ですが），上に挙げたような，できるだけ具体的な課題を設定するほうが，クライアントが取り組みやすくなります。

セルフモニタリングやアセスメントの実際の進め方については第7章，第8章をご参照ください。

ところで私は，自己観察が苦手な方，特に気分や感情のモニターが苦手な方，あるいは何らかの理由によりモニターしても気分や感情がなかなか出てこない方の場合，自己観察課題の一環として「夢」を観察し，記録してきてもらうことがときどきあります。夢の観察とCBTはかけ離れているように思われる方がいるかもしれませんが，そもそもアーロン・ベックはうつ病の患者さんの夢を研究することから認知療法を構築したように，夢とはクライアントの認知そのもので，もっとCBTで取り扱ってもよい現象だと思います。昼間，起きているときの自動思考や気分・感情をなかなかつかまえられないクライアントでも，夢だとそれに気づいたり，夢の中の自動思考や感情を把握したりしやすい場合があり，とても有用です。

◎アセスメントシート（ツール1）の見直しと記入練習

当機関では通常，CBTの基本モデルに沿った自己観察の内容を，「アセスメントシート」と呼ばれるA4版のツールに外在化するようにしています。当機関ではこれを「ツール1」とも呼び，重宝していますが，それを図4.

8に示します。

　アセスメントシート（ツール1）は，まずセッション中にカウンセラーとクライアントが一緒に作成しますが，書き込みの作業を行うのは当面はカウンセラー側です。話すことと書くことを一緒に行うには「慣れ」が必要で，クライアントには話すほうに集中してもらうためです。セッションで作成したアセスメントシートについてのホームワークとしてまず挙げられるのは，「そのアセスメントシートに書かれてあることが本当にその通りであるかどうか，日常生活に持ち帰って確認してくる」といった「確認系」の課題です。いきなりクライアントに書いてもらうようなことはしません（クライアントが「書きたい」とおっしゃる場合は別ですが）。セッションが時間切れになりアセスメントシートが途中までしかできていない場合でも，この「確認系」のホームワークを出すことがよくあります。「確認系」のホームワークはあまり負担にならないので，特にCBTの初期段階では重宝します。

　クライアントがCBTの基本モデルやアセスメントシートに慣れてきたところで，ツールへの記入そのものをホームワークの課題にします。主訴に関わるエピソードについて，「それが起きたらツール1にまとめてみる」という課題も出せますし，エピソードがなかなか起きにくい場合は，「主訴に直接関係しなくても，何らかのストレス体験があれば，それをツール1にまとめてくる」といった課題を出すこともできるでしょう。ストレス体験でなく，より中立的な体験やむしろポジティブな体験であっても，同様にツール1に外在化することは十分可能です。いずれにせよこのアセスメントシート（ツール1）をホームワークの課題にする場合，何をターゲットとするかについて，クライアントと具体的に決めておく必要があります。

　なおアセスメントシート（ツール1）を使ったアセスメントの実際のやり方については，伊藤（2005，2006，2008），伊藤他（2009）と，第7章および第8章をご参照ください。

◈ツール類の見直し（特に「ツール2」）

　ご存知のとおりCBTでは様々なツールを用いてカウンセリングを進めていきますが，先ほどのアセスメントシートのところでもお伝えしたように，セッションで作成したツールの見直しをホームワークの課題とすることはよくあります。特に，問題を同定したり，同定された問題を概念図としてまとめたり，問題リストを吟味してそこから目標を設定したり，といういわゆる

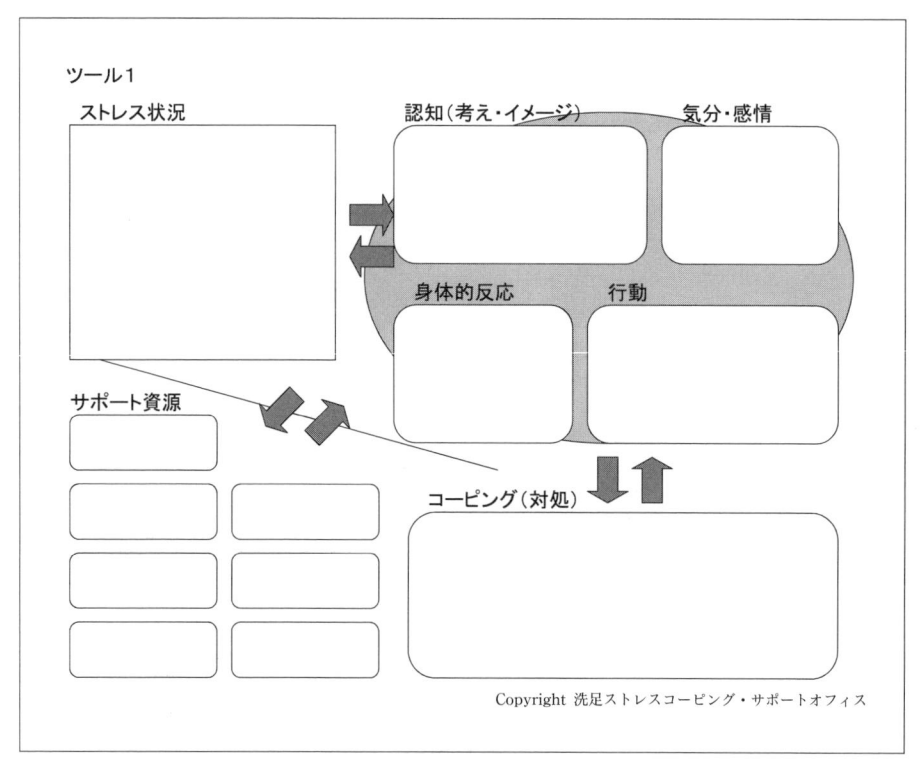

図4.8　アセスメントシート（伊藤，2005）

　事例定式化（ケースフォーミュレーション）の作業をアセスメントの後に行いますが，当機関ではその作業を「ツール2」というツールを使って行っており，ツール2を作成する作業を行っている間は，ひたすら「ツール2を見直して，それでよいかどうか検討してくる」「途中まで作成したツール2を確認して，修正点や疑問点があれば次のセッションで報告する」「ツール2の問題リストがそれで合っているかどうか，見直してくる」「ツール2の目標リストを，本当にここでの目標にしてよいか，じっくりと考えてくる」といった「ツールの見直し作業」をホームワークの課題として出すようにしています。
　「ツール2」や問題の同定や目標の設定に関わる作業については，伊藤（2006，2008）および第10章をご参照ください。

◈ノートやファイル類のおさらい

　CBTはツールを多く使うので，当機関のクライアントには自分用のファイルを作る人が多くいらっしゃいます。またクライアントによってはセッションの内容を書き留めたり，心理教育としてカウンセラーが提示した用語や説明を書き留めたりするためのノートを用意して，毎回それを持参する方もいらっしゃいます。そのようなファイルやノートを持っているクライアントに対しては，それらを見直しておさらいをしてくるという課題をホームワークとすることがあります。その場合，規定（デフォルト）のホームワークとして毎回のセッションでこの課題を設定するケースと，ケースの節目が来たときだけこの課題を設定するケースの2パターンがあります。このような「おさらい系」の課題を出す場合，次のセッションで必ず〈おさらいしてみてどうでした？　どのような感想や疑問がありますか？〉と尋ね，クライアントの感想や疑問をきっちりと共有することが重要です。このような質問をすることで，クライアントのおさらいの精度が高まります。

◈各技法に入ってからの課題

　CBTが中盤にさしかかり，認知再構成法，問題解決法，曝露療法などの各技法のトレーニングに入ったら，当然のことながら，ホームワークの課題も各技法に関わるものになります。ここでもとにかく重要なのは，セッションで一緒に練習し，クライアントがその作業を確実にこなせるようになってから，ホームワークでおさらいをしてきてもらう，という原則を守ることです。一部の曝露療法など，日常生活でしか実施できない課題でも，セッションでできるだけ具体的な計画を立て，シミュレーションを行い，クライアントの中に「行けそうだ！」との実感ができてから，その課題をホームワークにするべきだと私は思っています。

　このようにどの技法も「セッション→ホームワーク」という流れでクライアントに身につけてもらいますが，ある程度練習を続けて，カウンセラーの手助けなしで，自力で実施できるようになったことが確認できたら，セッションでその技法について話し合ったり練習したりする時間を減らし，ホームワークの課題としてクライアントの日常生活で実施してもらい，セッションではその報告をしてもらうだけ，という形に徐々にシフトしていきます。

CBTも後半にさしかかり，効果の維持を図ったり，終結に向けた話し合いをしたりする時期に入っても，一度習得してもらった技法については，すべてホームワークの課題として設定し続け，セッションでも確認し続けます。つまり一度手をつけた技法は，きっちりと終結までやり続けてもらうということです。したがって終結に近くなればなるほど，また手をつけた技法が多ければ多いほど，ホームワークの課題は増えていくことになります。たとえば社会不安障害とうつ病を併発し，曝露療法，問題解決法，認知再構成法，リラクセーション法，注意分散法という5つの技法を習得し，維持の段階に入ったケースがあるとしましょう。その場合のホームワークの課題は，たとえば次のようになる可能性があります。

- ▶曝露療法を続け，次のセッションで報告する。
- ▶問題解決法を実践し，次のセッションで報告する。
- ▶自動思考のモニターを続け，ネタがあれば認知再構成法を実施し，次のセッションで報告する。
- ▶日常的にリラクセーション法を実践し続け，次のセッションで報告する。
- ▶1日に1回は注意分散法を実施し，次のセッションで報告する。

このように一度習得してもらった技法は，「習得したから終わり」ではなく，ずっと使い続けていただく必要があります。そのための動機づけをホームワークの課題を通じて行うのです。ここにもCBTのよい意味での「しつこさ」が表れていますね。CBTのケースが展開するにつれて，ホームワークの課題の有り様がどのように変わっていくかということについては，ケースAからEを通じて，具体的に紹介していくのでそちらも併せてお読みください。

◈読書療法

CBTでは「読書療法」と言って，当事者用のワークブックなど，本を併用することがあります。その場合のホームワークも，できるだけ具体的にきめ細かく設定するほうが，せっかくの読書療法の効果が上がると思います。

まず読書療法を始めると決めた場合（もちろんクライアントと話し合って決めます），本のタイトルを具体的に決めます。その場合，読書療法に関わる最初のホームワークの課題は，「本を手に入れて，次のセッションに持っ

てくる」というものにすることが多いです。〈ここで一緒に本の使い方について相談したいので，まだ読まないでください〉と伝えることが重要です。そして実際に次のセッションで，本の活用の仕方について具体的な計画を立てます。あとはその計画に沿って，読書療法に関する課題をホームワークとして設定します。具体的には次のような課題が設定されることが多くあります。

- ▶第1章にじっくり目を通し，感想をメモしてくる。
- ▶第1章にじっくり目を通し，「なるほど」と思ったところをマーカーで印をつけてくる。
- ▶第1章にじっくり目を通し，疑問点やわかりづらい点について，次回質問をする。
- ▶第2章にある5つの事例を読み，自分と一番似ていると思われる事例を1つ選んでくる。
- ▶第2章の事例Bをじっくりと読み，感想をメモしてくる。
- ▶第2章の事例Cで紹介されたコラム法の例をよく読んで，できそうであれば自分でもトライしてみる。
- ▶第3章に書いてあるマインドフルネスのワークにトライしてみる。
- ▶第4章に書いてあるイメージ技法のワークにトライしてみる。
- ▶第1章から第5章までざっと読んで，感想や疑問を次回セッションで報告する。

要は単に本を紹介し，〈読んでみてください〉といった漠然とした課題は設定しないということです。CBTの各種ワークブックは，「読むための本」ではなく「実践するための本」です。せっかく読書療法を併用するのであれば，できる限りその本を活用し尽くしたいものです。ですから本を入手して持参することを最初の課題として，あとは活用の具体的な方法を一緒に決めて，それに沿ってスモールステップでホームワークの課題を設定し，進行状況を共有するのです。

またワークブックではなく，CBTや自分の抱える問題をより深く理解するために，副読本のような形で本を読みたい，本を紹介してもらいたいというクライアントもときどきいらっしゃいます。そのようなときも「本を紹介して終わり」ではなく，「読んだら感想を伝える」など，必ずセッションで共有できるようにホームワークの課題を設定しておくとよいでしょう。

なお読書療法については第20章で具体的に紹介します。

◎**終結時のホームワーク**

図2.8（p.38）のプロセスシートをご覧いただきたいのですが、「終結」の前に「再発予防の計画」とありますね。いよいよ終結が視野に入ってきたときにすることは、これまでのCBTの全体的なおさらいをすると同時に、終結後にいかに再発を防ぎ、今の良好な状態を維持するか、という再発予防についての話し合いに入ります。再発予防の計画をきっちりと立てて、「このような計画が実行できれば、まず大丈夫だ」という見通しを持てたら、実際に終結とします。

ということは、終結時のホームワークには、「再発予防の計画を実行する」という課題が必ず含まれることになります。終結だから「ホームワークはなし」ではないのです。クライアントには、できれば一生、ここで習得したCBTを使い続けてもらいたいわけですから、終結時こそ、「一生CBTを使い続ける」というホームワークの課題をしっかりと設定して、クライアントのモチベーションを新たにしていただく必要があるのです。

またこれは再発予防の計画に含まれることが多いですが、ぶり返したときにどうしたらよいか、ということについてもきちんと計画を立て、それも終結時のホームワークにきっちりの組み込む必要があります。

再発予防計画や終結については、本書のシリーズの最後のほうで、詳しく説明することになると思います。

◎**家族や職場や主治医など第三者に関わる課題**

家族や職場や主治医など、クライアントの日常生活における重要他者に関わる課題をホームワークとして設定することもよくあります。具体例を挙げます。

▶ 今日セッションで作成した「ツール1」を両親に見せて、説明してくる。
▶ 今日セッションで作成した「ツール1」を夫と共有して、夫に感想を話してもらい、次回それを報告する。
▶ 今日セッションで作成した「ツール1」を妻に見せて、妻の言い分を聞いてくる。

- 今日セッションで作成した「ツール1」を主治医に見せて，主治医の見解を聞いてくる。
- プロセスシートを家族に見せて，今，CBTがどこまで進んでおり，今後の見通しはどうか，ということを説明してくる。
- 今日セッションで話し合って，今後取り組むことに決めた技法について，自分なりに家族に説明してみる。
- 今日のセッションでカウンセラーに説明された内容を家族に伝え，家族の感想を次回カウンセラーに伝える。
- 今日のセッションでカウンセラーと一緒に決めたことを主治医に伝え，主治医の指示をもらってくる。
- 今日一緒に作ったコーピングシートを家族に見せて説明し，コーピングシートの内容を実行するために家族に協力してもらう。
- 今日一緒に作った問題解決法のツールを家族に見せて説明し，問題解決のための実行計画を実施するために家族に協力してもらう。
- 今日セッションで練習した「上司との新たなコミュニケーションの仕方」を職場で実際にやってみて，上司の反応を観察し，次回それを報告する。
- 処方されたとおりに服薬していないことを主治医に伝え，どうすればよいか指示をもらってくる。
- 次の産業医との面談で，プロセスシートを見せて，今CBTがどこまで進んでいるのかを具体的に説明してくる。

　他にも様々なホームワークの課題が考えられますが，要は，CBTの進行やセッションの内容を必要に応じて家族などの第三者に伝えてもらったり，カウンセラーと第三者との間をつなぐメッセンジャーとしての役割を果たしてもらったり，セッションで立てた何らかの計画を実行するための協力を要請したり，といった課題が多いように思います。
　家族との関わりについては，後の章で適宜紹介します。また第21章では家族セッションについて解説します。

◈情報収集

　クライアントにとって必要な何らかの情報を，人に聞くなり，何かで調べるなりして入手してくるという課題が，ホームワークになることがあります。

たとえば休学中や休職中のクライアントが，自分の学校や職場の制度をよく知らない場合があります。特に復学や復職を希望するクライアントの場合，それに関わる学校や職場の制度を具体的に知っておくことは不可欠ですし，場合によってはそれらの制度がCBTの計画や進め方にも大きく影響することが考えられます。そのような場合，たとえば「休学と復学の制度について，大学の学生課に問い合わせて具体的に把握してくる」「傷病休暇を最大どれだけ取れるか，人事に問い合わせのメールを出す」「今後の復職の段取りについて産業医と話し合い，次回その報告をする」といった課題をホームワークとして設定することがあります。また復学や復職の他にも，たとえば公的なサポートや地域の自助グループについて調べてくるなど，クライアントにとって，もしくはCBTを進めていくにあたって必要な情報を，クライアント自身が集めてくるという課題を設定することがときどきあります。

◈コーピングシートの活用

「セッション中に作成したコーピングシート（もしくはコーピングカード）を実行してくる」といった，コーピングシートの活用に関わる課題は，CBTのあらゆる局面において頻繁に設定されるホームワークの課題です。当機関で用いているコーピングシートは図3.22（p.245）に提示しましたが，次章以降にその多様な活用の仕方について折々紹介しますので，そちらをご参照ください。

◈言葉を持ち帰る

クライアントにとって助けになる言葉を持ち帰って活用するような課題をホームワークとして設定することがあります。たとえばセッション中に「その件について今はとりあえず『……』と考えておくことにしよう」と，『……』に該当する何らかの言葉が見つかった場合，もしくはセッション中にカウンセラーの発した言葉が今のクライアントにとって大きな助けになるという場合など，その言葉をクライアントに持ち帰ってもらい，キャッチフレーズのように日常的に活用してもらうのです。

たとえばセッション中に話し合って，当面，「今はこれでいいんだ」と思うようにしたらよいのではないか，ということが合意されたら，ホームワークとして，「ひどく落ち込みそうになったら『今はこれでいいんだ』と意識

的に思うようにする」という課題を設定することができます。あるいはクライアントの抱える何らかのトラブルについてセッションで話し合っている際に，クライアントに意見を求められたカウンセラーが，〈私は，その件について，これこれこういう理由で，○○さん（クライアント）が悪いとはちっとも思いませんけど〉と言ったとして，カウンセラーのそのコメントがクライアントの助けになったということであれば，ホームワークとして，「カウンセラーに『あなたは悪くない』と言ってもらったことを思い出す」といった課題を設定することができます。あるいはクライアントが普段から座右の銘にしている言葉があって，その言葉を頻繁に意識することが日常生活において助けになりそうということであれば，そのような課題（たとえば「『明けない夜はない』という言葉をカードに書いて持ち歩き，くじけそうになったらカードを取り出して，この言葉を自分に言い聞かせる」）をホームワークとして設定することもできるでしょう。

◈「何とか生き延びて，次回のセッションにやって来る」という究極の課題

　私はケースCの千代田美里さんに対し，初回セッションにおいて，「どんなに自殺念慮が高まっても，とりあえず次のセッションには必ず来る」という課題をホームワークとして設定しました。このように，何らかの意味でクライアントの状態が良くないとき，もしくは「状態が良くないのでホームワークなんかできない」とクライアントが主張するときは，「だからホームワークを出さない」ということにするのではなく，「何とか生き延びて，次回のセッションにやって来る」という課題を設定し，次につなげるようにしています。このような課題であれば，どんなにクライアントの状態が悪くても，セッションに予約通りに来てくれさえすれば，「調子が悪くても，ホームワークは達成できた！」ということが共有でき，それだけでセッションの雰囲気が良くなるので，ある意味，「究極の課題」であると言えるでしょう。ただし究極の課題であるだけに多用は禁物で，ごくまれに，ここぞというときだけ使うことにするほうがよいと思います。

◈カウンセラー側のホームワーク

　場合によってはカウンセラー側のホームワークを設定することもあります。たとえば，「セッションで話題となった事柄について専門書で調べておく」

とか,「セッションで話題となった事柄について,同僚など他のカウンセラーに訊いてみる」とか,「主治医宛の報告書を次回までに作成しておく」とか,「ある懸案事項についてカウンセラー側の見解を整理しておく」といった課題を設定することがときどきあります。

ただしカウンセラー側のホームワークは毎回設定する必要はないと思います。というのは,万が一全てのケースにおいてカウンセラー側のホームワークを設定し,課題をこなすということになってしまったら,それは物理的に無理だからです。またカウンセラー側が毎回ホームワークを実施するということになると,それによってクライアントの主体性や自主性が損なわれてしまう恐れが生じます。したがってカウンセラー側のホームワークは,必要なときに最低限の課題を設定するということにしておけばよいのではないかと思います。

4-4 ホームワークの実施状況の確認の仕方

ホームワークの課題を設定したら,必ず次のセッションでその実施状況について確認しなければならない,というのは前にも述べたとおりです。ここでは課題の実施状況の確認の仕方について具体的に解説します。

◈「橋渡し」のときに簡単にチェックする

まずホームワークの実施状況については,セッション冒頭の「橋渡し」のところで,簡単にチェックする必要があります。が,ここではあくまで「簡単なチェック」に留め,内容について具体的に検討するのは,個々のアジェンダに入ってからにするのが良いでしょう。

◈主要な課題はアジェンダの中で扱う

主要なホームワークの課題については,個々のアジェンダの中で,その実施状況をしっかりと扱う必要があります。セッション中にしっかりと扱えば扱うほど,クライアントは個々のホームワークの課題に対してしっかりと取り組むようになりますし,モチベーションも上がっていきます。逆に課題を設定したのにもかかわらず,しっかりとアジェンダを立てることなく,それについてほとんど扱わなければ,「ホームワークの課題は,CBTにとってた

いした意味はないんだな」「課題についてきちんと聞かれないということは，やってきてもやってこなくてもどちらでもよいということだ」「せっかくやってきても，きちんと見てもらえないのなら，やっても仕方がない」とクライアントに思われてしまい，モチベーションが下がってしまうことになるでしょう。あるいは「課題を出しておきながら，それをきちんとチェックしてくれないとは，カウンセラーとしていい加減だ」「自分から課題を出しておきながら，それをチェックしないとは，もしかして課題を出したこと自体を忘れてしまったのだろうか。なんてだらしのないカウンセラーなのだろう」と，カウンセラーに対する不信感が生じてしまう恐れがあります。

　というわけで，とにかく一度ホームワークとして設定された課題は，必ず実施状況を確認し，その課題の扱いについて1つひとつ決めていくという作業が不可欠です。そのためにもカウンセラーは，それぞれのホームワークの課題の意味や目的やCBTにおける位置づけについて常に明確に意識し，それらについていつでも説明できるようにしておく必要があるでしょう。言い換えると，そのように意味や目的や位置づけが明確化できないような課題はホームワークとして設定しない，というふうにも考えられます。

◈できなかった課題についてもしっかりと話し合う

　ホームワークとして設定された課題が「できなかった」という場合もあるでしょう。その場合も，「できませんでした」〈ああ，そうですか〉と簡単に終わりにしてはいけません。できなかったらできなかったで，その理由を明らかにし，「では，どうするのか」ということを具体的に話し合う必要があります。その場合，「なぜクライアントはホームワークを遂行できなかったか」という問いではなく，「何がホームワークの遂行を妨げたのか」という問いを立てるとよいでしょう。「クライアントの問題」ではなく「ホームワークの問題」として捉え，そのアセスメントを行うのです。

　このような捉え方ができると，たとえクライアントがホームワークの課題そのものを忘れてしまい，課題を遂行できなかったという場合でも，「クライアントが忘れたから」ではなく，「クライアントが忘れてしまうような課題しか立てられなかったから」という理由を共有し，「では，この課題を忘れずに遂行するためにはどうしたらよいか」という視点で，問題解決を図ることができます。またこのような捉え方をすると，クライアントが「課題を忘れたのは自分の責任だ」「忘れた自分が悪い」「課題を忘れた自分が責めら

れている」と感じずに，話し合いをすることができます。

　CBTの流れの中できちんと吟味されて設定されたホームワークの課題であれば，1回できなかったからといってその課題を「なしにする」ということはまず考えられません。したがって上記のとおり，「何がホームワークの遂行を妨げたのか」という問いを立ててアセスメントを行い，さらに「どうすればホームワークを遂行できるか」という問いを立てて対策を一緒に考えます。

　たとえば「自動思考をモニターすることを常に心がける」といったホームワークの課題があったとしましょう。まず最初は，クライアントにその課題をホームワークシートに記入してもらい，クライアントなりのやり方で課題にトライしてきてもらいます。クライアントによってはこのような課題を立てるだけで，日常的に自動思考をモニターできるようになる人もいますが，この程度の課題の立て方では，すっかり課題のことを忘れてしまい，次のセッションでカウンセラーに問われて，「ああ，そういう課題がありましたね。すっかり忘れていました」と答えるクライアントも少なくありません。このようなクライアントの多くは，自動思考をモニターする作業そのものはできるようになっているし，セッションで「自動思考をモニターすることを常に心がける」というホームワークの課題を設定したときには，「よし，次回のセッションまで，自動思考のモニターを常に心がけよう」と確かに思うのですが，日常生活に戻ると，課題のことをついつい忘れてしまう，もしくは先延ばしにしてしまうようです。その場合，クライアントと相談して，「自動思考をモニターすることを常に心がける」という課題を忘れないように，追加の課題を立てることが多いです。たとえば「毎朝ホームワークシートを見て，『自動思考をモニターすることを常に心がける』という課題が設定されていることを，自分に思い出させる」「ホームワークシートを自室の机に貼り，『自動思考をモニターすることを常に心がける』という課題があることを忘れないようにする」といった課題です。これでいけるクライアントもいますが，これではまだ足りないという人もいます。つまりホームワークシートを見たときは，「あ，そうだ，自動思考のモニターだった」と確かに思うのですが，やはり日常生活にまぎれて自動思考のことを忘れてしまうのです。

　そのような場合，さらに追加の課題を立てます。たとえば「『自動思考』と書いた紙を部屋と洗面所とトイレと台所に貼っておき，『自動思考をモニターすることを常に心がける』という課題を常に思い出すようにする」「職場のパソコンのデスクトップに『自動思考』という文字を貼り付ける」「携

帯電話のスケジュール機能を使って，毎日携帯に『自動思考』のことを思い出させてもらう」「家族に頼み，毎日『今日も自動思考を観察しよう』と言ってもらう」といった課題です。クライアントによっては「自分はどうしても忘れちゃうので，手に書いておきます」と言って，油性マジックで手の甲に「自動思考」と書き入れる人もいらっしゃいます。これまでで一番印象的だったのは，あるクライアントが「天井に貼っておきます」と言って，大きな模造紙にでかでかと「自動思考」と書き，自室の天井に貼り付けたことです。天井ですと，毎朝起きるときと寝るときに否が応でも目に入ってきて，そのおかげで自動思考のモニターが習慣化されたそうです。

　このように一度ホームワークの課題を立てたら，クライアントがどんなに「できなかった」と報告しても，「どうすればこの課題を遂行できるか」という問いを立て，あきらめず，粘り強く，様々なしかけを作って，取り組み続けているうちに，必ず遂行できるようになる日が来ます。ホームワークにおいてもやはりCBTはしつこいのです。

　重要なのは，カウンセラーが決してあきらめないことだと思います。これはホームワークに限りませんが，何に取り組むのであっても，カウンセラー側は「適切なしかけさえあれば，クライアントはこの課題に取り組むことができる」と信じている必要があります。言い換えると，カウンセラーが「もしかしたら，これはできないんじゃなかろうか」と少しでも疑わしく思うような課題は，クライアントに提示しないということです。カウンセラーが「適切なしかけさえあれば，クライアントはこの課題に取り組むことができる」と信じるということは，ひいてはクライアント自身を信じるということです。そして，クライアントを信じ，一時的に「できない」という報告があっても，「何か工夫すればできるようになる」と信じ，粘り強く工夫をしていくというカウンセラーの有り様そのものが，クライアントにとってよいモデルになるのではないでしょうか。カウンセラーがこのようなモデルを自ら示すことによって，「やればできると信じる構え」や「粘り強く工夫を続ける姿勢」といったものがクライアントの中に形成されるということは，CBTの副産物としてとても素晴らしいことであると私は考えています。

◆ 成果物は見せてもらう

　「書き物系」など，何らかの成果物を伴うホームワークについては，必ずその成果物を見せてもらいます。先述したとおり，通常はセッションの前に

クライアント自身にコピーを取っておいてもらい，それぞれが成果物を共有するようにします。メモを取ったりツールに記入したりという「書き物系」の課題は，それなりの時間やエネルギーを要し，遂行するのがなかなか大変です。したがってせっかく時間やエネルギーを費やして書いてきてもらったものは，セッションでしっかりと共有し，クライアントをねぎらう必要があります。逆にせっかく書いてきたのにそれを丁寧に共有してもらえなかったとなると，ホームワークに対するクライアントのモチベーションが下がってしまう恐れが生じます。

◇ **行動的な課題は，事細かに報告してもらう**

「書き物系」ではなく，「……を実行してみて，その結果を報告する」といった「行動系」「報告系」のホームワークの場合は，クライアントがメモを取ってこなければ特に成果物はありませんから，セッションの中で，口頭で，事細かにクライアントに報告してもらう必要があります。ここでも重要なのは，しつこいぐらい細かく聞くということです。〈△△については，どうでした？ 実行してみました？〉「はい，やってみました」〈ああ，そうですか〉で簡単に終わらせるのではなく，いつ，どこで，どういう風に実行し，どういう結果だったのか，やってみてどういう感想を抱いたのか，実行するにあたって何か支障となるような問題はなかったか，実行するにあたってどんな工夫をしてみたか……など，カウンセラー側がイメージできるぐらい具体的に報告してもらうのです。そうすることによってホームワークのおさらいが一緒にできますし，どこがどう良かったか，改善点は何かといったことも明確になります。またこのように具体的に事細かに尋ねられるということを一度経験すると，クライアントはそのためにもしっかりとホームワークの課題を実行しようという気持ちになり，モチベーションが上がります。逆にこれは先ほどのお話とも重なりますが，せっかくホームワークの課題を実行してきたのに，それをしっかりと共有してもらえないと，課題に対するモチベーションが下がってしまう恐れが生じます。

◇ **結果や内容より「実施した」「トライした」ことを評価する**

ホームワークの実施状況を確認するにあたってカウンセラーが気をつけなければならないのは，ホームワークの結果や内容を重視するのではなく，ク

ライアントが日常生活において自ら課題を「実施した」「トライした」「チャレンジした」という事実をまず重視し，そのことそのものを評価するべきだ，ということです。クライアントによってはホームワークの結果にとらわれて，「やったけどうまくいかなかった」としょんぼりしてしまう人がいますが，カウンセラーはクライアントの「しょんぼり」に巻き込まれず，〈結果がどうであれ，あなたが課題にチャレンジしたこと自体が重要で，そのこと自体がすばらしい〉というメッセージを送る必要があるでしょう。

◎「やってみて何がわかったか」に焦点を当てる

上の話にも通じますが，ホームワークが「うまくいったかいかなかったか」が重要なのではありません。「うまくいったかいかなかったか」はともかく，「やってみて何がわかったか」ということを共有することが最も重要なのだと思います。クライアントの中にはともすれば結果や内容の良し悪しにとらわれがちな人がいらっしゃいますが，カウンセラーはそれに巻き込まれず，〈そのホームワークにトライしてみて，どんなことに気づきましたか？〉〈そのホームワークを実施してみて，何がわかったか，一緒に検討してみましょう〉といった質問や提案をしてみると良いでしょう。これは認知心理学や学習心理学で「教訓帰納」と呼ばれる作業に該当します。何か新たな体験をしたときに，その体験から何を学んだか，あえて意識化したり言語化したりすることを「教訓帰納」と呼びます。同じ体験でもそれを体験しっ放しにしておくのか，教訓帰納の作業を行って，自分の学んだことをさらに意識化するかによって，その後の学習効果が異なることが実証研究によって明らかにされています（市川，1993）。結果や内容にとらわれがちなクライアントには，「教訓帰納」という概念そのものを心理教育的にお伝えして，「何がわかったか」「何を学べたか」というテーマに目を向けてもらうようにすることもできます。

◎根拠を挙げてほめたりアドバイスしたりする

ホームワークの内容や結果についてカウンセラーから何らかの評価をする場合（ほめる，改善点を挙げてアドバイスをするなど），必ずその根拠を具体的に挙げながら評価をするようにしましょう。単に「できた」「できない」ということを伝えるのではなく，「何をもってしてその評価なのか」という

ことを，これもできるだけ具体的に，事細かに説明を加えるのです。特にアドバイスをする場合は，このことを意識すると良いでしょう。というのも，アドバイスというのは，一見プラスのコミュニケーションのような気がしますが，アドバイスをするということは，何かについてマイナスの評価をしたりダメ出しをしたりしているというメッセージを含む行為だからです。いきなりアドバイスをしたのでは，「せっかくホームワークをやってきたのに，受け入れてもらえなかった」「せっかくホームワークをやってきたのに，いきなりダメ出しされてしまった」とクライアントに受け止められてしまう恐れがあります。したがってアドバイスをするにせよ，ほめるにせよ，具体的な根拠を挙げてクライアントに納得してもらう必要があります。言い換えれば，具体的な根拠を挙げることができない場合，ほめたりアドバイスしたりするのは望ましくないということになります。

◆暖かくかつ楽しげな雰囲気の中で扱う

以上，いろいろゴチャゴチャと説明してきましたが，ホームワークについて話し合う際，「暖かく，かつ楽しげな雰囲気の中で扱う」というのが，一番重要なことではないかと私は考えています。クライアントがホームワークを実施してきてもしてこなくても，ホームワークを実施した結果がどのようなものであっても，それをできるだけ暖かく，かつ楽しげな雰囲気の中で扱うことができれば，クライアントは「どんな結果であれ，カウンセラーは受け入れてくれるんだ」と安心できますし，「よし，じゃあ，次に向けて頑張ってみようかな」と思うこともできます。その辺は習い事やお稽古事と同じではないでしょうか。私もこれまで数々の習い事を経験してきましたが，究極のところ，「明日，あそこに行って先生に会えるんだ！ 楽しみだな」「明日，先生に会ったら，こんなことを報告しよう」「明日，先生に会って，このことについて報告したら，先生は何て言ってくれるかな」と思えるような先生とのお稽古事は，いつでも楽しく，意欲を維持することができました。たとえ宿題ができていなくても，たとえおさらいが不十分でも，それも含めて先生に受け入れてもらえる，自分がどんな状態であっても先生との楽しいレッスンが期待できる，ということがわかってさえいれば，そう簡単にお稽古事を投げ出したりはしないはずです。まあこれもホームワークに限ったことではないですが，このような「暖かくかつ楽しげな雰囲気」が漂っていれば，セッションに向けてクライアントもカウンセラーもどこかウキウキした

心持ちになるものです。全てのケース，全てのセッションがいつもウキウキというわけにはいかないのは当然としても，少なくともそういうウキウキとした雰囲気でセッションを行ったり，ホームワークを扱ったりできるよう心がけたいと私は思っています。

4-5 質疑応答

Q：こちら（カウンセラー側）が意図したのとは全く別の内容のものが，ホームワークとして提出された場合，どのようにリカバリーすればよいでしょうか？

A：まずそのようなことをできるだけ避けるために，ホームワークの課題は極力具体的に提示する必要があることを，カウンセラー側は常に意識しておくとよいでしょう。また課題を提示したときに，クライアントがそれを正確に理解しているかどうかも，併せて確認しておくとよいでしょう。さらに，「セッションのおさらい」をホームワークの課題にするという基本方針に沿った課題であれば，それほどカウンセラー側の意図と外れたものがホームワークとして提出されることはないはずです。

　それでもなおカウンセラー側の意図とはあまりにもかけ離れた成果物が提出された場合，クライアントがホームワークの課題をどのようなものとして認識していたか，確認させてもらい，何か誤解があった場合は，それを解消する必要があります。その際に注意しなければならないのは，誤解の原因をクライアントに帰属させないことです。誤解を与えるような課題設定をしてしまった責任がカウンセラー側にあることをはっきりと伝え，それについて謝罪したうえで，誤解を解消するための説明をさせてもらうのです。「せっかくやってきたホームワークの課題が〈外れ〉〈誤解〉だった」という体験は，あまり気持ちのよいものではありません。だからこそ，そのような体験をさせてしまったことについては真摯に謝り，その上で誤解を解消するのです。ただ，早とちりするなどして誤解をしやすいクライアントがいらっしゃることも確かです。したがってこのようなことが一度でもあった場合，それ以降のホームワークの課題設定時には，普段よりもさらに注意して，具体的に課題を設定し，くどいぐらい念入りにクライアントに説明し，クライアントが理解できているかどうか，こちらもしつこいぐらいに確認するとよいでしょう。

*

Q：ホームワークを大量にやってきて，セッションで対応しきれない場合，どのようにすればよいでしょうか？

A：CBTの場合，このようなクライアントはときどきいらっしゃいます。特にCBT開始当初，モチベーションが非常に高かったり，回復や問題解決への焦りが強かったりするクライアントにこのような傾向がみられます。が，ホームワークの成果はすべて基本的にはセッションで一緒に共有したいものです。ということは，ホームワークをあまりにも大量にやってきていただくと，セッションの時間内に共有しきれなかったり，他のアジェンダについての話し合いができなくなってしまったりすることがあります。その場合，たとえばセッション中に扱いきれなかったホームワークをどうするかとか，ホームワークを共有するのに時間を使いすぎてしまって，セッション中に扱えなかった他のアジェンダについてどうするかとか，クライアントとその対処法について話し合う必要があります。セッションで扱いきれなかったホームワークについて，「次回までに先生のほうで見ておいてください」とクライアントに依頼される場合がありますが，基本的にはお断りするようにしています。「クライアントがホームワークを大量にやってくる→セッション外でカウンセラーがそれらに目を通す」ということが常態になってしまうことを避けるためです。

　自分が実施してきたホームワークの量が多すぎて何らかの問題が発生したということが一度でもあると，その後，クライアントの側で量を調整してきてくれるようになることが多いです。が，どうしても多くやりすぎてしまうというクライアントの場合，ホームワークの課題を決めるときに，その分量も予め決めてしまう，というふうにするとよいでしょう。たとえば「ストレス体験をアセスメントシートに外在化してみる」という課題の場合，「最大3枚まで」というふうにシートの枚数まで決めてしまうのです。ホームワークを大量にやりすぎるクライアントの多くは，早く進めたいと焦るあまりに，大雑把に課題を行う傾向が見られます。「たくさんやればやるほどCBTが早く進む」「たくさんやればやるほど回復できる」と信じているために，とにかく焦ってたくさんの課題をこなそうとするのです。しかし実際は「量より質」で，アセスメントシートを雑に10枚書くよりは，たった1枚でよいからじっくりと落ち着いて書いてきてもらうほうが結果的にはCBTの効果を高めます。焦ってたくさんの量をこなそうとしがちなクライアントには，このこと自体を早めに心理教育して，落

ち着いて課題に取り組んでもらうようにするとよいでしょう。

　ただクライアントが自発的に何らかの課題に継続的に取り組み，それを「自主練」として位置づけ，共有されている場合があります。その際，あえてその内容をセッションでは共有しないことが合意されており，しかし一方で「自主練」の成果物はカウンセラーにもファイリングしておいてもらいたいというクライアントの場合，成果物のコピーを受け取るだけ受け取って，それを当該のクライアントのフォルダに保管するに留める，といった対応をすることがまれにあります。その場合は，ある程度多めに成果物を提出してもらっても特に何の問題もありませんので，カウンセラー側はそのまま受け取ってただただファイリングし続けるだけでよいのではないかと思います。

＊

Q：事前に FAX やメールなどで，ホームワークを送ってくるクライアントがいますが，そのようなクライアントにはどのように対応していますか？

A：「ホームワークはセッション内で共有する」というのが基本的なスタンスですので，事前に送られてきても目を通すようなことはしませんし，クライアントにもそのようにお伝えしています。当初，それに対して不満を示すクライアントもいらっしゃいますが，セッション外でホームワークに対応するようなことが当たり前になると，カウンセラー側は確実にパンクします。そのことをクライアントに伝え，ホームワークを共有するといった重要な作業は，とにかくセッション内で一緒に行うことが重要であることを理解してもらいます。今のところ，何度か説明をして，それでも理解してもらえなかったという経験はありません。ただし先述したとおり，何らかの妥当な理由が合意された場合，セッション外のカウンセラーの作業を「カウンセラー側のホームワークの課題」として設定するときもあります。ただしそれはあくまでも「例外」として位置づけておくのがよいと思います。

＊

Q：コラム法（認知再構成法）などをホームワークで実施してきて，セッション外でその添削をするよう求められる場合がありますが，そのような要求には応じたほうがよいのでしょうか？

A：上の質問と同様，ホームワークで実施してきたことの共有は，セッション

中に一緒に行うことを基本原則とするのがよいと思います。ということは，セッション外の添削の要求には基本的に応じる必要はないし，応じないほうがよいということになるでしょう。

＊

Q：ホームワークの課題がどうしても思いつかない場合があります。そういうときはどうすればよいでしょうか？

A：本章をお読みいただければ，ホームワークの課題がどうしても思いつかないという事態は考えづらいのですが，それでもどうしても思いつかないという場合は，クライアントに相談するのが一番よいのではないでしょうか。ホームワークの課題は，必ずしもカウンセラーが1人で決めなければならないものではなく，クライアントと一緒に決めることができるはずです。ホームワークの課題に限らず，困ったらそのことを率直にクライアントに示し，クライアントに相談に乗ってもらうようにすれば，ほとんどの困りごとは解消できるはずです。

●参考文献

Beck, J.S. (1995) Cognitive Therapy: Basics and Beyond. New York Guilford. 伊藤絵美・神村栄一・藤澤大介（訳）(2004) 認知療法実践ガイド・基礎から応用まで：ジュディス・ベックの認知療法テキスト．星和書店．
市川伸一 (1993) 学習を支える認知カウンセリング—心理学と教育の新たな接点．ブレーン出版．
伊藤絵美 (2005) 認知療法・認知行動療法カウンセリング 初級ワークショップ．星和書店．
伊藤絵美 (2006) 認知療法・認知行動療法 面接の実際．星和書店．
伊藤絵美 (2008) 事例で学ぶ認知行動療法．誠信書房
伊藤絵美・初野直子・腰みさき (2009) 認知療法・認知行動療法 事例検討ワークショップ（2）．星和書店．

第5章　応急処置

　「応急処置」とは認知行動療法（CBT）で正式に採用されている概念ではなく，私が現場でCBTを実践するにあたって発展させてきた考え方と方法のことです。応急処置は文字通り「応急的な処置」に過ぎず，CBTの根幹に関わるものではないのですが，CBTを実践するにあたって，この応急処置に助けられることが少なくありませんので，今回のワークショップで皆さんに紹介する次第です。本章ではまずCBTにおける応急処置の位置づけについて簡単に述べた後，具体例を提示しながら応急処置の具体的なやり方について紹介します。

5−1　CBTにおける応急処置の位置づけ

　「応急処置」という言葉を広辞苑であらためて調べてみると，「応急」は「急場の間に合わせ」，「処置」は「病気や傷などの手当をすること」とあります。つまり「応急処置」とは，「急場の間に合わせのための手当て」ということになり，それはまさに私たちが現場で「応急処置」と称して行っていることと合致します。

　CBTは通常，数回〜数十回（場合によっては100回以上）のセッションを使って，クライアントの抱える問題（主訴）に焦点を当て，スモールステップで，少しずつ，段階的にセラピーを進めていくものです。特にCBTの初期段階はアセスメントを中心としたケースフォーミュレーション（事例定式化）をじっくりと行う必要がありますが，ケースフォーミュレーションとは基本的にクライアントの抱える問題のメカニズムを理解したり明確化したりする営みですから，この段階で主訴が解消されることはまずありません

(実際は主訴が解消されることも時にあるのですが，ここでは深入りしません。この件については次章以降で述べます）。このことはインテーク面接時にはっきりとクライアントに伝え，「CBT を開始したからといって，すぐに問題が解決されるわけではない」「CBT の前半は特に主訴が解消されることはないが，それを理解したうえで，辛抱して取り組んでもらう必要がある」といったことをご理解いただいたうえで，CBT を開始することにしています。

　このように，クライアントのほうも，すぐにどうにかなるわけではないことを承知したうえで CBT を開始するのですが，とはいえ，生きていれば，目の前に次から次へと問題が生じ，それをクリアしなければそもそも CBT を続けられないような事態が発生したりすることも少なくないわけで，そのときに活用するのが，この「応急処置」という考え方や方法です。CBT の「本線」は「本線」としてしっかり進めていこうとする一方で，目の前にどうしても対処しなければならない問題が発生したら，それに対しては「応急処置」を通して「急場の間に合わせのための手当て」をするのです。ですから応急処置はあくまで一時しのぎです。「あくまで一時しのぎである」ことを，カウンセラーもクライアントも承知した上で，それが必要であることが合意されれば，応急処置を行うのです。

　このように応急処置は「あくまで一時しのぎ」「急場の間に合わせのための手当て」ですから，それによって本来の問題を解決したり，CBT の本線を進めたりすることは期待できません。その意味では，応急処置は「本質的ではない，大したことのない作業」であると言えますが，考えようによっては，「一時しのぎ」も結構重要な作業であると言えるかもしれません。

　たとえば，ある飛行機にある重大な欠陥が発生していて，それに気づかずにその飛行機を離陸させてしまったとします。それは巨大な旅客機で，お客さんで満員です。フライト中に操縦士は飛行機の欠陥に気づき，その欠陥のせいでフライトに支障が出始めました。そのとき操縦士がするべきなのは，飛行機の中に潜り込んで欠陥を完全に修理することではありません。そもそもそんなことは無理です。それより今しなければならないのは，欠陥を抱えつつも，フライトを邪魔する表面上の支障に何とか対処して，飛行機を無事に着陸させることです。欠陥に対する根本的な対処は，無事に着陸してからの話です。こう考えてみると，場合によっては「一時しのぎ」が結構重要であることが，おわかりいただけますでしょうか。

　したがってクライアントが無事に生き延びるために，あるいは CBT を安

全に進めていくために、もしくは何らかの問題が目の前にあり、早めにその問題を解決する必要があるということがカウンセラーとクライアントで合意された場合は、「あくまで一時しのぎである」ということを念頭に置きつつ、応急処置のための話し合いや作業に入ることができます。

　ただし、これは私の考えですが、応急処置は必要最低限に留めたほうがよいと思います。応急処置は、「しないで済むならそれに越したことはない」というスタンスで、やむをえない場合のみ行うものとして捉えておいたほうがよいと思うのです。というのも、セッションで使える時間は限りがあります。CBTを始めようと合意して始めたのであれば、限りあるセッションの時間は、できるだけCBTの本線を進めていくために使いたいと考えるからです。

5-2　応急処置の具体的なやり方（危機介入）

　本節ではケースを紹介しながら、主に危機介入における様々な応急処置のあり様について解説します。

◈危機介入（自殺念慮対策……ケースCの第2セッション）

　応急処置を最も必要とするのは、危機介入です。「危機」といっても実際には様々な危機がありますが、特に臨床現場で最もよく出会うのは、自傷行為や自殺企図でしょう。ここではケースC（千代田美里さん）への対応を紹介し、自傷行為や自殺企図に対する応急処置の具体的なやり方について解説します。

　第2章（インテーク面接）、第3章（初回セッション）で紹介しましたが、ケースCの千代田さんは、自傷行為（手首や腕や脚を切る）をときどきしていることが確認されました。ただし、今のところ自傷行為は死ぬためにやっているのではないとのことでした。また自殺念慮が非常に高まってしまう場合があり、本人がそれを「危険だ」と認識していることも確認されました。そこで私から「応急処置」というやり方があること、通常はコーピングシートというツールを使って応急処置を行うことをお伝えしたところ、第2セッションで自殺念慮が非常に高まってしまったときのための対処法を、応急処置として行おうという計画が共有されました。

　図5.1は、第3章でも紹介した、当機関で用いているコーピングシート

```
コーピングシート
クライアントID：＿＿＿＿＿＿＿
                        コーピングシート
問題状況に備えて、そのときに自分に何と言ってあげるとよいか、何をするとよいか、についてあらかじめ考えておくことが、役に立つ場合があります

氏名 ＿＿＿＿＿＿＿＿＿＿   記入年月日 ＿＿＿＿年＿＿月＿＿日（＿＿曜日）

予測される問題状況（できるだけ具体的に記入します）   予測される自分の反応（感情，認知，行動，身体）
┌─────────────────────┐   ┌─────────────────────┐
│                     │   │                     │
│                     │   │                     │
└─────────────────────┘   └─────────────────────┘
                    ▲
┌─────────────────────┐   ┌─────────────────────┐
│ そのときの自分に何て言ってあげるとよいか？ │   │ そのときの自分は何をするとよいか？ │
│                     │   │                     │
│                     │   │                     │
└─────────────────────┘   └─────────────────────┘

備考：

                          copyright 洗足ストレスコーピング・サポートオフィス
```

図5.1　コーピングシート

です。

　では，第2セッションにおける応急処置をめぐる私と千代田さんのやりとりを以下に紹介します。以下に示すのは，アジェンダ設定をすでに行い，第2セッションのアジェンダとして，ただ1つ「応急処置＝自殺の危険性が高まってしまったときの対処法」というアジェンダを決めて，実際にそのアジェンダに入ったところからのやりとりです。

　伊藤：では早速，「応急処置＝自殺の危険性が高まってしまったときの対処法」というアジェンダに入りたいと思いますが，よろしいでしょうか？

千代田さん：はい。

伊藤：（コーピングシートを取り出して）前回お見せしたこのシート，私たちはこれを「コーピングシート」と呼んでいるのですが，今回は自殺の危険性が高まってしまったときに，本当に自殺の方向に行ってしまったら，それは非常に危ないので，そういうときに千代田さんが一体どういう対処をしたらよいか，ということをここで一緒に考えて，さらにこのコーピングシートに書き出しておきたいと思います。よろしいでしょうか？

千代田さん：はい。

伊藤：このコーピングシートには，どちらが記入することにしましょうか？ 私が記入しますか？ それとも千代田さんが自分で記入されますか？

千代田さん：（頭を横に振って）先生に記入してもらいたいです。

伊藤：わかりました。まずお名前など，今書けることを先に書いてしまいますね。（コーピングシートを2人の目の前に置き，クライアントID，クライアント氏名，記入年月日と曜日を記入する）……このコーピングシートは，応急処置だけでなく，様々な使い道がありますが，今回は，「自殺の危険性が高まってしまったときの対処法」として応急処置のためにこのコーピングシートを作成します。そのことも，シートの上部分に書いておきますね。（コーピングシートの上部の空欄に「応急処置＝自殺の危険性が高まってしまったときの対処法」と書く）

千代田さん：はい。

　他のシートやツールを作成するときと同じことですが，コーピングシートを作成する場合もこのように，いきなり作成することはせず，それが何のためのシートであるのかを一緒に確認し，それをシートの上部に書き込んでから，本題に入ります。これも一種の「アジェンダ設定」ですね。また上のやりとりにもあったとおり，このようなシートに書き込む場合，カウンセラーが書くのか，あるいはクライアントが書くのか，いちいち確認するようにしています。ケース開始当初は，クライアントは訳がわかっていない場合が多いので，カウンセラーが書き込むことがほとんどですが，中には「自分で書きたい」というクライアントもいらっしゃいますし，ケースが進むにつれ，クライアント自身に書き込んでもらうように持っていく必要があると思います。では続きを示します。

伊藤：（コーピングシートの左上の欄「予測される問題状況」を指して）ここ

に「予測される問題状況」と書いてありますが，ここには，千代田さんの「死にたい気持ち」を引き起こす状況にはどのようなものがあるか，ということを書き込みます。

千代田さん：はい。

伊藤：その時々によっていろいろだとは思うのですが，特にどのような状況が，千代田さんの「死んでしまいたい」「自殺したい」という気持ちを引き起こすと思われますか？

千代田さん：（しばらく考えて）本当にいろいろなんです。「特にどのような状況が」とは言えません。

伊藤：たとえば今回，初回セッションで，私は，千代田さんに負担をかけるようなホームワークの課題をお願いしてしまいました。その結果，千代田さんは「先生は全然わかってくれていない」と思って，死にたくなってしまったということでしたね。

千代田さん：はい。

伊藤：それについては先ほども申しましたとおり，本当に申し訳なかったと思うのですが，今回のこのエピソードは，千代田さんにとってどのようなエピソード，ということになると思いますか？

千代田さん：……「人にわかってもらえない」ということですか。

伊藤：なるほど。そうしたら，まず「人にわかってもらえないとき」，千代田さんは死にたい気持ちになりやすいと考えてもよろしいですか？

千代田さん：そうですね。

伊藤：他にはどうでしょう？

千代田さん：うーん……（しばらく考える）やっぱり精神的に不安定になると，死にたい気持ちになります。

伊藤：どういうときに精神的に不安定になるのですか？

千代田さん：（少しイライラした様子で）だから「どういうとき」って，そういうのは特にないんです。

伊藤：ということは，「人にわかってもらえないとき」とか，他にも特にどういうときというのはないけれども，いろいろな状況で，精神的に不安定になって，その結果死にたい気持ちが出てきてしまう，ということでしょうか？

千代田さん：そうです。とにかく自分でもよくわからないうちに，精神的に不安定になって，そうなると，とにかく死にたくなっちゃうんです。

伊藤：わかりました。ではここまでの話をこのコーピングシートに書き込みましょう。まず状況としては，「人にわかってもらえないとき」ですね。（コー

ピングシートの右上の欄に書き込む)。あとは,具体的にはまだよくわからないけれども,とにかくいろいろな状況で,千代田さんは精神的に不安定になりやすいのですね。

千代田さん:そうです。よくわからないんです。でも不安定になっちゃうんです。

伊藤:ではこういうふうに書き込んでもいいですか?……「その他,よくわからないけれどもいろいろな状況において」と書いておきたいのですが,よろしいでしょうか?

千代田さん:いいです。

　コーピングシートはできるだけ具体的に作成したいので,私のほうでは,千代田さんがどのような状況で死にたくなるのか,もう少し具体化したかったのですが,状況を具体化する質問をすることで千代田さんがイライラし始めたのと,そのような(イライラし始めるという)反応によって,千代田さんのセルフモニタリング力が今のところあまり高くないことがわかったので,状況をこれ以上具体化するための質問は取りやめにして,すなわち「わからないけれども,千代田さんを不安定にさせる状況がある」ということに話を留め,先に進めることにしました。

伊藤:(コーピングシートの右上の欄「予測される自分の反応」を指して)では,今度はこちらの欄を見てください。今,「予測される問題状況」を一緒に考えてみました。次に,そのような問題状況に対して,千代田さんにどのような反応が起こりうるか,それをまとめていきたいと思います。

千代田さん:はい。

伊藤:さっきおっしゃった「精神的に不安定になる」というのが,まさに千代田さんに生じる反応ですから,ここに書き込んでもいいですか?

千代田さん:はい。精神的に「ひどく」不安定になる,と書いてください。

伊藤:わかりました。ちょっとやそっとの不安定さではないのですね。「ひどく」なのですね。

千代田さん:そうです。わかってもらえないかもしれないけれども,とにかくひどいんです。

伊藤:ではそのことをここに書き込みます。(コーピングシートの右上の欄に「精神的にひどく不安定になる」と書き込む。書き込んだものを見せて)これでよろしいですか?

千代田さん：はい。いいと思います。

伊藤：そして精神的にひどく不安定になった結果，死にたい気持ちが出てくるのですね。

千代田さん：そうです。

伊藤：それは徐々に？　それとも急に？

千代田さん：急にです。

伊藤：では「精神的にひどく不安定になる」の次に，矢印をつけて，「急に死にたい気持ちが出てくる」と書いてもよろしいでしょうか？

千代田さん：はい，お願いします。

伊藤：（「急に死にたい気持ちが出てくる」と書き込む）そういうときの死にたい気持ちの強さって，どれぐらいでしょう？　死にたい気持ちが全くないのを「0％」として，そのような気持ちが最大の場合を「100％」とすると，精神的にひどく不安定になって急に死にたい気持ちが出てきたときの，その気持ちの大きさはいくつぐらいまでになるのでしょうか？

千代田さん：「100％」どころじゃありません。

伊藤：では最大が「100％」だとすると，もう「100％以上」ということになりますね。

千代田さん：そうです。

伊藤：ではそのことも書いておきますね。（「急に死にたい気持ちが出てくる」の横に，括弧書きで「100％以上」と記入する）急に死にたい気持ちが出てくると，どうなるんでしょう？　確か初回セッションで，「そういうときが危ない」という話になったかと思いますが，急に死にたい気持ちが100％以上も出てしまったら，何が危ないんでしょう？

千代田さん：（しばらく考えて）本当に死んでしまうかもしれない。

伊藤：急に死にたい気持ちが出てくると，その気持ちによって千代田さんが本当に死んでしまうかもしれないという可能性があって，だから危ないと思われるのですね。

千代田さん：そうなんです。前にも言ったとおり，本当に死ぬのなら母親の前で死んでやりたいと本気で思っていて，そんなことしても無駄とわかっているんだけれども，もし本当に自殺するんであれば，ぜったいあの女の前で死んでやるって決めているんです。でもすごく死にたい気持ちになってしまうと，そんなことも忘れて，突発的に自殺をしてしまいそうで，それは自分でも怖いし，危ないと自分でも思うんです。

伊藤：なるほど。もし万が一自殺をするのであれば，それはお母さんの前です

ると決めていらっしゃって，それなのに，急に死にたい気持ちが出てきてしまうと，そのことも忘れて，死にたい気持ちに突き動かされて突発的に自殺をしてしまうのでないかということで，怖いし，危ないということなのですね。

千代田さん：そうなんです。自分でも抑えがきかなくなって，電車に飛び込んじゃうとか，ビルから飛び降りちゃうとか，首をくくっちゃうとか，何かしてしまうんじゃないかと思って怖いんです。

伊藤：なるほど。ではここにはこのように書いてもいいですか？　「本当に自殺してしまいそうで，怖いし，危ない」。

千代田さん：はい。

伊藤：（「急に死にたい気持ちが出てくる」の次に矢印を書き，さらに「本当に自殺してしまいそうで，怖いし，危ない」と書き込む）……なるほどね。それで怖いんですね。

千代田さん：そうなんです。怖いんです。

伊藤：そうなってしまうことを防ぐために，応急処置として，今，ここで，私たちは，このコーピングシートを作っているということになりますね。

千代田さん：はい。ただ……（表情が曇る）

伊藤：ただ？

千代田さん：そうすると，私は，何か，死にたくない人だと思われてしまうかもしれませんが，それも違うんです。「自殺しそうで怖い」とか言うと，私が死にたくないと思っていると思われてしまいそうだけれども，そういうことではないんです。突発的に自殺するのは怖いけれど，でもやっぱり私は死にたいんです，いつも。

伊藤：ああ，それはこの前もそうおっしゃっていましたものね。生きることに前向きになれないし，いつも死ぬことを考えているって。

千代田さん：そうなんです。

伊藤：そもそも「生きることに前向きになれない」というのは，インテーク面接のときに千代田さんが挙げてくださった主訴の1つですよね。

千代田さん：ああ，そうでした。

伊藤：今ここで何をしているかと言うと，この前もお話ししたとおり，千代田さんの抱えている主訴を根本的に解消しようということではなく，根本的に解消しようとする試みを，これから時間をかけてやっていくんだけれども，その間，今の気持ちのままでいるのはあまりにもつらいから，一時しのぎではあるけれども，「応急処置」という形で，今，あまりにもつらくなってしま

ったとき，どうやってしのぐか，ということを，一緒に検討しているのです。

千代田さん：（しばらく考えて）ああ，そうか。……すみません，ごっちゃになりそうになってました。

伊藤：すみません，こちらこそ，説明がうまくなくて。……「生きることに前向きになれない」という主訴は，長い時間をかけて，ここで認知行動療法を一緒にやっていった結果，いつか解消されるものだと思いますが，今やっているのは，ここで認知行動療法を一緒に進めていくためにも，とにかく目の前にある問題を何とかしのいでいこう，というための話し合いなんです。

千代田さん：わかりました。死にたい気持ちをなくすのではなくて，急に死にたくなったときとりあえずどうするか，ということですね。

伊藤：そうです。その通りです。急に死にたくなって，本当に死んじゃったら大変だからなんです。千代田さんが常に抱えている「死にたい気持ち」は，おそらく「生きることに前向きになれない」といった主訴にも絡む，それこそこれまでも続いてきた，そして今も千代田さんの中にあるとても深いお気持ちなのだと思います。それはコーピングシートで応急処置をしてもすぐに消えるものではないことを，私たちは一緒に同じように認識しておく必要がありそうですね。

千代田さん：はい。

伊藤：そのことも忘れないように，このコーピングシートに書いておくことにしましょう。

千代田さん：お願いします。

伊藤：こういう書き方でいいですか。括弧書きで，米印（※）をつけて，「ただし基本的にはいつも死にたい気持ちがある」と書いておくのです。

千代田さん：それでいいです。

伊藤：じゃあ，そうしますね。（括弧書きで，米印をつけて，「ただし基本的にはいつも死にたい気持ちがある」と書き，それを見せる）これでよろしいですか？

千代田さん：いいです。応急処置の意味が少しわかってきました。

伊藤：では，次に行きましょうか。

このように，応急処置のための話し合いをする中で，それが「応急処置」のための話し合いであることを，クライアントが失念してしまうことがあるので，その場合，今やっているのは「応急処置」のための話し合いであって，根本解決のためではないことを，カウンセラー側が繰り返し説明することが

重要です。

　また上のやりとりでは，応急処置をしたからといって，死にたい気持ちが簡単になくなると（カウンセラーに）思ってもらっては困るという千代田さんの思いがにじんでいるようにも思われます。それはごく自然な気持ちだといえるでしょう。その意味でも，応急処置はあくまでも応急処置であり，一時しのぎでしかないこと，しかしその一時しのぎは一時しのぎとしてやはりとても重要であることを，クライアントと共有するとよいのではないかと思います。

　千代田さんとの対話を続けます。

> 伊藤：（上半分が書き込まれたコーピングシートを示しながら）では次に，たとえば「人にわかってもらえないとき」とか，他にも「よくわからないけれどもいろいろな状況において」，千代田さんの反応として，精神的にひどく不安定になって，急に死にたい気持ちが100％以上出てきて，突発的に自殺してしまいそうで怖い，危ない，という状態になってしまったときに，ではいったいどうしたらよいか，ということについて考えていきたいと思います。よろしいでしょうか？
>
> 千代田さん：はい。
>
> 伊藤：心理テストの結果を説明したときにお伝えしたと思いますが，「コーピング」とは「意図的な対処」のことです。何か困ったことが起きたときや，何らかの問題や課題に取り組まなければならないときに，それに対して無意識的にではなく，意識的に，つまりその問題や課題に対して，「こう考えてみようかな」とか「こう動いてみようかな」と意図的に対処したり工夫したりすることをコーピングと言います。ここまでよろしいですか？
>
> 千代田さん：はい。
>
> 伊藤：コーピングには実は2種類あって，1つは「認知的コーピング」と言われるもので，これは「認知」つまり頭の中の考えやイメージを意図的に工夫したり，切り替えたりすることを言います。
>
> 千代田さん：はい。
>
> 伊藤：もう1つは「行動的コーピング」で，こちらは，その場で実際にどのような行動を取るか，という行動の工夫や切り替えのことです。このようにコーピングには，頭の中をあれこれと工夫する認知的なコーピングと，実際の行動をあれこれと工夫する行動的なコーピングの2種類があるのですが，ここまでよろしいでしょうか？

千代田さん：はい，大丈夫です。

伊藤：（コーピングシートの左下の欄を指して）ここに「そのときの自分に何て言ってあげるとよいか？」と書いてありますね。これが認知的コーピングです。頭の中を切り替えるために，自分にどのような言葉をかけてあげたらよいか，考えてみるのです。よろしいでしょうか？

千代田さん：はい。

伊藤：念のためここに「認知」と書いておきますね。（コーピングシートの左下の欄に，「認知」という語を書き足す。図５．２（p.399）を参照）

千代田さん：はい。

伊藤：（コーピングシートの右下の欄を指して）ここに「そのときの自分は何をするとよいか？」と書いてありますね。こちらが行動的コーピングです。その場で実際にどういう行動を取るとよいか，何をすればよいか，どういう振る舞いをすればよいか，という行動的な対処や工夫の計画を立てて，ここに書き込むのです。ですからここにも念のため「行動」と書いておきますね。（コーピングシートの右下の欄に，「行動」という語を書き足す。図５．２を参照）……ここまでよろしいでしょうか。

千代田さん：大丈夫です。

伊藤：（すでに書き込んだコーピングシートの上部を示して……図５．２を参照）今回の応急処置では，人にわかってもらえないときや，その他にもよくわからないけれどもいろいろな状況において，千代田さんが精神的にひどく不安定になってしまうときがあって，そうなると急に，もう100パーセント以上の強さで死にたい気持ちが出てきてしまって，そのせいで突発的に自殺してしまいそうで怖い，危ないといった状態になったときに，認知的なコーピング，つまり「そのときの自分に何て言ってあげるとよいか」ということを予め決めておいて，それを意図的に実施してもらい，さらに行動的なコーピング，つまり「そのときの自分は何をするとよいか」ということも予め決めておいて，それも意図的に実施してもらう，ということになるのですが，いかがでしょうか？

千代田さん：急に死にたくなっちゃったときにどうしたらいいか，もし予め決まっていたらずいぶん助かると思います。

伊藤：そうですか。そうしたら引き続き，コーピングシートを一緒に作っていきましょう。

千代田さん：はい。

コーピングシートを初めて作るときは，このように，コーピングシートの各欄について心理教育を行ってから，実際の作業に入ります。特にシートの左下の欄には認知的コーピングを，右下の欄には行動的コーピングを書き入れることを説明することが大切です。

　　伊藤：ではまず，認知的なコーピングから，一緒に考えていきましょう。人にわかってもらえないときは，その他，よくわからないけれどもいろいろな状況において，千代田さんが精神的にひどく不安定になってしまい，その結果急に死にたい気持ちが100パーセント以上もの強さで出てきてしまい，突発的に自殺してしまいそうで危ないし怖い，という事態に陥ってしまった場合，どのような認知的コーピングをすることができるでしょうか。そのときの自分に何て言って声をかけてあげると，千代田さんの頭の中が，千代田さんにとって少しでも望ましい方向に切り替わることができるでしょうか？
　　千代田さん：（しばらく考えて）……わかりません。（顔をしかめて）……難しい。
　　伊藤：難しいですよね。簡単に切り替えができるのであれば，千代田さんがこれほど苦しんでいるはずはないのですから。私たちはかなり難しい作業を今一緒にやっているのです。私も頑張って考えますから，ちょっと一緒に踏ん張りましょう。
　　千代田さん：わかりました。
　　伊藤：これまでにこういう状態になったことは，何回もあるのですよね。
　　千代田さん：こういう状態って？
　　伊藤：（コーピングシートの上部を指して）いろいろな状況で，精神的にひどく不安定になって，急に死にたい気持ちが出てきて，突発的に自殺しそうになるような状態です。
　　千代田さん：何万回もあります。
　　伊藤：その何万回を，千代田さんは何とか自殺せずに生き延びてきているわけです。これまでにいろいろな状況があったかと思いますが，過去のその何万回において，千代田さんは，たとえばどんなことを自分に言ってあげることで，生き延びることができたのでしょうか。
　　千代田さん：（しばらく考えて）……「死ぬならあの女の前で死んでやる」とかそういうことでもいいんですか？
　　伊藤：もちろんです。そう考えることによって，千代田さんは，自殺せずに済んだという「実績」があるのでしょう？

千代田さん：（ホッとしたように微笑んで）そうです。自分でもちょっと怖いなあと思うけれども，この思いがあったから，これまで死ななかったというのは，確実にあると思います。

伊藤：遠い先のことはわからないかもしれませんが，とりあえず当面の間は，「死ぬならあの女の前で死んでやる」というフレーズは，千代田さんが突発的に自殺をすることを防いでくれる認知的なコーピングになりうるでしょうか？

千代田さん：（しばらく考えて）うーん，そのままだとこれまでの自分と全く変わらないので，少し言い方を変えてみたい気がします。

伊藤：なるほど。どんな言い方だと，これまでとちょっと違って，さらに千代田さんにとって役に立つフレーズになりそうですか？

千代田さん：うーん，そうですね……（しばらく考えて）「死ぬならあの女の前で死んでやると思って生きてきたのだから，やっぱりここで突発的に死ぬのは損だ」かなあ。

伊藤：なるほど。「死ぬならあの女の前で死んでやる」と思ってこれまで何とか生きてきたのに，今回突発的に死んでしまうのでは，千代田さん自身が損をする，ということですか？

千代田さん：そうですね。だったらもっと早く死ねばよかった，ということになるから。

伊藤：ああ，なるほど。そうしたらそれをこのコーピングシートの認知の欄に書いてみることにしてもいいですか？

千代田さん：いいです。

伊藤：さっきおっしゃった「死ぬならあの女の前で死んでやると思ってこれまで生きてきたのだから，やっぱりここで突発的に死ぬのは損だ」という表現でいいですか？

千代田さん：いいです。

伊藤：（コーピングシートの認知の欄に「死ぬならあの女の前で死んでやると思ってこれまで生きてきたのだから，やっぱりここで突発的に死ぬのは損だ」と書く）できればちょこっとだけ付け足したいのですが，「やっぱりここで突発的に死ぬのは損だ」の後に，「だから……」というフレーズを付け足したいのですが。

千代田さん：だからって？

伊藤：たとえば「だから今回は死ぬのをやめておこう」とか「だから今はとりあえず生き延びることにしよう」とか。突発的に死にそうになっている自分

に対して語りかけるような言葉を足しておくと，さらにいいかなあっと思って。
千代田さん：ああ，そうですね。2番目のがいいと思います。
伊藤：「だから今はとりあえず生き延びることにしよう」？
千代田さん：そうです，そっちのほうです。
伊藤：わかりました。じゃあ，それも付け足して書いておきますね。（「だから今はとりあえず生き延びることにしよう」を書き足す）（コーピングシートを見せて）ここまでよろしいでしょうか？
千代田さん：（コーピングシートを眺めて）はい。
伊藤：これで1つ，認知的なコーピングを考えて，書き出すことができました。「だから今はとりあえず生き延びることにしよう」という，この1つの認知で十分そうですか。それとも，もう少し，他にも役に立ちそうな認知を考えておくほうがよさそうですか？
千代田さん：これだけじゃ今までと変わらないので，やっぱりもう少し欲しいです。
伊藤：わかりました。では他の認知的なコーピングを考えてみましょう。またちょっと思い出してみていただきたいのですが，「死ぬならあの女の前で死んでやる」の他に，千代田さんがこれまでに使ってきたフレーズとか言葉って，あとどんなことがありそうでしょうか？
千代田さん：（しばらく考えて）矛盾するかもしれないですけど……。
伊藤：どうぞ。矛盾したって全然構いませんよ。
千代田さん：「本気で死のうと思えばいつでも死ねる」と思うことがありました。
伊藤：突発的に死にたくなったとき，「本気で死のうと思えばいつでも死ねる」と思うことで，むしろ死なずに済んだということですか？
千代田さん：たぶん。……いつでも死ねるんだから，とりあえず今すぐに死ぬんじゃなくて，何かしたり，寝ちゃったりして，それでも本気で死にたかったら，そのとき死ねばいいじゃんって感じかな。
伊藤：なるほど。そのことも含めて認知的なコーピングになりそうですか？ つまり「本気で死のうと思えばいつでも死ねる。だから今すぐに死ぬんじゃなくて，何かしたり，寝ちゃったりして，それでも本気で死にたかったら，そのとき死ねばいいじゃん」ということになりますが。
千代田さん：（笑って）ちょっと長いです。
伊藤：（笑って）確かに。……どうやって短くしましょうか。

千代田さん：「本気で死のうと思えばいつでも死ねるんだから，今はとりあえず何かしたり，寝ちゃったりして，様子を見ればいい」

伊藤：いいですね。突発的に死にたくなったとき，「本気で死のうと思えばいつでも死ねるんだから，今はとりあえず何かしたり，寝ちゃったりして，様子を見ればいい」というふうに自分に語りかけたら，つらい気持ちが少しは緩和されたり，死にたい気持ちが少しは薄らいだりしそうですか？

千代田さん：（頭のなかでシミュレーションして）うん，少しは。

伊藤：ではこれも認知の欄に書いておきますね。（コーピングシートの認知の欄に書き込む）（書き込んだコーピングシートを見せて）こんな感じになりましたが，よろしいでしょうか？

千代田さん：（コーピングシートをのぞきこんで）いいと思います。

　コーピングの欄にはこのように，初めから新しいアイディアを出そうとするのではなく，クライアントがすでに使っているコーピングを探し出して，それを外在化するようにします。最初はなかなか思いつかないクライアントもいますが，「何かあるはずだ」と信じて，ソクラテス質問法を使っているうちに，どのクライアントも必ずひとつふたつは思い出してくれるものです。カウンセラーはそれを丁寧に聞き出し，表現や言葉遣いなどフレーズを整え，コーピングシートに外在化し，クライアントに確認するということを通じて，クライアントがこれまで使ってきたコーピングを大切に扱います。

伊藤：（コーピングシートを見せながら）これで十分な感じがしますか？　それとも他にも認知的なコーピングを用意しておいたほうがよさそうでしょうか？

千代田さん：やっぱりこれだけじゃ今までと変わらないので，もう少し欲しいです。

伊藤：それではもう少し考えてみましょう。他に……

千代田さん：（カウンセラーの発言をさえぎって，イライラしたように）私のほうではこれ以上思いつけません。前回，先生のほうでも案を出してくれるとおっしゃっていましたよね。何でそれをしてくれないんですか？

伊藤：ごめんなさい。確かに千代田さんにばかり，一生懸命考えてもらうような形になってしまっていましたね。これまでのコーピングを千代田さんに思い出してもらったのは，新しいコーピングを考え出す前に，せっかくこれまでに役に立っている認知があれば，それをまず始めに教えていただいて，せ

っかくなので今後に役立てたいと考えたからです。それが千代田さんばかりが考えるような感じになってしまったのかもしれません。申し訳ありませんでした。

千代田さん：いえ。……わかりました。

伊藤：もちろん新たなコーピングについては，私も一緒に考えます。どちらか一方ではなく，お互いに知恵をしぼりたいと思うのですが，よろしいでしょうか？

千代田さん：わかりました。

　これは私のいけない癖なのですが，コーピングシートに限らず，何か作業を始めるとついそちらに注意が集中してしまい，クライアントの反応を確認しそこねてしまうことがあります。千代田さんの場合は，イライラするとすぐにそれを私に伝えてくれるので助かりますが，そうではない場合，こういったことの積み重ねで関係が悪化したり，CBTそのものがうまく進まなくなってしまう可能性があるので，とにかくクライアントの反応をこまめに確認しながら作業を進めていくことが大切です。

伊藤：では，私のほうでも一生懸命考えてみますね。千代田さんが，いろいろな状況において，精神的にひどく不安定になったり，急に死にたい気持ちが出てきたり，突発的に自殺しそうで怖いし危ないなあとなったりしたとき，どういうことを自分に言ってあげるといいか……たとえば，ひとつの案として，まずそういう気持ちになってしまった自分を受け入れるとか，やさしくなぐさめるような言葉があるといいのかなあ，と思いますが。

千代田さん：たとえば？

伊藤：たとえば，どうでしょうね……たとえば自分が今，精神的にひどく不安定だということに気づいたら，「そうかあ，今，すごく不安定になっちゃっているんだよね」とか「精神的に不安定になると，つらいよね，しんどいよね」とか，自分の中に急に死にたい気持ちが出てきたのに気づいたら，「ああ，今，死にたい気持ちになっちゃっているんだね」というふうに，そのときの自分のつらい気持ちを，まず自分自身がそのまま受け止めてあげるのです。

千代田さん：それって子供だましっていうか，きれいごとっていうか……。

伊藤：そうですか？

千代田さん：うん。だって自分で自分に「つらいよね」と言ったからって，それでどうなるっていうんですか？

伊藤：つらい気持ちを人にわかってもらえると，それだけで少し楽になるってことはありませんか？（コーピングシートの左上の「予測される問題状況」を示して）それこそ「人にわかってもらえないとき」に，千代田さんは精神的に不安定になりやすいのでしょう？　だとすると逆に，人にわかってもらえたときは，それほど不安定にはならないということになりませんか？

千代田さん：まあ，そうですけど，それは他人であって，自分ではありません。

伊藤：自分で自分のことをわかってあげるというのも，とても大切なことだと思いますが。不安定になったり死にたくなったりした自分を，自分自身がわかってあげるのと，自分自身がそういう自分をわかってあげないのとでは，ずいぶん違うのではないかと思いますけど，どうでしょう？

千代田さん：（しばらく考えて）そういえば，私はいつも，不安定になってしまった自分を否定している気がします。

伊藤：不安定になっただけでもつらいのに，そういう自分をさらに否定したら，どうなってしまうのかしら？

千代田さん：さらにつらくなります。

伊藤：そうでしょう？　ということは逆に，つらいときこそ，「ああ，今，自分はつらいんだなあ」「そうだよね，つらいよね」と，そのつらさを自分自身が理解して，受け入れてあげることが，それでつらさがなくなるわけではないけれども，少なくともさらに自分をつらくするようなことは防げるのではないかと思いますが，いかがでしょうか？

千代田さん：そうかもしれません。

伊藤：どうでしょうか。認知的コーピングとして，精神的に不安定になった自分や，急に死にたくなってしまった自分を理解し，優しく受け入れるような声かけをしてみるというのは，試してみてもいいんじゃないかと思いますが，千代田さんは？

千代田さん：そうですね……試すぐらいならできると思います。

伊藤：どういうフレーズだといいですかね？

千代田さん：うーん……そうだなあ……「今，精神的にすごく不安定になっていて，だからすごくつらいんだよね」って感じかなあ。

伊藤：いいですね。主語を入れてみましょうか？　「自分は今」もしくは「私は今」？

千代田さん：「自分は今，精神的にすごく不安定になっていて，だからすごくつらいんだよね」ですか？

伊藤：いいですね。そう自分に言ってみて，どんな感じがしますか？

千代田さん：悪い感じはしません。

伊藤：では，これを新たな認知的コーピングとして，シートに書いてみてもいいですか？

千代田さん：お願いします。

伊藤：（コーピングシートの認知の欄に「自分は今，精神的にすごく不安定になっていて，だからすごくつらいんだよね」と書く）どういう言い方で言えばいいかしら？　せっかくだから，どういう言い方で自分にそう言ってあげるかも，考えておきましょう。

千代田さん：「どういう言い方」って？

伊藤：たとえば，心の中で自分に話しかけるにしても，強い口調で言うとか，小さい声でささやいてみるとか，厳しく叱りつけるとか，馬鹿にしたように言うとか，やさしく語りかけるとか，いろいろな言い方があるかと思いますが。

千代田さん：やさしく言うのがいいと思う。

伊藤：賛成です。せっかくなのでやさしく声をかけてあげるのがいいのではないかと私も思います。それも書いておきますね。（書き足す）（コーピングシートを見せて）どうでしょうか？

千代田さん：最初は子供だましな気がしたんだけれども，確かに自分を否定しないで，自分で自分のことをわかってあげるのって大事だと思う。

伊藤：（コーピングシートの上部を指して）ちょっと想像してみてください。このような状態になってしまったときに，そういう自分自身に対し，「自分は今，精神的にすごく不安定になっていて，だからすごくつらいんだよね」とやさしく声をかけてあげる，ということができたら，どうなりそうですか？

千代田さん：（しばらく考えて）ほんのちょっとだけ，落ち着きそうな気がする。

伊藤：今，最悪の事態を防ぐためにこのコーピングシートを作っているわけですから，ほんのちょっとだけでも落ち着くことができるのであれば，十分意味があるのではないかと思いますが，どうでしょう？

千代田さん：そうですね，意味があると思います。

カウンセラー側が案を出すときはこのように，その案の根拠を示し，クライアントに十分に吟味をしてもらって，最終的にはクライアント自身の言葉を使って認知的コーピングとしてのフレーズを仕上げていきます。今作っているコーピングシートは問題解決のためではなく，あくまでも応急処置のた

めのものですから，カウンセラー側もあまり色気を出さず，控えめなコーピングに留めておくのがよいのではないかと私は考えています。そうなると，何か前向きに考えたり，自分を励ましたりするといった積極的な認知よりは，上のやりとりにもあったような，自分のつらい気持ちを認め，受け入れるような，いわゆるマインドフルネス的なコーピングのほうがこの段階では妥当だと思いますし，クライアントも受け入れやすいのではないかと思います。

> 伊藤：（コーピングシートの認知の欄を示して）これでコーピングのための認知が3つできました。これらを眺めてみていかがですか？ 危ない状況を何とかしのぐために，とりあえずこの3つがあれば，何とかなりそうな感じがしますか？ それともまだ足りない気がしますか？
> 千代田さん：（コーピングシートの認知の欄をしばらく眺める）わからないですけど，この新しいのが加わったので，ちょっとだけ，何とかなりそうな気がしてきました。
> 伊藤：そうしたら認知的なコーピングはとりあえずこの3つにしておいて，あとは千代田さんに実際に試してもらって，この3つでいいか，それともまうちょっと増やしたほうがいいのか，検証してみたいと思いますが，どうでしょうか？
> 千代田さん：はい，それでいいと思います。

以上のやりとりを通じて，コーピングシートの認知の欄が埋まりました（図5．2（p.399）を参照）。次に，行動的コーピングについての話し合いに移ります。

> 伊藤：（コーピングシートの右下の「行動」の欄を示して）では，今度は「行動的コーピング」について，一緒に考えていきましょう。人にわかってもらえないときや，その他のいろいろな状況において，精神的にひどく不安定になって，急に死にたい気持ちが100パーセント以上もの強さで出てきたり，突発的に自殺してしまいそうで怖くて危ないというときに，実際にどういう行動を取るとよいか，という計画を立てるのです。
> 千代田さん：はい。
> 伊藤：こちらもできれば先ほどの認知と同じく，これまでに千代田さんが取ってきた行動で，少しでも役に立ったものがあれば，まずそれを教えていただいて，書き出しておきたいと思います。で，その後，新たな行動的コーピン

グを一緒に考えて，さらに書き出すということをしたいと思います。もちろん，そのときには私の方でも案を出します。……そういうやり方でよろしいですか？

千代田さん：いいです。

伊藤：では，まず教えていただきたいのですが，これまでにこういう状態になってしまったときに取った行動で，少しでも役に立ったり自分のつらさが和らいだりしたという行動には，どのようなものがあったでしょうか？

千代田さん：（しばらく考える）……思いつきません。

伊藤：今，こうやって生き延びているということは，何か自分を助ける行動を取っていたと思うのですが，どうでしょう？　どんな小さなことでもいいから，教えていただけますか？

千代田さん：（しばらく考える）そういうときってたいてい強いお酒をガーッと飲んで，寝ちゃうんです。

伊藤：そうするとどうなりますか？

千代田さん：とりあえず朦朧となって，知らないうちに寝ちゃって，二日酔いで目が覚める。

伊藤：そうなると，死にたい気持ちはどうなっていますか？

千代田さん：二日酔いで，とりあえず死にたいとか死にたくないとか考えられない状態になっているので，突発的に死ぬとかそういうことは考えない。というか，考えられない。でも二日酔いが死ぬほどつらくて，別の意味で死にたいかも（笑う）。

伊藤：それは，「二日酔いがつらいよー。こんなにつらいなら死にたいよー」という「死にたさ」ですか？　それなら私にも経験がありますが（笑う）

千代田さん：（笑いながら）そうです。先生にもそういうことがあるんですか？

伊藤：ありますよ。たまに，ですけど。

千代田さん：意外……ところで，自分のつらさを紛らわせるためにお酒を飲んで，寝ちゃって，しかもひどい二日酔いで，それって最低って思っていたから，それはコーピングとは違うとさっきは思ったんだけれども，こういうこともコーピングだと考えていいのですか？

伊藤：もちろんです。今うかがった話によると，すごく死にたくなって，突発的に死にそうで危ないというときに，本当に死んでしまうのではなくて，その代わりにお酒をガーッと飲んで，寝てしまうというのは，その場の自分を救うための対処，すなわちコーピングですよね。

千代田さん：ええ，まあ。

伊藤：しかも翌日は二日酔いのせいで死ぬかどうかなんて考えられない，ということであれば，見方によれば，このコーピングは成功しているということになりませんか？

千代田さん：ええ，まあ，そういう見方もありますね。

伊藤：ということで，「強いお酒をガーッと飲んで寝ちゃう」というのを，この行動的なコーピングの欄に入れておきたいと思いますが，よろしいでしょうか？

千代田さん：はい。

伊藤：（コーピングシートの行動の欄に「強いお酒をガーッと飲んで寝ちゃう」と書いて，千代田さんに見せる）ではまず1つ，千代田さんがこれまで使ってきた行動的なコーピングを書き出すことができました。どうでしょうか？

千代田さん：でもお酒でごまかすのって，やっぱり本当はいけないと思うんですけど。

伊藤：いけないと思うのは，「お酒」ですか，それとも「ごまかす」こと？

千代田さん：両方。

伊藤：もし「お酒」が非合法のものであれば，確かに私も賛成はしないでしょう。たとえば千代田さんが，「死にたくなったら覚せい剤を打ちます」とおっしゃるのであれば，私も「ああ，そうですか」と受け入れることはできません。

千代田さん：（笑って）はい。

伊藤：しかもお酒を飲むのがコーピングだとして，朝から晩まで1週間飲み続けるとか，そういう明らかに身体をこわすような飲み方だったら，やっぱり受け入れることができないと思います。

千代田さん：まあ，そうですね。

伊藤：でも千代田さんがこういった状況や状態で，お酒をガーッと飲むのは，どれぐらいの頻度でしたっけ？

千代田さん：月に1回あるかないかです。

伊藤：私も二日酔いで苦しむときが，月に1回あるかないかです。

千代田さん：（笑う）……どうしても自分を責めちゃうんですよね。つらいのをごまかすために酒なんか飲んでいる自分はダメだって。

伊藤：そしてその「ごまかす」ですが，ごまかすってダメなんですか？

千代田さん：え？

伊藤：初回セッションで心理テストの結果をお返ししたときに，「コーピングレ

パートリー」のお話をしましたよね。どのコーピングが良いか悪いかではなく，いろいろなコーピングを幅広く持っていて，それらを柔軟に使えればよいって。

千代田さん：あ，はい，そうでした。

伊藤：その理論からいうと，お酒を飲むのも，何かをごまかすのも，コーピングレパートリーの一環として活用するのであれば，何の問題もないし，問題がないどころか，お酒を飲めない人より1つレパートリーが多いということになりますし，ごまかすことができない人より1つレパートリーが多いということになりますが，どうでしょう？ こじつけのように感じるかもしれませんが，ストレスコーピングの理論からいけばそういうことになりますし，私自身，実際本気でそう思っていますよ。……どうでしょう？

千代田さん：ごまかすのがダメなのは当然だと思っていたから，ちょっとびっくりした。

伊藤：ではこれから他にも行動的なコーピングをここに足していきますが，とりあえずこの「強いお酒をガーッと飲んで寝ちゃう」というのを1つめのコーピングとして，ここに置いておくということにしてもよろしいですか？ もちろん千代田さんがどうしても気が進まないということであれば，ひっこめますが。

千代田さん：他に足してもらえるのなら，とりあえず置いておいてもらっていいです。

危機介入における応急処置としてのコーピングシート作成にあたっては，認知的コーピングと同様，行動的なコーピングについても，クライアントがもともと使っているコーピングを何とか同定し，外在化するようにします。何のためにそうするか，については後ほど解説します。

行動的コーピングについての話し合いは，まだまだ続きます。

伊藤：では「強いお酒をガーッと飲んで寝ちゃう」という行動的コーピングに，さらに足していきたいと思いますが，お酒を飲んで寝ちゃう以外にも，千代田さんがこれまで行っている行動的コーピングはありそうですか？

千代田さん：よくよく考えてみると，突発的に死んじゃいそうなときは，いつもお酒で無理やりごまかしているかも。だから他にはないと思います。

伊藤：リストカットをときどきする，という話でしたが，それは突発的に死にたくなったときのコーピングとは違うのですか？

千代田さん：（しばらく考えて）リストカットは違うと思います。……うん，死にたくなったときじゃないです。
伊藤：そうですか。わかりました。では，新しい行動的なコーピングを，今からここで一緒に考え出していく必要があるということになりますね。もちろん私も案を出しますが，千代田さんも一緒に考えてみてくださいね。
千代田さん：わかりました。

リストカットをコーピングとして使っている人は少なくありませんが，その用途は様々です。千代田さんの場合は，死にたいときにリストカットしているわけではないとのことです。

伊藤：では新たな案を考えてみましょう。私のほうから案を出してみてもいいですか？
千代田さん：お願いします。
伊藤：これは他の多くのクライアントさんが結構よく使っているコーピングなので，千代田さんにもご紹介しようと思うのですが，何でもよいのですが「ひたすら何かをする」という「ひたすら系」のコーピングです。たとえば，ひたすら新聞紙をちぎるとか，ひたすら床をみがくとか，ひたすら枝毛を切るとか，ひたすら爪にやすりをかけるとか，ひたすら野菜を切り刻むとか，何でもいいのですが，ちょっとした動作をただひたすら繰り返すという行動が，単純だけれども結構役に立つという方が多いです。どう思われますか？ ひたすら何かをするというコーピングは，試してみたことがありますか？
千代田さん：ないと思います。やってみたいですが，何をすればいいんですかね。
伊藤：どうですかね。ちょっと案を出してみますか？……たとえばさっき私が挙げた例の中ではどうですか？
千代田さん：野菜は危ないと思う（笑う）
伊藤：包丁持っているから？（笑う）
千代田さん：そうです。
伊藤：それ以外は？
千代田さん：うーん……新聞紙をちぎるのは手が黒くなっちゃいそうだから嫌だけれど，雑誌だったら……私，ファッション雑誌が好きで，うちにたくさん溜まっているんです。どうせいつか捨てなきゃならないんだから，それだったらちぎってもいいかもしれない。

伊藤：ああ，それはすばらしいアイディアですね。確かに新聞は手が汚れそうですし，ファッション雑誌だったらいろんな色があって，ちぎると紙吹雪みたいになってきれいかもしれませんね。

千代田さん：そうですね。

伊藤：では，それを2つめの行動的なコーピングとして，書き出してもいいですか？

千代田さん：はい。

伊藤：（コーピングシートの行動の欄に「雑誌をひたすらちぎって，紙吹雪を作る」と書いて，千代田さんに見せる）どうでしょう？

千代田さん：いいと思います。

伊藤：精神的にひどく不安定になって急に死にたい気持ちが強く出てきたとき，家の中を見渡して，たまっている雑誌を見つけ，捨ててもよいものを選んで，ひたすらちぎってちぎってちぎりまくり，きれいな紙吹雪ができていくところを，イメージできますか？

千代田さん：（しばらく考えて）できます。これだったらできそうです。

伊藤：他はどうでしょう？　「ひたすら系」のコーピングで，何かもう1つぐらい候補を考えておきますか？

千代田さん：そうですね，もう1つぐらいあってもいいかも。

伊藤：あと，どんな「ひたすら」があるでしょうね？　2人で案を出してみましょう。

千代田さん：先生だったら？

伊藤：私だったら，どういう「ひたすら」をするかということですか？

千代田さん：そうです。

伊藤：そうですね，実際，今の生活で私がコーピングでやっている「ひたすら系」は，クロスワードパズルです。書き込むやつではなく，携帯のゲームなんですけど，これをひたすらやると，頭の中がクロスワード一色になるので，結構役に立ってますが，どうでしょう，参考になるといいのですが。

千代田さん：クロスワードは面倒くさそうだなあ。でも携帯のゲームはいいかも。面白いゲームだったらひたすらすることができそうですね。

伊藤：そうですね。今，何か，こんなゲームだったらいいんじゃないか，というのが思いつきます？

千代田さん：（しばらく考えて）ちょっと思いつきません。

伊藤：でも何か千代田さんが面白く感じられるような携帯のゲームが見つかれば，それを「ひたすら系」のコーピングに加えてもよいということでしょ

か？
千代田さん：はい，そう思います。
伊藤：では，一応コーピングシートに「携帯でひたすらゲームをする」と書いておいて，もしよければ，ホームワークで，どんなゲームだったらひたすらできそうか，千代田さんに見つけてきてもらえるといいかな，と思うのですが，どうでしょう？　ホームワークの課題として，荷が重すぎますか？
千代田さん：いえ，探してみたいです。ゲーム，もともとそんなに嫌いじゃないんです。
伊藤：そうですか，それは良かったです。では今のことをコーピングシートに書き込みますね。(「携帯でひたすらゲームをする」を書き込み，提示する）これでよろしいですか？
千代田さん：大丈夫です。

　このようにカウンセラーが案を出すときには，他のクライアントのコーピングを紹介したり，自分自身が行っているコーピングを提示したりすることもよくあります。単なる「案」として提示するより，他のクライアントやカウンセラーが実際に行っているコーピングの「例」として提示するほうが，クライアントが興味を示してくれるようです。

伊藤：他はどうでしょう？　できればもう少し案を出しておいて，レパートリーを広げておきたいのですが？
千代田さん：「ひたすら系」で思ったんですけど，そういえばムダ毛処理をしているときって，結構ひたすらな感じになって，それに集中しているかも。
伊藤：ああ，なるほど。確かにそうかもしれませんね。では，それも入れておきますか？「ひたすらムダ毛処理をする」という表現でいいですか？
千代田さん：いいです。
伊藤：(「ひたすらムダ毛処理をする」と書き出し，提示する）よろしいでしょうか。ムダ毛処理をして，死にたい気持ちが緩和され，しかもムダ毛も処理されちゃうのであれば，一石二鳥ですね。
千代田さん：(笑って）そうですね。
伊藤：他はどうでしょうか。
千代田さん：「ひたすら系」以外にも増やしておきたいです。

　千代田さんの中で，コーピングを増やしたいというモチベーションが上が

ってきたようです。コーピングシートを作成しながら案を出し続ける中で，クライアントがこのようにノッてくることは，よくあります。表情も楽しげになってきます。

> 伊藤：では「ひたすら系」以外にできそうな行動的コーピングを探してみましょうか。どんな案が思いつきますか？
> 千代田さん：他の人や先生が，「ひたすら系」以外にどうしているか，教えてもらっていいですか。
> 伊藤：そうですね。最初に挙げた「強いお酒をガーッと飲んで寝ちゃう」もそうですが，お酒を飲むとか，寝ちゃうとか，要は身体の状態を変えてしまう，というのは，皆さんも私もよく使っているコーピングかもしれません。他にはたとえば，腹式呼吸をするとか，好きなものを食べるとか，ストレッチやヨガをするとか，ジョギングをするとか，腹筋をするとか，お風呂に入るとか，顔を洗うとか，歯を磨くとか，そういったことですが，どうでしょう？
> 千代田さん：うーん。そういうときって身動きが取れなくて，何にもできない感じになっちゃうんですよね。
> 伊藤：お酒を飲むのがやっと？
> 千代田さん：そうです。
> 伊藤：さっき追加したひたすら携帯のゲームをするとか，ひたすら雑誌をちぎるとか，ひたすらムダ毛の処理をするとか，それぐらいだったらお酒を飲むのと同じで，身動きが取れない状態の千代田さんでも何とかなりそうということですか？
> 千代田さん：そうです。
> 伊藤：そのような状態で，身体を使って何かコーピングするとしたら，どんなことができそうですかね。
> 千代田さん：身体を動かしたりするのは無理です，絶対に。
> 伊藤：そうかもしれませんね。お風呂に入るというのはどうです？
> 千代田さん：お湯につかるのは好きなんだけど，身体を洗ったり，シャンプーしたり，ドライヤーかけたりするのは，そういうときはやっぱり無理だと思います。
> 伊藤：洗わなくてもいいんじゃないですか？
> 千代田さん：え？
> 伊藤：お湯につかるのが好きなら，お風呂にお湯を張ってつかるだけ，というのでもいいんじゃないですか？ 洗わなきゃいけないとなると，確かにこん

なに調子が悪いときだと，お風呂が大変になってしまうかもしれない。
千代田さん：お風呂に入って洗わない，なんて今まで考えたこともなかったです。
伊藤：実際，私も疲れ果てていて，身体を洗ったりシャンプーしたりする余裕がないけれども，でもお湯にはつかりたいというときは，「もういいや，洗わないで，つかるだけつかって，疲れを取ろう」と，ただお湯につかってそれで良しとする，ということがたまにあります。もちろんシャンプーしたり身体を洗ったりできれば，本当はもっとさっぱりするのでしょうけど，でもお湯につかるだけでも，実際身体は楽になりますし，気分転換にもなるので，何もしないよりは全然マシだと思います。
千代田さん：ふーん，お湯につかるだけでシャンプーもしないって，私だったら罪悪感になりそうだけど，何もしないよりはマシ，というのは確かにそうかもしれません。
伊藤：（コーピングシートの上部を指して）千代田さんがこういう状態になってしまったとき，お風呂にお湯を張って，ただそれにつかる，ということだったら，何とかできそうな気がしますか？
千代田さん：（目をつぶって想像する）お湯を張ってつかるだけなら，何とか。
伊藤：入浴剤はどうしますか。
千代田さん：入れます。お気に入りのラベンダーのがあるんです。
伊藤：じゃあその入浴剤を入れるとして，あ，そうそう，湯加減はどうしましょう？ ぬるめにするのか，熱めにするのか。
千代田さん：気持ちが落ち着いているときはぬるいお湯につかるのが好きなんですけど，こういうときは，むしろ熱めのほうがいいような気がする。
伊藤：ではお湯は熱めということにしましょう。熱めのお湯に，お気に入りのラベンダーの入浴剤を入れて，つかります。つかりながら，どうします？
千代田さん：（笑い出す）鼻歌とか歌ってもいいですか？
伊藤：ふだん鼻歌を歌うんですか，お風呂で？
千代田さん：そのとき思いついた歌や，あとでたらめな歌を歌うことが，私よくあるんです。
伊藤：じゃあ，こういうときでも，お風呂に入れば，何か歌を思いついたり，でたらめに歌ったりすることができそうかしら？
千代田さん：できると思います。（笑いながら）「死にたーい」とかそういう歌詞でもいいんですよね。
伊藤：そのときの思いつきで，何でもいいんじゃないですか？

千代田さん：（微笑んで）なんか，これだったらできそう。
伊藤：ではこのことを行動の欄に書き足しますね。（コーピングシートの行動の欄に「お風呂にお湯を張り（熱め），ラベンダーの入浴剤を入れて，湯船につかって，鼻歌を歌う（そのとき思いついた歌）」と書き出して，見せる）かなり具体的で，役に立ちそうなコーピングのように思いますが，どうでしょう？
千代田さん：うん，これだったらできそうです。
伊藤：あと，せっかくコーピングのためにお風呂に入るのだから，「身体は洗わない。シャンプーもしない」ということに決めてしまったらよいのではないかと思います。そうすれば「せっかくお風呂に入ったのに，シャンプーできなかった」といった罪悪感を抱かなくてすみますよね。
千代田さん：（笑う）お風呂に入ってシャンプ禁止なのですか？
伊藤：（笑いながら）そうです。もう禁止にしちゃいましょう。
千代田さん：わかりました。
伊藤：（「※身体は洗わない。シャンプーもしない」と書き足す）これでどうでしょう？
千代田さん：大丈夫です。

　特に行動的なコーピングを考える際は，それをする自分をクライアントにイメージしてもらうと，千代田さんの「鼻歌」のように，新たな案が出てくることがよくあります。

伊藤：（コーピングシートの行動欄を示して）行動的なコーピングについて，だいぶいろいろな案が出ましたが，眺めてみてどうでしょう？　足りている感じはありますか？　それとももう少し案を出しておきたいですか？
千代田さん：（しばらくコーピングシートを眺めて）はい，うん，これで大丈夫な気がします。思ったよりいろいろな案が出て，ちょっとびっくりしました。
伊藤：行動的なコーピングは，できれば優先順位を決めておいたほうがいいと思います。これらを同時にすることはできないので。
千代田さん：ああ，そうですね。
伊藤：（コーピングシートの行動欄を示して）精神的にひどく不安定になって，急に死にたい気持ちが強く出てきて，突発的に自殺してしまいそうで怖くて危ない，という状態に千代田さんが陥ってしまったとき，ここにある行動の

うち，まずどれをするのが千代田さんの助けになりそうですか？

千代田さん：（すこし考えて）お風呂がいいと思います。

伊藤：お風呂に熱めにお湯を張って，ラベンダーの入浴剤を入れて，決して身体や髪は洗わず，お湯につかるというのを，まず最初に試してみるということで，よろしいですか？

千代田さん：はい，それがいいです。

伊藤：（コーピングシートに数字を書き込む）ではこれを1番にして，次はどうしましょう？ 2番目に試すのは，どの行動的コーピングがいいですか？

千代田さん：ひたすら雑誌をちぎる，かな。

伊藤：じゃあ「雑誌をひたすらちぎって，紙吹雪を作る」を2番にしましょう。（コーピングシートに数字を書き込む）その次はどうしましょうか？

千代田さん：ムダ毛処理。

伊藤：（コーピングシートに数字を書き込む）わかりました。その次は？

千代田さん：ひたすら携帯のゲームをする。

伊藤：（コーピングシートに数字を書き込む）ゲームが4番目ですね。何のゲームをするかは，先ほど合意したとおり，ホームワークで見つけてきてもらうことにしましょう。

千代田さん：はい。

伊藤：……ということは，「強いお酒をガーッと飲んで寝ちゃう」が5番目ということになりますかね。

千代田さん：はい。これは最後の手段にしたいです。

伊藤：（コーピングシートに数字を書き込む）わかりました。ではこれが5番目ということで書いておきましょう。……行動的なコーピングのほうは，このように優先順位が決まりました。人にわかってもらえないときや，その他のいろいろな状況において，精神的にひどく不安定になって，急に死にたい気持ちが100パーセント以上もの強さで出てきたり，突発的に自殺してしまいそうで怖くて危ないというときに，1番から順にこれらのコーピングを試していく，ということでいいですか？

千代田さん：全部を試さないといけないのですか？

伊藤：こうしませんか？「突発的に自殺してしまいそうで怖くて危ない」という状態に陥ったら，まず1番目のお風呂を試します。熱めのお風呂にラベンダーの入浴剤を入れて，お湯につかって，決してシャンプーとか身体を洗ったりはせずにお風呂から上がって，「突発的に自殺してしまいそうで怖くて危ない」という状態がおさまっていたらこれで終わりにするのです。あくまで

も応急処置ですから、危険な状態がとりあえずおさまればオーケーとすることにしたいのですが、どうでしょう？

千代田さん：でも完全におさまるとは思えません。

伊藤：完全におさまることはないにせよ、何十％ぐらいまでおさまればよしとするか、数字を決めておきましょう。100％以上死にたくなっているその「100％以上」が、何十％にまで減れば、危険はおさまったとみなすことができそうですか？

千代田さん：うーん、そうですね……半分ならいいかなあ。

伊藤：50％？

千代田さん：うん、そうですね。

伊藤：ではさきほど数字をつけたコーピングを、1番から順に試して、もし1番の「お風呂」をやってみて死にたい気持ちが50％以下になっていれば、それでオーケーだし、なっていなければ次の「ひたすら雑誌をちぎる」を試して、そこで50％以下になっていれば、それでオーケーだし、なっていなければ3番目……というふうに順番に試していくというのはどうでしょうか？

千代田さん：それでいいと思います。

伊藤：どうなるかは、実際に試してみなければわからないと思いますが、万が一1番目から4番目まで試しても50％以下に下がらなかった場合、5番目の「強いお酒をガーッと飲んで寝ちゃう」を試すことになりますが、今までこれでしのいできているわけですから、ここでとりあえずは何とかなる、ということになりますかね。

千代田さん：最悪、そういうことになると思います。

伊藤：とにかく、今日一緒に考えた、この4つの行動的コーピングを試してみて、それで死にたい気持ちが50％以下に下がるかどうか、検証しましょう。これらのコーピングが役に立てば万々歳ですし、やってみたらあまり役に立たないのがわかったということであれば、またここで一緒に考えればいいので、あとはとにかく千代田さんご自身に試してもらうことが大事かなと思いますが、いかがでしょう？

千代田さん：やってみます。

伊藤：行動的なコーピングについては、今話し合って決めたようなことで、大体大丈夫そうでしょうか？　どうでしょうか？

千代田さん：（コーピングシートの行動欄をしばらく眺めて）今のところ、これで大丈夫だと思います。

これで認知的なコーピングと行動的なコーピングが一応出揃いましたが，実は認知的なコーピングを行動的なコーピングにつなぐための認知が足りていません。言い換えると，認知的なコーピングを行った後で，行動的なコーピングを実施する必要があるのですが，行動的なコーピングを自分に促すための認知がもう1つあるとよい，ということです。そこで私から次のように千代田さんにもちかけました。

> 伊藤：（コーピングシートの認知の欄を示して）ところで，これらの行動的コーピングを確実に実行するために，何かひとつ認知があったほうがよいのではないかと思いますが，いかがでしょうか？ 「自分は今，精神的にすごく不安定になっていて，だからすごくつらいんだよね」と自分に声をかけたあと，行動的なコーピングを実施するよう，自分に何か声をかけてあげる必要がありますよね。
> 千代田さん：たとえば？
> 伊藤：「だからこそ，行動的なコーピングを試してみよう」とか。
> 千代田さん：ああ，なるほど。そうやって自分に声をかけて，それから行動的なコーピングをするということなのですね。
> 伊藤：その通りです。それをこちら（認知的コーピングの欄の一番下を指して）に書き入れてもいいですか？
> 千代田さん：お願いします。

ここまで延々と千代田さんとのやりとりを紹介してきましたが，これでようやく応急処置のためのコーピングシートが出来上がりました。それが図5.2です。

> 伊藤：（出来上がったコーピングシートを見せて）このように出来上がりましたが，全体を眺めてみてどうでしょう？ （コーピングシートの上部を示して）こうなってしまったときの応急処置のためのコーピングとして，（認知的コーピングの欄を示して）こういった認知を1つひとつ自分に言ってあげられると，最悪の事態を防いだり，少しは状態が落ち着いたりしそうですか？ イメージしてみてください。
> 千代田さん：（目を伏せてしばらくイメージする）うん，はい。少なくともひどくなることはないと思う。
> 伊藤：ではこれらの認知を自分に言ってあげた後，（行動的コーピングの欄を示

第5章 応急処置 399

コーピングシート
クライアントID：＿＿C＿＿　応急処置＝自殺の危険性が高まってしまったときの対処法

コーピングシート

問題状況に備えて，そのときに自分に何と言ってあげるとよいか，何をするとよいか，についてあらかじめ考えておくことが，役に立つ場合があります

氏名　＿千代田美里＿様　　記入年月日　_2005_年_5_月_16_日（_月_曜日）

予測される問題状況（できるだけ具体的に記入します）　　予測される自分の反応（感情，認知，行動，身体）

- 人にわかってもらえないとき
- その他，よくわからないけれどもいろいろな状況において

精神的にひどく不安定になる
→急に死にたい気持ちが出てくる（100％以上）
→突発的に自殺してしまいそうで，怖い，危ない
（※ただし基本的にはいつも死にたい気持ちがある）

認知　そのときの自分に何て言ってあげるとよいか？

「死ぬならあの女の前で死んでやると思ってこれまで生きてきたのだから，やっぱりここで突発的に死ぬのは損だ。だから今はとりあえず生き延びることにしよう」
「本気で死のうと思えばいつでも死ねるんだから，今はとりあえず何かしたり，寝ちゃったりして，様子を見ればいい」
「自分は今，精神的にすごく不安定になっていて，だからすごくつらいんだよね」※やさしく声をかける
「だからこそ，行動的なコーピングを試してみよう」

行動　そのときの自分は何をするとよいか？

⑤強いお酒をガーッと飲んで寝ちゃう
④雑誌をひたすらちぎって，紙吹雪を作る
③携帯でひたすらゲームをする
②ひたすらムダ毛を処理する
①お風呂にお湯を張り（熱め），ラベンダーの入浴剤を入れて，湯船につかって，鼻歌を歌う（そのとき思いついた歌）※身体は洗わない。シャンプーもしない

①→②→③→④→⑤の順番でひとつひとつ試していく（死にたい気持ちが50％以下に下がるまで）

備考：

copyright 洗足ストレスコーピング・サポートオフィス

図5.2　千代田さんと作成した応急処置のためのコーピングシート（第2セッション）

して）さきほど決めたような優先順位に従って，死にたい気持ちが50％以下に下がるまで，これらの行動を取ってみる，という行動的なコーピングについても，試してみることができそうですか？　こちらもちょっとイメージしてみてください。

千代田さん：（目を閉じてしばらくイメージする）はい，試すことはできると思います。

伊藤：ではちょうど時間も来ますので，今回は，人にわかってもらえないとか，あるいはその他のいろいろな状況で，精神的にひどく不安定になって急に死にたい気持ちが出てきて，突発的に自殺してしまいそうで怖いし危ない，と

いう事態に陥ったとき，このコーピングシートに書いてあることを実際に試してきていただく，というのをホームワークの課題にしたいと思いますが，いかがでしょうか？……今日，最初に話し合ったとおり，この課題そのものが負担であれば，もちろんこれをホームワークにはしませんが，どうでしょうか？

千代田さん：大丈夫です。

伊藤：今，「私（伊藤）にわかってもらってない」という感じはありますか？

千代田さん：いえ，大丈夫です。むしろよくわかってもらえたと感じています。

伊藤：良かったです。ただ，セッションが終わった後，「やっぱりわかってもらえていない」といった思いが出てこないとはいえないので，万が一そんなことがあったら，また次のセッションで私に教えていただけますか？

千代田さん：わかりました。

第4章で紹介したとおり，初回セッションで設定したホームワークの課題がきっかけとなって，「カウンセラーにわかってもらえない」という千代田さんの思いが惹起され，それが「死にたい」という思いまでを呼び起こしてしまったので，私のほうでは，相当慎重に課題を設定しようとしています。

伊藤：すみません，もう1つだけ。死にたい気持ちが強まって危なくなったとき，このコーピングシートを試していただくわけですが，そうなってしまったときに，「あ，そうだ，こういうときこそセッションで作ったコーピングシートを応急処置のために試す必要があるんだ」ということを，千代田さん自身に思い出してもらう必要があります。

千代田さん：はい。

伊藤：心が落ち着いているときには，コーピングシートのことを覚えていられるのだけれども，状態が悪くなって応急処置をしなければならないときに限って，そっちに気持ちがとらわれて，肝心のコーピングシートのことを思い出せなくなってしまう，ということがよくあるんです。

千代田さん：ああ，なるほど。それはわかります。それどころじゃなくなるから。

伊藤：そうですよね。なので，そうなる前にこのコーピングシートのことを自分に意識づけしたり，そうなっちゃったときに，このコーピングシートのことを自分に思い出させるしかけが何かあればいいなあと思うのですが，いかがでしょうか？

千代田さん：何かあったほうがいいと思います。
伊藤：たとえば，このコーピングシートを何枚かコピーして，持ち歩いたり，どこかに貼っておいたりして，毎日何回か見るようにすることで，意識づけするクライアントさんがいらっしゃいますが，どう思いますか？
千代田さん：そうですね，持ち歩くのは気が進みません。
伊藤：家のどこかに貼っておくというのは？
千代田さん：（しばらく考えて）台所の冷蔵庫に貼っておくのなら，できそうな気がする。
伊藤：冷蔵庫の扉？
千代田さん：そうです。
伊藤：冷蔵庫の扉に貼ってあれば，毎日何回かはこのコーピングシートを見ることになりますか？
千代田さん：なります。あと家にいるときに死にたくなるので，そのときにもすぐに思い出すことができそうな気がする。
伊藤：それはいいですね。ではコーピングシートのコピーを2枚差し上げますので，1枚は認知行動療法のファイルにしまって，もう1枚を冷蔵庫の扉に貼っていただくことにしましょうか。これもホームワークの課題にしてしまっていいですか？
千代田さん：いいです。
伊藤：この課題も大きな負担にならずに済みそうでしょうか？　遠慮なくおっしゃっていただきたいのですが。
千代田さん：これも大丈夫だと思います。

このように，作成したコーピングシートの使い方についても一緒に課題を立てました。ちょうど時間が終わりに近づいたので，セッションのまとめに入ることにし，すでに合意されているホームワークの課題を再度確認することにしました。

伊藤：では時間が来ましたので，今話し合って決めたホームワークの課題をホームワークシートに記入し，今日のセッションを終わりにしましょう。（ホームワークシートを見せて）千代田さんご自身のホームワークシートを出していただけますか。
千代田さん：はい。（シートを取り出す）
伊藤：今日は2回目なので，ここに「2」と書いていただき，さらに今日の日

付と曜日,「2005年5月16日月曜日」を書いてください。

千代田さん：はい。(シートにセッションの回数と日付と曜日を書き出す)

伊藤：それでは1番目の課題については，応急処置のための携帯ゲームを何にするのか，探してもらって，できれば早めに決めておいてもらえるといいかなあと思うのですが，それを1番目のホームワークの課題にしてしまっていいですか？

千代田さん：はい。大丈夫です。

伊藤：この課題の負担はどうですか？　あまり負担になるのであれば考え直したいと思いますが？

千代田さん：これは大丈夫です。今日にでも探してみたいです。

伊藤：ではまず「①」と書いてもらって，「応急処置のための携帯のゲームを探して決めてくる」と書き込みましょう。

千代田さん：わかりました。(2人ともホームワークシートに書き込む)

伊藤：では2つ目の課題としては，「応急処置のためのコーピングシートを自宅の冷蔵庫のドアに貼り，1日何回も」……「1日に何回も」としますか，それとも「1日に1回以上」というふうに表現しておきましょうか？

千代田さん：(少しだけ表情が曇る)

伊藤：「何回も」だと負担になりそうかな，と今思ったのですが，どうでしょう？

千代田さん：はい，今「何回も」と聞いて，何となく嫌な感じがしました。

伊藤：なるほど。もしこのまま私が「1日に何回も見る」と提案して，千代田さんの何となく嫌な感じを見逃して，そのままこれがホームワークの課題になったら，このあいだと同じように，セッションの後で「わかってもらっていない」という気持ちになってしまい，それこそ死にたくなるようなことがあったかもしれませんか？

千代田さん：もしかしたら……。

伊藤：なるほど，ありがとうございます。今，私自身「何回も」と言ってから，「あれ，『何回も』って，結構負担になるかも」と思い，さらに千代田さんの表情がちょっとだけ曇ったような気がしたので，こういう質問をさせてもらったんです。やはり千代田さんのほうでも何となく嫌な感じがしたのですね。……「1日1回以上」だとどうですか？

千代田さん：1回以上ということは1回でもいいんですよね。

伊藤：もちろんです。

千代田さん：だったら1日1回以上でいいです。

伊藤：わかりました。では「応急処置のためのコーピングシートを自宅の冷蔵庫のドアに貼り，1日1回以上読む」という課題にしようかなと思いますが，どうでしょう？　この課題に対して何か嫌な感じはありますか？

千代田さん：いえ，大丈夫です。

伊藤：（ホームワークシートの上部を示して）今日私たちは，前回の私の過ちを教訓にして，「『その課題について考えるだけで，もうそれだけでつらい』という課題は，ひとまずホームワークにしない」ということに決めたのでしたよね。なので，今みたいに，課題を決めるときも，千代田さんの気持ちをきめ細かく確認して，少しでも嫌だったりつらかったりするときは，それをそのまま課題にしないで，何か工夫をしようと思いますが，それでよろしいですか？

千代田さん：はい。

伊藤：では今決めた課題をお互いのホームワークシートに書き込みましょう。（2人とも自分のシートに「①応急処置のためのコーピングシートを自宅の冷蔵庫のドアに貼り，1日1回以上読む」と書き込む）……3つ目の課題ですが，「死にたい気持ちが強くなったら，コーピングシートを実施する」というのは，どうでしょう？

千代田さん：それでいいです。

伊藤：じゃ，それを書き込みましょう（2人とも自分のシートに「②死にたい気持ちが強くなったら，コーピングシートを実施する」と書き込む）……さきほど決めたこと，つまり死にたい気持ちが50％以下になるまで，行動的なコーピングを続けるということについて，ここにも書いておきたいのですが，よろしいでしょうか。

千代田さん：はい。

伊藤：じゃあ，その続きで「死にたい気持ちが50％以下になるまで，行動的コーピングを続ける」と書き足しましょう。

千代田さん：はい。（2人とも書き足す）

伊藤：そしてやってみてどうだったか，その結果をぜひ私に次回報告してください。それも書いておいてもらっていいですか？「その結果を次回伊藤に報告する」と。

千代田さん：わかりました（2人とも書き足す）

伊藤：この2つの課題を今回のホームワークにするということで，改めてこのホームワークシートを見ていただいて，どうでしょう？　何か負担感とかつらい感じとかありますか？（※ホームワークシートについては図5.3を参照）

千代田さん：いいえ，大丈夫です。「何回も」が「1回以上」になったのが，良かったです（笑う）

伊藤：この間と同じ過ちを犯さずにすんで，私もほうも良かったです（笑う）。……では時間ですので，今日はこれで終わりにしましょう。最後に今日のセッションに対する感想をお話しいただけますか。

千代田さん：はい，今も言ったとおり，「何回も」が「1回以上」になったので，ホッとしました。あと前回「わかってもらえなかった」と思ったことを今日思い切って話して，わかってもらえたような気がしたので，やはりホッとしました。

伊藤：では今日はこれで終わりにしましょう。お疲れ様でした。コーピングシートのほうは受付でコピーしてお渡ししますね。

千代田さん：ありがとうございました。（2人とも席を立つ）

　以上，千代田さんとの第2セッションは応急処置のためのコーピングシート作りにほぼ費やされたので，セッションのやりとりを丸々紹介した形になってしまいましたが，以下，このセッションに基づいて，応急処置やそのためのコーピングシート作成について解説をします。

◎千代田さんとのコーピングシート作成についての解説

▶「コーピング」の意識づけそのものが重要

　応急処置としてコーピングを検討する場合，コーピングの内容ももちろん重要ですが，それよりもっと重要なのは，「応急処置が必要な状況や状態にハマってしまったら，そのときにこそコーピングをするのだ」という意識を，普段から本人が持つようになることです。千代田さんの場合でいえば，死にたい気持ちがうんと強まってしまったときに，「だから死ぬ」のではなく，「今の自分は応急処置が必要な状態である」と気づき，「だからコーピング」なのだと意識して，実際にコーピングを行うことを指します。「こういうときだからこそコーピングだ」という構えが持てるようになると，ストレス状況やストレス反応にそのまま巻き込まれることが減り，「さあ，この状況（状態）にどう対処しようか？」という問いが生じるようになります。

　また「これはコーピングだ」と思って何かをすれば，それはすべてコーピングとして機能します。息を吐くのもコーピング，足で地面を踏みしめるのもコーピング，歯を磨くのもコーピング，手を洗うのもコーピング……とい

ホームワークシート
クライアントID： C
氏名： 千代田 美里 様

「その課題について考えるだけで，もうそれだけでつらい」という課題は，ひとまずホームワークにしない（09年5月16日記入）

ホームワークの課題を具体的にメモしておきましょう

セッションNo. 1　2005年5月9日（月）

●前回のHWについて

●今回のHWについて
①どんなに自殺念慮が高まっても，とりあえず次のセッションには必ず来る。
②どういうときに死にたい気持ちが強くなるのか，よく自分を観察して，次のセッションで報告する（可能であればメモを取る……一部でも全部でも）。

セッションNo. 2　2005年5月16日（月）

●前回のHWについて
①（花の絵）
②このホームワークを伊藤が出したせいで，かえって死にたくなってしまった。

●今回のHWについて
①応急処置のための携帯のゲームを探して決めてくる。
②応急処置のためのコーピングシートを自宅の冷蔵庫のドアに貼り，1日1回以上読む。
③死にたい気持ちが強くなったら，コーピングシートを実施する。死にたい気持ちが50％以下になるまで，行動的コーピングを続ける。……その結果を次回伊藤に報告する。

セッションNo.＿＿＿　年　月　日（　）

●前回のHWについて

●今回のHWについて

セッションNo.＿＿＿　年　月　日（　）

●前回のHWについて

●今回のHWについて

セッションNo.＿＿＿　年　月　日（　）

●前回のHWについて

●今回のHWについて

セッションNo.＿＿＿　年　月　日（　）

●前回のHWについて

●今回のHWについて

Copyright 洗足ストレスコーピング・サポートオフィス

図5.3　ホームワークシート（ケースC第2セッション終了時）

うように，本人がそれをコーピングだと認識すればそれは全てコーピングになります。それまで無意識にやっていたこと，ルーチンの1つとしてやっていたことも，それを「コーピングである」と意識するだけで，それらの行動の意味が変わってきます。千代田さんの場合，「入浴剤を入れてお湯につかる」ことを行動的なコーピングとして計画しましたが，それまでだって彼女はルーチンとしてお風呂に入るということは日常的に行っていました。が，それはあくまでも日常的にしなければならないこととしての入浴であり（千代田さんの場合，お湯につかるのは好きということではありましたが），コーピングとして認識していたわけではありませんでした。ましてやお湯につかるだけでシャンプーしたり身体を洗ったりしないというやり方をあえてコーピングとして行うということは，それらの行為の意味づけがよい意味でそれまでとは大きく異なってくることになります。コーピングとして位置づけられなければ，身体を洗わずにお湯につかるだけの行為は「ダメなこと」とされそうですが，それをコーピングであると意識すれば，「自分を助けるためにあえて行う対処」ということになりますから，身体を洗わない自分を責める必要が全くなくなり，自分をケアするモードが強化されます。

　このように，「コーピング」という概念そのものをクライアントに心理教育し，応急処置が必要な状況になったら，その状況に翻弄されるのではなく，予め決めておいたコーピングを実施するのだということを，それこそ予めカウンセラーとクライアントとが計画を立てておくことが，クライアントの意識づけに大いに役立ちます。

　またコーピングが意識づけされると，応急処置を必要としない状況でもコーピングのことがちょくちょく意識されるようになります。千代田さんの場合，行動的コーピングとして計画されていることはすべて「雑誌」「携帯電話」「お風呂」「ムダ毛処理」「お酒」といった日常的なことです。ホームワークの課題として1日1回以上コーピングシートを見るうちに，「雑誌」「携帯電話」「お風呂」「ムダ毛処理」「お酒」といった行為をコーピングとして活用すること自体が意識化されることにより，たとえば日常生活において雑誌を読むときには「そういえば応急処理のときには雑誌をちぎるんだったよな」ということが意識され，ムダ毛の処理をするときにも「そういえばこれもコーピングだったんだよな」ということが意識されるようになるでしょう。このようにコーピングそのものが意識化されるようになることで，応急処置以外のとき，つまり普段の何気ない日常生活においても常に「コーピング」が頭に浮かぶようになり，その結果，応急処置が必要なときにも即座に「コ

ーピング」のことを想起できるようになるという良循環が形成されるのです。

▶「コーピング」の概念そのものの心理教育が大事

今上で申し上げたこととも関連しますが，そもそも「コーピング」という概念そのものをしっかりと心理教育することが重要です。「コーピング」の定義は「意識して対処しようとすること」であって，対処した結果がどうであるかということはそれに含まれません。ところがクライアントの中には「いい結果を出すのがコーピング」「うまくいくのがコーピング」と思い込んでしまう人が少なくないので，カウンセラーは，「うまくいくかどうかはやってみないとわからない。あくまで試してみて，やってみた結果を検証することが大事」というコーピングの理念のようなものを，繰り返し心理教育する必要があります。特に応急処置の場合はあくまでも「間に合わせ」ですから，ここで完璧な対処法や解決策を見つけようとするのではなく，とにかく「今をとりあえずしのぐためのコーピング」を見つけられれば十分だということを明確に伝える必要があるでしょう。

▶クライアント自身のそれまでのコーピングを活用する

応急処置のためのコーピングを考える場合，最初から新たなコーピングを案出しようとするのではなく，クライアント自身がこれまでに使ってきたコーピングをまず同定し，それらの活用を検討するのがよいのではないかと思います。クライアントは苦しみながらも，なんだかんだいってここまで生き延びてきているわけですから，そこには何かしらクライアントなりのコーピングがあるはずです。まずそれらを同定し，今後のコーピングにどう活用するかを検討するのです。またクライアント自身のそれまでのコーピングを確認することにより，クライアントが自分を助けるためにそれまでも精一杯頑張ってきているということを共有し，それが「よく頑張って生き延びてきているよね」とクライアントをエンパワメントすることにつながります。

▶認知的コーピングが重要

これは応急処置に限ったことではありませんが，コーピングについて考える場合，まず認知的コーピングをしっかりと作ることが重要であると私は考えています。認知的コーピングは「構え」のようなものです。まずは問題に対する構えをしっかりと作って，その上で「実際に何をするか」という行動的なコーピングの計画を立てるのです。応急処置の場合は，問題状況を完全

に解決したり乗り切ったりしたりするための認知ではなく，その状況をとりあえず切り抜けるための認知をしっかりと作り，その認知を「構え」として自分の中に置いたうえで，どのような行動を取るとよいか，という順番でコーピングを考えるとよいと思います。

▶クライアントの様子を見てコミュニケーションのやり方を調整する

コーピングの案を出す際は，基本的にはクライアントとカウンセラーの両者がブレインストーミング的にアイディアを出し合う，という形でのコミュニケーションがよいのではないかと思います。ただし上の千代田さんの例のように，CBTの初期段階で，まだろくに関係性もできていない時期での応急処置の場合，互いに案を出し合うというコミュニケーションが容易にとれない場合も少なくありません。その場合は様子を見て，クライアントがどんどん案を出せそうな場合は，カウンセラー側は案を出さずに，クライアントに気持ちよくブレインストーミングしてもらうことに専念すればよいし，一緒に案を出し合うコミュニケーションが取れそうな場合はそうすればよいし，むしろカウンセラー側から案を出してあげたほうがよさそうな場合は，クライアントに案を出すよう求めすぎずに，カウンセラーからいくつもの案を提案するといったやり方にすればよいでしょう。千代田さんの場合，千代田さん自身に案を出してもらおうとすると彼女の様子が不穏になることに途中で私が気づいたので，私のほうから案を出して彼女の反応を見る，というコミュニケーションに途中からシフトしました。

▶カウンセラーの案の出し方

カウンセラーが案を出す場合は，「こうしたほうがいいよ」という"上から目線"的な出し方ではなく，「心理学ではこういうふうに言われている」「心理学ではこういう理論がある」といった心理教育的な出し方や，「実は私はこういうときにこうしている」といった自己開示的な出し方，そして「他のクライアントではこういうコーピングをしている人がいる」といった他のクライアントを引き合いにするような出し方だと，クライアントは受け入れやすいようです。

▶コーピングシートが出来上がったらシミュレーションを行う

応急処置のためのコーピングシートが一通り出来上がったら，シミュレーションを行います。具体的には，応急処置が必要となる危機的な状況をイメ

ージしてもらい，そのような状況においてコーピングシートに記載されている認知的コーピングや行動的コーピングを実際に行えそうかどうか，そして実際に行った場合，危機的な状況が改善されそうかどうかについてイメージしてもらいます。リアルにイメージしてみて「行けそうだ」ということであればオーケーですし，「行けなさそうだ」ということであれば，何がどう行けなさそうかを検討し，コーピングを追加したり修正したりします。

とにかくこの作業にはイメージが不可欠です。リアルにイメージすることで，この作業自体イメージリハーサルとしても機能しますし，場合によってはイメージ曝露のような効果をもたらす場合もあります。

▶コーピングシートの使い方の計画を立てる

イメージを用いてシミュレーションをして「これで行けそうだ」ということであれば，まずはそのコーピングシートを試してみるということがホームワークの課題になりますが，その際も，「試してきてください」というシンプルな課題にするのではなく，「いつ，どこで，誰が，どのようにしてそのコーピングシートを活用するのか」ということを，できるだけ具体的に計画する必要があります。たとえばシートを持ち歩くのか，それとも家のどこかに貼るのか，持ち歩くとしたら手帳にはさむのか縮小コピーして財布に入れておくのか，家のどこかに貼るのであれば，台所かリビングか寝室か洗面所かトイレかどこにするか，家族にもコピーしたものを渡して協力してもらうのか，1日1回見るとしたらそれはいつなのか，見るのではなく声に出して読むのか……などなど，コーピングシートの使い方そのものもイメージリハーサルをするように事細かに決めておきます。そのほうがクライアントのモチベーションが高まりますし，実行可能性も高まるからです。

▶楽しく作成できるとよい＝協同作業の実績をつくる

「応急処置」というと切迫した感じがありますが，そのためのコーピングシートを作るにあたっては，できるだけ楽しい雰囲気の中でそれを行えると良いのではないかと思います。「応急処置のために立派なものを効率よく作りましょう」という感じではなく，「とにかくその状況から一歩脱け出すためにどうしたらよいか，ああだこうだ一緒に考えながら，何かよいものを見つけていきましょう」という感じで，実際にお互いにああだこうだと言いながらあれこれ考えていたら，あら不思議，結構役に立ちそうなコーピングシートが出来ちゃった……というのが理想です。一緒に作業をしているうちに，

気づいたら結構楽しくなってきちゃった，という感じです。「『危機介入』『応急処置』という深刻な話にもかかわらず，なぜかカウンセラーと一緒に楽しく作業ができた」という経験は，そのまま2人の協同作業の実績になります。上の千代田さんも，最初はさほど気乗りがしている様子ではありませんでしたし，私の言動に対してネガティブな反応を示すことが多かったのですが，特に行動的なコーピングをあれこれ考えるあたりから笑顔が増えてきて，少しずつ乗ってきているような印象を受けました。

このように「応急処置のための作業を一緒に楽しくできた」ということを，特にCBTの初期段階でクライアントが体験できると，「また何かあればカウンセラーに相談して，一緒に作業をすれば大丈夫」と思えるようになり，カウンセラーやCBTへの信頼感が増したり，CBTに対するモチベーションが高まったりといった副効果につながることがあります。上にも書きましたが「応急処置」というと切迫した感じがありますが，少なくともカウンセラーは「応急処置だ！」とプレッシャーを感じながら青筋立てて取り組むのではなく，「応急処置であっても，できるだけ楽しく一緒に取り組めるといいな」というリラックスした構えで取り組もうとするほうが得策でしょう。心理学には「気分一致効果」という概念があります。その概念によれば，よい気分で作業に取り組めると，それに対する認知がポジティブに変化し，逆に嫌な気分で作業に取り組むと，それに対する認知がネガティブな方向に変化するということになります。「気分一致効果」という概念から見ても，たとえ応急処置であれ，できるだけ楽しい気分で取り組めるようカウンセラーは気を配る必要があるということになるかと思います。

▶応急処置をめぐる話し合いからクライアントの傾向や特徴がみてとれる

応急処置をめぐる話し合いに，そのクライアントの傾向や特徴があらわれ，それがその後のアセスメントや介入に役に立つこともあるでしょう。上の千代田さんとのやりとりから，彼女が何かにつけて自己否定しやすかったり極端に否定的な結論を出しやすかったりする傾向があることが，私のほうではある程度理解することができました。今は応急処置のための話し合いをしている最中ですから，そのことを取り立てて言うことはしませんが，その後のアセスメントのための情報として役に立つかもしれないと考え，面接記録用紙には「自己否定しやすい？」「極端に否定的な結論を出しやすい？」とメモをしておきました。また千代田さんの場合は初回セッションからですが，カウンセラーである私の言動に影響を受けやすい傾向が強くみられ，その傾

向は応急処置をめぐる話し合いでもやはり同じようにみられました。カウンセラー側のそういった観察や気づきも，その後の理解やアセスメントに役立つでしょう。

▶応急処置をすること自体がクライアントを受容することにつながる

　主訴をターゲットにしてCBTを進めていくことに合意し，CBTを始めた場合，よほどのことがない限りは，本線（主訴に対するCBT）を進めていかなければならないのはもちろんですが，やはり人間は誰でも生きていればいろいろなことがあり，それについて「話を聞いてほしい」「何とかしたい」「何とかするためにアドバイスがほしい」という気持になるのは自然なことだと思います。後で述べるように，互いに合意してCBTを始めたのであれば，それを進めていく責任がカウンセラーにはありますが，CBTを進めていくことよりも重大な問題があれば，もしくはCBTを進めようとする前に解決しておいたほうがよい問題があれば，あるいはそのような問題が突発的に起きてしまったら，そしてクライアントがその問題をカウンセラーと共有したり解決したりしたいと望むのであれば，「応急処置」という形でクライアントの希望に沿うのが妥当だと私は考えておりますが，実際にそのような形で応急処置を行ってよくクライアントが感想として話してくれるのが，「認知行動療法からわき道にそれてしまったかもしれないけれど，自分が苦しんでいることを共有してもらえてよかった」とか「どうしても今日はこの問題を先生に相談したかったので，とにかく相談できてよかった」といったことです。

　これは裏返して考えると，もし私が「応急処置」という対応をしなければ，逆に，「認知行動療法は前に進んだかもしれないけれど，自分の苦しみを共有してもらえなかった」「一番相談したかったことを相談できなかった」といった否定的な思いを引き起こしかねなかったということです。というわけで応急処置をすることの意味は，もちろん目下の問題に応急処置的に対処するという直接的なものもありますが，もう1つは，「自分が今この問題に苦しんでいることをカウンセラーにわかってもらえた」という「わかってもらえた感」にあると思います。応急処置という構造でクライアントのニーズに応じることが，自分の抱える問題やひいては自分自身がカウンセラーに受容されたというクライアントの感覚を強化するのです。それはもちろんクライアントとカウンセラーとの信頼関係に直結しますし，その後のCBTの展開に対する影響も大きいのではないかと思います。

▶ 何でもかんでも応急処置しようとはしない

以上，応急処置の利点についていろいろと述べましたが，注意点が1つあります。CBTの本線とは直接関係のないイレギュラーな問題が持ち込まれた場合，それをカウンセラーの側から何でもかんでも「応急処置」に持ち込もうとするべきではない，ということです。それをやってしまうと「何かあれば応急処置」みたいなことになってしまって，それこそCBTの本線が全く進まないという事態に陥りかねません。イレギュラーな問題が持ち込まれたら即応急処置ということにするのではなく，「そういう問題がある」ということ自体をひとまずカウンセラーとクライアントで共有しておけばよいのか（この場合，問題の中身には立ち入らない），その問題については少しだけ話を聞いて後はとりあえず様子を見ることにすればよいのか，その問題についてとりあえず話を聞くことにすればよいのか，むしろその問題がクライアントにとっては本質的なのでその問題を「主訴」とみなしてCBTを進めていったほうがいいのか……など応急処置以外にも複数の対応の仕方があるわけで，カウンセラーとしては選択肢を提示し，そのイレギュラーな問題への対応の仕方をクライアントと話し合って決める必要があります。そのような話し合いをせずに，カウンセラー側が，何かイレギュラーな問題が発生するたびに応急処置で対応しようとすると，2人して「応急処置依存症」のようになってしまい，CBTの本線が全く進まなくなってしまうことになりかねません。特にフラストレーション耐性が低く，問題を抱えていられなかったり，すぐに問題を解決しないと気がすまなかったりするクライアントは，何でもかんでも応急処置に持ち込もうとする傾向がありますから，そういったことを防ぐためにも，カウンセラー側から応急処置を積極的に提案したり推奨したりしないようにする必要があります。最初にお話ししたとおり，応急処置はあくまで「間に合わせ」にすぎないのです。そのことをクライアントにも明確に伝えておくとよいでしょう。

ところで，上に紹介したケースCの千代田美里さんと実施した応急処置は，自殺念慮が高まったときの危機介入ということで行いましたが，他に危機介入が必要な深刻なケースとしてよく遭遇するのが，「実際に自殺企図をしてしまいそう」といった自殺企図の実行可能性が高いケースと，深刻な自傷行為の実行可能性が高いケースだと思います。そこで次に，それぞれについて行った応急処置の事例を簡単に示します。

```
コーピングシート
クライアントID：   × × ×    応急処置＝自殺しそうになったときの対処法
                    コーピングシート
問題状況に備えて，そのときに自分に何と言ってあげるとよいか，何をするとよいか，についてあらかじめ考えておくことが，役に立つ場合があります

氏名    Aさん        記入年月日   200X 年 X 月 X 日（ X 曜日）

予測される問題状況（できるだけ具体的に記入します）    予測される自分の反応（感情，認知，行動，身体）

・現状→仕事が見つからない                          「生きている意味がない」「死んだほうがマシだ」と
・家族にきついことを言われたとき                    考える→①首をつる，②電車に飛び込む，③近所の
・昼間に家で，ひとりで過ごしているとき               ●●ビルの屋上（10階）から飛び降りる，の3択
                                                  から決める→その実行可能性が80％を超え，実行
                                                  しそうになる

       【認知】                                          【行動】
   そのときの自分に何と言ってあげるとよいか？         そのときの自分は何をするとよいか？
「80％を超えた！ これは危険だ！」                    ・妻に電話して「死にたくなったので，これからコーピ
「死にたいと思うことと，本当に死ぬのとは別の           ングする」と伝え，長く詰めらすぐに切る。
 ことだ」                                          ・①の「首をつる」に決まったら，とにかく外に出て，
「とりあえず死なない方向に自分を持っていこう」           駅前のマンガ喫茶に行って，家族の誰かが帰宅するま
「このことを次のカウンセリングで報告しよう」             で家には戻らない。
                                                  ・②の「電車」③の「飛び降り」に決まったら，絶対に
                                                   外出せず，下着姿になってベッドにもぐり頓服をのん
                                                   で寝てしまうか「いのちの電話」に電話する。
                                                  ・次の診察とカウンセリングでこの件を必ず報告する。

備考：

                                    copyright 洗足ストレスコーピング・サポートオフィス
```

図5.4　応急処置のためのコーピングシート（自殺企図に対する危機介入）

◈危機介入（自殺企図の実行可能性が高い場合）

　図5.4は，以前実際に自殺企図をしたことのある男性のクライアントと，CBTの初期段階で作成した応急処置のためのコーピングシートです。
　Aさん（40代男性）は当時無職で，仕事がなかなか見つからないという状況にありました。そんな中で家族，特に奥さんにきついことを言われるとそれがひどくこたえて，奥さんが仕事に行っている昼間，家で1人で過ごしていると，「生きている意味がない」「死んだほうがマシだ」といった自動思

考が浮かび，その後実際に死ぬための方法を具体的に検討し，大抵は①首をつる，②電車に飛び込む，③近所のビル（どのビルかもすでに決められている）の 10 階から飛び降りる，の 3 つが浮かび，そのうちのどれにするかを決めるのだそうです。そして一度決めてしまうと，彼の言葉をそのまま紹介しますが「心がスーッと落ち着いて，冷静にその行動に向かっていく感じ」になるのだそうです。以前にも自宅で首を吊ろうとしているところを奥さんに発見されたとか，近所のビルに入り込み屋上まで行ったところをビルの管理人に発見されたとか，きわどい状況が何度かあったそうで，「1 人でいると，どうしても死に向かってしまおうとする自分が出てきて，自分でも怖い」ということでした。

そこで自殺企図の可能性が高まってしまった場合に，自殺企図をせずにどうその状況をしのげばよいか，ということを検討し，図 5.4 のようなコーピングシートを，1 セッションかけて一緒に作りました。具体的には自殺企図の実行可能性が 80 ％を超えたら（ということは，自殺企図のことを考え始めたら，いつもその実行可能性を％で評価しなければならないということです），まず，「80 ％を超えた！　これは危険だ！」「死にたいと思うことと，本当に死ぬのとは別のことだ」「とりあえず死なない方向に自分を持っていこう」「このことを次のカウンセリングで報告しよう」という文言をはっきりと自分自身に言い聞かせます。次に携帯電話で妻に電話をし，「死にたくなったので，これからコーピングをする」と宣言をします。もちろんそのためには予めこのコーピングシートを妻と共有しておく必要があります。宣言をしたら，あまり長く話さずに電話を切ります。というのも，妻としては「死にたい」と言われてしまうと，A さんをなだめるためにどうしても何か言いたくなってしまうし，そうなると今度はそれに A さんが反論し，さらにそれを妻がなだめようとし……といった感じでコミュニケーションがこじれていくパターンがこれまでに繰り返されていたからです。それを防ぐために「コーピングする」とだけ伝えてすぐに電話を切ることにしたのでした。

興味深いのは，A さんの場合，一度自殺の手段を決めると，「それ以外の方法はありえなくなる」のだそうです。つまりたとえば「首をつる」と決めれば，電車に飛び込むとかビルから飛び降りるという可能性は皆無になり，逆に「電車に飛び込む」と決めれば，それ以外の手段で自殺する可能性が皆無になるのです。したがって「首をつる」と決めた場合は自宅にいることが危険だということになり，逆に「電車に飛び込む」か「ビルから飛び降りる」と決めた場合は外出することが危険だということになります。そこで

「首をつる」と決めた場合は，とにかく外に出て，子どもたちが学校から帰るか妻が仕事から帰るかするまで，マンガ喫茶で時間をつぶすことにしました。逆に「電車」「ビル」と決めた場合は，下着姿になって外出できないようにしてから，ベッドにもぐりこみ頓服を飲んで寝てしまうか，「いのちの電話」に電話をすることにしました。そしてこの件を次の診察のときに主治医に，そして次のCBTのセッションのときにカウンセラーに，必ず報告するということにしました。

そのセッションのホームワークとしては，①コーピングシートを妻と主治医に見せて，了承してもらう，②毎朝妻と一緒にこのコーピングシートを見て，確認する，③自殺企図の実行可能性が80％を超えたら，コーピングシートの認知と行動を実践する，④以上の3つの課題について，やってみてどうだったか，次回のセッションで報告する，という4つの課題を立てました。このように応急処置のためのコーピングシートを作成し，シートの使い方を決めたことに対するAさんの感想は，「死にたいと思ったときに具体的にどうすればいいか，こうやって紙に書いてあると，実行できそうな気がするけれども，実際に死にたくなったときに本当にできるかどうか，ちょっと不安だ」というものでした。

次のセッションでこれらのホームワークがどうだったかAさんに尋ねたところ，①と②は実行できているということでした。特に妻がこのコーピングシートを気に入って，毎朝，積極的にコーピングシートをAさんと読み合わせてくれているのだそうです。また主治医も「こういうのがあると，助けになりますね。ぜひ実行してください」と言って，励ましてくれたということでした。この週は自殺企図の実行可能性が80％を超えることはなく，コーピングを実践することはありませんでしたが，「いつ死にたくなるかは，自分でもわからない」とのことでしたので，「自殺企図の実行可能性が80％を超えたら，コーピングシートの認知と行動を実践する」というホームワークは，ずっと継続して出していくことにしました。

このように応急処置のためのコーピングシートを作ったら，その内容をいつでも実行できるようにしておくための「しかけ」作りも重要です。変な話かもしれませんが，しかけを作って，いつでも実行できるよう準備をしておくと，「早くこれ（コーピングシート）を使ってみたい」と待ち遠しいような気持ちになったりすることも少なくありません。たとえばAさんと私は，毎回のセッションで，コーピングシートの実施状況について確認しましたが，「いつこうなってもいいように妻と準備をしていますが，ここまで死にたく

なるようなことはありませんでした」という報告が毎回続き，あるときＡさんは「せっかくこんなに準備をしているのに，これを使うチャンスがなくて，残念なような，変な気分です」と笑いながらおっしゃっていました。

　ただしその後，決まりかけていた就職の話がダメになってしまったという大きな出来事が起きたことがあって，期待していたぶん失望も大きく，またその件で妻と言い合いになるという出来事もあり，ある日昼間家に１人でいたときに，強烈な自殺念慮が生じ，自動的に自殺の手段を考え始め，そのときは「縄跳びを使って，カーテンレールで首を吊ろう」という計画が頭に浮かび，「もう，そうやって死ぬしかない」と心に決めたとき，その実行可能性を評価したところ「90％」だったので，「ああ，今こそこのコーピングシートを実行するときだ」と気づいて，すぐに実行に移しました。具体的にはまず妻に電話をして，「死にたくなって首をつろうと決めたので，危ないから，これからコーピングをします。今すぐ家を出てマンガ喫茶に行きます」とだけ言い，妻もさんざんコーピングシートを共有してよくわかっていたので，「わかりました。帰りにマンガ喫茶に寄るのでどこにも行かないでそこで待っていて」とだけ言って電話を切り，Ａさんはすぐに着替えてそのマンガ喫茶に行って，夕方，妻が迎えに来るまで，そこで待っていたのでした。そしてこの件を次のセッションで私に報告してくれたのでした。〈実際にやってみてどうでした？〉と感想を問うと，「このコーピングシートを作ってから，もう何カ月も『いざとなったらこれをやればいいんだ』と備えてきたので，首をつる計画を立てていたのはもちろん本気だったけれども，どこか冷静な自分がいて，『ああ，今日こそこれをやるんだなあ』とどこかで思っていたように思います。備えておくことにこれだけ効果があるんだ，ということがわかりました。たぶんこうやって備えておけば，これからも大丈夫なんじゃないかと思えるようになりました」と話してくれました。

　Ａさんのおっしゃる通り，応急処置の計画を立て，それをいつでも使えるように備えておく，というのは非常に重要なことだと思います。それができなければせっかく作ったコーピングシートが宝の持ち腐れになってしまいます。逆に応急処置のためにコーピングシートを作ったら，それをいかに実際に使うか，そのための備えを物理的にも心理的にもしっかりと行っておけば，実際にそれが役に立つ可能性がぐんと高まるでしょう。

　もちろんすべてのケースでＡさんの例のように，うまくいくわけではありません。その場合は何度でも作り直せばいいのです。応急処置のためにコーピングシートを作り，もし実際に使ったときの使い勝手がよくなかったり，

効果が足りなかったりするのであれば，認知的コーピングであれ行動的コーピングであれ，修正したり追加したり，あるいはコーピングシートそのものを新たに作り直したり……といった作業をセッションで一緒にすればいいだけの話です。重要なのは，応急処置のための計画を立ててみたら実行する，実行したらセッションで報告してもらって効果を検証する，という作業を，カウンセラーとクライアントが一緒になって，粘り強く続けることです。応急処置の内容もさることながら，一緒に粘り強く対処法を探ったり工夫したりしつづけるあり方そのものが，クライアントにとってよきモデルになるのではないかと思います。

◈危機介入（深刻な自傷行為の実行可能性が高い場合）

それではもう1つ，別の危機介入のための応急処置の例を紹介します。Bさん（20代女性）は人間関係がうまくいかなくなると衝動的に自傷行為をしてしまうという問題を抱えていました。自傷行為を始めたばかりの頃は，カッターで手首に浅い傷をつける程度だったのですが，それが次第にエスカレートしてきて，CBTを開始した頃には，衝動が生じるとほとんど自動的にカミソリで手首や腕をざっくりと切り，激しい痛みを感じることや大量に出血するのを見ることに快感を覚えるようになっていました。ただしその快感は「その場限り」のもので，かなり深く切るのでその後の傷の手当がとにかく大変で，自分で処置をする場合もあれば，それでは間に合わず救急で処置をしてもらうことも何度かあったそうです。また，衝動的に自傷行為をしてしまった自分に対する嫌悪感が生じ，それがとてもつらいのだそうです。さらにそんな感じで激しい自傷行為を繰り返しているので，Bさんの左手首や左腕にはいくつもの傷跡があり，それらはクライアントのリストカットやアームカットの傷跡はある程度見慣れている私が見ても，正直言ってぎょっとするような様相でした。普段は袖の長い服やアームカバーでそれらの傷を隠しているのだそうです。

BさんのCBTにおける主訴はまさに「人間関係がうまくいかない」でしたが，人間関係に焦点を当てたCBTの効果が出るまでには相当な時間がかかることが当然予想されました。ということは何も介入をしなければ，さきほど述べたような激しい自傷行為もそのまま続いてしまうことになります。私たちはそのことを共有した上で，自傷行為だけは応急処置を行って，少しでも現状を改善していこうということになりました。そこで一緒に作成した

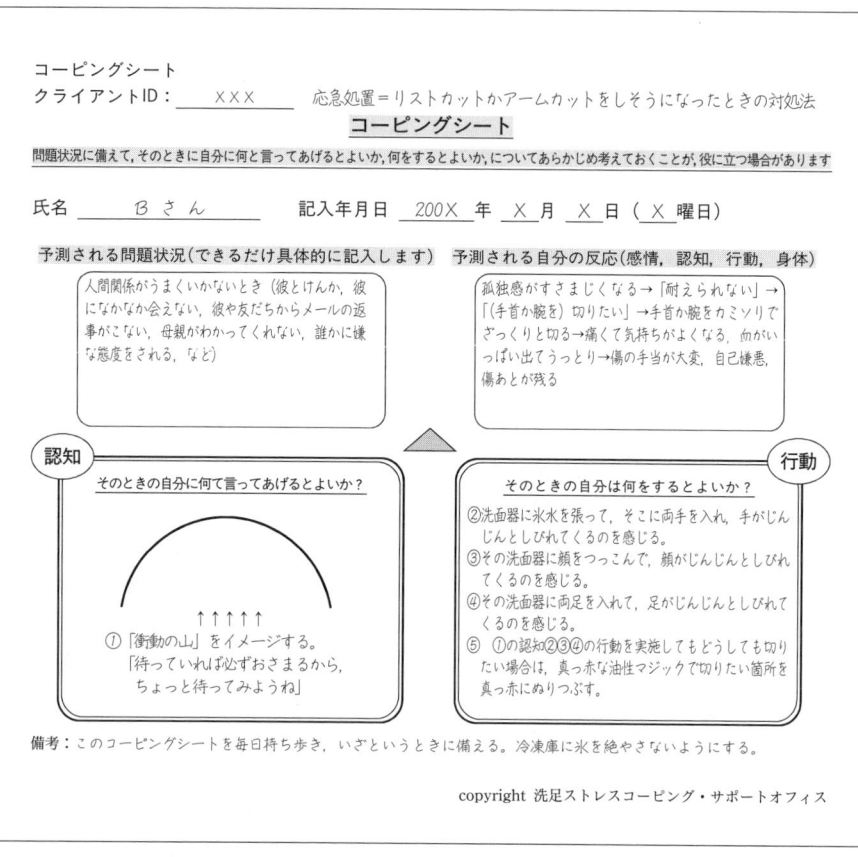

```
コーピングシート
クライアントID：　　×××　　　応急処置＝リストカットかアームカットをしそうになったときの対処法
                              コーピングシート
問題状況に備えて，そのときに自分に何と言ってあげるとよいか，何をするとよいか，についてあらかじめ考えておくことが，役に立つ場合があります

氏名　　　Ｂさん　　　　　記入年月日　　200Ｘ　年　Ｘ　月　Ｘ　日（　Ｘ　曜日）

予測される問題状況（できるだけ具体的に記入します）　　予測される自分の反応（感情，認知，行動，身体）

人間関係がうまくいかないとき（彼とけんか，彼　　　　孤独感がすさまじくなる→「耐えられない」→
になかなか会えない，彼や友だちからメールの返　　　　「(手首か腕を)切りたい」→手首か腕をカミソリで
事がこない，母親がわかってくれない，誰かに嫌　　　　ざっくりと切る→痛くて気持ちがよくなる，血がい
な態度をされる，など）　　　　　　　　　　　　　　　っぱい出てうっとり→傷の手当が大変，自己嫌悪，
                                                      傷あとが残る

　認知　　　　　　　　　　　　　　　　　　　　　　　　　　　　　　　　　　　　行動
　　そのときの自分に何て言ってあげるとよいか？　　　　　そのときの自分は何をするとよいか？

                                                    ②洗面器に氷水を張って，そこに両手を入れ，手がじん
                                                      じんとしびれてくるのを感じる。
                                                    ③その洗面器に顔をつっこんで，顔がじんじんとしびれ
                                                      てくるのを感じる。
      ↑↑↑↑↑                                       ④その洗面器に両足を入れて，足がじんじんとしびれ
     ①「衝動の山」をイメージする。                     てくるのを感じる。
      「待っていれば必ずおさまるから，                 ⑤ ①の認知②③④の行動を実施してもどうしても切り
       ちょっと待ってみようね」                         たい場合は，真っ赤な油性マジックで切りたい箇所を
                                                      真っ赤にぬりつぶす。

備考：このコーピングシートを毎日持ち歩き，いざというときに備える。冷凍庫に氷を絶やさないようにする。

                                                  copyright　洗足ストレスコーピング・サポートオフィス
```

図5.5　応急処置のためのコーピングシート（深刻な自傷行為に対する危機介入）

のが図5.5のコーピングシートです。

　このコーピングシートに書かれてある認知的コーピングと行動的コーピングは，ほとんど全てがカウンセラーである私から提案したものです。Ｂさんはこれまで切りたい衝動に駆られると，その衝動のまま手首や腕を切ってしまっているので，とにかくどうやってその衝動に対処すればよいか，全く想像もつかないと言うのです。私もあの手この手でねばって，Ｂさんの手持ちのコーピングを探してみようとしたのですが，どうにも見つからなかったので，〈私がこれまでお目にかかったクライアントさんたちが，どのようにして自傷行為の衝動に対処したかを紹介しますので，それらをヒントにしてこ

のコーピングシートを作ることにしましょうか？〉と提案したところ,「ぜひそうしたい」ということでした。そこで私の記憶を総動員して，他のクライアントの自傷行為に対するコーピングをあれやこれやと紹介し，Bさん自身がその中から選んだものをコーピングシートにまとめたのでした。

　図5.5の認知的コーピングの欄を見るとおわかりになるかと思いますが，ここでは曝露（エクスポージャー）の概念を活用しています。「自傷行為をしたい」「手首や腕を切りたい」という衝動は，その衝動に従わずに自傷行為をしないでいると，一時的にはうんと強くなるかもしれませんが，そのうちどこかでピークを迎え，後は次第に収まっていくはずです。もちろんこれは自傷行為に対する衝動だけでなく，ポジティブであれネガティブであれ，どんな気分や衝動にも当てはまります。いったん衝動が生じてそれに巻き込まれると，「何とかしてその衝動を解消しないと，その衝動がとてつもなく強くなって耐えられなくなってしまうのでは」と思ってしまいがちですが，無理に解消しようとしないで放っておけば，さきほども申し上げたとおりどこかでピークに達して，後は自然と解消されてくるものです。図5.5の認知の欄にある山のような形をした曲線は，そのことを視覚的に表現したものです。Bさんは初め，私の説明に対して懐疑的でしたが，①Bさんはこれまで衝動を放っておくということを一度もやったことがないので，このやり方がよいかどうか，今の時点で判断することはできないはずだ，②多くのクライアントが自傷行為への衝動を，このような考え方をすることで乗り切ることができているので，参考にしない手はないのではないか，という私からの2つの説明にはそれなりに納得し，図にあるような認知的コーピングでいくことに合意したのでした。

　行動的なコーピングのほうも同じです。氷水の刺激を使った対処法やペンで切りたい箇所を塗りつぶすというやり方は，私が以前にお会いしていた何人ものクライアントには非常に効果がありました。これらは一見，「衝動の山」をイメージして「待っていれば必ずおさまるから，ちょっと待ってみようね」と自分に言ってみるという認知的コーピングとは矛盾するようですが，また，「待ってみようね」と自分に言った後，何もせずに静かに待つほうが，曝露としては理想的かもしれませんが，今はとにかく「切りたくなったときに，いかに切らずにしのぐか」という応急処置が目的なので，とにかく頭では「衝動の山」をイメージしつつ，実際には氷水に手や顔や足を突っ込んで，それらがじんじんとしびれてくるその刺激に注意を向けるという，やや過激とも思われる行動を取ることにしたのでした。これだって一種の自傷行為と

言えなくもないですが、ざっくざっくと手首や腕を切りまくるよりは、はるかにマシなコーピングだと言えるでしょう。また真っ赤な油性ペンで切りたい箇所を塗りつぶすというのも自傷の代理行為のようなものですが、さきほど申し上げたとおり、「切りたくなったときに、いかに切らずにしのぐか」という応急処置が今の目的ですから、その目的にかなうのであればそれでよしとします。Bさんはこれらの行動的なコーピングについても懐疑的な様子を示しましたが、「他の人たちにこのコーピングが役に立ったというなら、やってみてもいいと思う」ということで、試してみることにしたのでした。

このコーピングシートを実行するには、上に紹介した他の事例と同様、このコーピングシートのことを覚えておき、いざというときが来たら、すぐに活用できるようにしておく必要があります。またBさんの場合は、氷がないと話になりませんので、いつでも自宅に氷を用意しておく必要があります。それらのことを備考欄に書いておくことにしました（図5.5を参照）。

結論から言うと、Bさんにとってこのコーピングシートは非常に役に立ちました。Bさんの報告によると、まず最初に役立ったのは氷水で手や顔や足を冷やすことでした。氷水の冷たさに手や顔や足がじんじんとして、その最中はその「じんじん」という感覚に気を取られるので、切りたい衝動がそれ以上大きくならずに済み、結果的には氷水で冷やしている間に衝動がほとんどなくなってしまったのだそうです。その後、またすぐに衝動がよみがえってきたのですが、もう一度氷水を使って同じことをしてみたところ、やはり同じように衝動はうんと小さくなってしまったのでした。このように2回、氷水を使ったコーピングが役に立って初めて、Bさんは「衝動の山」を信じられるようになったということでした。それ以降、自傷行為に対する衝動が生じると、Bさんは心から「待っていれば必ずおさまるから、ちょっと待ってみようね」と自分自身に対して言えるようになったのでした。

そういうわけで油性マジックで切りたい箇所をぬりつぶす必要性は全くなくなったのですが、Bさんは、「マジックのほうも試してみたい」と思い、衝動とまではいかないけれども切りたい気持ちになったときに、赤いマジックで手首をぬりつぶすということをやってみたそうです。「これはこれで役に立ちそうだ」と思ったそうですが、油性マジックだと何日も色が消えないので困ってしまい、文房具店に行って水性の赤い絵の具を買ったとのことで、それを私にも見せてくれました。

以上、ケースCの千代田さん、Aさん、Bさん3名の自傷や自殺に関わる応急処置のコーピングシート作りについて紹介しました。実際にはこれら

の3つのケースほどスムースにいかない場合もありますし，一度作ったコーピングシートに修正を加えていく場合もありますが，私のこれまでの経験からは，自傷や自殺に対する応急処置は，今日ご紹介したケースのように結構あっさりとスムースに応急処置ができるケースが多いように思います。その理由としては，「応急処置をしたい」というクライアントの思いが非常に切実であることが考えられます。自殺や自傷行為をしたい，自殺や自傷行為を止めてもらいたくないと心底考えている人は，そもそもカウンセリングには来ないでしょうし，来たとしても「本当に自殺をしてしまいそうでこわい」「本当は自傷行為をやめたい」と訴えたりはしないでしょう。つまり，カウンセリングを受けに来ていて，しかも「本当に自殺をしてしまいそうでこわい」「本当は自傷行為をやめたい」とカウンセラーに訴えてくるクライアントは，そもそも「何とかしたい」「そのために手助けがほしい」というモチベーションが高いのではないかと思います。それが応急処置がスムースにいく最大の理由だと考えられます。

　また「応急処置」というしかけがあると，カウンセラーが，クライアントの自殺をしたい気持ち，自傷行為をしたくなってしまう気持ちを肯定もせず否定もせずにそのまま受けとめやすい，というのも，応急処置がわりとスムースにできる理由のひとつかもしれません。死にたい気持ちや自分を傷つけたい気持ちを誰かに話したけれども，受け入れてもらえずさらに傷ついた，という体験をしているクライアントは少なくありません。さきほどご紹介した千代田さんとの対話を見ていただければおわかりになるように，応急処置をする中で，私は自殺に対する千代田さんの気持ちを聞き，そのまま受け入れています。本当に死ぬことと「死にたい」と思うことは別のことです。私たち援助者は，クライアントが本当に死ぬのを手助けするわけには絶対にいきませんが，「死にたい」という気持ちを共有することはできますし，むしろそうすることが治療的なのだと思います。逆説的ですが，「死にたい」というクライアントの気持ちをしっかりと受け止めることができれば，クライアントが本当に死ぬ確率は減っていくのだと思います。したがってクライアントの自殺企図や自傷行為に対する思いはそのまま受けとめる必要があるのですが，その際，「応急処置」というしかけがあると，少なくとも私はクライアントの話をしっかりと聞きやすくなりますし，受け入れやすくなります。おそらく「この後一緒に応急処置のための計画を立てることができるのだから，そのためにもまずはクライアントの話をしっかりと聞こう」という意識を私のほうで持てるからなのだと思います。そしてカウンセラーである私が

しっかりと聞いたり受け入れたりできればできるほど，それが応急処置の効果につながっていくと思われるのです。

さらにコーピングシートというツールが，応急処置をスムースに進めるためのツールとして，実はなかなかの優れものなのではないかと私は考えています。後でお話しするとおり，応急処置のためのツールはコーピングシートだけではありませんが，応急処置が必要になるような状況に陥ったとき，コーピングシートの場合，それを見るだけで，「今自分は何をどう考えればよいか」「今自分はとりあえず何をすればよいか」ということがわかり，すぐに実行に移しやすいという利点があります。さきほど紹介した3つのケースでも，もし応急処置のやり方がコーピングシートに外在化されていなかったら，あそこまで効果を発揮しなかったのではないかと思います。これは応急処置に限りませんが，やはりツールへの外在化というのはCBTにとって非常に強力なのだなあ，と改めて思います。

◈危機介入（他者への暴力行為）

別の危機介入のための応急処置の例を紹介します。

第3章でお伝えしたとおり，ケースEの江藤真二さんとは初回セッションからアセスメントに入りました。しかし詳細は第7章以降に紹介しますが，セルフモニタリングの重要性やCBTの基本モデルそのものを江藤さんに理解していただくことが最初非常に難しく，アセスメントが難航していました。その間に，奥さんから当機関に電話が入り，「うちの主人がそちらに通っていると思いますが，そちらの認知行動療法の進行はどうなっているんでしょうか。先日私はまた主人に殴られました」といったことを，電話を取った受付スタッフに話されました。スタッフは話を聞くに留めて電話を切り，その件を私に報告しました。

その次の江藤さんとのセッション（第5セッション）の冒頭で，私から，〈江藤さんの奥さんと名乗る方から，先日電話があって，受付の者がお話をうかがったのですが〉と切り出して，受付から聞いた話をそのまま江藤さんに報告しました。江藤さんは非常に苦々しい顔をして「確かにその電話はうちの家内からのものだと思います。それでそちらはどんな対応をしてくれたんですか？」とおっしゃったので，私からは，当機関では基本的に，クライアントのご家族と名乗る方から電話やメールなどで問い合わせがあっても，そのクライアントが当機関に通っているかどうかについても含め，一切お答

えしない規則になっており，江藤さんの奥さん（と名乗る方）に対しても，スタッフはその規則に従って対応したこと，すなわち「お話は承りました。ただ，大変申し訳ないのですが，たとえご家族であっても，その方がこちらに通われているかどうかを含め，一切お話しできないことになっておりますので，ご了承ください」と申し上げて電話をお切りしたことをお伝えしました。

　ここでちょっと話が逸れますが，ご家族と名乗る方から問い合わせや予約に関する電話が入ったとき，当機関では今お話ししたとおりの対応を一貫してするようスタッフの間で徹底しています。ただクライアントから許可がある場合，たとえば「配偶者から予約の電話や問い合わせがあった場合，それにそのまま対応してもよい」と予め当機関とクライアントが合意している場合は，配偶者からの電話にも対応します。ただ電話で対応するのはあくまでも事務的な用件だけで，CBTの進行やセッションの内容などカウンセリングに直接関わることについて電話でやりとりをすることは，たとえクライアント本人であっても原則的には行わず，そういった話は全て，セッションの中でするようにしています。したがってクライアントのご家族と名乗る人から電話があって，「そちらの認知行動療法はどうなっているか」などと聞かれたとしても，それにお答えするようなことは一切ありません。以上のことについても私から江藤さんに説明しました。

　江藤さんは私の説明を聞いて，不服そうな表情を示しましたが，「まあ，その対応は，筋は通っていますね」と言って，一応は納得してくれたようでした。しかしその後，不機嫌な表情で「全く，あの馬鹿女は……」とつぶやいて，こちらを見ようともせず，深くため息をついて無言のままです。そこで私から，〈あのー，この件どうしますか？　そういうことがあったということで終わりにしておいて，私たちの認知行動療法を引き続き進めますか？　それとももう少しこの件について話し合うなり，対策を立てるなりする必要がありますか？〉と尋ねたところ，江藤さんが「対策って？」と少し乗り出してきたので，私から，おそらくこの問題は江藤さんの主訴に関わることであるように思われること，したがって今行っているアセスメントの作業をしっかりと行わない限り，主訴に関する問題解決はできないであろうこと，しかしそれにはそれなりの時間をかける必要があること，それまでの間，主訴に関わる問題が発生しそうになったとき，もしくは発生した場合にどう対処すればよいか，あくまでも間に合わせ的な応急処置であるが，対策を一緒に考えることはできること，について説明し，コーピングシートを提示しまし

```
コーピングシート
クライアントID：___E___    応急処置＝酒を飲んで妻に暴力をふるうことを防ぐため
                    コーピングシート
問題状況に備えて，そのときに自分に何と言ってあげるとよいか，何をするとよいか，についてあらかじめ考えておくことが，役に立つ場合があります

氏名  江藤真二様    記入年月日  2005 年 6 月 27 日 ( 月 曜日)

予測される問題状況(できるだけ具体的に記入します)    予測される自分の反応(感情，認知，行動，身体)
・酒を飲んでいる                          ・腹が立つ。頭に血が上る。
・妻の態度が気に障る(返事が遅い，言った      ・近くの物(ゴミ箱など)を蹴る。投げる。
 とおりにしない，口答えする，反論する)       ・妻に怒鳴る。妻を小突く。殴る。蹴る。
                                        ・泥酔するまで酒を飲む。

     認知                                      行動
   そのときの自分に何と言ってあげるとよいか？    そのときの自分は何をするとよいか？
   「待て，待て，待て！」                    ・すぐにトイレに行って鍵をかけ便座に腰かける。
   「やったら離婚だぞ」                     ・落ち着くまでひたすら深呼吸をする。
   「俺は間違っていない」                    ・左の4つの認知を声に出して自分に言い聞か
   「馬鹿女は放っておけ」                      せる。

備考：

                                copyright 洗足ストレスコーピング・サポートオフィス
```

図5.6　江藤さんと作成した応急処置のためのコーピングシート（第5セッション）

た。私の説明を聞いて江藤さんはしばらく考えて，「また似たようなことがあってあの女に騒がれるとかなわないから，まあ，その応急処置とやらを，やってもらったほうがいいんでしょうな」と言い，乗り気な様子ではありませんでしたが，とりあえず同じこと（酔って妻を殴り，妻に騒がれる）を繰り返さないために応急処置としてコーピングシートを作成することが合意されました。

そしてそのセッションで作成したのが，図5.6のコーピングシートです。
図5.6のコーピングシートをご覧いただくと，まさに「間に合わせ」であるということがご理解いただけるかと思います。この時点での江藤さんの

認識は，要約すると「自分が妻に腹を立てるのは，妻の態度が悪いからであって，自分は何も悪くない」というものでした。しかし離婚だけは避けたいので，たとえ自分は悪くなくても，同じことを繰り返すのはまずいという認識はあり，その結果"落としどころ"として，「待て，待て，待て！」「やったら離婚だぞ」「俺は間違っていない」「馬鹿女は放っておけ」という4つの認知的コーピングが，何とか同定されました。特に「馬鹿女は放っておけ」というフレーズについては，「そういえば今まで自分は二通りで家内に対応していた。『馬鹿女だから俺が言って聞かせなきゃわからない』と思うと延々と説教したり怒鳴ったりするし，逆に『馬鹿女で言ってもわからないんだから放っておけ』と思うと何も言わずに無視していた。ということは，こういう場合は，『馬鹿女だから放っておけ』と思って無視しておくほうが得策ということになりますわな」と，江藤さん自ら自分のこれまでの対処を振り返って，役に立っていたフレーズを抽出したものです。

　行動的なコーピングについては，私から「タイムアウト」という行動療法の技法について心理教育的に説明したところ，「それがいい」とのことで，たとえ認知的なコーピングを意識したとしても，とにかく奥さんのいる場所にいると口や手や足が出てしまう可能性が高いので，その場から離れて自分用のトイレに行って，鍵をかけ，ズボンや下着も下ろして，用を足すときと同じようにトイレに腰かけてしまうことにしました。そしてひたすら深呼吸を繰り返して，さきほど紹介した4つの認知的コーピングを，実際に声に出して自分に言い聞かせることにしました。

　こうして出来上がったコーピングシート（図5.6）は，小さく折りたたんで手帳にしまい，手帳なら毎日見るので，その都度コーピングシートについても意識をして，備えることにしました。このように応急処置を行い，コーピングシートを作ったことに対する江藤さんの感想は，「どれもこれも目新しい対処法ではないし，子供だましのような気もするが，何もないよりはあったほうがマシ」というものでした。

　さきほど述べたように，応急処置のためのコーピングシートは，内容も重要ですが，「応急処置のためにコーピングシートを作って次に備える」という作業や意識づけそのものが重要です。江藤さんの場合も，このコーピングシートでとりあえずしばらくは奥さんとの関係がひどいことにはならずに済みましたが，それはこのコーピングシートを実施したからというよりは，セッションでコーピングシートを一緒に作り，事前に備えたから，という意味が大きいと思います。というのも，江藤さんはこのコーピングシートについ

て，後日，次のように話してくれたのです。「私も商売人なんで，1万円かけて作ったシートだから，これを活かさないと損だと思って，持ち歩いているんですわ」。要するに当機関では1回のセッションの料金が1万円で，1セッションかけて作ったこのコーピングシートにはまさに1万円がかかっているので，活用しないともったいないから持ち歩いている，ということです。私はそれを聞いて「なるほどな」と感心しました。これはまた認知再構成法のときにお話させていただきますが，自分のお金や時間を使って作ったものは，人はそれだけ大事にするものだと思うのです。江藤さんは会社の経営者なので，一般の人よりコスト感覚がシビアなのかもしれません。だからこそ「あったほうがマシ」程度のコーピングシートでも，1万円かかっているのだから，その分は元を取ろうという思いが働いたのだと思います。そしてその思いがコーピングシートを持ち歩くことにつながり，ひいては当初の目的である応急処置がとりあえずうまくいったという結果につながったのでしょう。ただし，今私が2度も「とりあえず」と申し上げたとおり，応急処置はあくまでも間に合わせでしかなく，これで江藤さんの抱える問題が解決されたわけでは決してありません。江藤さんの事例については，次章以降も引き続き紹介していきます。

◎**危機介入（犯罪行為）**

犯罪に関わる行為を主訴としてCBTを適用するケースでも，初期段階で応急処置を行うことが多いように思われます。この場合の「犯罪」とは，殺人など人の生命に関わるような重大な犯罪ではなく，たとえば万引き，覚せい剤などの違法薬物の摂取，飲酒運転，盗撮や露出などの性犯罪などを指します。そういった犯罪行為を主訴に来談するクライアントは一様に，「やめたいのだが，自分ひとりではやめられない」と訴えます。そこでCBTでクライアントがそのような犯罪行為を犯してしまうメカニズムをアセスメントし，そのようなメカニズムを解消するための手立てを考えていくわけですが，そこにたどり着くまでにはそれなりの回数や期間がかかります。犯罪を犯さずに済むようになるまでにそれなりの期間がかかるということは，そのようになるまでは，犯罪を犯す可能性が高いままであるということになります。そこで，間に合わせでも何でもよいので応急処置を行って，何とか犯罪をせずにCBTを進めていこうという話になるわけです。

私自身，犯罪に関わるケースを，それほど多く担当したことがあるわけで

はありませんので一般化はできませんが、これまでに担当したケースのほとんどが、CBT の初期段階で危機介入的に応急処置を行った場合、その応急処置が奏功して、何とか犯罪をしないで無事に CBT を進めていくことができました。これはそれだけ、そのようなクライアントの「何とかしたい」という気持ちが切実であるということを示しているのだと思います。このようなクライアントの中には家族に強く勧められて来談する人もいますが、少なくとも皆さん、自分の意思で CBT を受けに来ています。それだけモチベーションが高いのでしょう。だからこそ CBT にもしっかりと取り組んでくれますし、応急処置についても主体的に実践してくれるのだと思います。そこが刑務所や保護観察所で、いわば強制的に CBT を受けることになる犯罪者との違いかもしれません。とにかく犯罪に関わるケースは一見大変そうに思われるかもしれませんが、自主的に来談するクライアントの場合はむしろ協同作業がやりやすいなあ、というのが私の実感です。

　図5.7は、「万引き癖を何とかしたい」という主訴で CBT を開始した C さんと一緒に作成した応急処置のためのコーピングシートです。アセスメントをしっかりと行わなくては、C さんが万引きをやめられないメカニズムがわからないので、CBT の初期段階で本質的な解決策を見つけることはできませんが、その間、この癖を放置しておくと万引きを繰り返す可能性が高く、C さんにしてみると、万引きを繰り返す分にはまだよいのですが、そのせいでつかまりたくないという気持ちが強く、応急処置を試みることにしたのでした。なぜつかまりたくないかと言うと、すでに C さんは万引きで何度かつかまったことがあり、今度つかまったら確実に起訴されることになると警察から告げられていたためでした。C さんがカウンセリングにいらしたのは、「起訴されることだけはどうしても避けたい」という思いからでした。ちなみに C さんは30代の専業主婦で、夫と子どもの3人暮らしでした。

　図5.7は、私たちが最初に作った応急処置のためのコーピングシートです。

　「1人で買い物に行かなければ万引きをしないで済むのだから、そういう方針で応急処置をしたい」というのが、当初の C さんの希望でした。タイムアウトの原理ですね。それはそれで理にかなっていると思えましたし、生協の宅配やインターネットを使ったり家族と一緒に出かけたりすれば1人で買い物に行かなくても生活はできるということでしたので、とにかく「1人で買い物に行かない」という方針を軸に、図5.7のようなコーピングシートを作成しました。したがって認知的なコーピングとしては「1人で買い物

```
コーピングシート
クライアントID：___×××___   応急処置＝万引きをしないため
                    コーピングシート
問題状況に備えて、そのときに自分に何と言ってあげるとよいか、何をするとよいか、についてあらかじめ考えておくことが、役に立つ場合があります

氏名 ___Ｃさん___    記入年月日 200Ｘ 年 Ｘ 月 Ｘ 日 ( Ｘ 曜日)

予測される問題状況（できるだけ具体的に記入します）    予測される自分の反応（感情、認知、行動、身体）
・監視のゆるい本屋、スーパー、コンビニ、100          ・「今だ！」「今しかない！」→ゾクゾクするような快感
 円ショップにいるとき                              ・ターゲットとする商品をすばやく決める
・店員が何か作業していたり客に対応していたり          ・周囲をサッと見渡して、見つからないと確信したら、
 する。周りに人がいないか、すごく少ない                ターゲットをすばやくバッグに入れ、店を出る

認知                                              行動
    そのときの自分に何て言ってあげるとよいか？           そのときの自分は何をするとよいか？
・「一人で買い物に行かない」                         ・食品と生活用品は生協にする
・「買い物に行かなければ万引きをしないですむ」          ・夫や子どもに買い物を頼む
・「今度つかまったら大変なことになるから、と         ・化粧品や本やCDやDVDはネットで買う
 にかくお店に行くのをやめよう」                     ・買い物に行くときは必ず誰かと一緒に行く
・「お店に行かなくても生活はできる」

備考：
                                    copyright 洗足ストレスコーピング・サポートオフィス
```

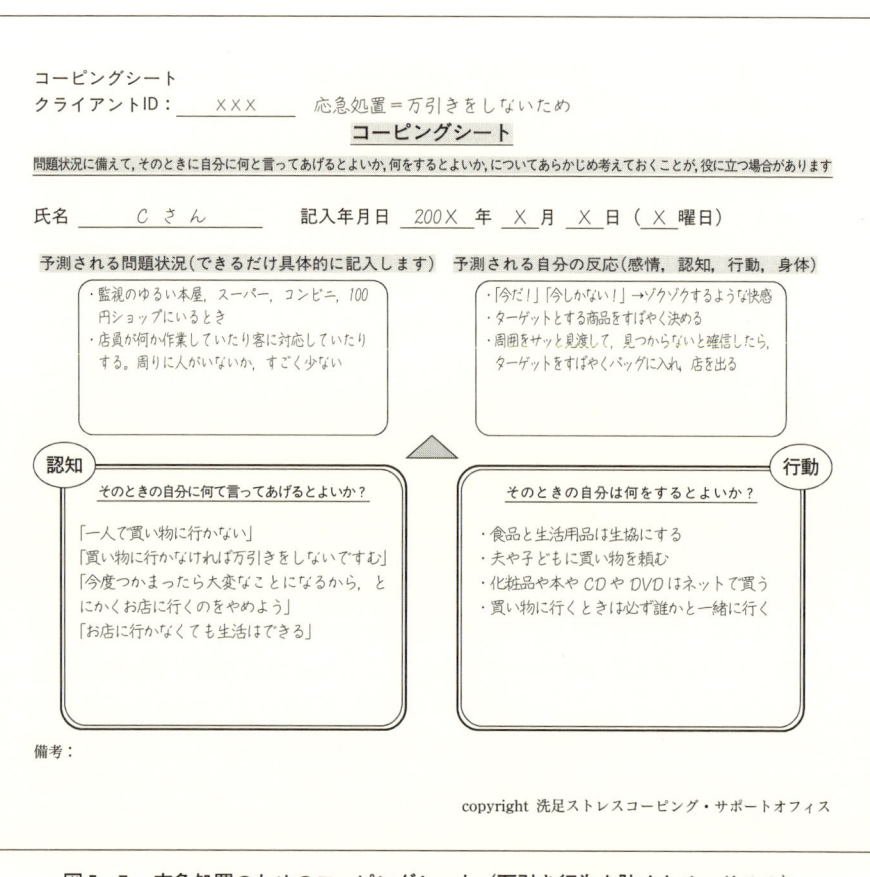

図5.7 応急処置のためのコーピングシート（万引き行為を防ぐため　その1）

に行かない」「買い物に行かなければ万引きをしないですむ」「今度つかまったら大変なことになるから、とにかくお店に行くのをやめよう」「お店に行かなくても生活はできる」というように、万引きをしないための認知というより、1人で買い物に行かないための認知を作ってみました。また行動的なコーピングも、「食品と生活用品は生協にする」「夫や子どもに買い物を頼む」「化粧品や本やCDやDVDはネットで買う」「買い物に行くときは必ず誰かと一緒に行く」というように、直接的な万引き防止策というよりは、1人で買い物に行かずにすませるにはどうしたらよいか、といった対策が挙げられました。

このコーピングシートができた時点でCさんは、「結局1人で買い物に行きさえしなければ、いいんですよね。今日ここでこれを作って、そのことがよくわかりました」と非常に満足した様子でお帰りになりました。そして実際、最初の数週間はこのコーピングシートをそのまま実行し、つまりCさんは一度も1人で買い物をすることはなく、したがって万引きをするようなこともなく無事に過ごしていました。ところが約1カ月後の数回目のセッションで、子どもの学校の課題のためにどうしてもホームセンターに1人で行かざるをえない事態に陥り、不安だけれどもこのところ万引きをしていないのだから（1人で買い物に行っていないので当然といえば当然ですが）まあ大丈夫だろうと思ってそのホームセンターに行ってみたところ、お店で商品を選んでいるあたりから徐々に「今だ！」「今しかない！」という自動思考が頭に浮かび、例の「ゾクゾクするような快感」が強烈に生じ、どうにも欲求を抑えることができずに、文房具や生活用品を数点万引きしてしまったのです。幸か不幸かその万引きが見つかることはなく、つかまることはありませんでした。
　Cさんはうなだれて、「私なんかもう駄目です。一生お店に行かないなんてことはやっぱりできないし、お店に行ったらこうやって自分を抑えきれずに万引きしちゃうんだもの」と言いました。私からは、万引きをしないで済む自分になるためにここで一緒にCBTに取り組んでいるのだということ、そのCBTは始まったばかりであり、今後時間をかけてしっかりとCBTを進めていく必要があること、今回試みたのはあくまでも間に合わせの「応急処置」にすぎないこと、最初に試みた応急処置がうまくいかなくてもがっかりする必要はなく、一緒にまた次の応急処置の計画を立てればよいだけのことであること、をお伝えしました。Cさんは「そうか。これは応急処置だったんですね。忘れていました」と笑顔が戻り、私たちは気を取り直して、2回目の応急処置の計画を立てることにしました。そして作成したのが図5.8のコーピングシートです。
　ちなみにこのCさんのように、応急処置だということをつい忘れてしまい、応急処置がうまくいかないときに絶望的になるクライアントは少なくありません。したがってカウンセラーとしては、応急処置はあくまでも応急処置であることを繰り返しクライアントに伝えるようにする必要があるでしょう。
　図5.8のコーピングシートを見ていただければおわかりになるとおり、1回目のコーピングシート（図5.7）に比べ、2回目のコーピングシート

```
コーピングシート
クライアントID：  xxx    応急処置＝万引きをしないため
                    コーピングシート
```
問題状況に備えて，そのときに自分に何と言ってあげるとよいか，何をするとよいか，についてあらかじめ考えておくことが，役に立つ場合があります

氏名　　　　Ｃさん　　　　　記入年月日　200X 年 X 月 X 日（ X 曜日）

予測される問題状況（できるだけ具体的に記入します）
- 監視のゆるい本屋，スーパー，コンビニ，100円ショップにいるとき
- 店員が何か作業していたり客に対応していたりする。周りに人がいないか，すごく少ない

予測される自分の反応（感情，認知，行動，身体）
- 「今だ！」「今しかない！」→ゾクゾクするような快感
- ターゲットとする商品をすばやく決める
- 周囲をサッと見渡して，見つからないと確信したら，ターゲットをすばやくバッグに入れ，店を出る

認知　そのときの自分に何て言ってあげるとよいか？
- 毎朝自分に言い聞かせる認知
「今日も万引きをしないで1日を終えよう」
- 外出時に自分に言い聞かせる認知
「用のない店には絶対に入らない」
- お店の中にいるときに自分に言い聞かせる認知
「万引きをしない体でこの店を出るんだ」
「あのときの気持ちを思い出そう」 ※以前つかまったときのみじめな気持ちをあえて思い出す

行動　そのときの自分は何をするとよいか？
- 買い物はできるだけネットでするか，夫に頼んで買ってきてもらう
- 用のない店には絶対に入らない。具体的に買う物を決めてから店に入る
- 店に入って必要な物をカゴに入れたら，レジに直行する
- 万引きをしないで1日を終えられることになったら，ハーゲンダッツのアイスを1個食べる

備考：

copyright 洗足ストレスコーピング・サポートオフィス

図5.8　応急処置のためのコーピングシート（万引き行為を防ぐため　その2）

には，万引きそのものに直接的に焦点を当てたコーピングが含まれています。2回目のポイントとしては，できるだけ買い物はネットや夫への依頼で済ませるとしてもやはりそうもいかないときもあるので，その場合の心構えや行動の仕方を具体的に計画化したということです。認知としては，その日に1人で買い物に行くかどうかはともかく，とりあえず毎朝「今日も万引きをしないで1日を終えよう」と自分に宣言することにしました。そして外出したときに「用のない店には絶対に入らない」と自分に言い聞かせ，行動としても「用のない店には絶対に入らない。具体的に買う物を決めてから店に入る」ということに決めました。そしてお店の中にいるときには「万引きをし

ない体でこの店を出るんだ」とずっと自分に言い聞かせることにしました。そして「あのときの気持ちを思い出そう」と自分に言って，以前つかまったときのみじめな気持ちを積極的に思い出すことにしました。あらかじめつかまった後の嫌なイメージを持って店に入ると，万引きすることへの欲求や快感が生じにくいだろうという作戦です。そしてそのような嫌なイメージを抱きながら店に入り，買う予定の商品が陳列されているコーナーに直行し，必要な物を買い物カゴに入れたら脇目もふらずにレジに直行することにしました。これらの認知や行動は，セッション中に念入りにリハーサルを行い，「これならできそうだ」という実感が持てることを確認しました。

さらに朝，自分に言い聞かせた「今日も万引きをしないで1日を終えよう」という宣言通りに1日を終えられたら，ご褒美として，好物のアイスクリームを1個，味わって食べるということも行動的な計画に加えました。これは私から提案したものです。Cさんは「これまで万引きしたらつかまる，万引きしないのが当たり前と思っていたので，万引きしないことへのご褒美なんて，考えたことがありませんでした」と話してくれました。

はたして2回目のコーピングシートは，今度はうまくいきました。結果的に毎日万引きしないので，Cさんは毎日アイスクリームを楽しむことができ，CBTのほうも本線に戻り，Cさんの万引きについてのアセスメントを進めていくことができました。

このように，応急処置の1回目がうまくいかなければ，「この応急処置の計画がうまくいかないということがわかってよかったね」というスタンスで，2回目の計画を立て，それでもうまくいかなければ3回目の計画を立て……というように，応急処置そのものも問題解決の精神で，粘り強く取り組めばよいのだと思います。そういう問題解決的に粘る構えそのものも，クライアントにとっては良きモデルとなるでしょう。

もうひとつ犯罪に関わる危機介入のための応急処置の例を紹介します。図5.9をご覧ください。

Dさんは20代の男性で，痴漢行為で執行猶予中の身でした。担当の保護観察官からは，「できるだけ電車に乗らないように」とアドバイスされているということでしたが，アルバイト先に行くためにはどうしても電車に乗る必要があり，また新宿駅を経由していくつかの電車に乗るため，混雑した電車を避けることも難しい状況でした。

Dさんは「自分1人では痴漢行為をやめられそうにない」ということで認知行動療法を求めて来談した方です。ただしDさんは痴漢行為をあまり

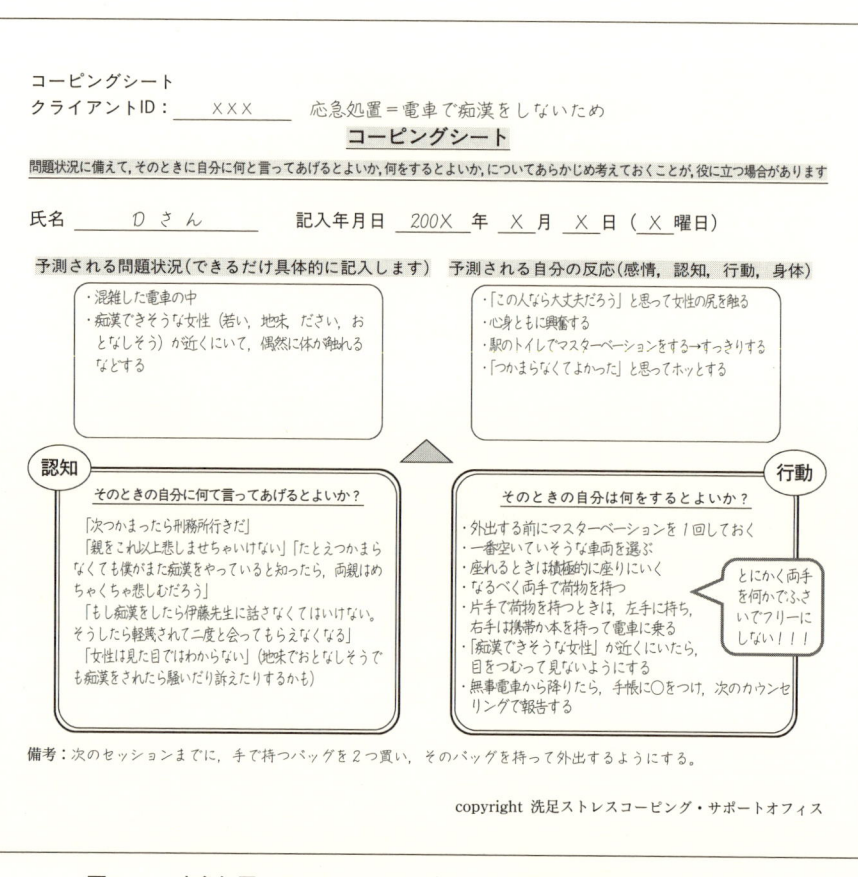

```
コーピングシート
クライアントID：　×××　　応急処置＝電車で痴漢をしないため
                    コーピングシート
問題状況に備えて、そのときに自分に何と言ってあげるとよいか、何をするとよいか、についてあらかじめ考えておくことが、役に立つ場合があります

氏名　　Dさん　　　　　記入年月日　200X　年　X　月　X　日（X　曜日）

予測される問題状況（できるだけ具体的に記入します）　予測される自分の反応（感情、認知、行動、身体）

・混雑した電車の中                         ・「この人なら大丈夫だろう」と思って女性の尻を触る
・痴漢できそうな女性（若い、地味、ださい、お  ・心身ともに興奮する
  となしそう）が近くにいて、偶然に体が触れる  ・駅のトイレでマスターベーションをする→すっきりする
  などする                               ・「つかまらなくてよかった」と思ってホッとする

  認知                                                      行動
そのときの自分に何と言ってあげるとよいか？    そのときの自分は何をするとよいか？

「次つかまったら刑務所行きだ」              ・外出する前にマスターベーションを1回しておく
「親をこれ以上悲しませちゃいけない」「たとえつかま ・一番空いていそうな車両を選ぶ
らなくても僕がまた痴漢をやっていると知ったら、両親は ・座れるときは積極的に座りにいく
めちゃくちゃ悲しむだろう」                ・なるべく両手で荷物を持つ
「もし痴漢をしたら伊藤先生に話さなくてはいけない。 ・片手で荷物を持つときは、左手に持ち、  　とにかく両手
そうしたら軽蔑されて二度と会ってもらえなくなる」     右手には携帯か本を持って電車に乗る     を何かでふさ
「女性は見た目ではわからない」（地味でおとなしそうで ・「痴漢できそうな女性」が近くにいたら、    いでフリーに
も痴漢をされたら騒いだり訴えたりするかも）        目をつぶって見ないようにする          しない！！！
                                      ・無事電車から降りたら、手帳に○をつけ、次のカウンセ
                                        リングで報告する

備考：次のセッションまでに、手で持つバッグを2つ買い、そのバッグを持って外出するようにする。

                                   copyright 洗足ストレスコーピング・サポートオフィス
```

図5.9　応急処置のためのコーピングシート（電車で痴漢をしないため）

悪いこととは思っていないそうで、インテーク面接で「正直言って、自分がそんなにひどいことをしているとは思えない。ただつかまるのは嫌だし、今度つかまって刑務所に行くのは絶対に避けたい」と言っていました。一方、Dさんが逮捕され裁判が行われる中で、Dさんが常習的に痴漢をしていたことに両親は驚き、大きなショックを受けたということで、そのような両親の姿を見て、Dさんは「これ以上両親を悲しませてはいけない」と強く思っているとのことでした。またCBTを開始して数回のセッションを実施するなかで、私と話をすること自体が彼にとって大切な時間になりつつあったようで、「こんな僕の話を軽蔑しないで聞いてもらえることがうれしい」「こ

こでは正直に自分のことを話せるからとても気持ちが楽になる」と話してくれるようになりました。

そこで認知的コーピングとしては「次つかまったら刑務所行きだ」「親をこれ以上悲しませちゃいけない」「たとえつかまらなくても僕がまた痴漢をやっていると知ったら，両親はめちゃくちゃ悲しむだろう」「もし痴漢をしたら伊藤先生に話さなくてはいけない。そうしたら軽蔑されて二度と会ってもらえなくなる」という文言を書き入れました。

この「もし痴漢をしたら伊藤先生に話さなくてはいけない。そうしたら軽蔑されて二度と会ってもらえなくなる」という文言は，ちょっと面白いですね。これはDさんがどうしてもこのような文言でいきたいと主張したものです。どういうことかというと，カウンセラーである私に対して，「何でも話せる」「何でも受け止めてもらえる」という安心がある一方，「だからこそ何でも話さなければならない」という気持ちもあるのだそうです。そして要約すると，「伊藤先生が僕の話を受け入れてくれるのは，それは今の自分が痴漢をしていないからであって，もしまたやってしまったらそのことを先生に話さないわけにはいかないし，そのことを聞いたら，先生も女性だから，きっと僕のことを軽蔑して，もうカウンセリングを受けさせてもらえなくなるに違いない。そうなるのは絶対に嫌だから，何とか痴漢をしないようにしたい」という思いがあるそうで，それが「もし痴漢をしたら伊藤先生に話さなくてはいけない。そうしたら軽蔑されて二度と会ってもらえなくなる」という認知的コーピングにつながったのです。私からは，〈ここではDさんの痴漢を主訴に認知行動療法を進めていくのだから，もし痴漢をするようなことがあったらやはり正直に話してもらいたい。ただ私がそのことでDさんを軽蔑したり，Dさんとのカウンセリングを終わりにしましょうということにはならない〉とお話ししましたが，Dさんとしては「実際はそうなのかもしれない。でもこういうふうに思っておいたほうが，痴漢をすることを防げると思うので，そう思うようにしたい」ということで，この文言を採用することになりました。

ところでDさんの痴漢は今に始まったことではなく，少なくともここ3年ほどは常習化していたそうで，それがなぜ今になるまで逮捕されなかったかというと，Dさんいわく「痴漢できそうな女性を選んでいたから」ということでした。具体的には，これもDさんの言葉によると，「若くて，地味で，ださくて，おとなしそうな女性は，お尻を触られるぐらいで騒いだり訴えたりしない」ということで，だからこそずっとつかまらずに痴漢をしつづ

けていたのだということです。ですから今回逮捕されたのは彼にとっては「青天の霹靂」で,「騒いだり訴えたりしない」はずの女性に訴えられてしまったわけですから, これまで見た目でターゲットを選んでいた彼の中で「女性は見た目ではわからない」というふうに認知が変化したということでした。〈このことも認知的コーピングに入れておきますか？〉と聞くと,「そうしたい」ということでしたので, 採用することにしました。

次に行動のほうですが, 性欲がいわゆる「たまって」いるときのほうが, 痴漢をしやすいということでしたので, 外出して電車に乗ることがわかっているときには, 外出前に一度マスターベーションをしておくことにしました。そして空いていそうな車両を選んだり, 空いている座席があるときは積極的に座りにいこうとしたりというように, できるだけ痴漢をしにくい状況に身を置こうという話になりました。しかしそうは言っても, 様々な理由で混雑した車両に乗らざるをえないことが, 毎日都心で電車に乗っていれば避けられるはずなく, そのときに一体どのような行動的コーピングを行うか, 一緒に検討しました。その結果,「なるべく両手で荷物を持つ」「片手で荷物を持つときは左手に持ち, 右手は携帯か本を持って電車に乗る」ということにして, 自分の両手をふさいでしまうことにしました。

ちなみにこれらの案は私が出したものです。Ｄさんにしてみると,「混雑した車両に乗れば女性がいる, 女性がいると痴漢をするしかなくなる」という図式が出来上がっていて, 最初私が何を尋ねても「いやあ, 思いつきません」「電車が混んでいて, おとなしそうな女性が近くにいたら, 自分をコントロールする自信がぜんぜんありません」と心細げに答えるだけでした。そこで私が〈両手がふさがっていれば, 痴漢ってできないんじゃないですか？〉と言うと, Ｄさんは驚いて,「あー, 確かにそうですよね。両手に荷物を持っていれば物理的に絶対無理ですよね」と言って,「ぜひその案でいきたい」とおっしゃいました。

「両手をふさいで痴漢を防ぐ」というのは, それほど斬新なアイディアではないと思うのですが, 何らかの認知や行動のパターンにはまってしまっている人にとっては, パターンにはまっているがゆえに, 普通に考えたら出てきそうなアイディアを考え出せないことがありますが, このときのＤさんがまさにそれに該当します。さらにＤさんはこれまでずっとリュックサックを使っており, 両手が空いた状態で電車に乗っていたのだそうです。確かにセッションに来たときのＤさんの荷物はいつもリュックでした。それもあって「両手をふさいで痴漢を防ぐ」という発想がしづらかったのでしょう。

Dさんはこの発想がよほど気に入ったようで，行動の欄に「とにかく両手を何かでふさいでフリーにしない!!!」と書き込み，赤ペンで囲っていました。またそのためにはリュックではなく手で持つタイプのバッグが2つ必要だという話になり，次のセッションまでにそのようなバッグを購入することをホームワークとし，コーピングシートの備考欄にもそのことを書き入れました。

　他には「『痴漢できそうな女性』が近くにいたら，目をつむって見ないようにする」「無事電車から降りたら，手帳に○をつけ，次のカウンセリングで報告する」という行動的なコーピングも追加されました。この2つはDさんから提案されたものです。特に前者の「目をつむって見ない」というコーピングは，先の「両手をふさぐ」から連想されたものだということで，Dさんはこれも大層気に入ったようでした。

　このコーピングシートを作ってみて，Dさんは「僕の中には，『電車に乗らなければ大丈夫，乗っちゃったらアウト』という思いがありましたが，たとえ電車に乗っても両手をふさぐとか目をつむるとか，そういう対処の仕方があるんだということが発見できて良かったです。これなら何とかいけそうな気がしてきました」という感想を話してくれました。その後，Dさんは実際，このコーピングシート通りに対処することで，何とか痴漢をせずにいられるようになり，その間に私たちはCBTを順調に進めていくことができました。その意味でもこのコーピングシートは大変に役に立ちました。

5-3 応急処置の具体的なやり方（その他）

　これまで紹介してきたとおり，危機介入においてコーピングシートを使った応急処置は大変に役立ちますが，応急処置の発想は危機介入以外にも様々に活用できます。以下にそれらを簡単に紹介していきます。またコーピングシートを使わない応急処置についてもいくつか紹介します。思いつくままにご紹介するので，ランダムな感じになってしまうかもしれませんが，お許しください。

◎ **まず環境調整が必要な場合**

　CBTを行う前に，そもそもクライアントを取り巻く環境や状況に大きな現実的な問題があり，まずそちらに対して問題解決を行う必要がある場合が

あります。落ち着いてCBTに取り組んでいくために，環境調整を行うのです。それはたとえばクライアントが職場でパワーハラスメントやセクシャルハラスメントに遭っている場合，しかるべき部署や窓口や担当者に訴えたり相談したりするなどして，ハラスメントや加害者に対して何らかの措置をしてもらうようにするとか，クライアントが長時間残業をせざるをえないほど山盛りの仕事を与えられているのであれば，上司に相談するなどして仕事量を減らしてもらうとか，専業主婦のクライアントの抑うつ状態がひどい場合，家事や子育ての負担を一時的に夫やそれぞれの両親に担ってもらうようにするとか，同居している恋人に日常的にひどい暴力を振るわれている場合，別居して安全な生活環境を何とか手に入れるとか，1人暮らしで食事など基本的なことがままならなくなっている場合，親に助けに来てもらうとか実家に帰って面倒をみてもらうとか，消費者金融に膨大な借金をしている場合，弁護士に相談して借金の整理に着手するとか……といったことです。

　CBTの基本モデルが環境と個人の相互作用から成っているとおり，クライアントを理解するためには，まずクライアントを取り巻く環境に目を向ける必要があります。そして今例を挙げたとおり，環境要因がそもそもあまりにも大きい場合，応急処置としてまず環境調整を行い，CBTを導入できる下地を作る必要があります。その場合も基本的にはすべてクライアントと話し合って，どういう方向で環境調整をするのか，一緒に決めていく必要があります。

◎クライアントが予約通りにセッションに来ることが難しいとき

　何らかの事情や都合で，予約した日時にクライアントが来ることが難しいというケースがあります。予約なしの相談室やクリニックもあるとは思いますが，私たちの機関では完全予約制を取っておりますので，クライアントが予約どおりにセッションに来てくれないと，CBTを進めることができません。ケースを開始してみて，そもそもクライアントが予約通りに来所すること自体が難しいことが判明した場合，「どのようにして予約通りにセッションに来るか」という問いを立てて，応急処置的にコーピングシートを作って対処するようにしています。

　その1例を紹介します。Eさんは20代の女性で，「気分変調性障害」の診断で会社を休職中でした。「気分に振り回されずに，普通に生活できるようになりたい」との希望のもとに，CBTを開始してみたものの，まさにその

気分に振り回されるようにして，予約通りにセッションに来られないということが続き，このままではまともにCBTが続けられないという危機感が私にもEさんにも生じ，応急処置を行うことにしました。Eさんの気分は特に天気の影響を受けやすく，天気が悪いとたちまちめんどうな気分になり，何もできなくなってしまうし，外出できなくなってしまうという特徴が見られました。したがってセッションの予約日の天気がうんとよければ，問題なく来られるのですが，少しでも曇りがちだったり雨が降っていたりすると，連絡もせずにキャンセルする羽目に陥ってしまいます。EさんとのCBTを開始したのが，たまたま春先の天候が不安定な頃だったので，3回のうち2回は無断キャンセルということが続き，応急処置を行うことにしたのです。

図5.10がEさんと一緒に作ったコーピングシートです。

コーピングシートの上の部分（「予測される問題状況」「予測される自分の反応」をご覧いただくと，セッションの予約日に天気が悪いと，ほぼ自動的にめんどうくさくなって，ぐずぐずするうちに，キャンセルする羽目に陥ってしまうのがおわかりいただけるかと思います。それを応急処置によって，何とか自分の身を当機関まで持っていくにはどうしたらよいか，ということを検討したわけです。

〈では，セッションの日に天気が悪く，「行きたくない」「めんどくさい」「キャンセルしようかな」と思ってしまったとき，どのように考えてみると，自分の身をここまで運ぶことにつながりそうでしょうか？〉と私が尋ねると，最初Eさんは「めんどくさいなんて思っちゃダメ！」という案を出してくれました。そこで私が〈「めんどくさいなんて思っちゃダメ！」って自分に言うと，外出する方向に持っていけそうですか？〉とさらに尋ねると，Eさんはしばらく考えて，「いや，ダメだと思います。『ダメ！』って言ったって，めんどくさいはめんどくさいで，変わらないと思います」と答えました。ちなみにEさんは大変おしゃれな方で，頻繁に美容院に通っています。そこで私は〈美容院のときはどうしているのですか？　やっぱり予約を入れて行くのでしょう？　天気が悪かったらやっぱりめんどくさくならないのですか？〉とEさんに尋ねました。Eさんの回答は，「あ，美容院はめんどくさくても行っています。めんどくさいけど，美容院にはどうしても行きたいので，『めんどくさいけど，出ちゃえ！』という感じで出かけています」というものでした。そこで私たちはめんどうくさくても美容院に行けているEさんを参考に，めんどうくさく感じていることを否定せずに，「あーめんどくさい！　めんどくさい自分のまま出かけてしまえ！」という文言を作り

```
コーピングシート
クライアントID：　　×××　　応急処置＝予約通りにセッションに来るため
                    コーピングシート
問題状況に備えて，そのときに自分に何と言ってあげるとよいか，何をするとよいか，についてあらかじめ考えておくことが，役に立つ場合があります

氏名　　　Eさん　　　　　記入年月日　200X 年　X 月　X 日（ X 曜日）

予測される問題状況（できるだけ具体的に記入します）　予測される自分の反応（感情，認知，行動，身体）

・セッションの日                          ・「行きたくない」「めんどくさい」「キャンセルしようかな」
・天気が悪い（雨，寒い，暗い，風が強い）    ・気が重い，気持ちが滅入る，憂うつになる
                                         ・ソファで横になってぐずぐずする，居眠りをする
                                         ・結局無断キャンセルをしてしまう。自己嫌悪

認知                                     行動
　そのときの自分に何て言ってあげるとよいか？　　そのときの自分は何をするとよいか？

・「あーめんどくさい！ めんどくさい自分のまま出    ・「めんどくさい」と大声で言いながら，出かける準備
 かけてしまえ！」                           をする
・「いつかハワイに移住しよう」               ・わざとださい服を着る
                                         ・メイクは5分以内に終わらせる
                                         ・帽子をかぶって出かける

                                         ※雨の日用のグッズ（帽子，傘，靴，バッグ）をあらか
                                         じめ用意しておく。

備考：

                              copyright 洗足ストレスコーピング・サポートオフィス
```

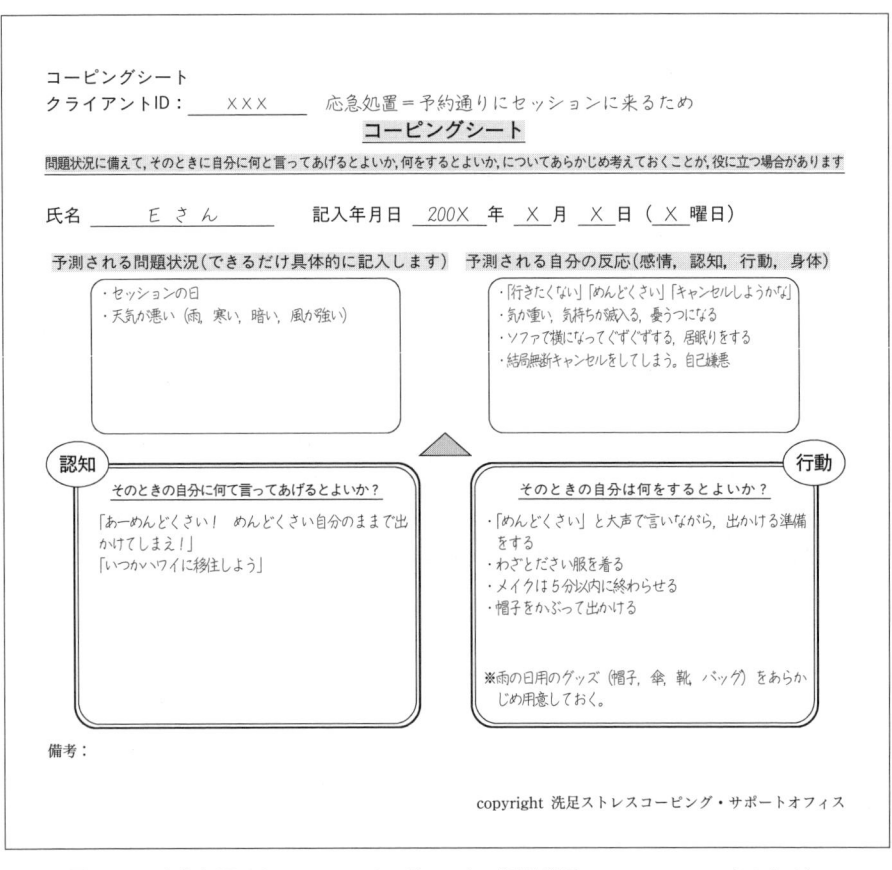

図5.10 応急処置のためのコーピングシート（予約通りにセッションに来るため）

ました。
　ところでそもそもEさんは日本の気候が大嫌いなんだそうです。「いつか絶対にハワイに住みたい」とおっしゃっていました。そこで将来ハワイに移住することを思えば，日本の嫌な天候も乗り切れるかもという話になり，「いつかハワイに移住しよう」というのも，認知的コーピングとして活用することにしました。
　認知的なコーピングはこの2つで充分ということでしたので，次に行動的なコーピングに移りました。まずは「めんどくさい自分のまま出かけてしまえ！」という認知に合わせて，実際に「めんどくさい」と声に出しながら，

出かける準備をすることにしました。そこで改めてわかったのが，本来おしゃれをするのが大好きなEさんなので，通常，出かける準備にかなりの時間がかかるということです。洋服をコーディネートし，念入りにメイクをして出かけたい，そうしないと出かけられない，というこだわりがあるということでした。だからこそ天気が悪くて気分が乗らないと，着替えたりお化粧することがものすごく負担に感じてしまうのでしょう。私たちはそれを逆手に取ることにしました。すなわち，天気が悪く気分の乗らないときには，おしゃれをしないことにしたのです。わざとださい服を着て，メイクも5分以内で済ませることにしました。しかしそれだと「誰かに会ったときにやばい」ということでしたので，知っている人に会っても気づかれないよう帽子をかぶってカムフラージュすることにしました。また，おしゃれなEさんの割には，雨が嫌いなので傘や雨用の靴などはお気に入りの物がないということでしたので，できるだけ身につけて楽しくなるような雨用のグッズを揃えようということになりました。

このようにして作ったコーピングシートですが，Eさんはこれがたいそう気に入ったようで，「雨の日にわざとださい服を着るのが楽しみになってきました」と言って帰っていきました。そしてその後，予約日に天気が悪い日があったのですが，Eさんはさんいわく「見事にださい格好」で，時間通りにいらっしゃることができました。私からすると，普段のEさんとはテイストの異なるファッションで，それはそれで素敵だったので，全くださいとは感じませんでしたが……。また傘や雨用の靴などについては，Eさんのおしゃれなセンスを発揮して，とても素敵な品々を買い揃え，雨の日に私にも見せてくれました。

Eさんのケースはほんの1例にすぎませんが，特にCBTの初期段階で安定して予約通りに来ること自体が難しいケースの場合，このようにコーピングシートを使って応急処置をすることができます。クライアントは決してセッションに来たくないのではなく，来たいのに来られない何らかの問題を抱えているのだという視点から対策を立てれば，何とか予約通りにセッションに来られるようになるものだと思います。

◎セッション中に不穏になりやすいクライアント

CBTの初期段階は，カウンセラーとクライアントの協同関係や信頼関係を作っていく時期でもあります。最初からすみやかに良好な関係を築いて，

CBTを進めていくことのできるケースも少なくありませんが，反面，何らかの理由により良好な関係を作りづらい，もしくは良好な関係を作るのにそれなりの時間を要するケースも少なくないかと思います。その場合も通常は構造化されたCBTのセッションをしっかりと進めていくことを通じて，次第に良好な関係が築かれていくものですが，「CBTをしっかりと進めていく」こと自体が難しいぐらいに，クライアントがセッション中に不穏な様子を示すようなケースに，さほど多くはありませんがときたま遭遇することがあります。その場合はカウンセラー側から，カウンセラーとクライアントが協力してセッションを行うことが，CBTをクライアントに役立てるために不可欠であることをお伝えし，2人で協力してセッションを進めるために予め対策を立てておくことができるがどうしますか，というような提案をします。クライアント自身も，自分がセッション中に不機嫌になったりイライラしたりすることについては多かれ少なかれ自覚していますので，カウンセラーがこのような提案をすると，たいていそれを受け入れてくれます。クライアントも好きで不穏になっているわけではなく，そうならざるをえないからそうなっているので，このように提案されるとむしろホッとするようです。「（セッション中に自分が不穏になるのは）自覚してはいたのだけれど，自分ではどうしていいかわからなかったので，一緒に対策を立てられるのであれば助かる」といったことをおっしゃる方が多いです。

　ところで，この件をクライアントに提案する際は，クライアントがカウンセラーに責められたと感じることのないよう，伝え方に配慮する必要があるでしょう。私たちは2008年にジェフリー・ヤング先生たちによるスキーマ療法のテキストの翻訳を出版したのですが（Young et al., 2003），そこに「モード」および「モードワーク」という概念や技法があり，それが非常に興味深く参考になりました。モードとは，クライアントの一時的な状態を表したもので，特に境界性パーソナリティ障害をもつ人は，たとえば「怒れるチャイルドモード」や「懲罰的ペアレントモード」など，さまざまな非機能的なモードに陥りやすく，まずはその時々の自分のモードを自覚できるようになり，そのうえで「ヘルシーアダルトモード」という健康的な大人のモードを自分の中に育てていく技法を「モードワーク」といいます。

　モードやモードワークという概念や技法はスキーマ療法の文脈でなくても十分に使えるものであり，セッション中に不穏になりやすいクライアントには，モードの概念を紹介し，モードワークを応用した応急処置の対策を立てることが最近多くあります。モードの概念を使うと，クライアントの不穏に

なりやすい部分が外在化され，それを一緒に眺めるようにして話し合いができるので，クライアントが「責められた」と感じずに済むようです。

　1つケースを紹介します。Fさんは30代の女性で，「くだらない世の中に疲れた」というかなり大まかな訴えでもってCBTを開始しました。そこで主訴を具体化・明確化し，共有しようとするところから話し合いをしていったのですが，その最中に突然イライラし始め，「こんな話し合いは意味がない」「何でもいいからさっさと解決策を示してほしい」と言って，話し合いが膠着することが頻発しました。インテーク面接時にCBTの全体の流れについては説明し，一応合意しているはずなのですが，そういうときは，「そんな話は聞いていない」「そんなことはどうでもいいから，とにかく私の疲れを取って欲しい」と強い口調で私に詰め寄ってくるのです。ときには机をバンッと叩いたり，ゴミ箱を蹴ったりするということもあって，私はFさんとのセッションに恐怖感を感じるようになりました。そして同じようなことが続くのはCBTの進行にとっても，Fさんと私にとっても望ましくないと考え，応急処置の提案をすることにしました。

　そこで次のセッションのアジェンダ設定のときに，CBTを通じてFさんを手助けするうえで望ましくないやりとりがセッションで頻発しているという事実を示したうえで，それに対処するための応急処置を提案したところ，Fさんも同意してくれたので，一緒にコーピングシートを作ることにしました。その際，「モード」の概念を紹介し，2人で検討した結果，セッション中に不穏な状態になっているときのFさんには《どうせモード》と名前をつけるとぴったりくることが判明しました。次にその《どうせモード》が登場したときに，別のどのようなモードに入ればよいか，ということを検討し，それに《協力モード》と名づけました。それらをコーピングシートにまとめたのが次の図5.11です。

　認知的コーピングとしては，《どうせモード》が登場したことに気づいたら，「あ，いつもの《どうせモード》が出てきたぞ！」と自分に言い，「《どうせモード》に乗っ取られたら大変だ！」と言い聞かせ，「早く《協力モード》になって，伊藤さんと手をつなごう！」「《どうせモード》よ，さようなら！」と思って，カウンセラーと協力しようとする構えを作ることにしました。その際，図5.11のコーピングシートにあるように，両方のモードを視覚的にもイメージすることにしました。

　行動的コーピングとしては，このシートの使い方に関するものばかりなのですが，まず，セッション前に待合室で待っているときに，このシートを見

```
コーピングシート
クライアントID：　　×××　　応急処置＝協力してセッションを進めるため
                    コーピングシート
問題状況に備えて、そのときに自分に何と言ってあげるとよいか、何をするとよいか、についてあらかじめ考えておくことが、役に立つ場合があります

氏名　　　Fさん　　　　　記入年月日　　200X　年　X　月　X　日（　X　曜日）

　予測される問題状況（できるだけ具体的に記入します）　　予測される自分の反応（感情，認知，行動，身体）
```

- もともと調子がわるいか、何か嫌なことがあったとき
- セッションにおいて
- 伊藤の言動に何かひっかかる

★【どうせモード】登場！
- 「こんなことやっててもどうせ全然意味ない」
- イライラ　絶望感　怒り
- イライラや怒りを伊藤にぶつける

（どうせ全然意味ない！／どうせモード）

【認知】
そのときの自分に何と言ってあげるとよいか？
- 「あ、いつもの【どうせモード】が出てきたぞ！」
- 「【どうせモード】に乗っ取られたら大変だ！」
- 「早く【協力モード】になって、伊藤さんと手をつなごう！」「【どうせモード】よ、さようなら！」

Fさん　　　　伊藤
協力モード　協力モード
（協力モードになって手をつなごう！）

【行動】
そのときの自分は何をするとよいか？
- セッションの前に、待合室でこのシートを見て、【協力モード】に入っておく。
- セッション開始時に、伊藤と一緒にこのシートを見て、一緒に【協力モード】に入る。
- セッション中、このシートを机の上に出しておく。
- セッション中、【どうせモード】に入りかけたことに気づいたら、すぐに伊藤に報告し、このシートを一緒に見て、【協力モード】に戻る。
- セッション中、Fさんが【どうせモード】に入りかけたことに伊藤が気づいたらすぐに指摘し、このシートを一緒に見て、【協力モード】に戻る。

備考：

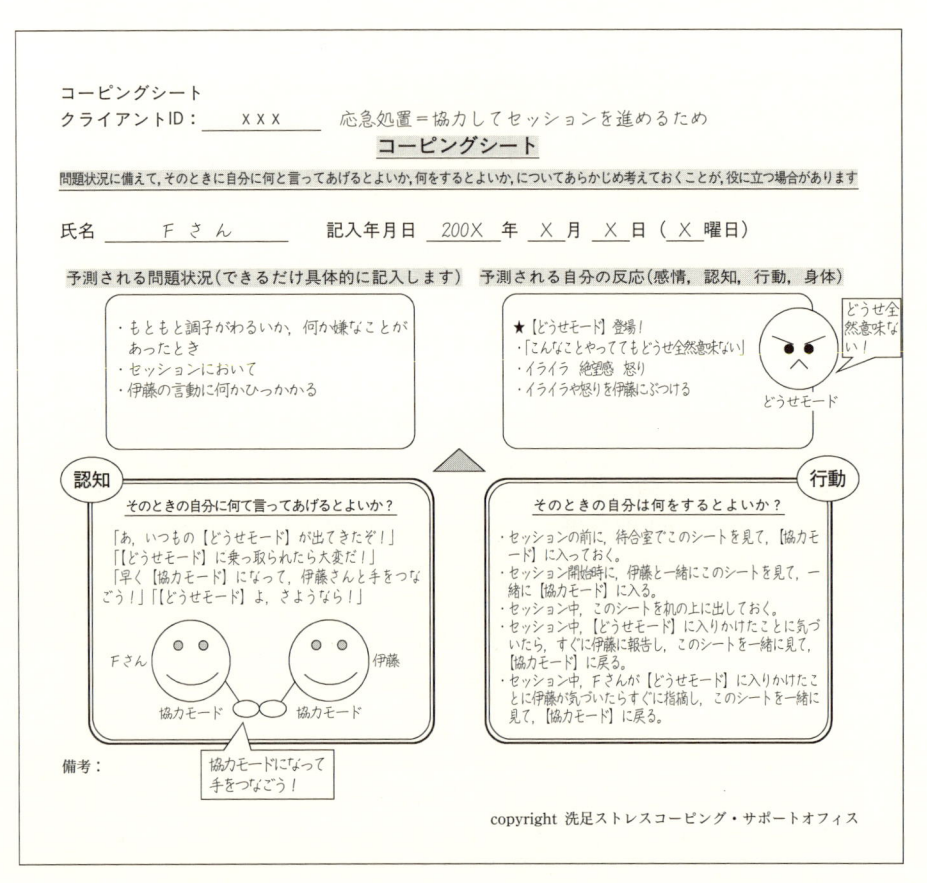

copyright 洗足ストレスコーピング・サポートオフィス

図5.11　応急処置のためのコーピングシート（協力してセッションを進めるため）

て，Fさん自身に《協力モード》に入っておいてもらうことにしました。またセッション開始時に一緒にこのシートを見て、一緒に《協力モード》に入ることにしました。さらにセッション中はこのシートを机の上に出しっ放しにして，常にこのことを意識できるようにすることにしました。そしてセッション中にFさんが《どうせモード》に入りかけたことに気づいたら，互いに報告したり指摘したりして，すみやかに《協力モード》に戻ることにしました。

このように「モード」の概念を使ってコーピングシートを作ってみたところ，まずFさんはモードの概念それ自体が面白かったらしく，途中から非

常に協力的になってくれました。特に《どうせモード》の絵を描いた後は，それを指差しながら対話をすることができるので，外在化された感じがはっきりとあり，とても話がしやすくなりました。また行動的コーピングのところで，コーピングシートの使い道について検討するときには，Fさんのほうから積極的にアイディアを出してくれるようになり，それについて私が，〈まさに今のFさんは《協力モード》になっていて，私としては一緒に作業するのがとても楽しいし，はかどる感じがするのですが，どうですか？〉と尋ねると，「自分もそう思う。《どうせモード》に乗っ取られないようにしたい」とおっしゃいました。というわけで，互いに納得のいく応急処置のためのコーピングシートが出来上がり，後は毎回のセッションの前，開始時，最中にも最大限に活用しましょうということでその日のセッションは終わりになりました。ホームワークとしてはもちろん，「次のセッションの前，待合室でこのコーピングシートを見て，《協力モード》に入っておくこと」という課題を設定しました。

　その後実際に私たちは最大限にこのコーピングシートを活用しました。毎回セッションの前に見ておいてもらったり，セッションの開始時に一緒に確認することは，ずっと続けましたし，セッション中に不穏になったことにFさん自身が気づくと，「今，これが出てきちゃった」と《どうせモード》を指差して報告し，自ら《協力モード》に戻れるようになりましたし，私が先に気づけば，〈あ，今，ちょっとこっちのモードが出てきたんじゃない？〉と指摘するのですが，そうするとFさんもすぐに「あ，そうだった」と気づいて，やはり自ら《協力モード》に戻ることができるようになりました。したがってその後セッション中にFさんが不穏な状態になってコミュニケーションが膠着するようなことは，ほとんどなくなり，CBTの本線をスムースに進めていくことができるようになりました。このように，セッションで不穏な状態に陥りやすいクライアントの場合，応急処置として早めにコーピングシートを導入すると，かなり助けになります。

　ちなみにこのFさんは軽度発達障害，おそらくアスペルガー障害の傾向を多分にもつ人で，CBTに対して「自分の悩みをすぐに全部解決してもらえるに違いない」というイメージを抱いて，当機関に来所したのだということが，後になって徐々にわかってきました。それが，悩みがすぐに全部解決するどころか，カウンセラーがテーマを絞ろうとしたため，「全部をすぐに」という思惑が「一部を少しずつ」という方向で取り崩されたので，それに対して腹を立てていたのだ，ということも後になってFさん自身が言語化し

てくれました。「でもあのときは本当に腹を立てていたし、それをどうしていいかわからなかったので、ああいうふうにするしかなかった。だからコーピングシートを作ってくれて、本当に助かったし、《どうせモード》というのがわかったので本当に良かった」と、これも後になってFさんが話してくれました。Fさんがおっしゃった「本当に助かった」というのは、私自身の本音でもありました。

　なお、今紹介した「モード」や「モードワーク」について興味をもたれた方は、ぜひヤング先生らの『スキーマ療法』をお読みになって、スキーマ療法の全体像およびそれにおけるモードの位置づけを理解した上で、臨床でご活用いただきたいと思います。言わずもがなのことをあえて申し上げるようで恐縮ですが、CBTにおいて何らかの概念や技法を適用する場合、やはりその理論的根拠をしっかりと理解したうえで、使う必要があると思うのです。「モード」は一見わかりやすく使いやすそうな概念なので、改めてこのようにお願いする次第です。またスキーマ療法やモードワークについては後の章でも紹介する予定です。

◈セッション後のネガティブな反応に対する対策

　CBTが開始され、主訴について話し合ったり、ヒアリングやアセスメントを行ったりするなかで、セッション後に一時的に具合が悪くなるクライアントがときおりいらっしゃいます。基本的にセッションでは楽しい話をするのではなく、クライアントの抱える何らかの困りごとや問題に焦点を当てるのですから、それらに直面することによって調子が崩れる人がいるのは当然と言えば当然でしょう。ですからヒアリングやアセスメントをする前に、それらの作業には痛みが伴うことをあらかじめ伝えておくことが必要ですし、セッションにおけるクライアントの反応を注意深く観察したり確認したりする必要があります。そしてさらに、セッション後に何らかのネガティブな反応が出なかったか、次のセッションの冒頭で確認する必要があります。

　セッションそのものがストレッサーとなって、セッション中に何らかのネガティブなストレス反応が生じている場合は、そのセッションの中で対処について検討することができますが、セッション後にセッションに対するストレス反応が生じるという場合、次回以降のセッションでそのことを共有し、必要であれば応急処置として一緒に対策を立てることができます。といってもセッション後のストレス反応のすべてに応急処置が必要であるとは私は考

えていません．さきほど申し上げたとおり，ヒアリングやアセスメントに痛みが伴うことはむしろ当然のことであり，「痛いから応急処置をする」ということではなく，まずは「何がどのように痛いのか」を共有し，それがクライアントに耐えられる痛みなのか，クライアント自身で対処できる痛みなのかについて検討し，もしそのままでは耐えられないし対処もできない，ということであれば，その時点で応急処置を提案すればよいのだと思います．

　これも事例をひとつ紹介します．Gさんは30代後半の男性で，職場で上司（Y部長）によるパワーハラスメントと思われる嫌がらせを受け，それが要因で抑うつ状態となり，休職をしている最中にCBTを開始しました．産業医や職場の計らいで加害者であるY部長が他部署に異動となったので，復職後にGさんがY部長と直接接触することはないのですが，間接的にせよ今後Y部長と接触する場合の関わり方について検討したいというのと，今後似たような状況に陥った場合の対処法を知りたいというのが，YさんのCBTに対するご要望でした．そこでいずれにせよ，Y部長とGさんとの間でどのようなことがあったのか，それまでの経緯をヒアリングする必要があるということが合意され，ヒアリングを開始しました．ところがほどなくして，セッションでY部長との経過について話をすると，セッション中は大丈夫なのですが，セッションが終わって当機関を退出し，1人になると急激に具合が悪くなるという現象が起こるようになりました．そこで話し合った結果，GさんにとってY部長とのことがトラウマのようになっていて，それをセッションで想起することが，セッション後具合が悪くなることの要因だろうとの仮説が共有され，そうかといってCBTを進めていくにあたっては，Y部長とのことをヒアリングすることが不可欠であると思われたため，応急処置として，セッション後の具合の悪さに対するコーピングシートを作成することにしました．それが図5.12です．

　まず行動的コーピングの欄の下の部分をご覧ください．私たちは，ヒアリングを行っている最中のホームワークとして，①その日のセッションでのヒアリングの見直しと，②次のセッションのヒアリングに対する心づもり，という2つの課題を設定することにしていました．セッション後にY部長のことを引きずることであまりにもつらいのであれば，ホームワークの課題そのものを見直すこともできるということを私からお伝えしましたが，Gさんは休職中に出来る限りCBTを進めておきたいということで，ホームワークの課題はそのままにしておきたいとのことでした．そこで私たちは話し合って，ホームワークの課題は，次のセッションの直前，具体的には当機関の最

```
コーピングシート
クライアントID：  ×××    応急処置＝セッション後のネガティブ反応への対処
              コーピングシート
問題状況に備えて，そのときに自分に何と言ってあげるとよいか，何をするとよいか，についてあらかじめ考えておくことが，役に立つ場合があります

氏名    Gさん         記入年月日  200X 年 X 月 X 日（X 曜日）

予測される問題状況（できるだけ具体的に記入します）    予測される自分の反応（感情，認知，行動，身体）
・セッションでY部長について話をした後              ・Y部長の顔や声のリアルなイメージが残る
                                              ・動悸，めまい，疲労，不安感，恐怖，落ち込み
                                              ・ボーっとして何もできなくなったり，モノに当たったりする

      認知                                              行動
そのときの自分に何て言ってあげるとよいか？           そのときの自分は何をするとよいか？
「セッションはもう終わったのだから，今はもうY部      次の①～⑥のどれかを実施する（その日の気分で選ぶ）
長のことは考えなくていい」                        ①近所の銭湯に行って温泉とサウナを楽しむ
「Y部長のことは次のセッションの直前まで考える必      ②DVDを借りてきて家で楽しむ
要がない」                                       ③学生時代のアルバムを見て楽しむ
「セッションで嫌なことを思い出したのだから，あと      ④ケンタッキーのフライドチキンを好きなだけ楽しむ
は気分転換だ！」                                 ⑤パソコンの将棋ゲームをとことん楽しむ
「何か自分にごほうびをしよう」                     ⑥実家に電話をして姪っ子とおしゃべりをして楽しむ
                                              ※ホームワーク（ヒアリングの見直しと心づもり）は次
                                              のセッションの当日，セッションの1時間前にコーヒ
                                              ーショップで行う。

備考：

                                    copyright 洗足ストレスコーピング・サポートオフィス
```

図5.12 応急処置のためのコーピングシート（セッション後のネガティブ反応への対処）

寄り駅の近くにコーヒーショップがあるので，セッションの1時間前にそのコーヒーショップに来て，そこで課題を行うことにしました。そうすれば，セッションが終わった時点から次のセッションの1時間前までの間，Y部長のことを考えなくてもすみます。

したがって認知的なコーピングとしては，セッションが終わった瞬間から，「セッションはもう終わったのだから，今はもうY部長のことは考えなくていい」「Y部長のことは次のセッションの直前まで考える必要がない」と思うようにすることにして，Y部長のことを頭から追い出すことにしました。そして「セッションで嫌なことを思い出したのだから，あとは気分転換

だ！」「何か自分にごほうびをしよう」と思って，実際に気分転換やごほうびにつながる具体的な行動を取ることにしました。それらが行動的コーピングの欄に具体的に記載されています。そこに挙げてある，①近所の銭湯に行って温泉とサウナを楽しむ，②DVDを借りてきて家で楽しむ，③学生時代のアルバムを見て楽しむ，④ケンタッキーのフライドチキンを好きなだけ楽しむ，⑤パソコンの将棋ゲームをとことん楽しむ，⑥実家に電話をして姪っ子とおしゃべりをして楽しむ，という6つは，すべてGさんにとっていつでも楽しめる行動です。セッションでトラウマについて話をしたら，セッション後にそれを引きずるのではなく，ご褒美として自分が確実に楽しめる行動を取って，気分転換を図ろうというわけです。①から⑥のどの行動を選ぶかについては，その日の気分でGさん自身が選ぶことにしました。

このように応急処置を行った結果，セッション後に具合が悪くなることをGさん自ら防げるようになりましたし，セッション後に確実に楽しい行動がついてくることから，「単に嫌なことを思い出すための時間」というだけでなく，「それを終えたら楽しいことができる時間」というふうにセッションの意味づけそのものが変わりました。

◎ピンポイントでアドバイスや対策が欲しいという場合

CBTで扱うことにした主訴とは別に，ふつうに生活したり仕事をしたりしていれば様々な問題や困りごとに遭遇するのは当然のことです。多くのクライアントはセッションの最初の「橋渡し（ブリッジング）」の時間帯に，「前回からの2週間のあいだに，こんなことがあったんです」というように，報告をしたり軽く愚痴を言ったりしてくれて，それでCBTの本線に入ることができますが，クライアントによってはそれらの問題や困りごとに対してアドバイスを欲したり，「一緒に対策を立てたい」と希望を言ってくる場合があります。そのような場合も「応急処置」という位置づけで，カウンセラーがアドバイスをしたり，他の人の例を紹介したり，コーピングシートを作ったりすることができます。

最近の私自身の事例を紹介すると，両方とも復職がらみの事例ですが，1つは，うつ病で休職していたクライアントが，復職後新たに配属された部署で，激しくダメ出しをしてくる上司がいて，何とかそのダメ出しをしのぎたい，しのがないとうつ病が悪化しそうだということで，その上司のダメ出しに焦点を絞ってコーピングシートを作りました。ちなみにこのクライアント

とのCBTはまだ始まったばかりで，主訴（物事が少しでもうまくいかないと激しく落ち込んでしまう）のアセスメントに入りかけたところ，その「ダメ出し上司」の問題が浮上しました。もしかしたらその「ダメ出し上司」の問題も，この方の主訴に絡むことなのかもしれませんが，アセスメントが進んでいないのでまだそこまではわかりません。そこで「応急処置」という扱いで，ピンポイントで対策を立てることにしたのです。もう1つの事例は，対人関係全般が主訴で，そのクライアントの希望もあって，これまでの対人関係の歴史をじっくりとヒアリングをしていたところ，その最中に急に復職が決まり，「どういう心づもりで職場に戻ればよいのか教えてもらいたい」「周りの人にどういう態度で接すればよいかわからない」という訴えが出てきたため，こちらも「応急処置」という扱いでコーピングシートを作りました。

このようにCBTの本線で扱う主訴とは別に，何か対策を立てたい問題が生じた場合，「応急処置」という位置づけで話し合いをしたりコーピングシートを作ったりすると，CBT全体の構造を保ちながらクライアントのニーズにも応えることができるので，なかなかよいのではないかと思います。

◈保留にしてある主訴に対する「介入」

主訴そのものが複数あって，そのうちの1つに焦点を当ててCBTの第1クールを実施する場合，通常，残りの主訴は保留にしておき，第1クールが終わった後，保留にしておいた残りの主訴の扱いについて改めて話し合うことが多いのですが，場合によっては保留にしてある主訴について，応急処置でよいから当面どのようにしのげばよいかアドバイスや対策がほしいという場合もあります。よくあるケースとしては，うつ病と何らかの不安障害の併存の事例で，うつ病に焦点を当ててCBTの第1クールを実施することにしたものの，併存する不安障害によって生活に様々な支障があるので，その不安障害に対する対策が欲しいというものです。併存する不安障害の診断が確定しており，その症状が非常に典型的なものである場合，個々の不安障害に対するCBTの諸技法のエビデンスはかなり信頼できますので，あくまでも「応急処置」の位置づけながらも，それらの技法をクライアントにお伝えしてしまうということを，ときどき私はしています。

具体例をひとつ紹介します。Hさんは20代の男性で，①大うつ病性障害，②外傷後ストレス障害（PTSD），③パニック障害，の3つの診断がついて

います。主治医の意見を聞きつつご本人と話し合った結果，まず②のPTSDに対してCBTを適用することにしました。主治医によればPTSDによる影響として①の大うつ病性障害が起きている可能性が高いということで，PTSDに対するCBTが①にどのように影響するか，CBTを実施しながら経過を見ようということが合意されました。③のパニック障害は，PTSDのもととなる外傷体験より前に発症しており，そのせいでもともと不自由な生活を強いられていたということですから，①②とは直接的に関連しないのですが，Hさんは「せっかくの機会なので，ぜひ認知行動療法でパニック障害も治しておきたい」と希望を述べておられました。

　そういうわけで主にPTSDに対するCBTが開始されたのですが，毎回の「橋渡し」で話を聞くと，日常生活の中でわりと頻繁にパニック発作が起きており，そのために事前に回避をしたり電車を途中下車したりするなど，生活にさまざまな支障が起きていることが話されました。またこのままパニック障害が続いたりさらに悪化してしまうことへの不安をHさんが何度か口にした後，ある日，「完璧なものでなくてもいいから，何かアドバイスをもらえると助かる」と私に向かっておっしゃいました。そこで私から，一気にいくつもの問題をCBTにおいて同時進行で扱うことはできないこと，そこで我々は②のPTSDに焦点を絞ってCBTを開始することにし，今はその作業を継続して行っていることを伝えたうえで，そうはいえども確かにパニック障害がこのままの状態で続くのは実際の生活でも困るだろうしHさん自身がつらいだろうということもわかる，といったことをお話ししました。そのうえで「応急処置」の概念について伝え，Hさんのパニック障害の詳細についてはアセスメントをしっかり行わなければわからないので，Hさんの症状にぴったりと合ったオーダーメイド的なCBT的介入を今実施することはできないけれども，一般に解明されているパニック障害の病理モデルに合わせた，おおむね効果が高いことが実証されている介入であれば，「応急処置」の枠組みで紹介することができるし，実際に試すことができるだろう，ということをお話ししました。するとHさんは「応急処置でいいから，パニック障害に対する認知行動療法のやり方について教えてほしい」とおっしゃり，その次のセッションで，「応急処置」として，パニック障害の病理モデルおよびパニック障害に対する認知行動療法について心理教育を行うことが合意されました。

　次の図5.13に示すコーピングシートは，実際にその次のセッションにおいて，私がパニック障害およびそれに対する認知行動療法について心理教育

を行いながら作成したものです。

　Hさんのパニック発作は主に電車の中で起きています。特に地下鉄や特定の電車（東急東横線）の特急で起きやすいのですが、Hさんは仕事柄、地下鉄や東横線の特急を避けることが非常に難しい状況にありました。そこで何とか地下鉄や東横線の特急に乗り込むのですが、特に混んでいたり車内の空気が湿気ていたりすると、パニック発作が起きやすく、その結果途中下車する羽目に陥りやすいということで、それらの情報をコーピングシートの上段、すなわち「予測される問題状況」と「予測される自分の反応」に書き込みました。その際、同時にパニック障害の病理モデルについて心理教育を行い、「身体感覚への自己注目」「破局的な自動思考」「回避」「安全行動」といった概念や用語についてお伝えし、それらがパニック発作を惹起したりパニック障害を維持したりする大きな要因であることを説明しました。Hさんはそれらを興味深そうに聞いてくれました。

　そのうえで曝露（エクスポージャー）の理論とやり方について心理教育を行い、図5.13のコーピングシートの認知的コーピングの欄および行動的コーピングの欄に、具体的な対処法を私のほうで1つひとつ説明しつつ、書き入れていきました。まず認知的なコーピングとしては、自分のパニック発作のパターンにはまりかけたことに気づいたら、「またいつものパターンだ」「曝露（エクスポージャー）をしよう」と自分に言い、頭の中で曝露曲線をはっきりとイメージします。曝露曲線のイメージを保ったまま、「ピークが来たらしだいにおさまる」と自分に言い聞かせ、「不安をただそのまま感じていよう」とさらに自分に言い聞かせて実際にそのまま不安を感じようとします。このような「ただ不安をそのまま感じる」というあり方は「内的曝露」と呼ばれるものであることも、このとき同時に心理教育をします。

　行動的なコーピングとしてまず重要なのは、「外的曝露」として、ただその場、Hさんの場合は電車の中にそのままとどまるという行動を取り続けることです。理論的には内的曝露と外的曝露がセットで出来ればそれ以上何もすることはないですし、パニック障害に対してきちんと段階を踏んでCBTを進めていく場合、実際に内的曝露と外的曝露だけを技法として導入することも少なくないのですが、Hさんの場合、応急処置ということもあり、外的曝露の補助となるよう、身体の重心を下半身の3点に落とし、腹式呼吸を繰り返す、という、いわゆる「リラクセーション法」を取り入れることにしました。これらについても私から全て心理教育を行い、特に重心落としや腹式呼吸法についてはセッション中に一緒に練習を行ったうえで、コー

第5章 応急処置 451

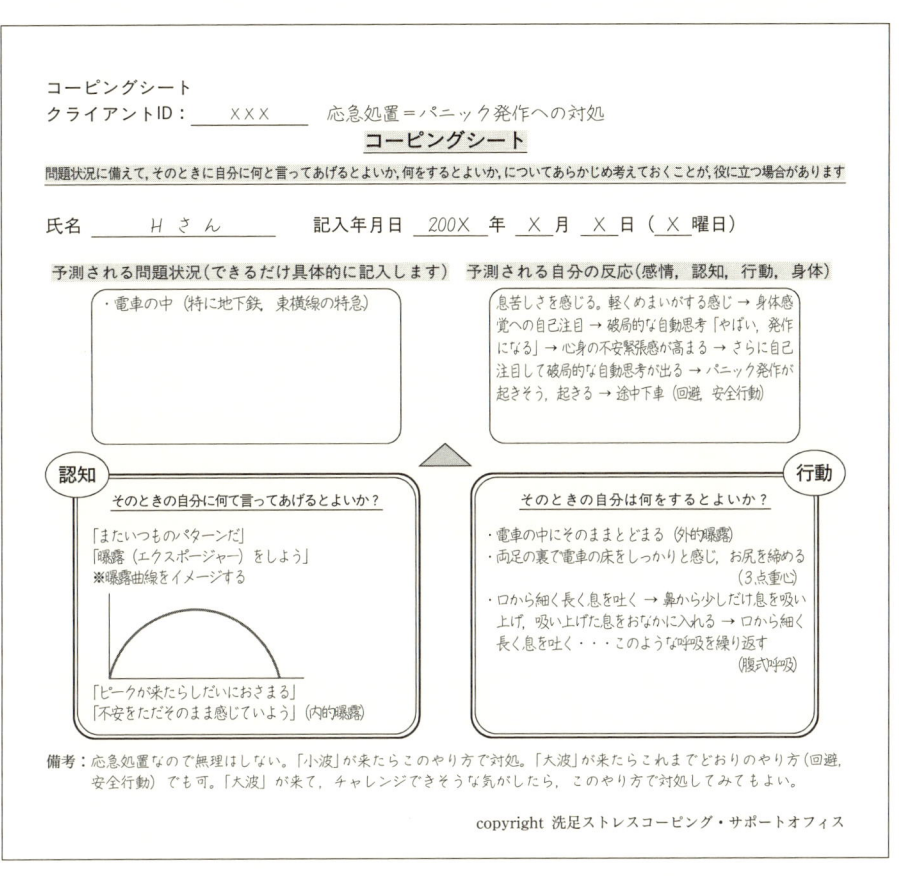

```
コーピングシート
クライアントID：  ×××    応急処置＝パニック発作への対処
                    コーピングシート
問題状況に備えて，そのときに自分に何と言ってあげるとよいか，何をするとよいか，についてあらかじめ考えておくことが，役に立つ場合があります

氏名    Hさん         記入年月日  200X 年 X 月 X 日（ X 曜日）

予測される問題状況（できるだけ具体的に記入します）   予測される自分の反応（感情，認知，行動，身体）

・電車の中（特に地下鉄，東横線の特急）    息苦しさを感じる。軽くめまいがする感じ → 身体感
                                       覚への自己注目 → 破局的な自動思考「やばい，発作
                                       になる」→ 心身の不安緊張感が高まる → さらに自己
                                       注目して破局的な自動思考が出る → パニック発作が
                                       起きそう，起きる → 途中下車（回避，安全行動）

       認知                                          行動
   そのときの自分に何と言ってあげるとよいか？      そのときの自分は何をするとよいか？

 「またいつものパターンだ」              ・電車の中にそのままとどまる（外的曝露）
 「曝露（エクスポージャー）をしよう」       ・両足の裏で電車の床をしっかりと感じ，お尻を締める
 ※曝露曲線をイメージする                                              （3点重心）
                                       ・口から細く長く息を吐く → 鼻から少しだけ息を吸い
     ⌒                                   上げ，吸い上げた息をおなかに入れる → 口から細く
   ⌒   ⌒                                長く息を吐く・・・このような呼吸を繰り返す
                                                                    （腹式呼吸）
 「ピークが来たらしだいにおさまる」
 「不安をただそのまま感じていよう」（内的曝露）

備考：応急処置なので無理はしない。「小波」が来たらこのやり方で対処。「大波」が来たらこれまでどおりのやり方（回避，
    安全行動）でも可。「大波」が来て，チャレンジできそうな気がしたら，このやり方で対処してみてもよい。

                              copyright 洗足ストレスコーピング・サポートオフィス
```

図5.13 応急処置のためのコーピングシート（パニック発作への対処）

ピングシートに書き込みました。
　皆さんは，ここまでお聞きになって，Hさんとのコーピングシートの作り方が，これまでに紹介してきたコーピングシートの作り方とかなり異なることに気づかれたことと思います。これまでに紹介してきた数々の事例では，まずクライアントにコーピングの案を出してもらいそこに私の案を足すとか，クライアントが案を出せないときに私が案を出すとか，つまりクライアントが主導でコーピングシートを作るようにもっていっていたかと思いますが，Hさんのパニック障害に対する応急処置としてのコーピングシートでは，ほとんど私，つまりカウンセラー主導でした。というのは，この事例におけ

る応急処置の目的は，あくまでもパニック障害の病理モデルや CBT について心理教育を行うことだったからです。心理教育ですから，当然，カウンセラーが情報提供をしたり説明をしたりして，それをクライアントに理解したり身につけてもらったりすることが重要になります。ですからこの H さんとの事例においては，私が引っ張る形でこのコーピングシートを作っていきました。

さて，図 5.13 のようなコーピングシートを作った後，今度はその使い方について私と H さんとで相談しました。繰り返しますが，これはあくまでも応急処置のためのコーピングシートです。H さんのパニック障害をじっくりとアセスメントし，問題同定や目標設定を経て，じっくりと作り上げられたものではありません。ですからこのコーピングシートが，本当に H さんのパニック障害に役立つかどうかはわからないのです。H さんのパニック障害がおそらく典型的な病理モデルに当てはまるだろうという仮説のもとに，典型的なパニック障害の病理モデルに対してエビデンスのある技法を，コーピングシートにまとめてみたにすぎません。なので，どちらかというと慎重にこのコーピングシートを使っていく必要があります。もともと H さんはご自分のパニック発作を「小波（こなみ）」と「大波（おおなみ）」というふうに，自ら分類していました。H さんとしては「小波」の発作であれば，この応急処置が使えそうだが，「大波」の場合は自信がないとのことでした。そこで私たちは話し合って，当面「小波」の場合はこのシートを適用し，「大波」の場合はこれまでどおりのやり方（途中下車といった回避や安全行動）でしのぐということにしたらどうか，ということになりました。そして「大波」の場合でも，H さんの判断で，このコーピングシートの内容，つまり曝露やリラクセーションを使ってチャレンジできそうだということであれば使ってみよう，ということになりました。

H さんはこのようなコーピングシートを作ったことに対して「応急処置であれ，このような具体的な考え方ややり方を教えていただいて，本当に助かります」とおっしゃってくれました。このセッション以降，毎回のホームワークとして，「パニック発作に対して応急処置のためのコーピングシートを試す」という課題を設定し，毎回のセッションでそのためのアジェンダを設けて，短い時間でその実施状況を確認しました。またその際，必要に応じて，パニック障害の病理モデルやパニック障害に対する CBT について，短時間で追加の心理教育を行いました。応急処置のためのコーピングシートを作った時点の，病理モデルや CBT に対する H さんの理解は十分なものと

はいえませんでしたが，毎回のセッションで実施状況を確認したり追加の心理教育を行ったりするうちに，Hさんはパニック障害における悪循環のあり方や曝露（エクスポージャー）を始めとしたCBTについての理解を深め，約3カ月後にはHさんのいう「小波」の発作であれば内的曝露と外的曝露で乗り切ることができるようになりました。また曝露を繰り返すうちにHさんの曝露という技法そのものに対する信頼感が深まり，半年経った頃には，Hさんのいう「大波」にも，曝露を自発的に適用できるようになり，1年経った頃には，すっかり曝露の構えがHさんの中に出来上がり，結果的にパニック障害は寛解してしまいました。

　このように保留にしてある主訴に対し応急処置を行い，その経過を見ている間に，その主訴が解消してしまうことが，ときどきあります。特にパニック障害などCBTのパッケージがある程度定まっている障害や症状の場合，応急処置と称してその治療パッケージを紹介してしまうので，このようなことが起こるのではないかと思います。もちろん応急処置ですから，それで主訴が解消しないといけないわけでは全くなく，とにかくクライアントが納得のいく程度に，その応急処置でしのげるようになれば，それでよいのだと思います。今紹介したHさんの事例でも，もし応急処置でパニック障害が寛解しなければ，最初に焦点を当てることにしたPTSDと大うつ病性障害が寛解した後で，改めてCBTのターゲットとしてパニック障害に焦点を当てることにし，アセスメントを丁寧に行うところから始めることにしたでしょう。

　なお，曝露法（エクスポージャー）やリラクセーション法については，本ワークショップで後に詳しく紹介しますので，そちらをご参照ください。

　これまでコーピングシートを中心に応急処置について紹介してきましたが，もちろん，応急処置だからといって，必ずしもコーピングシートを使わなければならないというわけではありません。以下に，私が応急処置のために時々用いることのあるツールないしは技法を4つ紹介します。

◈言葉を持ち歩く（コーピングカード）

　応急処置として，当面をしのぐためにクライアントに役に立つであろう言葉をセッション中に見つけたり作ったりし，その言葉を持ち帰ってもらうということをするときがあります。その場合はコーピングシートだと大きすぎ

> 今はこれでいいんだ！

図5.14 コーピングカードの例

るし，持ち歩きづらいので，カードを用いることが多いです。そのカードを「コーピングカード」と呼んでいます。カードは厚紙を適当に切って作ってもいいですし，クライアントにホームワークの課題として文具店で好きな大きさや色のカードを買ってきてもらってそれに言葉を書きつけることもできます。たとえばあるケースでは，応急処置として，「今はこれでいいんだ」という言葉を持ち歩き，うんとつらくなったらその言葉を思い出して，当座をしのごうという話になりました。その言葉を着実に持ち歩くための手段として「コーピングカード」というやり方があるということをそのクライアントに伝えたところ，「ぜひカードを使いたい」とのことでしたので，たまたま当機関にあった厚紙を名刺ぐらいの大きさに切って，そこに「今はこれでいいんだ」と書き入れ，そのカードを財布に入れて持ち歩くことにしました。

図5.14は，このクライアントさんが持ち歩いたカードのイメージです。実際はクライアントの手書きの文字がそこに書かれてありました。

コーピングカードを作る際，文字をクライアントが自分で書くか，もしくはカウンセラーが書くかということも，2人で相談するとよいかと思います。私の経験では，たいていのクライアントは自分で書きますが，ときおり「カウンセラーに書いてもらいたい」というクライアントもいらっしゃいます。そういう方の場合，カウンセラーの手書きの文字が，さらにコーピングの効果を高めるのでしょう。あるクライアントは「先生にカードに言葉を書いてもらったおかげで，先生が自分と一緒にいてくれるような気がして，とても助けになった」と話してくれました。

ところで，言葉を持ち歩くにあたっては，カードではなく携帯を使って，携帯の待ちうけやメモに言葉を入れる人もいますし，職場のパソコンの背景（デスクトップ）やスクリーンセーバーに言葉を入れる人もいます。うんと

小さな紙に書き付けて財布に入れる人もいますし，手に言葉を書いてしまう人もいます。大事なのは「言葉を持ち歩く」ことですから，手段はクライアントが使いやすいものであれば何でもよいのではないかと思います。

◆ブレインストーミング

何らかの問題に対して応急処置を行いたいとき，今までお話ししたようなコーピングシートやコーピングカードを使って，その問題に対する何らかの対応策や解決策を考案し，試してみるということをすることが多いのですが，その場合，たいていはブレインストーミング的にお互いにアイディアを出して，その後，使えそうなアイディアを絞り込み，対応策や解決策としてまとめていくという作業をしています。が，ときにはブレインストーミングを行って，案を出しまくり，そこで留めてその後の絞り込みをしない場合もあります。いろいろな案を出しておき，あとは現場でクライアント自身に選択してもらいましょう，ということです。この場合，多様な案が多く出ていることが大事ですから，できればブレインストーミングを徹底的に行いたいものです。

したがって応急処置としてブレインストーミングをする場合は，クライアントにまずブレインストーミングについて心理教育を行い，とにかく案を出しまくり，それら全てを紙（A4版のコピー用紙で充分です）に書き出し外在化しておく，という手順を踏みます。そしてその書き出したものをクライアントに持ち歩いてもらい，たとえば毎朝それを読んで心づもりしておくとか，応急処置が必要な事態に陥ったらその用紙を見てどの対処法を使うか選択するとか，予め決めたやり方でその用紙を活用してもらいます。

事例を1つ紹介します。クライアントのJさんは30代の男性で，うつ病の診断で自宅療養を開始したところ，両親，特に母親のJさんへの声かけにストレスを感じ，「母親が何か言ってくるとイライラして，これでは本当の『自宅療養』にならない」と嘆いていました。私との間ではうつ病そのものをターゲットとしてCBTを進めることになっており，うつ病の大きな要因であると思われる職場での人間関係やJさんの仕事への取り組み方についてアセスメントを始めたばかりのときのことでした。Jさんの話を聞くと，どうやらお母さんは息子のうつ病やそれに伴う休職を理解したり受け入れたりすることができないらしく，その愚痴をJさん本人にこぼしてくるのだそうです。また，これは今の話と矛盾するようなのですが，これまで昼間1

人で家にいた J さんのお母さんは，話し相手ができたとばかりに，J さんにとってみれば「どうでもよい話」を J さんにしてくるのだそうです。J さんのうつ病については，診察に母親を連れて行けば主治医が心理教育をしてくれるそうなので，ここで私があえて関与する必要がないということもわかりました。そこで J さんと私は話し合って，せっかくの自宅療養を真の「療養」にするために，お母さんの話しかけにいかに対応するかということについて，応急処置的に対策を話し合うことにしました。その際，お母さんの話の内容はまちまちですし，J さんの状態もその時々によりますので，対策を絞り込むのではなく，様々な対策案をそのまま書き出しておいて，それを参考にして，その都度どういう対応をするか，J さん自身が選択することにしました。そこで私からブレインストーミングを行うことを提案し，J さんも同意してくれましたので，1 回のセッションを丸々使ってブレインストーミングを行いました。それを外在化したものが図 5.15 です。これは，実際は単に A 4 版の用紙に手書きで書き込んだものになります。

　ブレインストーミングですから，「質より量」の原理で，よさそうなものだけを選んで外在化するのではなく，とにかく 2 人から出た案はすべて用紙に記載しました。J さんは最初，案を出すのに結構時間がかかっていましたが，途中から段々のってきたというか，面白くなってきたようで，「犬になった気持ちで聞き流す」といったユーモアのある案を，笑いながら出してくれました。ひととおりブレインストーミングを行って，J さんの感想を問うと，「1 人で行き詰っていたけれども，こうやって案をいろいろ出してみると，まだまだ工夫の余地があるんだなあと感じました」と話してくれました。その後，毎回のホームワークとして「母親の話しかけに対してブレインストーミングシートを活用する」という課題を設定し，毎回のセッションで「ブレインストーミングシートの活用状況の確認」というアジェンダを設け，お母さんの話しかけに対して J さんがどのように対応しているのか，シートに記載されているどのような対処法を用いているのか，ということを，毎回このブレインストーミングシートを一緒に見ながら共有しました。また，J さんが新たに発見したり実施したりした対処法がある場合は，このシートに付け足していきました。

　このようにブレインストーミングという技法を行い，あえて対処法を絞り込まず，多様なアイディアを外在化しておくことで，実際にクライアントが困ったときにその外在化されたものを見て，その場でどの対処法を使うか，多くのメニューから選ぶことが可能になります。なお，コーピングシートを

ブレインストーミング
テーマ：母親の話しかけに対する反応

- 無表情に話を聞く
- ぶすっとした顔で黙って話を聞く
- 「うるさいんだよ」とどなる
- 「今，その話は聞きたくない」と言う
- 「へえ」とあいづちをうちながら聞く
- 黙って母親をにらむ
- 別の部屋へ避難する
- 「後で聞くから」と言って逃げる
- 何か別のことに熱中しているふりをする
- 聞こえないふりをする
- 話しかけられる前に話しかけてしまう
- 天気の話をする
- 体調の話をする
- テレビの話をする
- 家族の話をする
- 鼻歌を歌う
- 余裕があれば5分ぐらいは聞く
- 聞くけど聞き流す
- トイレに行ってしまう
- 家を出てコンビニに行ってしまう
- 「カウンセリング代もらうよ」と言う
- 「楽しい話だったら聞くよ」と言う
- 大仏になった気持ちになってひたすら聞く
- 犬になった気持ちで聞き流す（犬は人間語がわからない）
- うつ病について自分のほうこそくどくどと説明する
- 母親以上にぐちを言いまくる
- 「自殺したい」とつぶやいてみる
- 「会社やめたい」とつぶやいてみる
- 唐突に話題を変える
- 無理して微笑を浮かべて聞く
- 筆談にしてもらう
- 手話にしてもらう
- あからさまに耳をふさぐ
- 泣いてみせる
- イーっと舌を出してみせる
- 普通に淡々と話を聞く
- 「イライラしてきた」と言う
- 家の中でずっとipodを聞く
- ヘッドフォンをつけておく
- ロボットになったつもりで機械的に聞く
- 「これも修行だ」と言い聞かせ，いい感じで話を聞けるよう努力する
- ため息をついてみせる
- 「おばさんのつまんない話は聞いていられない」とはっきりと言ってみせる
- 自分がどれだけイライラしているか観察しながら聞く
- 「今日の夕飯何かな」と思いながら聞いているふりをする
- あくびをしてみせる
- 居眠りをしてみせる（または居眠りのふり）
- ストレッチをしながら聞く
- ストレッチをしながら聞かない
- 耳をふさぐ
- 耳栓を入れておく
- 5分はがまんして聞くことにして，5分たったら「もういいでしょ」と言って話を止める
- いたずら描きをしながら聞く
- ネットをみながら聞く
- ケータイをいじりながら聞く
- 「昼間家にいて話を聞いてあげられるのも今のうちだけだ」と自分に言い聞かせて聞く

図5.15 応急処置のためのブレインストーミングの例

使うか，ブレインストーミングに留めるかについては，クライアントと相談して決めるとよいでしょう。

◆ バランスシート

　クライアントが何かに迷っていて，それがクライアントの日々の生活やCBTの進行の妨げになっている場合，応急処置としてバランスシートの活用を提案することがあります。例を挙げたほうがわかりやすいと思いますので，さっそく事例を紹介します。

　Kさんは50代の女性で，強迫性障害（OCD）に対するCBTを求めて，当機関への来談を始めました。ところが，まだアセスメントが始まるか始まらないかというときに，旦那さんの地方への転勤が急に決まり，高校生の子どもと一緒に夫についていくか，それとも夫に単身赴任をしてもらって自分たちは東京に残るか，Kさんいわくどちらも「決め手に欠ける」ため，非常に迷うことになってしまいました。ちなみに旦那さんは，「君の好きなようにしていいよ」とおっしゃっているのだそうです。Kさんはもともと依存的なところがある人で，「もし夫についていったら，ここ（当機関）にも来られなくなってしまう。先生，どうしたらいいでしょう？ おっしゃる通りにしますから，決めてください」と，この件についても私に丸投げするような言い方をします。そこで私はKさんの前で，バランスシートをフリーハンドで描き，〈そんな大事なことを私が決めることはできませんが，Kさんが何をどのように迷っているのかということを明らかにしたり今後Kさんが意思決定したりすることの手助けとなるように，こういうシートを使って一緒に整理することができます。つまり，「夫の転勤についていくこと」のメリットとデメリットを書き出して整理し，さらに「夫に単身赴任をしてもらって東京に残ること」のメリットとデメリットも書き出して整理してみるのです。そうするとKさんの頭の中にある迷いがすべてここに書き出されますし，これを見ると自分がどうしたらよいか決めるための手助けになるかと思います。どうしますか？ これを一緒にやってみますか？〉とお話ししたところ，「ぜひやりたい」ということでしたので，1セッション丸々使ってバランスシートを埋める作業を一緒に行いました。それが次に示す図5.16です。ちなみに図中の「Nさん」とは，お隣に住む老婦人のことで，KさんによるとNさんはちょっと風変わりでしかも口うるさい人で，KさんはNさんとのご近所づきあいに日々ストレスを感じているということで

夫についていくメリット	夫についていくデメリット
・家族が一緒にいられる ・夫と息子の関係が改善するかも ・夫の健康状態を管理できる ・夫の食事などを心配しなくてよい ・生活費がかからない ・夫と話をする時間をたくさんもてる ・せわしない東京の生活から離れられる ・Nさんと付き合わなくてすむ ・週末は温泉や山に出かけることができる ・今より自然の多いところで暮らせる ・新たな土地で新鮮な気持ちで暮らせる ・新しい友人ができるかもしれない ・今より広い家に住めるかもしれない ・ゴルフ代が安くなるだろう	・夫と息子がけんかをする生活が続く ・夫と息子との関係に気を使い続ける ・引っ越しをしなければならない ・東京の家をどうするか考えなければならない ・息子が転校しなければならなくなる ・息子の転校はいろいろ大変だろう ・新たな環境に一から慣れなければならない ・カウンセリングを続けられなくなる ・近所にNさんみたいな人がいるかも ・田舎だと虫とかゴキブリとか多いかも ・東京の便利で楽しい生活を享受できない ・次の転勤でまた引っ越さなければならない ・ひんぱんに実家に帰れなくなる ・友人とひんぱんに会えなくなる ・実家に帰るときに交通費がかかる
東京に残るメリット	東京に残るデメリット
・引っ越ししなくてすむ ・夫と息子に距離ができ，お互いに冷静になれるかも ・夫と息子のけんかを見ないですむ ・友人と今までどおりのペースで会える ・東京の便利な生活を享受できる ・息子が転校しないですむ ・カウンセリングを続けられる ・今のペースで実家に帰れる ・次の転勤のことを心配しないですむ ・夫とときどきしか会わないので新鮮かも ・自分の時間が増える ・夫の転勤先に旅行気分で出かけられる	・家族が離れ離れになる ・生活費が割り増しになる ・夫の食生活や健康が気になる ・話がしたいときに夫と話せない ・夫と息子の関係がこのまま改善されない ・Nさんとのご近所づきあいが続く

図5.16 応急処置のためのバランスシートの例

した。
　バランスシートを作ってみての感想をKさんに問うと，「自分が何を心配しているのかがはっきりわかってきました」という答えが返ってきました。

それについてさらに突っ込んで聞くと,「自分の主な心配事」とは,①夫と息子との関係,②夫の健康状態,③カウンセリングを続けられるか,の3点だということがわかったということでした。Kさんはまた,「自分が東京の便利な生活に結構執着していることもわかった」とおっしゃいました。さらに「Nさんはストレスだが,家族や自分のことに比べればたいしたことはないような気がしてきた」ともおっしゃっていました。

　当初Kさんは,自分が夫の転勤についていくかどうかについて自分で決められず,カウンセラーである私に対して,「決めてください」とおっしゃっていましたが,このバランスシートを作ったことにより,自分が何を心配しているかということが明確になり,またそれらの心配,特に①の夫と息子との関係,②の夫の健康状態,の2点については,ここで私と話すより,家に持ち帰って夫と話し合ったほうがよいというふうに思い至り,結局,このセッションのホームワークとして「バランスシートを夫と共有して,今後のことを話し合う」という課題が設定されました。

　そして次のセッションで,ホームワークについてKさんから報告を受けました。Kさんはバランスシートを夫に見せ,自分の心配事を夫に伝えたところ,②の健康状態については自分で気をつけるようにするから大丈夫と言われ,③のカウンセリングの続行を考えると自分が単身赴任するほうがよいのではないかというのが,夫の意見だったそうです。また①の夫と息子の関係についてはどちらがよいのか一概には言えないけれども,一時的に離れて暮らすことが両者の関係をクールダウンするよいきっかけになるかもしれない,と旦那さんはおっしゃっていたそうで,Kさんもそれについては「そうかもしれない」と思ったそうです。というわけでホームワークを通じた話し合いの中で,ご夫婦の間では「夫が単身赴任する」という結論がほぼ決まったそうで,それについてどう思うかKさんに聞かれたので,〈バランスシートを使ってメリットとデメリットを具体的に検討したうえで,お二人で出した結論であれば,それでよいのではないかと思います〉とお答えしました。

　CBTの開始当初やそれ以降,クライアントが人生や生活や仕事において何らかの迷いを抱いたり,選択をしなければならないのに選べなくて困ったり,といったことが起こるのは少なくないと思います。その際この事例のように,応急処置の枠組みのなかでバランスシートを活用することで,クライアント自身の主体的な検討や選択を手助けすることができます。

◆コーピングレパートリーシート

　CBTを受けに来るクライアントの中には，ストレスに対するコーピングレパートリーが非常に乏しく，他の人であればそれなりに対処できるはずのストレッサーやストレス反応にほとんど対処できず，そのようなストレス体験にやられっ放しになってしまっている人がいます。もちろんCBTにしっかり取り組んでいく過程で，コーピングレパートリーは自ずと増えていくわけですが，そこまでいくにはそれなりに時間がかかるわけで，あまりにもレパートリーが少ない人，もしくは自分のレパートリーを自覚できていないクライアントの場合，CBTの初期段階において，CBTの効果が出てくるまでの間，日々のストレス体験にどう対処するか，応急処置の枠組みで「コーピングレパートリーシート」を作ることがあります。
　これも事例を紹介しましょう。Mさんは40代の男性で，大うつ病性障害と社会不安障害の診断で通院中で，その主治医の勧めによりCBTが開始されました。インテーク面接での話から，Mさんの唯一のストレスコーピングは「お酒を大量に飲んで，気を紛らわす」だったのですが，血液検査の結果も芳しくなく，またとにかく連日大量飲酒をしていたため，主治医に酒を禁止され，私がインテーク面接でお目にかかったときには，コーピングの手段が何もない，という状況でした。また第2章，第3章でお伝えしたとおり，当機関では，インテーク面接時にコーピングレパートリーを測定するための質問紙を実施していますが，その結果も，Mさんがコーピングの手段をほとんど有していないことを物語っていました。コーピングが乏しいことはMさんも自覚しており，それが発症の要因の1つでもあり，また病気の維持や悪化につながっていることも頭ではよくわかっておられました。が，Mさんいわく，「わかるんだけれども，どうしていいかわからない。これまで仕事と家庭のストレスはすべて酒で紛らわせてきた。趣味も特にないし，どうやって気を紛らわせたらよいのか，皆目見当がつかない」ということでした。そこで私からコーピングとは，趣味とかそういったたいそうなものである必要はなく，日常的にできる「しょぼいもの」で充分であること，そういったしょぼいコーピングを，リストを作って外在化しておき，日常生活で実践することが役に立つことを説明し，コーピングレパートリーシートを一緒に作ることが合意されました。といっても特別なフォームやツールがあるわけでなく，A4版の白紙に思いついたコーピングをただ書き留めるだけです。

```
┌─────────────────────────────────────────────────────────────┐
│                 コーピングレパートリーシート                    │
│                                                             │
│     熱い風呂に入る      熱いシャワーを浴びる    パチンコに行く    │
│                                                             │
│       競馬の予想をする        息子の写真を見る                  │
│                                                             │
│   ため息をつく      冷たいコーラを飲む      缶コーヒーを飲む     │
└─────────────────────────────────────────────────────────────┘
```

図 5.17　応急処置のためのコーピングレパートリーシートの例（Mさん1回目）

図 5.17 は第 4 セッションで作ったレパートリーシートです。これまでのことや今の生活を見渡して「あ、あれはコーピングだったのかも」「言われてみれば、これもコーピングなのかも」と思われるものをひっぱり出し、さらに私から案を出したりもしましたが、あまり多くの案を思いつくことができませんでした。が、たとえ少なくても、何もないより少しでもあるほうがずっとマシです。ちなみに M さんはこのとき奥さんと別居しており、離婚協議中でして、「妻と別れるのはもういいのだけれども、息子と離れるのは耐え難い」とおっしゃっていました。

　第 4 セッションのホームワークは、「ストレスを感じたときに、このレパートリーシートを眺め、これらの中から 1 つ以上選んで、コーピングを実施する」という課題を設定しました。また同時に、「リストに 1 つ、もしくはそれ以上、新たなコーピングを追加してくる」という課題も設定しました。つまりシートに外在化されたコーピングを実施しつつ、さらにレパートリーを増やそうというわけです。これらの課題の結果は、毎回必ずそのためのアジェンダを立てて共有しました。最初はコーピングがなかなか見つからなくてうなっていた M さんでしたが、〈しょぼいものでいいから〉というカウンセラーの励ましと、〈他の人はこういうコーピングを使っているけれども、どうですか？〉というカウンセラーの提案を通じて、少しずつ自ら増やしていくことができるようになりました。図 5.18 に示すのは、第 4 セッションの 3 ヵ月後の M さんのレパートリーシートです。3 ヵ月で M さんのレパートリーがぐんと広がったのが、おわかりいただけるかと思います。

　図 5.18 のレパートリーシートを見ていただくと、M さんのコーピングレパートリーには、いくつかの傾向が見て取れるかと思います。まず M さん

コーピングレパートリーシート

熱い風呂に入る　　　　熱いシャワーを浴びる　　　　パチンコに行く

　　競馬の予想をする　　　　息子の写真を見る

ため息をつく　　　　冷たいコーラを飲む　　　　缶コーヒーを飲む

　耳そうじをする　　　　息子の生まれたときの　　　　「あー疲れた。よく頑張っ
　　　　　　　　　　　　ことを思い出す　　　　　　　たよね」と自分に言う

動画サイトを検索する　　　ネットでパチンコの情　　　　床に大の字で寝転ぶ
　　　　　　　　　　　　報を収拾する

近所の銭湯に行く　　　　銭湯で牛乳を飲む　　　　銭湯で水風呂に入る

　　　　　　　　　　　　　　　　　　　　　　　息子が赤ん坊だったとき
パチンコで新たなマシンにチ　　　　　　　　　　　の姿や泣き声を思い出す
ャレンジする（上限5000円）

　　　　　　　　　　　　近所を散策する

昔好きだったアイドルについて
ネットで検索する
　　　　　　　　　　　　　　　　　　　　近くの公園で遊んでいる子どもたち
　　　　　　　　　　　　　　　　　　　　を眺める
お茶とおにぎりをもって近くの公園に
行き，ベンチでミニピクニックをする
　　　　　　　　　　　　　　　　　　　　夜，近くの公園に寄って，ベンチに
　　　　　　　　　　　　　　　　　　　　座ってボーっとする
「息子が成人するまで，何とか頑
張ろう」と自分に言い聞かせる

図5.18　応急処置のためのコーピングレパートリーシートの例
（Mさん1回目の3カ月後）

はお風呂に入るのが好きなようで、自宅でお風呂に入ったりシャワーを浴びたりするだけでなく、近所の銭湯に行って入浴したり、風呂上りに牛乳を飲んだり、さらに水風呂に入るというコーピングを追加しました。またMさんは別居中の息子さんをとても大切に思っているということでしたが、1回目のレパートリーシートで、息子さん関係について挙げられたコーピングは「息子の写真を見る」というものだけでした。それがその後、「息子の生まれたときのことを思い出す」「息子が赤ん坊だったときの姿や泣き声を思い出す」「『息子が成人するまで何とか頑張ろう』と自分に言い聞かせる」といった主に認知的なコーピングが付け加わりました。さらに、さきほど申し上げたとおり、Mさんはお酒を飲むことを主治医から禁止され、「お酒が唯一の気晴らしだったのに」とぼやいていたのですが、コーラ、缶コーヒー、牛乳、お茶といった、お酒以外の飲み物もコーピングとして使えることに気づきました。それから日曜日に苦し紛れに近所を散策してみたら、近くに広くてわりと居心地のよさそうな公園があることに気づき、公園で遊んでいる子どもたちを眺めたり、お茶とおにぎりを持っていって小さなピクニックをしたり、仕事帰りに寄ってボーっとしたりというふうに、公園を使ってあれこれコーピングができることを発見しました。

　このように1つひとつのコーピングは、決してたいそうなものではなく、誰もが日常的にできそうな小さなものです。しかしそれらを1つひとつ「これはコーピングだ」と意識して、丁寧に行うことによって、実際にストレスコーピングとして機能するようになります。当初ストレスコーピングのレパートリーがあまりにも乏しかったMさんですが、図5.18のようなレパートリーシートが出来上がる頃には、日々のストレスに何とか自分で対処できるようになり、セッションの時間もCBTの本線に集中して使えるようになりました。

　以上、本章では「応急処置」という概念および具体的な実施方法について紹介してきました。冒頭でお話ししたとおり、応急処置はあくまでも「その場しのぎの間に合わせ」にすぎず、CBTの本線そのものではないのですが、実際に「その場しのぎの間に合わせ」が必要な事態に陥ったときには、応急処置の概念は非常に役に立ちます。応急処置の枠組みでクライアントのニーズに応えることは、クライアントとの信頼関係を育むうえでも役に立ちますし、その時々の困りごとに対してCBTの本線を崩さずに対応することができます。場合によっては応急処置として対処したことが、クライアントの主

訴の理解や解消に大いに役立つときもあります。つまり「応急処置」は，目の前のクライアントにCBTをよりよく適用するにあたって，なかなか便利なツールなのです。皆さんにも必要に応じてこのツールを上手に使っていただければと思います。

5−3 質疑応答

Q：何か問題が発生すると「応急処置をしてください」とクライアントが言ってきて，ちっともCBTの「本線」が進まない場合，どうすればよいでしょうか？

A：すでに何度か申し上げましたが，「応急処置」はあくまでも「間に合わせ」であって，CBTの本線ではありません。何かあるたびに応急処置をしていたら，CBTの本線が全く進まなくなってしまいます。特に問題を抱えていられない人，対処力の低い人は，何か問題があると，「何とかしてください」「応急処置をしてください」とカウンセラーに問題を丸投げしがちで，それをその都度そのまま受けて応急処置をしていたらきりがないですし，クライアントの対処力は低いままになってしまいます。したがってやむなく応急処置をする場合は，応急処置そのものについても心理教育を行い，必要最低限しか行わないものであることをクライアントに理解してもらう必要があります。そういう意味でも，応急処置をカウンセラー側から安易に提案するのは，やめておいたほうがいいでしょう。

＊

Q：ケースCの千代田美里さんと応急処置のためのコーピングシートを作るやりとりのところで，最初先生が詳しく状況を聞こうとして，千代田さんがイライラしはじめました。それに対して先生はわりとあっさりと対応し，具体化することにこだわらないやりとりになったような印象がありますが，もしそうだとしたらそれはどうしてでしょうか？　どういう戦略でそのようにしたのですか？

A：なかなか鋭いご質問ありがとうございます。おっしゃるとおりです。途中で戦略というかコミュニケーションの仕方を変えました。応急処置のためのコーピングシートを作るにあたって，まず千代田さんを危機に陥らせるそもそ

のきっかけ，すなわち「状況」をできるだけ具体的にしたかったのですが，そのような具体化するための質問に千代田さんがイライラし始めたのが，はっきりと見て取れました。このときはまだ第2セッションで，私は千代田さんと良好な関係が築けていなかったどころか，初回セッションのホームワークのせいで「死にたくなった」とまで言われてしまっており，不信感を持たれてしまっている可能性もありました。また具体的に質問されることに対して「イライラする」「答えられない」というのは，その人が自分の体験をモニターできていないからでもあります。モニターできていなければ，答えられないのも当然です。セルフモニタリングをするスキルはCBTにおいては必須ですから，今後，CBTを進める中で，自分の体験をセルフモニタリングする練習をしていくことになるでしょうが，今，ここで行っているセッションの目的は「モニター力の強化」ではなく「応急処置のためのコーピングシートの作成」ですから，ここでモニターのほうに焦点を移すのは得策ではありません。私としては，できるだけ具体的な情報に基づいてコーピングシートを作りたいという思いはありましたが，今はまだCBTのごくごく初期段階ですから，とにかく良好な関係を築くこと，今の千代田さんのスキルに合った，そして今の千代田さんの生活における危機状況に少しでも役立つようなコーピングシートを作ることが重要なんだと，私自身の気持ちを切り替え，対応の仕方を変えたのでした。

*

Q：ケースCの千代田美里さんとのやりとりで，「母親の前で自殺する」という話が出てきて，伊藤先生はそれを特に止めるようなことをおっしゃいませんでした。自分がカウンセラーなら，万が一このクライアントが母親の前で自殺したらどうしよう，そんなことが起きたらカウンセラーの責任が問われるのではないかと不安に思って，それを止めるようなことを言いたくなってしまうのですが，先生が止めなかったのはどうしてですか？

A：そもそも私たちがここで取り組んでいたのは，「精神的にひどく不安定になって急に死にたい気持ちが出てきたときに，どう対処すればよいか」というアジェンダです。「母親の前で自殺するかどうか」「母親の前で自殺することがよいかどうか」というアジェンダではありません。アジェンダから外れることをカウンセラー側からわざわざ言うようなことはしません。また千代田さんは，実行可能性の高い話として「母親の前で自殺する」という話をしていたわけではありませんでした。「しないとは思うが，仮に，もしするのであれば」という

仮定の話です。仮定の話を現実の話として「良い」とか「悪い」とか判断し始めたら、クライアントは自由に物を考えたり話したりできなくなってしまうのではないでしょうか。

＊

Q：「お酒をガーッと飲んで寝る」という、ケースCの千代田美里さんがもともと使っていたコーピングの扱いが気になります。セッションでは、このコーピングを肯定的に扱っているという印象を受けましたが、精神的に不安定になって死にたくなったときに、お酒を飲むというのは、かえって自殺のリスクを高めることになり、危険なのではないでしょうか。

A：おっしゃるとおり、アルコールと自殺の関連性については様々な指摘があり、一般的にアルコール乱用によって自殺のリスクが高まることは私も承知しています。千代田さんの場合も、アルコールをわりと日常的に摂取しているということですから、やはりそのようなリスクを背負っていることは間違いないと思います。しかし一方、千代田さんが、「死にたい気持ちが急激に強まって、突発的に自殺してしまうんじゃないか」という危ない状態を、「お酒をガーッと飲んで寝る」というコーピングを使って、これまでしのいできているという「実績」を持っているというのも事実です。

　今回千代田さんと行ったのは、あくまで応急処置であり、「死にたい気持ちが急激に強まって、突発的に自殺してしまうんじゃないか」という危ない状態を当面どうしのぐか、ということの計画作りです。CBTが先に進み、様々なスキルが使えるようになれば、コーピングレパートリーも広がって、千代田さんがお酒に頼らなくても済むようになる日が来るでしょう。しかし今やっているのは「当面をどうしのぐか」という話し合いであり、当面をしのぐためには、「これまでどうやって何度かしのいできたか」という問いを立てて、そこからヒントをもらうというのは大事なことだと私は考えています。

　千代田さんのやりとりで、私が肯定したかったのは「お酒をガーッと飲んで寝る」というコーピングそのものではなく、「お酒をガーッと飲んで寝る」というコーピングを使って生き延びてきたという千代田さん自身であり、そのような千代田さんの実績です。

　また、これはお酒に限らず、生活習慣や趣味などについて、特にCBTが開始されたばかりの頃に（つまりカウンセラーとクライアントの関係性が確立される前に）、カウンセラーがごく常識的なアドバイスや指示を出すことが、カウン

セラーの思惑以上にクライアントを傷つけてしまう，ということを見聞きすることが少なくなく（私自身痛い経験があります），私自身も気をつけるようにしています。コーピングであれ生活習慣であれ趣味であれ，クライアントはそれらと共に生きてきたのです。そしてたとえば大量飲酒，過食嘔吐，リストカット，タバコを大量に吸う，ゲームにはまる，インターネットのチャット，クレジットカードで多額の買い物をするなど，常識的に考えて望ましいとはいえないコーピングや習慣をお持ちのクライアント自身，それを決していいことだとは思っていない場合がほとんどだと思います。そのような，「クライアントがとっくにわかっていること」をあえて指摘することに，あまり意味があるとは思いませんし，指摘の仕方によっては，そのような「よろしくない」コーピングや習慣を使いつつ何とか生き延びてきたクライアント自身を否定することにつながりかねません（指摘する側は否定するつもりが全くなくても，指摘された側が「否定された」と思ってしまったら，それは否定になってしまうと思います）。

　以上をまとめると，CBTが開始されたばかりの初期段階において，特に応急処置を実施するにあたっては，クライアント自身のこれまでのコーピングの実績を受け入れつつ，新たな選択肢をそれに加え，どのコーピングを使うかについては，クライアントの選択に委ねるのがよいのではないかと私は考えています。「これまでよりも少しでも上手に生き延びるための手段の1つ」という文脈に「お酒をガーッと飲んで寝る」を位置づけること自体，ご指摘のリスクはむしろ下がると考えてもよいのではないかと思います。

　ただしこれは難しい問題で，ご指摘のリスクはやはり絶対にその通りであると思いますので，月並みな言い方になってしまいますが，ケースバイケースで，相対的かつ総合的に判断するしかないのかな，と思います。あとはこういった判断をカウンセラーが1人でしようと思うから難しくなってしまうわけで，迷ったらとにかくそれをクライアントに告げ，クライアントと一緒に判断すればよいのではないかと思います。

*

Q：コーピングシートに記入するのは，カウンセラーですか？　それともクライアントですか？　どちらが望ましいというのはありますか？

A：応急処置のためのコーピングシートに限って言えば，応急処置をするのは主にCBTの初期段階で，クライアントがツールに直接書き込む作業をほとんど

していないという場合が多いので、結論を言えばカウンセラーが記入することのほうが圧倒的に多いです。ただし、クライアントが自分で書ける、もしくは書きたいという場合は、クライアント自身に書いてもらって全然構わないと思います。私自身は、応急処置のためのコーピングシートを作成する場合、今述べたような理由から、カウンセラーが書くことが多いことを体験していますので、〈どちらが記入しますか？〉と相談するのではなく、〈私のほうで記入してしまってもいいですか？〉と聞いて、クライアントの許可を取ってから、コーピングシートに記入するようにしています。

*

Q：1回のセッションで応急処置のための計画（たとえばコーピングシート）を完成させられなかった場合はどのように対処していますか？ またその場合のホームワークの課題はどうなりますか？

A：1回のセッションで完成できなかった場合は、通常、次のセッションでその続きを作るようにしています。応急処置をする前に、1回のセッションで応急処置の計画（たとえばコーピングシート）を完成させることが重要なのではなく、限られた時間の中で、進められるだけ進め、完成できなかったら、また次のセッションで続きをしましょうということを、予めクライアントに告げておくとよいのではないかと思います。途中まででセッションが終わってしまった場合のホームワークとしては、たとえば「途中までできたコーピングシートを見直しておく」とか「次回に追加するコーピングの案を考えてみる」といった課題を出すことが多いです。いずれにせよ、1回のセッションで完成できなくても、何の問題もないとお考えください。

*

Q：ケースEの江藤真二さんのコーピングシート（図5.6, p.424）の認知の欄が、どうしても気になってしまいます。特に「俺は間違っていない」「馬鹿女は放っておけ」という認知は、自分がカウンセラーなら到底共感できるものではありません。それをこうやってコーピングシートに一緒に外在化してしまうと、カウンセラーも自分と同じように考えてくれているとクライアントに思われかねないように思いますが、伊藤先生のお考えをお聞かせください。

A：私のスタンスとしては、以下の通りでした。「まだアセスメントをしていな

いから，私自身は江藤さんが間違っているかどうかとか，奥さんが馬鹿女かどうかとか，そういう判断は一切できない。今私たちにとって必要なのは，『酒を飲んで奥さんの態度が気に入らなくてそれに腹を立てた江藤さん自身が何かしてそれが離婚につながるようなことになってしまうこと』をとにかく防ぐための，応急処置的なコーピングを見つけることだから，その内容がいいとか悪いとか，合っているとか間違っているとかいうことは置いておいて，今をしのぐためのコーピングを用意しておこう」。またこのことを江藤さんにもはっきりと伝えました。したがって私自身は，「俺は間違っていない」「馬鹿女は放っておけ」という江藤さんの認知的コーピングの内容には共感もしていませんし，あえて反論もしていません。ですが今の江藤さんにとって，この事態を乗り切るためには，これらの認知が役に立つ，すなわち「機能する」ということは理解できましたので，これらを認知的コーピングとして外在化することにはためらいはありませんでした。ただしこれらがもし自傷他害的な行動に直接つながりかねない認知であれば，もちろん同意しなかったでしょう。

＊

Q：応急処置で良くなってしまうようなことはありますか？

A：Hさんの例で示したとおり，応急処置で立てた計画を実践するなかで，主訴や症状や問題が解消してしまうことがあります。しかしその場合，それが見かけ上の解消にすぎないか，あるいは本質的な解消にまで至っているのか，慎重に見極める必要があるでしょう。Hさんの場合，応急処置の対象がパニック障害だったのですが，おうかがいする限り，かなり典型的なパニック障害の病理モデルに該当するように思われ，その病理モデルの心理教育と，パニック障害に対してエビデンスが確実であると思われる曝露療法（エクスポージャー）を中心に応急処置を行い，コーピングシートを作成しました（図5.13を参照）。そして毎回のセッションでコーピングシートを共有しながら，応急処置の実施状況について話を聞き，必要に応じて何度も心理教育を行いました。そのなかでパニック障害が寛解していったのですが，Hさんの話から，Hさんがパニック障害の病理モデルや曝露療法について正しく理解し，実践できていることは明らかでした。したがってHさんの場合は，応急処置を通じて本質的な解消にまで至ったと解釈することができます。一方，応急処置を行って，一見，応急処置の対象となった現象が生じなくなっても，実はそれはあくまでも間に合わせであって，応急処置の対象となった現象の背景にある病理的なメカニズムは

ちっとも変化していない，という場合もあり，その場合は，いつかどこかで「応急処置の対象」から「CBT における主訴」にその問題を格上げし，しっかりとアセスメントをすることから CBT の手順をしっかりと踏んでいく必要があります。

＊

Q：認知行動療法の文脈でなくても，この「応急処置」という発想は使えそうな気がしますが，そういう使い方をしてもよいものなのでしょうか？

A：CBT の文脈であっても，もしくは文脈外であっても，クライアントと相談の結果，応急処置という発想が役に立ちそうということであれば，使っていただいて構わないと私は思います。ただ，これは応急処置に限らずどんな介入であれ，とにかくクライアントと相談しながら，慎重に丁寧に行っていただきたいということを，言わずもがなだとは思いますが，お願いしたいと思います。

● 参考文献

Young, J.E., Kloslo, J.S., & Weishaar, M.E. (2003) Schema Therapy：A Practitioner's Guide. Guilford Press. 伊藤絵美（監訳）(2008) スキーマ療法―パーソナリティの問題に対する統合的認知行動療法アプローチ．金剛出版．

索　引

英数字

1回のセッションの構造　127
automatic thought　5
BDI-II　13, 122, 156, 158, 178
CBT　1
CBTの基本モデル　144
Cognitive Behavior Therapy　1
Cognitive Behavioral Therapy　1
GHQ 28　154
LSAS　208
Y-BOCS　122, 208

【あ】

相性　48
悪循環　5, 34
アジェンダ　119, 123, 128, 130
アジェンダ設定　128, 130
アセスメント　5, 39
アセスメントシート　346
暖かくかつ楽しげな雰囲気　362
アドバイス　361
甘えの断念　171
アルコール　467
一時しのぎ　368

イメージ　3, 409
イメージ曝露　409
イメージリハーサル　409
医療機関　268
インテーク面接　11, 17, 66, 124
インテーク面接アジェンダシート　17, 18
インフォームド・コンセント　29
内的曝露　450
エクスポージャー　419, 450, 453
延長　56, 242
応急処置　367, 421
応急処置依存症　412
おさらい　334
おさらい系　349
思い込み　151

【か】

外在化　7, 8, 43, 203, 265, 300, 422, 456, 461
階層的認知モデル　5, 6, 147, 148
外的曝露　450
回避　192
カウンセラー側のホームワーク　355
カウンセリング　30
書き物　303, 333
確認系　347
駆け引き　142

課題　291
課題による負担　301
活動モニタリング・ワークシート　304
カレンダー　58
環境　2
環境調整　435
環境と個人の相互作用　2, 3
感想　50, 134, 258, 260, 270
危機介入　369, 413, 417, 422, 426
気分・感情　3, 4
気分一致効果　410
気分調査票　13, 159
希望　169
技法　iv, 40, 349
客観視　203
究極の課題　355
教訓帰納　361
協同作業　7, 30, 50, 409
強迫性障害　122
共有課題　299
協力モード　441
緊急連絡先　17
グルグル思考　165
傾聴　59
契約　12
契約書　12, 14
ケースフォーミュレーション　348
ケースフォーミュレーション編　iii
ケースマネジメント　v
原家族　21
現在の生活状況　19
コアビリーフ　167
構造化　7, 9, 114, 134
行動　4
行動系　360

行動的工夫　5
行動的コーピング　377
コーピング　5, 161, 163, 377, 404, 464
コーピングカード　354, 454
コーピングシート　354, 369, 422
コーピングシートの使い方　401, 409
コーピングスタイル　161
コーピングレパートリー　162, 163, 388, 461
コーピングレパートリーシート　461
個人情報　15
個人的な質問　250
個人内相互作用　3
言葉を持ち歩く　453
言葉を持ち帰る　354
コンサルテーション　49

【さ】

再発予防　42, 43, 352
作業机　57
三次元モデルにもとづく対処方略尺度（TAC -24）　161
三者関係　8
視覚　152
しかけ　134, 415
時間的展望　168
自己愛傾向　141
思考　3
自己開示　7, 9, 249
自己改善　1, 2
自殺　230, 235
自殺企図　236, 369, 413
自殺念慮　230, 240, 243, 369
自助　2

自傷行為　369, 417
しつこい　39
実践ワークショップ　iii, 1
自動思考　5, 6, 150, 344
シミュレーション　408
社会的相互作用　3
尺度　208
終結　43, 352
重要他者　352
主観的評定　199, 202
宿題　133, 275
主訴　20, 22, 26, 29, 64, 214
主体性　275
趣味　467
受容　411
紹介状　13, 18
常識　248
情報収集　353
初回セッション　113, 123, 135, 199
初級ワークショップ　iii, 1, 10
しょぼいコーピング　461
事例定式化　348
身体反応　4
信念　6, 151
心理教育　7, 8, 29, 152, 277, 449
心理テスト　13, 143, 198
スキーマ　5, 6, 151, 167
スキーマ療法　440, 444
ストレス　1
ストレス状況　147, 153
ストレス反応　13, 147
ストレッサー　2, 147
生活習慣　467
生活歴　20
成果物　359

摂食障害　219
セッション後のネガティブな反応　444
セッション中に不穏になりやすいクライアント　439
セルフヘルプ　3
セルフヘルプの援助　2
セルフモニタリング　343
ソーシャルサポート　173
ソクラテス式質問　7, 8, 23

【た】

第三者　352
対処　27, 161
タイムアウト　425
担当者　48
逐語録　265
知的能力　173
中核信念　5, 151, 167
聴覚　152
治療関係　7, 10
追加の課題　358
通院　18
ツール　8, 122
ツール1　346
ツール2　348
抵抗感　62
適応レベル　21
適用　173
テスト結果表　143
当事者　10
どうせモード　441
読書療法　350
時計　58

【な】

習い事　39, 142
習い事モデル　276
日常生活　277
日本版 GHQ 28　13
認知　3
認知構造　5
認知行動療法　1, 5, 30, 35
認知行動療法の基本モデル　2, 3, 32, 345
認知的工夫　5
認知的コーピング　377, 407

【は】

媒介信念　5
曝露　419, 450, 453
曝露曲線　450
橋渡し　128
話し合い　30
パニック障害　448
パニック発作　449
バランスシート　458
犯罪行為　426
反すう　165
反すうスタイル尺度　161, 165
ヒアリング　47, 124, 135, 220, 341
ヒアリングで用いるシート　225
非書き物　332
被拒絶感　170
被受容感　170
ひたすら系　390
不安障害　63, 448
フィードバック　50, 258
フィードバックシート　143
復習　253, 298
フリートーク　59, 131
振り返り　134
ブリッジング　128
ブレインストーミング　455
プロセスシート　38, 39, 116
プロフィール票　15, 16
報告系　360
暴力行為　422
ホームワーク　7, 9, 133, 253, 275, 333
ホームワークシート　122, 253, 292
ホームワークの実施状況　318
ホームワークの実施状況の確認　356
ほめる　361

【ま】

マインドフルネス　386
まとめの作業　133, 174, 253, 258
身分証明書　17
メタコミュニケーション　55
メタ認知　8, 203
面接記録　57, 265
面接記録用紙　114, 117, 265
面接室　57
モード　440, 444
モードワーク　440, 444
モチベーション　37, 43, 61, 131, 275, 331
モニター表　304, 308, 342
問題解決アプローチ　30
問題解決チーム　7

索　引　477

【や】

郵便物　17
夢　346
予習　253, 298
予約　436

【ら】

理屈　252

理論的根拠　252
リラクセーション法　450
連絡手段　15
ロールプレイ　v

【わ】

ワークブック　351

■著者略歴

伊藤絵美（いとう えみ）

社会学博士，臨床心理士，精神保健福祉士。慶應義塾大学文学部人間関係学科心理学専攻卒業。慶應義塾大学大学院社会学研究科博士課程修了。現在，洗足ストレスコーピング・サポートオフィス所長。
主な著書・論文：「認知心理学と認知療法の相互交流についての一考察："問題解決"という主題を用いて」（慶應義塾大学大学院社会学研究科紀要，1994年），「心身症の治療：問題解決療法」（心療内科，5，2001年），『認知療法ケースブック』（分担執筆，星和書店，2003年），『認知療法実践ガイド・基礎から応用まで──ジュディス・ベックの認知療法テキスト』（ジュディス・S・ベック著，共訳，星和書店，2004年），『認知療法・認知行動療法カウンセリング初級ワークショップ』（星和書店，2005年），『認知療法・認知行動療法 面接の実際』（星和書店，2006年），『認知行動療法、べてる式』（共著，医学書院，2007年），『認知療法実践ガイド：困難事例編──続ジュディス・ベックの認知療法テキスト』（ジュディス・S・ベック著，共訳，星和書店，2007年），『認知療法・認知行動療法事例検討ワークショップ(1)(2)』（共著，星和書店，2007年），『事例で学ぶ認知行動療法』（誠信書房，2008年），『スキーマ療法』（ジェフリー・E・ヤングほか著，監訳，金剛出版，2008年）など多数。

認知行動療法 実践ワークショップ I

2010年9月17日　初版第1刷発行

著　者　伊藤絵美
発行者　石澤雄司
発行所　㈱星和書店
　　　　東京都杉並区上高井戸1-2-5　〒168-0074
　　　　電　話　03(3329)0031(営業部)／03(3329)0033(編集部)
　　　　FAX　03(5374)7186
　　　　http://www.seiwa-pb.co.jp

© 2010 星和書店　　Printed in Japan　　ISBN978-4-7911-0748-3

認知療法・認知行動療法
カウンセリング CBTカウンセリング
初級ワークショップ

書籍版
[著] 伊藤絵美
A5判　212頁　本体価格 2,400円

DVD版
伊藤絵美　A5判　本体価格 12,000円
DVD2枚組〈DVD収録時間〉約5時間37分

※書籍+DVDのセット販売はしておりません。

認知行動療法の実践家の養成のために!!

かねてより大好評の著者主催のワークショップを完全テキスト化。認知行動療法の基本をしっかり身につけるのに最適の教材である。内容は、認知行動療法の基本モデルの分かりやすい説明に始まり、アセスメントシート活用の紹介、実際のセッションの進め方の解説、参加者を交えた実践的ロールプレイなど、これから認知行動療法を学ぶ人たち、臨床で実践したいという専門家にとってたいへん参考になる書。

認知療法・認知行動療法
事例検討ワークショップ

(1) [編著] 伊藤絵美、丹野義彦
A5判　284頁　2,800円

(2) [編著] 伊藤絵美、初野直子、腰みさき
A5判　292頁　2,800円

発行：星和書店　http://www.seiwa-pb.co.jp　価格は本体(税別)です

DVD版 認知療法・認知行動療法 面接の実際

DVD 4枚組
伊藤絵美　B5判　テキスト 112頁
〈DVD収録時間〉約6時間40分
本体価格 18,000円

面接のポイントがよくわかるビジュアル教材！！

認知療法・認知行動療法の面接場面をDVDに収録した。認知療法・認知行動療法の第一人者である著者が臨床現場で実際によく出会うクライアントを想定して、基本的なパターンを8つの面接場面で網羅。わかりやすい解説書付き。

認知療法実践ガイド・基礎から応用まで
―ジュディス・ベックの認知療法テキスト―

[著] ベック　[訳] 伊藤、藤澤、神村　　A5判　464頁　本体価格 3,900円

認知療法実践ガイド：困難事例編
―続ジュディス・ベックの認知療法テキスト―

[著] ベック　[訳] 伊藤絵美、佐藤美奈子　　A5判　552頁　本体価格 4,500円

認知療法全技法ガイド
―対話とツールによる臨床実践のために―

[著] リーヒィ　[訳] 伊藤絵美、佐藤美奈子　　A5判　616頁　本体価格 4,400円

発行：星和書店　http://www.seiwa-pb.co.jp　　価格は本体（税別）です

認知療法・認知行動療法 治療者用マニュアルガイド

付録：DVD「うつ病に対する認知療法的アプローチ」

［著］大野 裕
［協力］藤澤大介、中川敦夫、菊地俊暁、佐渡充洋、田島美幸
慶應義塾大学認知療法・認知行動療法研究会
A5判　144頁　本体価格 2,500円

認知療法・認知行動療法は
決して特別な治療法ではない。
日々の外来診療にも十分に応用可能である。

うつ病の治療で薬物療法によって十分な反応が得られない場合、認知療法・認知行動療法を追加することにより、うつ病が改善することが実証された。こうして認知療法・認知行動療法の効果が裏付けられ、医療保険の対象として認められることになった。そのため認知療法・認知行動療法を提供できる専門家の養成が急務となっている。本書は、認知療法・認知行動療法の基本的なアプローチについて詳しく解説した治療者養成のためのテキストである。

◆主な目次
はじめに／最初の出会いと病歴の聴取／症例の概念化／治療関係とソクラテス的対話／治療的アプローチ／問題点の整理と認知療法・認知行動療法への導入／日常活動記録表と行動活性化／認知再構成法：認知の歪みの修正／問題解決技法／人間関係：主張訓練／スキーマ／治療の終結

発行：星和書店　http://www.seiwa-pb.co.jp　価格は本体(税別)です

自分でできる認知行動療法
うつと不安の克服法

［著］清水栄司
A5判　225頁　本体価格 1,900円

一人で体験する認知行動療法の世界。
自分で自分を助ける「心の健康づくり」をしましょう。

認知行動療法は、うつや不安障害の治療に極めて効果的で、薬物療法に勝るとも劣らない治療効果が医学的に証明されているサイコセラピー（精神療法・心理療法）のことである。認知行動療法の認知とは「考え」のことである。うつや不安を引き起こす原因となっている認知や悪循環を引き起こす行動のパターンを見つけ出し、それをよい循環に変えていくことで、症状を改善することを目指す。本書は、うつや不安に悩む人のために、自分一人で認知行動療法を行うワークブックとして、全く新しく作成された。

◆ 主な目次

第1週　感情をとらえよう（感情点数課題）／第2週　自分をほめよう（自己肯定課題）／第3週　考えをとらえよう（確信度課題）／第4週　別の考えを見つけよう（別の考え課題）／第5週　思考変化記録表を完成させよう（思考変化記録表課題）／第6週　考えの3つのパターンに注意しよう（パターン注意課題）／第7週　くよくよと考え続けるのをやめよう（反すうそらし課題）／第8週　快い気分になる行動をしよう（行動活性化課題）／第9週　回避行動を別の行動に変えよう（回避行動変化課題）／第10週　不安階層表を言葉にしてみよう（不安階層表課題）／第11週　不安に慣れよう（曝露課題）／第12週　再発を防止しよう（再発防止課題）

発行：星和書店　http://www.seiwa-pb.co.jp　価格は本体（税別）です

ACT(アクセプタンス&コミットメント・セラピー)をまなぶ
セラピストのための機能的な臨床スキル・トレーニング・マニュアル

J.B.ルオマ、
S.C.ヘイズ、
R.D.ウォルサー 著
熊野宏昭、高橋史、
武藤崇 監訳

A5判
628p
本体価格
3,500円

本書は、ACTの基礎を学ぶのに欠かせないワークブックである。豊富な事例を含む解説や実践エクササイズで、ACT臨床家として必要な姿勢や技法を身につけることができる。

『ACT(アクセプタンス&コミットメント・セラピー)をまなぶ』学習用DVD
ACTをみる:エキスパートによる面接の実際

J.B.ルオマ、
S.C.ヘイズ、
R.D.ウォルサー
熊野宏昭、高橋史、
武藤崇 監訳

DVD 1枚
2時間7分
A5テキスト
104頁
本体価格
6,000円

『ACTをまなぶ』の学習用DVD。セラピストとクライエントのロールプレイが『ACTをまなぶ』の主要なコア・コンピテンシーを再現し、ACTのケース・フォーミュレーションを目で見て学ぶ機会を提供している。日本語テキスト付き。

ACT(アクセプタンス&コミットメント・セラピー)を実践する
機能的なケース・フォーミュレーションにもとづく臨床行動分析的アプローチ

P.A.バッハ、
D.J.モラン 著
武藤崇、吉岡昌子、
石川健介、熊野宏昭
監訳

A5判
568p
本体価格
4,500円

本書は、ACTを実施するうえで必要となるケース・フォーミュレーションを主として解説する。また、行動を見るための新鮮な方法も紹介する。

発行:星和書店　http://www.seiwa-pb.co.jp　価格は本体(税別)です